Albert Karer   Bernd Müller

Client/Server-Technologie in der Unternehmenspraxis

Vision und Realität
der Informationsverarbeitung im
restrukturierten Unternehmen

Mit Beiträgen von
Tillmann Blauss und Thomas Starke

Mit 90 Abbildungen

Springer-Verlag
Berlin Heidelberg New York
London Paris Tokyo
Hong Kong Barcelona
Budapest

Albert Karer
Zelgli 1
CH-5452 Oberrohrdorf

Bernd Müller
Multring 5
D-69469 Weinheim

ISBN-13:978-3-642-85033-2   e-ISBN-13:978-3-642-85032-5
DOI: 10.1007/978-3-642-85032-5

CIP-Eintrag beantragt

Umschlaggestaltung: Konzept & Design, Ilvesheim
Satz: AFAM, Agentur für Angewandtes Marketing, Weinheim
SPIN: 10131382   33/3140 – 5 4 3 2 1 0 – Gedruckt auf säurefreiem Papier

Danksagung

Ein Buch wie dieses ist immer nur möglich, weil viele Menschen sich engagiert daran beteiligt haben. Seien es nun all die Teammitglieder, die an den beiden im Buch beschriebenen Projekten mitgearbeitet haben, oder all die guten Geister, die immer dann hilfreich zur Stelle waren, wenn man sie gerade am dringendsten brauchte.

Wir möchten hier keine Namen nennen, denn die Gefahr ist groß, einen derer zu vergessen, die „im Verborgenen" zu diesem Werk beigetragen haben. Deswegen einfach nur ‚Danke' an all diejenigen, die uns bei unsrer Arbeit an diesem Buch unterstützt haben.

Besonderen Dank schulden wir der ABB Kraftwerke AG, Mannheim, und der TA Media AG, Zürich, für die Genehmigung zum Veröffentlichen der Projektbeschreibungen.

Dank auch unseren Familien, die in den letzten Monaten großes Verständnis für unsere Art der Freizeitgestaltung aufbringen mußten.

Oberrohrdorf, Schweiz, und Weinheim a.d. Bergstraße, Deutschland, im Januar 1994.

Albert Karer
Bernd Müller

Geleitwort

Die Client/Server-Technologie steht heute im Brennpunkt der Diskussion, da sie als Grundlage für die Realisierung von Informatiklösungen betrachtet wird, welche die sich stark wandelnden Geschäftsabläufe wirkungsvoll unterstützen können. Diese neue Technologie ist in der Tat Vermittler und Brücke zwischen den aus der Vergangenheit bekannten „Extrempositionen völlige Zentralisierung und unkoordinierte vollständige Verteilung". Es erstaunt nicht, daß recht unterschiedliche Vorstellungen über Voraussetzungen, Konzept und Möglichkeiten für Client/Server-Lösungen bestehen und der Begriff oft auch in falschem Zusammenhang angewendet wird. Es steht jedoch fest, daß geeignete Client/Server-Lösungen nicht nur innovative Informatiktechniken verlangen, sondern daß auch ein den betrieblichen Bedürfnissen entsprechendes Lösungskonzept erforderlich ist. Deshalb sind sowohl mit den betrieblichen Anforderungen vertraute Spezialisten als auch Informatiker herausgefordert, sich mit der Client/Server-Technologie und deren Anwendungsmöglichkeiten intensiv auseinanderzusetzen.

Das vorliegende Buch bringt einen umfassenden Überblick über die Client/Server-Technologie und behandelt die vielfältigen Fragestellungen, welche sich bei deren Einsatz stellen. Technische und betriebswirtschaftliche Grundlagen werden ebenso treffend behandelt wie die Probleme und die notwendigen Entscheidungen, welche beim Einsatz dieser neuen Konzepte anstehen werden. Besonders wertvoll sind die vielen Querverweise zu bekannten anderen Konzepten der Informatik und ganz speziell die beiden umfassenden Beispiele, die sehr detailliert und ausgewogen den Weg in die Client/Server-Technologie beschreiben. Der Aufbau und der Inhalt des Buchs ergeben eine ausgezeichnete Mischung zwischen wissenschaftlich exakten Grundlagen und einer leicht verständlichen Darstellung ihrer Umsetzung und zeigen viel Erfahrung, die sich vor allem auch in der Darstellung der notwendigen Zusammenhänge und den gewählten kleineren und großen Beispielen äußert.

Ob es sich hier um ein Standardwerk handelt, müssen die Reaktion und Akzeptanz der künftigen Leserschaft zeigen. Sicher ist jedoch, daß den Autoren eine reichhaltige und ausgewogene Darstellung von Grundlagen, Fakten, Beispielen und Erfahrungen gelungen ist, welche sowohl als Leitfaden für die Realisierung von modernen Informatiklösungen als auch als Ausgangspunkt für das vertiefte Studium dienen kann. Es ist zu hoffen, daß die mit der Realisierung einer fortschrittlichen Informatik Beauftragten mit ebenso breiter Optik und mit Verständnis für die Zusammenhänge und Grenzen an ihre Arbeit gehen, wie dies die Autoren getan haben. Diesen kommt auf alle Fälle das Verdienst zu, Transparenz und Anleitung für das Vertändnis einer Entwicklung geschaffen zu haben, welche zweifellos von höchster Bedeutung für den künftigen Informatikeinsatz ist.

Prof. Dr. K. Bauknecht   Januar 1994
Direktor des Instituts für Informatik
der Universität Zürich,
Präsident der Informatikkommission
der schweizerischen Hochschulen
Vizepräsident im Vorstand der IFIP

Vorwort

Client/Server-Technologie ist heute ein Schlagwort, das kaum in einer Fach- oder Informatik-Strategiediskussion interessierter DV/Org-Manager fehlt. Nahezu jede Woche wird der Term in einer der einschlägigen Fachzeitschriften aufgegriffen.

Schlagwörter haben aber die Eigenschaft, daß sie von jedem verwendet und nach eigenem Ermessen definiert werden, so daß die ursprüngliche Bedeutung schnell verloren geht. Das Schlagwort wird zur leeren Worthülse.

Wir verwenden in diesem Buch den Begriff Client/Server-Technologie als Überbegriff für alles, was mit verteilter, kooperativer Informationsverarbeitung (distributed, cooperative processing) zu tun hat – wohl wissend, daß das nicht die (einzig) korrekte Definition ist, aber mit sicherem Gefühl, daß viele genau wie wir dies darunter verstehen.

Die Umsetzung dieser Technologie führt zu neuen System- und Software-Architekturen, die als *Client/Server-Architekturen* bezeichnet werden. Das Zauberwort Client/Server hat mehr als andere Begriffe der Informatik jüngeren Datums die Phantasie angeregt und bereits viele Unternehmen zur Neuorientierung bewegt.

Das vorliegende Buch ist nach einer Reihe von Vortragsveranstaltungen der Autoren zum Thema „Client/Server-Technologie/Downsizing anhand konkreter Projekte" entstanden. Bei diesen Veranstaltungen war schnell klargeworden, daß fast jeder der Zuhörer eine andere Variante des Begriffs „Client/Server" im Sinne hatte, bzw.

andere Erwartungen und Problemlösungen mit der Thematik verknüpfte.

Nicht zuletzt ist dieses Buch somit unsere Antwort auf die Anforderung des Marktes, der zur Zeit kaum konsistente Informationen zu diesem Thema in deutscher Sprache mit Ausrichtung auf die Unternehmenspraxis bietet – es fehlt einfach noch an Know-how und gesicherter Praxiserfahrung.

Die Autoren hoffen, Ihnen, verehrter Leser, mit dem vorliegenden Buch, das aus der täglichen Arbeit in verschiedenen Unternehmen heraus entstanden ist, genau dieses Know-how zu vermitteln – nicht immer todernst, technisch steif und strohtrocken – aber fachlich exakt, soweit wir dies heute überblicken können.

Albert Karer   Januar 1994
Bernd Müller

Die Autoren

Albert Karer (Dipl.-Biol.), Jahrgang 1961, Mitglied der Geschäftsleitung der INTEGRATA AG, Schweiz, und dort für den Bereich Beratung mit den Schwerpunkten Management Consulting, Unternehmensanalysen, strategische Informatikplanung und Methoden zuständig. Von 1992–1993 mitverantwortlich für die Entwicklung und Umsetzung des *Erfolgbestimmende Vorgangsketten Modells* (EVM) der INTEGRATA, als Grundlage für die Erstellung einer Client/Server-Strategie. Zahlreiche Veröffentlichungen zu den Themen Software-Entwicklung, Client/Server und Informatikstrategie. Im vorliegenden Buch hat Herr Karer vor allem Kapitel 1, 3, 4.2 (Projekt TRIAS) und 5 bearbeitet.

Bernd Müller, Jahrgang 1948, ist Diplom-Physiker und Dr.-Ing. Er ist heute Projektmanager für Informationssysteme (IS) bei der ABB Kraftwerke AG, Mannheim. 1975–1985 Forschung und Entwicklung Reaktorphysik, Methodenentwicklung bei SIEMENS KWU auf CDC-Großrechnern; 1986 Promotion am IKE, Universität Stuttgart; 1986 Projektleiter DB/DC Anwendung Kraftwerks-Service-Geschäft auf BS2000 mit UDS/UTM; 1990 bei SW-Haus sd&m in München als Berater; 1991–1993 bei ABB KW AG IS-Projektleiter: Client/Server-Anwendungen auf Basis ORACLE für Kraftwerks-Service-Geschäft; dort zur Zeit IS-Projektleitung PPS Neusystem. Bernd Müller ist Autor zahlreicher Veröffentlichungen im Bereich Informatik und Koautor in Sachbuchprojekten bei verschiedenen Verlagen.

Herr Müller hat vor allem Kapitel 1, 2, 4.1 (Projekt CASH) und 5 bearbeitet.

Tillmann Blauss (Dipl.-Ing, Dipl.-Betriebswirt), Jahrgang 1959, Mitglied der Geschäftsleitung der INTEGRATA AG, Schweiz, und dort für den Bereich Beratung mit den Schwerpunkten Connectivity und Entwicklung von Client/ Server-Lösungen zuständig. Von 1990–1993 verantwortlicher Projektleiter von Seiten der INTEGRATA für das im Buch beschriebene Projekt TRIAS der TA-Media AG (Zürich). Herr Blauss hat vor allem das Kapitel 4 (Projekt TRIAS) bearbeitet.

Thomas Starke, Jahrgang 1962, ist Diplom-Informatiker und heute als Berater bei der ORACLE Deutschland GmbH, Consulting, in Frankfurt tätig. Vor seiner Anstellung bei ORACLE war er bei einem größeren Hardware-Hersteller im Bereich des Lösungsgeschäfts aktiv. Seine Arbeitsschwerpunkte sind die Projektleitung und Analyse von großen Anwendungssystemen, der Aufbau und die Einführung von Client/Server-Systemen sowie die Methoden und Werkzeuge des CASE-Einsatzes. Herr Starke hat vor allem den Schwerpunkt CASE in den Kapiteln 2, 4 und 5 bearbeitet.

Inhalt

**Thesen, Prognosen –
Wo liegen die Fallstricke?**

Beispiele aus der Unternehmenspraxis
Realisierte Großprojekte in Client/Server-Technik

Fragen und Anworten

Kapitel 1

Der Wandel im Umfeld der Unternehmen

1.1 Unternehmen in Wechselwirkung mit ihrem Umfeld

Jedes Unternehmen ist in ein Umfeld eingebettet, in dem soziale, ökonomische, institutionelle, politische und technische Prozesse ablaufen, die indirekten oder direkten Einfluß auf die Unternehmung haben.

Dieses Umfeld (und damit der Markt eines jeden Unternehmens) unterliegt einem dauernden Wandel. Die dabei auftretenden Veränderungen erfolgen manchmal über lange Zeit hinweg langsam und unscheinbar, so daß die Gefahr besteht, sie zu verschlafen und somit rechtzeitige Reaktionen ausbleiben. Das hat wiederum oft katastrophale Auswirkungen. Das jähe Erwachen wird dann in der Regel von Maßnahmen begleitet, die die Grundfesten einer Firma erschüttern, ja sogar über die weitere Existenz der Unternehmung entscheiden. Wie der sog. „Schmetterlingseffekt", der in chaotischen, nichtlinearen Systemen riesige Auswirkungen haben kann, die in keiner erkennbar kausalen Beziehung zur auslösenden Störung, nämlich dem Flügelschlag eines Schmetterlings stehen, so wirken oft winzige Änderungen der Umwelt (und damit des Marktes) zurück auf die Unternehmen, die erst dann die Auswirkungen begreifen und verzögert reagieren, wenn die ursprünglich winzige Störung zum katastrophalen Orkan geworden ist. Allfällige Beispiele aus der jüngsten Vergangenheit sind in der EDV-Branche die (ehemals?) großen Hardware-Hersteller IBM, DEC, SNI, UNISYS, NCR und BULL.

Sind wir aber den wirtschaftlichen „Schmetterlingseffekten" ähnlich hilflos ausgeliefert wie der ungeschützte Mensch den Naturgewalten? Wir behaupten: Mitnichten! So wie wir heute z.B. erdbebensichere Häuser bauen können, so wie wir heute den Naturgewalten zum Trotz die Welt bis in den entferntesten Winkel bevölkert haben, so gelingt es in ähnlicher Form, Architekturen und Strategien in der Informatik zu finden, die persistent sind, weil sie wandelbar, weil sie flexibel sind, kurz, weil sie den Veränderungen in der Umgebung, d.h. den Veränderungen des Marktes hinreichend folgen, ja diese sogar antizipieren können, wenn sie intelligent genutzt werden.

Heute befindet sich die Weltwirtschaft und die daran beteiligten Staaten in einem Strukturwandel, dessen Bewältigung den meisten Unternehmen zu schaffen macht. Rezessive Entwicklungen im Umfeld der Unternehmen führen zu weiteren Verunsicherungen, die den Anpassungsprozeß erschweren bzw. selbst wieder rezessiv wirken. Derartige „positive Rückkopplungs-Schleifen" können sich in Kettenreaktionen zu wiederum katastrophalen Auswirkungen aufschaukeln. Hier müssen neue Techniken gefunden werden und ihren Ansatzpunkt haben: Flexibel reagieren zu können, dämpfend zu wirken, wenn die Störkräfte zu groß werden – das gelingt heute durch flache, schlanke und verteilte Strukturen in den Unternehmen und Client/Server-Techniken in der Informatik. Die Zeit der starren, monolithischen Strukturen mit hierarchischen Top-Down-Entscheidungspfaden ist anscheinend (nicht nur in der Informatik?) vorbei. Fest steht, daß die riesigen Saurier ausgestorben sind, wenn auch noch keiner genau weiß, warum.

Der Einsatz neuer Technologien und neuer Verfahren erfolgt aber grundsätzlich in einem Unternehmen nur dann, wenn sich durch deren Einsatz ein Nutzen realisieren läßt. Technologien, die einem Unternehmen die Anpassung an den laufenden Strukturwandel ermöglichen bzw. die neue Perspektiven eröffnen, sind aus diesem Grunde heute stark gefragt.

Hierzu gehört z.B. die Kommunikationstechnik, die die Welt, vereinfacht gesagt, auf zwei Gesprächspartner reduziert und damit die Grundlage für einen *globalen* Markt schafft. Hierzu gehört aber auch, auf einer ausgereiften Kommunikationstechnik basierend, die Client/Server-Technologie, die neue Konzepte für die Rolle der Informatik in den Abläufen, der Produktion und am Arbeitsplatz ermöglicht und dort zu neuen und flexibleren Lösungen führt.

Kommunikation, Grundlage des globalen Marktes

Die Client/Server-Technologie, als Architektur verteilter Informationsverarbeitung, wird heute leider oftmals nur als Ansatz betrachtet, Probleme aus dem Tagesgeschäft zu lösen oder schon lange bestehenden applikatorischen Bedarf auf der Basis alter Denkstrukturen abzudecken. Allzu oft wird hierbei vergessen, daß der Einsatz der Client/Server-Technologie mehr bewirken kann. Zur vollen Ausschöpfung der im Client/Server-Ansatz vorhandenen Nutzenpotentiale müssen sich Unternehmen aber in ihren Strukturen, Abläufen und in ihrer Einstellung zur Verwendung von Informatikmitteln am Arbeitsplatz verändern.

Der laufende strukturelle Wandel wird viele Unternehmen in den nächsten Jahren dazu zwingen, die Informatik als effizienten und flexiblen Produktionsfaktor anzuerkennen und entsprechend in ihrem Unternehmen zu positionieren. In den folgenden Kapiteln wollen wir die wichtigsten Veränderungen im Umfeld der Unternehmen beleuchten sowie auf Anpassungen und Veränderungen in den Unternehmen eingehen, die informationstechnologisch bewältigt werden müssen.

Der Wandel in der Informatik: Vom Hilfsmittel zum Produktionsfaktor

1.2 Der Ursprung des strukturellen Wandels

Der Wandel von Strukturen im Rahmen von wirtschaftlichen und gesellschaftlichen Veränderungen ist nichts Neues. Es ist seit langem bekannt, daß in den kapitalistischen Industrienationen Aufschwung und Rezession mit einer gewissen Regelmäßigkeit aufeinanderfolgen. So stellt man sich heute die wirtschaftliche Entwicklung in Form von wellenförmigen Bewegungen vor, in der sich Wellenberge (Prosperitätsphase) und -täler (Depressionsphase) abwechseln.

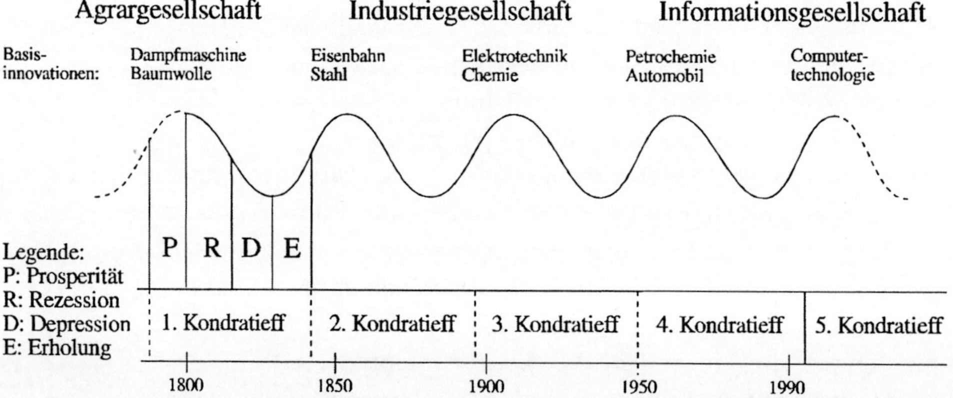

Abb. 1.1:
Der fünfte Kondratieff
(Nefiodow 1991)

Hinsichtlich ihrer Dauer werden kurze Zyklen mit einer Periode von 3–5 Jahren, mittlere mit einer Periode von 7–11 Jahren und lange Konjunkturzyklen mit einer Dauer von 40–60 Jahren unterschieden. Die langen Konjunkturzyklen, nach ihrem Entdecker als Kondratieff-Zyklen benannt, haben alle eines gemeinsam: Die Welle des Aufschwungs ist jeweils von bestimmten Basisinnovationen ausgegangen. Parallel liefen technische, ökonomische, soziale, institutionelle und politische Prozesse ab, die den jeweiligen Strukturwandel prägten. Bis heute konnten die ersten vier der in der Abbildung 1.1 dargestellten langen Konjunkturwellen empirisch nachgewiesen werden.

In seinem Buch *Der fünfte Kondratieff* geht Nefiodow (1991) davon aus, daß die Computertechnologie die Basisinnovation der fünften langen Konjunkturwelle ist und es in deren Umfeld zu erheblichen Veränderungen und Entwicklungen (gleich Strukturwandel) in technischen, ökonomischen, sozialen, institutionellen und politischen Bereichen kommt. Eine dieser technologischen Folgeentwicklungen ist das heute allgemein diskutierte Client/Server-Computing: Eine Antwort der Informatik auf das sich wandelnde Umfeld der Unternehmen.

Für die erfolgreiche Umsetzung einer neuen Technologie in den alltäglichen Gebrauch müssen jeweils zwei Faktoren zusammentreffen. Erstens müssen die technologischen Grundlagen in praktikabler und kostengünstiger Form vorliegen, und zweitens muß das Umfeld, das den Einsatz der neuen Technologie erst ermöglicht, vorhanden sein. Der Siegeszug des Automobils in Deutschland begann erst mit der kostengünstigen Version *Volkswagen* einerseits und dem in den fünfziger Jahren schnell wachsenden Autobahn- und Straßennetz (Umfeld) andererseits.

Der Strukturwandel wird begleitet von einer Reihe neuer Organisationsformen und -konzepte

In der Regel vollzieht sich die technologische Entwicklung schneller als die Anpassung und der Lernprozeß der betroffenen Menschen. Dies führt häufig dazu, daß die Umsetzungen neuer Technologien und Verfahren in den ersten Anläufen scheitern bzw. erst Jahre nach ihrer ersten Verfügbarkeit Einzug in den alltäglichen Gebrauch nehmen. (Die Geschichte des PC-Marktes ist ein, die des objektorientierten Ansatzes in der Software-Entwicklung ein weiteres Beispiel). Der Bereich der Computertechnologie führt derartige Entwicklungen geradezu mustergültig vor, und es ist ganz natürlich, daß auch die Client/Server-Technologie dieser Regel unterliegen wird.

Die Client/Server-Technologie ist trotz Kinderkrankheiten heute verfügbar und einsetzbar. Damit sie aber bedarfsgerecht sowie nutzen- und zielorientiert umgesetzt werden kann, müssen Veränderungen im Umfeld der Unternehmen und in den organisatorischen Strukturen der Unternehmungen selbst stattfinden. Auf bestimmte Aspekte dieses Wandels werden wir in diesem Kapitel eingehen, da

Der Einsatz der Client/Server-Technologie bedingt organisatorische Veränderungen in den Unternehmen

sie einen erheblichen Einfluß auf die erfolgreiche und nutzenbringende Umsetzung von der Client/Server-Technologie in einem Unternehmen haben können.

Aufgrund des gerade stattfindenden Strukturwandels sind heute viele Unternehmen gezwungen, sich neu zu orientieren und auszurichten. Schlagworte wie Lean Production und Lean Management, Time Based und Total Quality Management, Down- und Rightsizing, Outsourcing und Design to Cost sind Schlaglichter für neue Organisationsformen in den Unternehmen. Wie auch immer: Mehr Flexibilität in den Abläufen, in der Reaktion auf die Anforderungen des Marktes, kürzere Reaktionszeiten in den Entscheidungsgremien – all das hat Rückwirkungen und wird beeinflußt von der Informatik im Unternehmen. Die Komplexität steigt, und wir müssen sie beherrschen lernen. Ein Hilfsmittel hierbei sind neue Architekturen in der Informationsverarbeitung und hier vor allem die Client/Server-Technologie mit ihrem Anspruch der Offenheit und ihrer nahezu grenzenlosen Flexibilität.

1.3 Der Wandel im Umfeld der Unternehmen

Strukturwandel in der Geschichte: Der Übergang von der Agrar- zur Industriegesellschaft

Mitte des 19. Jahrhunderts kam es mit der 1. industriellen Revolution zu einer Veränderung des in Europa bestehenden Gesellschaftssystems, die sich in der Folge weltweit auswirkte. Dieser Strukturwandel ist heute als der Übergang von der Agrargesellschaft zur Industriegesellschaft bekannt. In der Folge dieser mehr oder weniger friedlichen Revolution, die als solche erst im nachhinein erkannt wurde, kam es zu zahlreichen bedeutenden Veränderungen.

So setzte sich in den frühen kapitalistischen Staaten die *freie* Marktwirtschaft durch, es entstanden neue politische Kräfte und Klassen, wie Arbeiter und Unternehmer, die die bisherigen führenden Klassen Kirche und Adel mehr und mehr verdrängten. Einer der heute wichtigsten und einflußreichsten Branchen, dem Bankgewerbe, gelang in diesem

Zeitraum der Duchbruch. So wurden viele der heute größten und ältesten europäischen Banken in dieser Zeit gegründet.

Die industrielle Massenproduktion ließ ganze Berufszweige und Gattungen aussterben oder verdrängte sie in Nischen, viele ehemalige Luxusgüter wurden durch die Massenproduktion zu Gütern des täglichen Lebens, neue Verbrauchsgüter entstanden. Durch die Zentralisierung der Arbeitsplätze in den Fabriken bildeten sich Ballungsräume, deren infrastruktureller Aufbau und Versorgung viele weitere Entwicklungen nach sich zogen.

Es entstanden neue Berufe und viele bedeutende Erfindungen wie z.B. das Automobil, das Flugzeug, die Glühbirne und das Telefon; sie veränderten die Gesellschaft. Die für damalige Verhältnisse schnelle technische Entwicklung hatte natürlich auch Auswirkungen auf die berufliche Qualifikation der Arbeiter. Je mehr Technik eingesetzt wurde, desto höher wurde der Anspruch an die Qualifikation. Diese Entwicklung hatte nachhaltig Auswirkungen auf das Bildungssystem (z.B. die Einführung der Schulpflicht). Aus dem ehemals geschmähten „Proletarier" ist heute der hochgeachtete *qualifizierte Facharbeiter* geworden.

Diesen kurzen und notwendigerweise unvollständigen Rückblick auf den Wandel von der Agrar- zur Industriegesellschaft haben wir ganz bewußt an den Anfang dieses Buches gestellt. Ist es nicht so, daß heute vergleichbare Prozesse ablaufen? Stehen wir heute nicht erneut vor einem gewaltigen Umbruch unseres Wirtschaftssystems? Der Wegfall des „Eisernen Vorhangs", der Umbau der über Jahrzehnte zentral gelenkten Kommandowirtschaften im Osten in Marktwirtschaften, die Antwort auf die Nord/Süd-Problematik mit ihrem Wohlstandsgefälle, das Bevölkerungsproblem der Entwicklungsländer – erfordern diese wahrlich säkularen Probleme nicht all unsere Kräfte und unsere ganze Intelligenz? Wir glauben, daß die Informatik hier mit neuen Ideen und Architekturen ihren Beitrag zur Problembewältigung leisten kann und wird, wenn nur die Herausforderungen rechtzeitig erkannt und in konkrete Maßnahmen umgesetzt werden. Die Voraussetzung hierfür ist allerdings, daß in den Köpfen der Menschen das Bewußtsein von der Bedeutung der „Information" als Ware geschärft wird, und somit der Umgang mit dieser Ware bewußt, transparent und verantwortungsvoll wird.

1.3.1 Von der Industrie- zur Informationsgesellschaft

In unserem heutigen Verständnis der Industriegesellschaft ordnen wir Berufe und Unternehmen drei Bereichen zu:
- dem primären Sektor Landwirtschaft,
- dem sekundären Sektor Güterproduktion,
- und dem tertiären Sektor Dienstleistungen.

Der primäre Sektor ist seit Beginn der industriellen Revolution durch eine steigende Produktivität und durch eine relative Abnahme der in diesem Bereich Beschäftigten gekennzeichnet. Dies ist eine Folge der industriellen Revolution (Maschinen, Düngemittel etc.).

Der sekundäre Sektor ist ebenfalls durch eine steigende Produktivität gekennzeichnet. Seit etwa Anfang der sechziger Jahre (Abb. 1.2) ist jedoch die relative Anzahl der Beschäftigten in diesem Bereich rückläufig. Dies ist eine Folge der Automatisierung der Produktion und der damit zusammenhängenden Rationalisierung.

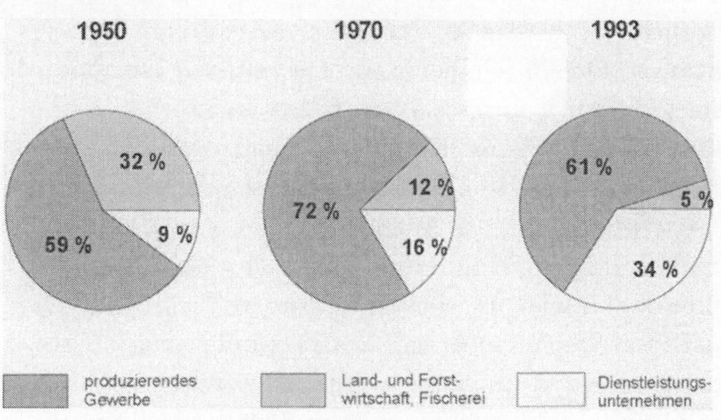

Abb. 1.2: Verteilung der Erwerbstätigen der BRD in den drei Sektoren: Landwirtschaft, Güterproduktion und Dienstleistung. Quelle: Statistisches Bundesamt

Der Dienstleistungsbereich als tertiärer Bereich weist heute noch als einziger ein Wachstum im Bereich der Beschäftigung auf. Bei näherer Betrachtung des Dienstleistungssektors fällt auf, daß insbesondere die Bereiche, in denen Informationen erzeugt, verarbeitet, transportiert und verkauft werden, in den letzten Jahren zunehmend an Bedeutung gewonnen haben und stetig weiter zunehmen.

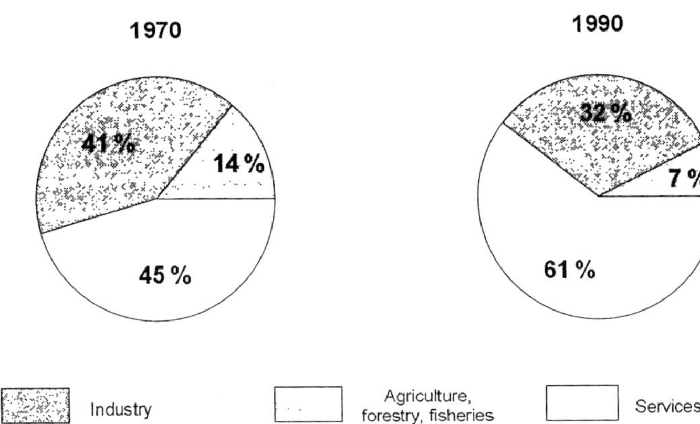

Abb. 1.3: Verteilung der Erwerbstätigen in der EU. Quelle: Institut der deutschen Wirtschaft 1993

Information ist ein Produkt, eine Ware geworden. Sie wird gehandelt, kann an Wert gewinnen und verlieren. Informationen treten in einer Vielzahl von Formen und Ausprägungen, wie z.B. als Bild, als Text oder als gesprochenes Wort auf. Klassische Informationsproduzenten und -verkäufer sind z.B. Verlage und Medienkonzerne, die Informationen in Form von Zeitungen, Zeitschriften, Büchern, Filmen, Tonbänder usw. produzieren und verkaufen. Moderne Informationslieferanten sind z.B. Datenbankanbieter, Marktforschungsinstitute und Agenturen aller Art.

Was ist Information? Das Wissen um oder die Kenntnis über Sachverhalte. (Österle 1981)

 Der Wert einer Information ist davon abhängig, was ein Empfänger daraus machen kann (siehe Insider-Skandale bei Firmenverkäufen), bzw. von ihrer Aktualität (siehe Insider-Geschäfte am Aktienmarkt). Ein Informationsvorsprung kann für den Einzelnen wie für ein Unternehmen von unschätzbarem Wert sein. Wissen ist Macht und in den Formen von heute immer mehr Rohstoff, Produktionsfaktor und handelbare Ware zugleich. Die gesamten Entwicklungen im Bereich der Computertechnologie sind auf ein gemeinsames Ziel ausgerichtet: die Bereitstellung und Verarbeitung von Informationen.

Heute werden von den unterschiedlichsten Interessenten alle möglichen Informationen nachgefragt. Der Chefeinkäufer eines Industrieunternehmens benötigt die aktuellen Rohstoffpreise. Den Swatch-Uhren-Sammler interessiert, wann und wo die nächsten neuen Kollektionen angeboten werden. Der Anleger benötigt Informationen über Aktien- und Devisenkurse. Die Unternehmensleitung verlangt Informationen über Entwicklung und Veränderungen der Märkte usw.

Bereits heute ist ein Großteil der Arbeitnehmer Kopfarbeiter, d.h. ihre Arbeit ist im wesentlichen geprägt von der Erstellung und Verarbeitung von Informationen.

Eine Zielsetzung der Client/Server-Technologie: Die effiziente und optimale Unterstützung des informationsver- bzw. bearbeitenden Arbeitsplatzes

Eine Produktivitätssteigerung bzw. die in diesem Bereich steigenden Anforderungen und die wachsende Komplexität wären ohne informationstechnologische Unterstützung nicht zu bewältigen. Die Client/Server-Technologie hat unter anderem die wichtige Zielsetzung, den Arbeitsplatz effizienter und optimaler zu unterstützen.

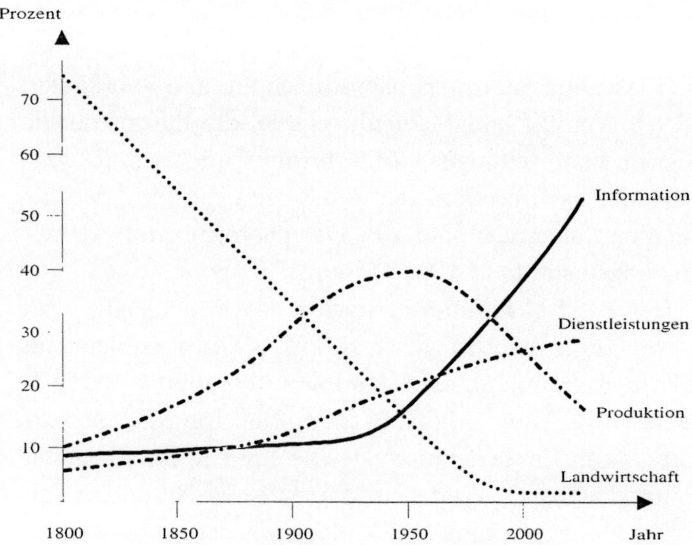

Abb. 1.4: Entwicklung der Beschäftigung in der BRD. Quelle Nefiodow 1991

Teilt man, wie es Nefiodow (1991) vorschlägt, die Wirtschaft nicht in drei, sondern in vier Sektoren (Abb. 1.4) ein, wobei der vierte Sektor als Informationssektor bezeichnet würde, so stellt man fest, daß das Gros der neuen Arbeitsplätze in diesem Sektor entsteht.

Die *informationelle Revolution* ist ein jetzt ablaufender Prozeß und wird, wie die industriellen Revolutionen davor, von einer Reihe von strukturellen Veränderungen begleitet. Diese Veränderungen sind zum einen die Begleitzeichen des Wandels von der Industrie- zur Informationsgesellschaft und zum anderen die Fundamente der zukünftigen Gesellschaftsformen. Oder wie es Warnecke (1992) formulierte:

> Die 3. industrielle Revolution ist die Steigerung der Produktivität durch Vervielfachung und Beschleunigung der mentalen Leistungsfähigkeit des Menschen mit Hilfe von elektronischen Rechenanlagen und Speichern.

1.3.2. Kennzeichen der Informationsgesellschaft

Die Übergabe einer Information von einem Sender zu einem Empfänger wird allgemein als Kommunikation bezeichnet. Parallel zum Informationsbedarf wächst somit auch der Kommunikationsbedarf. Wer seine eigene Telefonrechnung als Basis nimmt und dies als europäischen Durchschnitt hochrechnet, bzw. sich einmal die Kommunikationskosten seines Unternehmens betrachtet, wird der Aussage „Eine Informationsgesellschaft ist gleichzeitig eine Kommunikationsgesellschaft" sicherlich zustimmen. *(Information und Kommunikation sind siamesiche Zwillinge)*

Die Kommunikationstechnologie ist heute die Grundlage für den Transport und die Verteilung der Informationen. Vor allem dem Telefonnetz kommt hier heute eine tragende Rolle zu. Die schnelle Entwicklung im Bereich der Kommunikation hat unter anderem zur Folge, daß heute unter Einsatz moderner Technik von jedem Ort der Welt problemlos mit jedem anderen Ort der Welt kommuniziert werden kann. *(Moderne Kommunikationstechnik garantiert Mobilität)*

Die weltweite Vernetzung erlaubt eine weltweite Kommunikation. Dies hat für die Unternehmen zur Folge, daß *(Weltweite Vernetzung)* der weltweite Markt transparent und bearbeitbar wird. Aus Sicht der Absatz- und Beschaffungsmärkte wird die Welt kleiner werden, oder anders formuliert – die heute z.T. noch getrennten Märkte werden zu einem, dem globalen Markt zusammenwachsen.

Das Telefon in der Jackentasche ist Realität, das in der Uhr ist technisch realisierbar. Bildtelefonie ist verfügbar, der Bedarf noch gering. Die kommenden Generationen werden mit der gleichen Selbstverständlichkeit in allen möglichen Formen kommunizieren, wie wir heute das Auto als Transportmittel benutzen. Ein Grund für den steigenden Kommunikationsbedarf wird die weiter steigende Mobilität sein, der mobile Arbeitsplatz ist keine Fiktion mehr, bereits heute sind viele Kundenbetreuer und Serviceleister mit einer entsprechenden kommunikations- und informationstechnologischen Ausstattung im Einsatz.

Viele Firmen werden, damit sie konkurrenzfähig bleiben und auf dem sich bildenden globalen Markt Fuß fassen können, strategische Allianzen bilden und/oder fusionieren. Ein typischer Vorgang ist der Zusammenschluß der BBC im Jahre 1988 mit der schwedischen Firma ASEA zur heutigen ABB. Die europäische Airbus-Industrie ist ein weiteres Beispiel für erfolgreiche supranationale Kooperation, nicht umsonst wird sie von der bisher dominanten amerikanischen Luftfahrtindustrie so heftig attackiert.

Auch der Aufkauf anderer Firmen oder die Verlagerung von Produktionsstätten ist eine Strategie, um Einfluß auf lokale Märkte zu gewinnen oder lokale Kostenvorteile, z.B. bei den Lohnnebenkosten, als Wettbewerbsvorteil auszunutzen. Diese Strategie wird heute in vielen großen Industrieunternehmen (z.B. Elektrotechnik, Chemie, Automobilhersteller) und in der Bankenbranche praktiziert.

Die Reduktion sowie die Verlagerung von Arbeitsplätzen, insbesondere aus dem produzierenden Sektor, in sogenannte Billiglohnländer wird eine Begleiterscheinung des Wandels von der Industrie- in die Informationsgesellschaft sein. Dies wird vor allem Produktionsbereiche treffen, in denen eine weitere Automatisierung kaum möglich ist (z.B. Stahlerzeugung).

Produktionsbereiche, in denen mit High-Tech und geringem Personalaufwand produziert wird, werden kaum von diesem Wandel betroffen sein, da man für den Betrieb dieser Anlagen hochqualifizierte *Kopfarbeiter* benötigen wird.

Die informationelle Revolution wird aber auch eine steigende Automatisierung und Rationalisierung im Dienstleistungsbereich und in der Informatik selbst mit sich bringen. So ist der vor wenigen Jahren noch aktuelle Beruf Operator im Aussterben begriffen. Durch die Automatisierung in den Rechenzentren erfolgt hier der Ersatz durch einen Roboter bzw. über entsprechende Software-Lösungen.

*Die Informatik
rationalisiert
sich selbst*

1.4 Die Anpassungen und Veränderungen in den Unternehmen

1.4.1 Weg vom Taylorismus – hin zum Organismus

Wenn mehr und mehr Menschen nach Selbstbestimmung streben, so muß ihnen durch Dezentralisierung und Selbstorganisation der Raum dafür geschaffen werden, um so möglichst vielen Mitarbeitern Eigeninitiative zu ermöglichen. Als gestaltender und schöpferischer Prozeß wird die Arbeit zur Selbstverwirklichung; durch Zustimmung erfährt der Einzelne seine Schaffenskraft, erweitert sie und ergänzt sein Verständnis von sich selbst, von der ihn umgebenden Arbeitswelt und von Arbeitskollegen. Dieser Prozeß ist Bildungsprozeß und Kulturentwicklung gleichermaßen.

*Zitat aus Warnecke
(1992): Die fraktale
Fabrik*

Hergebrachte Organisationsformen und hierarchisches Denken verhindern die uneingeschränkte Zufriedenheit der Menschen an ihrem Arbeitsplatz. Wir müssen ihnen also mehr Gestaltungsfreiräume geben und sie integrieren in Projektarbeit zum Verbessern vor- und nachgelagerter Aufgaben im ganzheitlichen Ansatz.

Deutlicher als Warnecke es formuliert kann man es nicht sagen. Die strikte Zerlegung von Abläufen und Verteilung von Zuständigkeiten, Verantwortung und Kompetenz in starren hierarchischen Strukturen, wie es für tayloristische Organisationen typisch ist, ist für Unternehmen, in denen die Informationsverarbeitung ein Produktionsfaktor ist, die denkbar schlechteste Organisationsform.

*Taylorismus, für die
Verarbeitung von Informationen eine ungeeignete Organisationsform*

Die Zukunft liegt in intelligenten Informations- und Produktionssystemen. Aber wo ist die Intelligenz angesiedelt? Warnecke gibt hierzu die Antwort:

> ... im Mitarbeiter, denn der Mensch ist ungeschlagen in seiner Leistungsfähigkeit bei der Verknüpfung von Informationsverarbeitung und zweckmäßiger Reaktion ...

*Das Unternehmen –
lebender Organismus
oder tote Institution?
(Fuchs 1992)*

Der Trend weg vom Zentralen, hin zum Verteilten ist ein Trend, der nur evolutionär genannt werden kann. In vielerlei Hinsicht gleicht dieser Trend den Entwicklungstendenzen, die auch die Entstehung des Lebens geformt haben, als aus ersten einzelligen Lebewesen durch Aggregation und Spezialisierung Mehrzeller sich entwickelten.

*Das biokybernetische
Modell – die Organisationsform der Zukunft?*

Der Vergleich der Organisation eines Unternehmens mit einem hoch komplexen Organismus birgt erstaunliche Parallelen hinsichtlich den Anforderungen der Umwelt und den daraus resultierenden notwendigen Anpassungen. Das Unternehmen als Organismus, eine Sichtweise, die neue Organisationsformen und entsprechende technische Hilfsmittel (Kommunikation) erfordert. In seinem Buch *Das biokybernetische Modell* beschreibt Fuchs (1992) die Konsequenzen in organisatorischer und personalpolitischer Hinsicht sowie die zu erwartenden Vorteile entsprechender Organisationsformen.

Einzelne Unternehmen haben diesen Wandel vom Taylorismus zum Organismus bereits erfolgreich vollzogen. Manche befinden sich auf dem Wege dazu und viele haben diese revolutionäre Evolution noch vor sich. Welche Technologie eignet sich besser als die Client/Server-Technologie, um diesen Prozeß in den Unternehmen informationstechnologisch zu unterstützen ?

Starre hierarchisch und zentralistisch organisierte Unternehmen sind heute noch weit verbreitet. In den letzten Jahren haben aber immer mehr Firmen begonnen, ihre Hierarchien zu straffen (Schlagwort: Lean Management). Flache Hierarchien haben aber immer noch den Makel, daß sie stark zentralistisch orientiert sind. Zentral ausgerichtete Organisationsformen neigen dazu, eine geringe Flexibilität aufzuweisen.

In den letzten Jahren (Abb. 1.5) sind viele Unternehmen dazu übergegangen, ihre Organisation in eine Vielzahl kleinere, selbstverantwortliche und flexiblere operationelle Einheiten, die ohne großen Overhead und mit einem hohem Automatisierungsgrad produzieren (Lean Production), zu zerschlagen.

Hierbei geht die Aufsplittung wesentlich weiter als beim vor wenigen Jahren noch aktuellen *Profit-Center* im Unternehmen, das Kostenbewußtsein und Gewinnorientierung in die einzelnen Organisationseinheiten bringen wollte. Heute werden aus den ehemals internen Profit-Center selbständige und selbstverantwortliche Unternehmen, die in einer Holding-Struktur zusammengefaßt werden.

Ein Unternehmen, das diesen Wechsel erfolgreich vollzogen hat, ist die bereits erwähnte ABB. Die IBM und auch SNI mit ihren Business Units haben zwar inzwischen diesen richtigen Weg ebenfalls eingeschlagen, müssen aber noch beweisen, ob sie den Wandel auch erfolgreich durchführen können.

Das Ziel ist die Schaffung von kleineren und damit flexibleren, selbständigen und selbstverantwortlichen operationellen Einheiten, die auf strukturelle Veränderungen (z.B. die eines lokalen Marktes) schnell und effizient reagieren können.

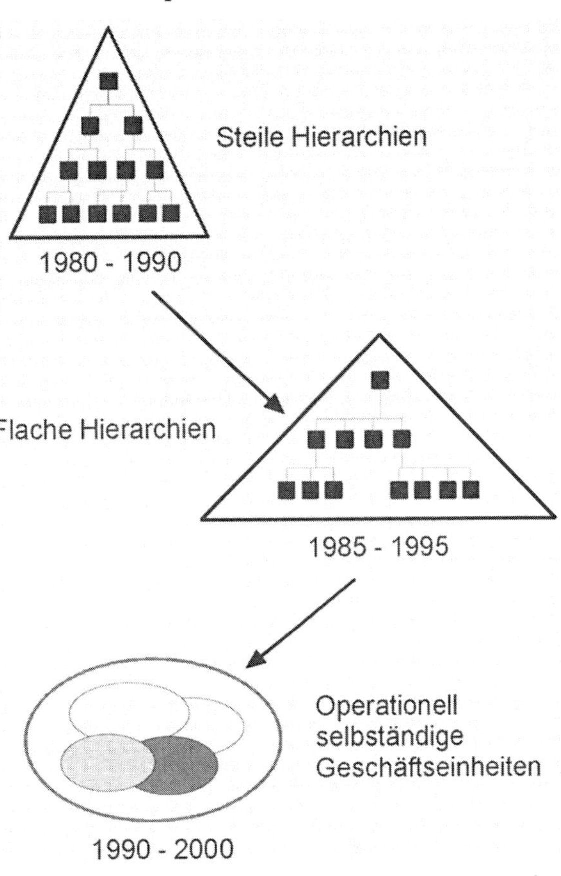

Abb. 1.5: Trend von hierarchisch organisierten zu operationell selbständigen Einheiten

1.4.2 Auswirkung des Downsizing-Effekts
auf die zentrale Informatik von Großunternehmen

Die oben beschriebene Entwicklung hat zur Folge, daß viele zentralistisch orientierte Organisationseinheiten und Aufgaben redimensioniert oder ganz abgeschafft werden. So entfallen z.B. in der Regel viele ehemalige Stabs- und sonstigen unterstützenden Funktionen, was zur Folge hat, daß sogenannter Overhead abgebaut wird. Ein speziell auf die zentrale Informatik ausgerichteter Effekt ist allgemein unter den Schlagworten „Down- und Rightsizing" bekannt geworden. Von den Gegnern des „Down-/Rightsizing" wird die Abschaffung zentraler Komponenten resp. Organisationseinheiten oft mit „Gehirnamputation" bespöttelt. In der Tat sollte das Kind nicht mit dem Bade ausgeschüttet werden: Bestimmte Informationen mit ihren zugehörigen Daten gehören nach wie vor in zentrale Verfügungsgewalt (i.a. Personaldaten, Finanzdaten oder Export-Kontrollinformation beim Exportgeschäft in sensitive Länder). Das natürliche Vorbild der Informationsverarbeitung, der Mensch, ist bekanntlich auch nicht vollständig informatorisch dezentralisert, sondern hat im Gegenteil eine höchst leistungsfähige „Zentraleinheit", aber eben nicht nur diese.

Bei der Ausgliederung und Verselbständigung einzelner Unternehmensbereiche ist bei Großunternehmen der Informatikbereich in der Regel einer der ersten, der in die Selbständigkeit entlassen wird. Vermutlich liegt der Grund darin, daß die informationstechnologische Branche verhältnismäßige hohe Wachstumszahlen aufweist und somit, zumindest vom Markt her, eine gewisse Chance zum Überleben besteht.

Prominentestes Unternehmen, das aus dieser Strategie mit viel Kapitaleinsatz entstand, ist DEBIS. Aber es gibt auch eine Vielzahl anderer wie z.B. die ABB Informatik GmbH, MAK Krupp, Gerling Informatik, in der Schweiz die ABB Informatik AG, die Sulzer-Informatik und viele andere.

Unabhängig davon, welchen Weg eine Unternehmung einschlägt, um selbständige und flexible operative Geschäftseinheiten zu formen und unabhängig davon, ob die Informatik ausgegliedert wird, verändern sich die Anforderungen an sie erheblich.

In den folgenden Abbildungen sind schematisch die einzelnen Entwicklungsphasen und die jeweilige Situation dargestellt, in der sich eine zentral ausgerichtete Informatik befindet, wenn ein Unternehmen sich entschließt, den im vorhergehenden Kapitel beschriebenen Weg einzuschlagen.

Phase 1, die Neuorientierung: In dieser Phase (Abb. 1.6) bilden sich die operativen Geschäftseinheiten. Die neuen bzw. zukünftig selbständigen Firmen müssen sich in ihrer Selbständigkeit zurechtfinden und sich neu organisieren. Noch arbeiten sie mit den bestehenden Informatikmitteln und den vorhandenen Anwendungen, da sie zunächst ihre zukünftige Strategie entwickeln und sich selbst ausrichten müssen.

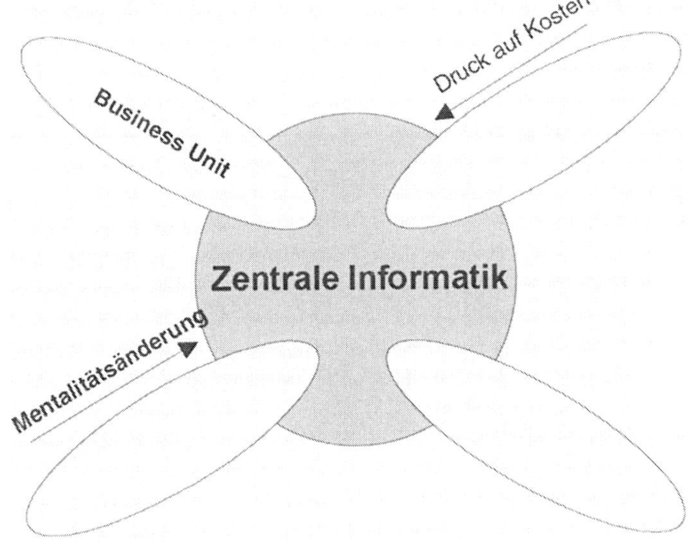

Abb. 1.6: Phase 1,
die Neuorientierung

In den eigenständigen Unternehmen ist die Unternehmensführung, vor allem was die ehemalige zentrale Informatik betrifft, äußerst kostenbewußt. Es wird eine verursachergerechte Kostenabwicklung gefordert und pauschale Kostenumlagen werden nicht mehr akzeptiert.

Die meisten zentralen Informatikabteilungen sind darauf nicht vorbereitet. So ist in der Regel eine verursachergerechte Kostenabrechnung kaum möglich, vor allem schwerzuzuordnende Allgemeinkosten, wie sie z.B. in Rechenzentren entstehen, sind nicht oder nur sehr schwer umzulegen.

Schnell entsteht dann der durchaus berechtigte Vorwurf, daß die Informatik zu teuer produziert, nicht flexibel genug ist und daß die Konkurrenz auf dem freien Markt viel günstiger vergleichbare Leistungen anbietet. Daß diese Konkurrenz natürlich viel freier und unter ganz anderen Vorausetzungen agieren kann, wird hierbei nicht beachtet. Aber wen interessiert dies schon, wenn es um *sein* Geld geht?

Der Zwang, billiger zu produzieren (Design to Cost), kann zu einer Reihe unterschiedlicher Maßnahmen führen. So ist heute der Prozeß der Rationalisierung in der Informatik im vollen Gange. Typische Beispiele sind RZ-Automatisierungen und RZ-Zusammenlegungen, der Einsatz von Standardsoftware evtl. in Kombination mit Outsourcing oder die Aufhebung sekundärer Funktionen, wie z.B. die interne Informatikausbildung. Insbesondere Rechenzentren können wie jeder andere Produktionsbetrieb betrachtet und entsprechend organisiert und optimiert werden

Die selbständigen Geschäftseinheiten sehen sich nun als Kunden und möchten auch als solche behandelt werden. Nicht jede bestehende Informatikorganisation ist es gewohnt, kunden- und dienstleistungsorientiert zu agieren. Hier ist ein Umdenken gefordert, wenn man den Kunden von heute auch morgen noch haben möchte. Die geforderte bzw. durch die neue Marktsituation aufgezwungene Mentalitätsänderung verändert die Perspektiven und Arbeitssituation jedes einzelnen Mitarbeiters. Dies kann neue Kräfte wecken, aber auch zu Frustration und Resignation und in der Folge zu entsprechen Fluktuationen führen.

Phase 2, die Loslösung: Mit der Selbständigkeit nimmt auch der Freiheitsgrad der einzelnen Geschäftseinheiten in Bezug auf den Einsatz der Informatikmittel zu. Eine der ersten or-

ganisatorischen Folgen ist die Bildung einer Organisationseinheit *Informatik* (Abb. 1.7).
Gerade bei großen Unternehmungen, in denen IC/PC- und Benutzersupport dezentral organisiert und somit bereits Bestandteile der neuen selbständigen Geschäftseinheit sind, übernehmen diese Organisationseinheiten (die das meiste Informatikwissen haben) diese Aufgaben.

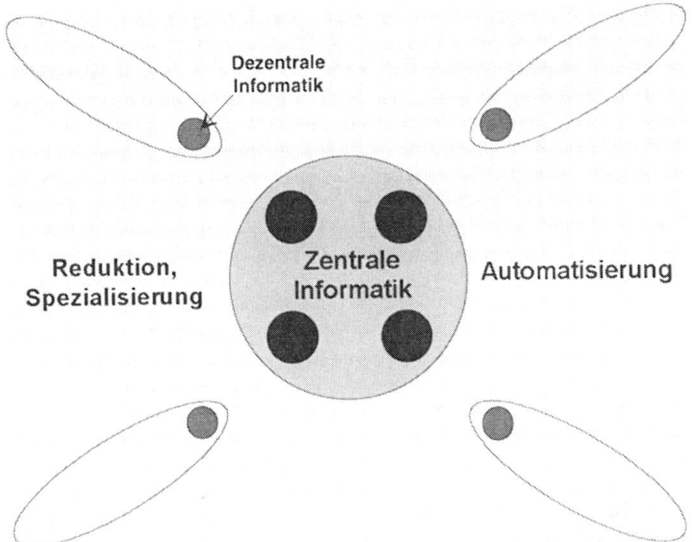

Abb. 1.7: Phase 2, die Loslösung

Eine der ersten Aufgaben für diese Organisationseinheit ist die Erstellung einer Informatikstrategie bzw. die Definition, welche Informatikmittel im Sinne der *neuen* Unternehmung wie einzusetzen sind. Hier liegt dann auch einer der ersten Fallstricke, da die entsprechenden Mitarbeiter für diese Aufgabe oftmals einfach überfordert sind. Allerdings liegt hierin auch eine Chance, denn diese Mitarbeiter sind im Denken weniger am Mainframe orientiert und sind in Bezug auf die Client/Server-Technologie wesentlich offener.

Unabhängig davon steht hier (vereinfacht) folgendes Frageschema im Vordergrund:

- Welche Applikationen auf dem bestehenden Mainframe benötigen wir?
- Kann uns die Mainframe-Applikation bzw. die Mainframe-Umgebung die gewünschte Flexibilität gewährleisten?
- Benötigen wir für diese Applikation einen Mainframe und können wir uns diesen (weiter) leisten?

Man kann sich nun darüber streiten, ob diese Fragen rein rhetorischer Natur sind, aber eines wird hier deutlich. Die Antworten auf diese Fragen leiten den Downsizing-Prozeß ein. Jede selbständige Geschäftseinheit beginnt sich in der Folge von dem Diktat der zentralen Informatik zu lösen. Diese Loslösung ist meist aber nicht total, da oftmals Leit- und Richtlinien, oder bestimmte Produkte und Lieferanten, aus Kostengründen (Rabatte) vorgegeben werden.

Neue Kerngeschäfte der ehemals zentralen Informatik

Von vielen applikatorischen Aufgaben befreit, von Rationalisierungsmaßnahmen betroffen, sowie im Konkurrenzkampf mit dem freien Markt, schrumpft die ehemalige zentrale Informatik und muß sich in der Folge neu orientieren und ausrichten.

Hierbei gibt es drei Wege:

1) Konzentration auf zwingend zentral organisierte und verwaltetete Produkte und Leistungen

Konzentration auf Applikationen bzw. Systeme mit integrativem Charakter

Hierbei kann es sich um große Applikationen handeln, die nicht so ohne weiteres ersetzt und in die Verantwortung der selbständigen Geschäftseinheiten übergeben werden können, oder um Applikationen/Systeme, die für eine Unternehmensstruktur wie z.B. einer Holding integrative Aufgaben hat. Als Beispiele seien hier die Bereiche Kommunikation und Finanzbuchhaltung genannt. So ist schon heute bei vielen Unternehmen das Produkt SAP die einzige Applikation im Mainframe-Bereich, mit der in der Regel alle Unternehmensteile arbeiten.

*2) Konzentration auf den Dienstleistungszweig
  „DV-Ausbildung"*

Viele Firmen haben sich eigene Ausbildungsstrukturen aufgebaut, um den internen Ausbildungsbedarf abzudecken. Mit der Verselbständigung der Informatik und der einzelnen Geschäftseinheiten verändert sich auch der Ausbildungsbedarf: es werden mehr und neue Themen verlangt, gleichzeitig sinkt die Nachfrage nach bestimmten mainframe-lastigen Themen. Um kostengerecht produzieren zu können, versuchen diese Unternehmen ihre Schulungsprodukte auf dem freien Markt zu plazieren.

3) Konzentration auf den Dienstleistungszweig „Software-Haus"

Ein bisheriges Kennzeichen der zentralen Informatik war es, Software für die einzelnen Fachbereiche zu entwickeln. Nachdem die *internen* Kunden für die Finanzierung der bestehenden Mitarbeiterstrukturen nicht ausreichen, liegt die Idee nahe, die bestehenden Ressourcen auf dem freien Markt anzubieten.

Der Weg auf den freien Markt ist für die meisten ehemaligen zentralen Informatikbereiche eine Illusion. Die meisten dieser Unternehmen haben das Problem, daß ihr größter Kunde aus dem ehemals gemeinsamen Hause kommt. Dies hat zum einen zur Folge, daß firmenspezifisches Know-how vorhanden ist, für das auf dem freien Markt kein Bedarf vorhanden ist und zum andern, daß eine gewisse Abhängigkeit besteht, die der *interne Kunde* auch ganz bewußt ausnutzt (Preispolitik).

Es fehlt weiterhin Know-how in den Bereichen Marketing, Marktbearbeitung, Vertrieb und Produktentwicklung, um gegen die eingesessene und starke Konkurrenz bestehen zu können. Ein nicht zu unterschätzender Faktor ist der *Fluch der Herkunft:* Eine Bank bezweifelt, daß ein Software-Haus, das aus einem Industrieunternehmen hervorgegangen ist, das notwendige Branchen-Know-how besitzt (Das gleiche gilt für den umgekehrten Fall). Ein Industrieunternehmen oder eine Bank wird sich selten die Konkurrenz (und wenn es nur deren Informatik ist) ins Haus holen.

Von der zentralen Informatik zum Software-Haus – Ungünstige Voraussetzungen

Welcher Unternehmer würde sich von einem *Hersteller* beraten lassen, wenn es um eine *neutrale*, an den Bedürfnissen der Unternehmung ausgerichtete Informatik-Strategie geht?

Phase 3, der Unternehmensverbund:

Mit der Erreichung dieser Stufe (Abb. 1.8) ist der beschriebene Prozeß abgeschlossen. Die selbständigen Geschäftseinheiten sind, was die Informatik betrifft, nur noch über gewisse für alle gültigen Produkte (Kommunikation,

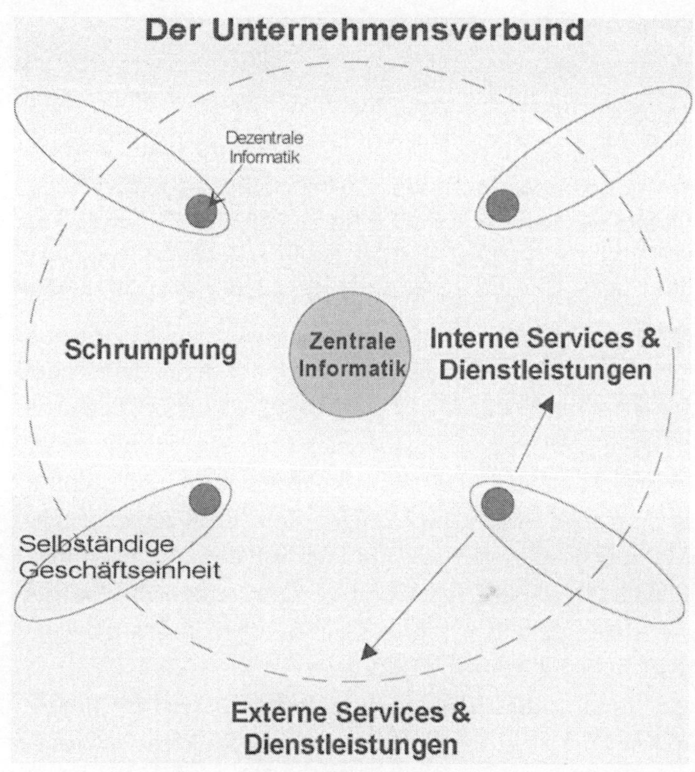

Abb. 1.8: Die Informatikzentrale als Koordinator im Unternehmensverbund

Finanzbuchhaltung, RZ-Leistungen etc.) an die Geschäftseinheit Informatik gebunden. Ihr spezifischer Bedarf an Informatikmitteln ist arbeitsplatzspezifisch realisiert, was nur unter Einsatz der Client/Server-Technologie zu erreichen ist. Die Bedeutung der Geschäftseinheit Informatik ist somit davon abhängig, wie sie sich auf und gegen den freien

Markt bewährt bzw. wie sie sich innerhalb des Unternehmensverbandes positionieren und behaupten kann.

1.4.3 Auswirkung auf die Informatik in kleinen und mittleren Unternehmungen

Im vorhergehenden Kapitel erfolgte die Betrachtung vor allem aus der Sicht der Großunternehmen, die sich, wenn sie den beschriebenen Weg verfolgen, schlußendlich in eine Reihe mittelgroßer Unternehmen aufteilen.

Allerdings nicht nur die Großen sind Veränderungen unterworfen. Insbesondere die kleinen und mittleren Unternehmen sind diejenigen, die in den nächsten Jahren, was den Einsatz von Informatikmitteln und insbesondere der Vernetzung betrifft, am meisten investieren werden.

Die Client/Server-Technologie ermöglicht hier, mit relativ geringen Hardware-Kosten einen hohen Automatisierungsgrad durchzusetzen. Dies wird unter anderem durch den in den letzten Jahren entstandenen Boom in der Branchen-Software unterstützt. Es gibt wohl heute kaum eine Branche, die nicht DV-technisch unterstützt werden könnte.

Dabei ist zu beachten, daß vielfach von einzelnen Hardware-Herstellern noch proprietäre Lösungen angeboten werden, die dem Anspruch offener Systeme und kooperativer Rechenleistung im Verbund, wie sie in Client/Server-Architekturen gefordert werden, noch lange nicht genügen. Der einzelne Unternehmer sollte sich also sehr genau informieren, bevor er eine Kaufentscheidung trifft, die ihn unter Umständen für Jahre an einen bestimmten Hersteller bindet. Hier sind auch die Beratungs- und Schulungsunternehmen gefordert, dem einzelnen Unternehmer oder dem Informatikmanager mit individueller Strategieberatung den richtigen Weg zu weisen.

Viele angebotene Client/Server-Lösungen basieren noch auf proprietären Plattformen

Große Standard-Software-Hersteller wie z.B. die SAP mit ihrem Produkt SAP R/3 haben diesen Trend zu offenen Systemen am zukünftigen Markt erkannt und bereits hohe Beträge in die Realisierung ihrer Produkte unter Verwendung von Client/Server-Technologien investiert.

Für viele kleine und mittlere Unternehmen bietet sich damit die Chance, quasi auf der grünen Wiese, frei von den oft Großunternehmen anhaftenden *Altlasten*, eine für sie passende Informatik basierend auf einer Client/Server-Technologie aufzubauen. Allerdings kann dies nur mit der Verfügbarkeit entsprechender Software und einer seriösen Unterstützung von außen erfolgen.

Die meisten Unternehmen werden allerdings weniger von sich aus, sondern vermutlich eher aufgrund des Konkurrenzdruckes den Auf- bzw. Ausbau ihrer Informatik vorantreiben.

Risikofaktoren:
Finanzierung
und Qualifizierung
der Mitarbeiter

Diese Chance bietet aber auch Risiken. Risiko Nummer Eins ist die *Finanzierung*, d.h. die für die Informatik investierten Mittel müssen in irgendeiner Form zurückfließen, sei es durch Rationalisierung (mit allen Vor- und Nachteilen), Erhöhung der Produktivität oder Erschließung neuer Märkte. Dies kann nur durch den richtigen, d.h. an den Bedürfnissen der Firma ausgerichteten Einsatz der Informatik sichergestellt werden. Wo dies nicht der Fall ist, besteht die Gefahr, daß sich gerade kleinere Unternehmen finanziell übernehmen.

Risiko Nummer Zwei ist die *Qualifizierung*. Auch wenn viele Software-Systeme heute kinderleicht zu bedienen sind, so ist doch das Zusammenwirken von Mensch und Maschine für die erfolgreiche Umsetzung der Technik in die Praxis der entscheidende Faktor. Dieses Zusammenspiel ist aber nur durch eine entsprechende Qualifizierung der betroffenen Mitarbeiter zu erreichen. Der hier auftretende Effekt ist vergleichbar mit der Einführung der Online-Systeme in den Groß-Unternehmen zu Beginn der achtziger Jahre. Nur mit dem kleinen Unterschied, daß es heute andere Arbeitsbereiche und Berufe sind, und daß es sich um eine wesentlich komplexere Technik handelt.

Auch „kinderleicht" zu
bedienende Systeme
erzeugen Ausbil-
dungsbedarf

Ein Beispiel: Viele Auto-(Vertrags)-Werkstätten sind heute mit einem Großrechnerterminal an die Mainframe-Systeme der entsprechenden Hersteller angeschlossen. Das einfache Ersetzen des Großrechnerterminals durch einen PC mit einer entsprechenden Emulation führt zu einem gewissen Ausbildungsbedarf. Kommen nun neue Aufgaben hinzu, wie z.B. Daten auf Disketten speichern, Filetransfer ausführen etc., steigt der Bedarf an Ausbildung und Support-Leistungen.

Auch für den hier geschilderten Prozeß des Auf- bzw. Ausbaus der Informatik in kleinen und mittleren Unternehmen hat man bereits das passende Schlagwort gefunden: Upsizing.

Upsizing bei kleinen und mittleren Unternehmen

1.4.4 Auswirkungen auf den Arbeitnehmer, Risiko und Chance zugleich

Der Wandel, dem die Unternehmen unterworfen sind, wirkt sich letztlich bis auf den Arbeitsplatz und damit auf jeden einzelnen Mitarbeiter aus. In jeder Veränderung liegt Chance und Risiko zugleich. Diese zu erkennen ist nicht immer ganz einfach, und oftmals ist es noch schwieriger für den einzelnen Arbeitnehmer, darauf angemessen zu reagieren.

Der Arbeitnehmer muß sich „wandeln"

Eine der Folgen der technologischen Entwicklung der letzten Jahre ist die, daß immer mehr intelligente untereinander vernetzte PCs die klassischen Großrechnerterminals vom Arbeitsplatz verdrängen. Damit erweitert sich für den einzelnen Arbeitnehmer das Spektrum an einzusetzenden Hilfsmitteln (wie Textverarbeitung, Tabellenkalkulation etc.) enorm. Der Sachbearbeiter wird vom reinen Anwender zum *kompetenten* Informatiknutzer.

Die Chance für jeden einzelnen liegt nun hierin, sich selbstverantwortlich entsprechend aktiv weiterzubilden und die verfügbaren Hilfsmittel optimal für die tägliche Arbeit einzusetzen. Die Risiken bestehen darin, diesen Zug zu verpassen und bei einem allfälligen Arbeitsplatzwechsel feststellen zu müssen, daß entsprechende Fertigkeiten als Selbstverständlichkeit angesehen werden.

Client/Server-Technologie nutzen heißt auch: Verlagerung von Verantwortung an den Arbeitsplatz

Wie wir alle aus Erfahrung wissen, ist der *intelligente Arbeitsplatz* ein sehr dynamisches Wesen. Neue Software-Versionen, Erweiterungen und neue technische Möglichkeiten sorgen für einen stetigen Wandel. Dies fordert vom Arbeitnehmer eine hohe Flexibilität, eine ständige Lernbereit-

Neue Berufsbilder, neue Qualifikationen

schaft, eine hohe Motivation, sich weiterzuentwickeln und last but not least ein hohes Selbstverantwortungsgefühl, denn „am Ball bleiben" muß der Spieler schon selber.

Die Client/Server-Technologie führt zu neuen Berufsbildern und damit auch zu neuen Arbeitsplätzen. So entstanden in den letzten Jahren z.B. neue Aufgaben im Bereich Benutzer-Support, Netzwerk-Management und PC-Betreuung. Im Bereich Multimedia wird in den nächsten Jahren eine Reihe neuer Aufgaben dazukommen.

Andererseits verschwinden bestimmte Berufsbilder bzw. sind einem großen Wandel unterworfen. So ist wohl der Zenit des klassischen Mainframe-Operators überschritten. RZ-Automatisierung, RZ-Zusammenlegungen sind Rationalisierungsmaßnahmen, die den Bedarf an Operatoren erheblich reduzieren.

Übersättigter Arbeitsmarkt für klassische Anwendungsprogrammierer

Den Anwendungsprogrammierer, wie wir ihn aus der Vergangenheit kennen, wird es zukünftig wohl auch weniger geben (siehe Kapitel 3). Schon heute ist festzustellen, daß die in den letzten Jahren boomenden Ausbildungsmaßnahmen zum „Juniorprogrammierer" bzw. zum Anwendungsprogrammierer heute quasi vollständig verschwunden sind. Oder anders ausgedrückt: Die Nachfrage nach Anwendungsprogrammierern, die mit COBOL klassische Batch- und Online-Systeme programmieren, geht stark zurück, der Arbeitsmarkt ist entsprechend übersättigt.

Der einfache Sachbearbeiter hat die Chance, durch den laufenden Veränderungsprozeß am Arbeitsplatz zu einem äußerst kompetenten Anwender von Office-Software zu werden und seine Wünsche und Anforderungen, die Informatik betreffend, gezielt und arbeitsplatzorientiert zu definieren.

Tele-Arbeit: Nach Tele-Phon und Tele-Vision die nächste Revolution?

In einer der ersten empirischen Studien zur Entwicklung der Telearbeit (oder synonym dezentraler (Tele)-Arbeitsplatz), hält Heilmann (1987) fest:

Die Telearbeit, als informationstechnisch gestützte Arbeit in oder in der Nähe der Wohnung eines Mitarbeiters, kann erhebliche Auswirkungen sozialer, wirtschaftlicher, rechtlicher und politischer Art haben.

Heute und zukünftig vermehrt wird der informations-
erzeugende, ver- und bearbeitende Arbeitsplatz, zumindest
technisch gesehen, immer unabhängiger von einem festen
Ort. Mit der Client/Server-Technologie wird im gewissen
Maße auch der Arbeitsplatz mobil. Für den Arbeitnehmer
bedeutet dies, daß von ihm vermehrt nicht nur geistige
Flexibilität, sondern auch Mobilität verlangt wird, wenn er
gelegentlich seinen (häuslichen) Arbeitsplatz verläßt, um zu
Besprechungen mit seinem (entfernten) Auftraggeber zu
reisen. Denn auch die beste Video-Konferenz wird nicht das
menschliche Mit- und Gegeneinander einer lebendigen Diskussion ersetzen können.

Kapitel 2

Client/Server: Technik der neunziger Jahre

2.1 Kurze Historie der Informatikentwicklung

Anfang der achtziger Jahre kamen die ersten „persönlichen Computer" an die Arbeitsplätze. Dabei gab es damals vereinzelt noch Lochkarten- verarbeitung – Lochkarten- Leser, -Stanzer und -Sor- tierer, die wirklichen Dino- saurier der klassischen Datenverarbeitung – waren noch nicht ausgestorben:

Langsamer Übergang von der Batch-Verar- beitung zum Dialog bei der technisch-wissen- schaftlichen Datenver- arbeitung in den acht- ziger Jahren

Programme waren noch „greifbar" im wahrsten Sinne des Wortes: eine kleine Integrationsroutine in FORTRAN war ein viel- leicht 1–4 cm starkes Kar- tenpaket, ein COBOL-Pro-

Abb. 2.1: Die „guten alten Zeiten" der EDV

gramm war aufgrund der längeren Datendefinitionen und der umgangssprachlicheren Codierung ein kleiner Kasten voller Karten – kurzum, der Programmierer wußte am Abend was er getan hatte – seine Leistung wurde in „LOC" (= Lines of Coding, Anzahl der programmierten Zeilen) gemessen, die Programme waren Kunstwerke, die sie schrieben waren Künstler, ehrfürchtig bestaunt von der weitaus größeren Menge jener, die dieser Kunst nicht mächtig waren. Nur langsam hatte sich in der kommerziellen EDV der Wandel zur Dialogverarbeitung vollzogen – in der technisch-wissenschaftlichen Welt herrschte die Batchverarbeitung vor: Man stellte einen „Job" zusammen (man stellte ihn wirklich Karte für Karte zusammen) und übergab ihn einem „Operator" am Ein-/Ausgabe-Board des „Rechenzentrums".

Die Situation änderte sich nur wenig, als man zur dialoggestützten Bearbeitung überging: Nun wurden die „Lochkartenstapel" eben nicht mehr physisch von Hand codiert und eingeordnet, sie wurden in sogenannten „Kartenbild-Dateien" mit schon ziemlich komplexen Editier-Programmen „bearbeitet".

> Wer heute noch eine Datei mit festem Satzformat von 80 Zeichen/Satz findet, wird sich oft wundern, woher gerade diese Zahl kommt – sie kommt von der Lochkarte, die 80 Spalten hatte.

Noch schickte „man" (oder damals auch schon vereinzelt „frau") seinen „job" an den Großrechner ab und wartete auf das Ergebnis, das meist in Form langer bedruckter Listen in endlosen Zahlenkolonnen vorlag, durch die man schnell von Hand hindurchblätterte bis zu jener Zahl, der das Interesse dieses speziellen „Laufes" galt. Hatte man diese gefunden, wurde „die Liste" weggeworfen, manchmal auch geradezu andächtig über Jahre hinweg aufbewahrt.

Verarbeitungs-Prinzip
EVA

Auch in der kommerziell genannten Spielart der EDV war man nicht wesentlich weiter: Riesige COBOL-Programme sortierten endlos Dateien und erzeugten Datenberge nach dem EVA-Prinzip: Eingabe – Verarbeitung – Ausgabe.

Natürlich gab es da schon Datenbanken und Dialogsysteme. Mitte der achtziger Jahre waren Netzwerk-Datenbanken (nach dem Normungsgremium auch CODASYL-Datenbanken genannt) den ersten hierarchischen (z.B. IMS der IBM) gefolgt und „relational" wurde bereits richtig buchstabiert – auch hier das ehrfürchtige Aufblicken zum EDV-Spezialisten, denn nur dieser hatte die Kenntnisse, die ihn befähigten, nachdem er lässig den Einschaltknopf seines

Terminals bedient hatte, mit ein paar blitzschnell ein-
gehämmerten Befehlen dem unsichtbaren Computer, das
war immer noch der Zentralrechner im Rechenzentrum, tatsächlich ein paar Zahlen abzuringen, z.B. von der Art:
„Heute sind 258 Bestellungen in die Tagesdatei erfaßt
worden." Typischerweise wurden diese nach Prüfung
gegen eine Stamm-Artikeldatenbank in die Bewegungsdatei
abgelegt und am nächsten Morgen in der Arbeits-
vorbereitung ausgedruckt, damit die Bestellungen in der
Warenausgabe fertiggemacht werden konnten.

Dies mußte wohl so sein. Das war „High-Tech" der
frühen achtziger Jahre und nur wer ein EDV-Banause war,
lachte darüber, weil er nicht verstand, was daran so
kompliziert sein sollte. Vor wenigen Jahren noch hatten
doch ein paar Hilfskräfte dieselbe Arbeit in annähernd der
gleichen Zeit mit Karteikästen und Ordnern bewältigt – von
intelligenter EDV konnte keine Rede sein, oder? Der als
Blech-Otto beschimpfte, physisch wirklich riesige Zentralrechner war Ziel von Ehrfurcht und Spott zugleich.

Ehrfurcht dann, wenn er in beängstigender Geschwindigkeit aus Tausenden von Datensätzen gerade jenen „Müller" heraussuchte, der in Kleinschwarzenlohe wohnte und
gestern ein Paar Herrensocken zu 5 DM bestellt hatte, die
vorige Woche geliefert, aber noch nicht bezahlt worden
waren. Dieses Kunststück hätten die Sachbearbeiter mit
ihren Karteikästen und Ordnern nicht ohne weiteres
fertiggebracht und schon gar nicht in dieser beängstigend
kurzen Zeit!

Spott dann, wenn „Blech-Otto" pingelig ein fälschlich
eingegebenes Leerzeichen vor dem ersten Buchstaben einer
Eingabe ernst nahm und prompt die nachfolgende
alphabetische Sortierung „falsch" machte, denn „ H" war
und ist etwas anderes für die dumme Maschine als „H"
ohne vorangestelltes Leerzeichen, es sei denn, geeignete
Software war eingesetzt, die derlei Pleiten verhinderte.
Der Umgang mit dem Computer war also von zweierlei
Emotionen geprägt:

Verachtung und Bewunderung, je nach Erlebnisgehalt, in jedem Fall aber Distanz zur Maschine, die insgeheim als fremd, unnahbar empfunden wurde.

Anfang der achtziger Jahre tauchten die ersten „persönlichen" Computer an den Arbeitsplätzen auf.

Anfang der achtziger Jahre kam der PC am Arbeitsplatz auf

Ehrlich gesagt, wiederum wußten nur wenige Spezialisten, wie man mit diesen „kleinen Blech-Ottos" umgehen sollte. Manch einer hat entnervt aufgegeben, wenn er partout nicht die Datei unter einem plausibel erscheinenden, mnemo-technisch einwandfreiem Namen ablegen konnte – die Restriktionen für Dateinamen unter MS-DOS mit ihren acht Stellen und drei Erweiterungszeichen waren und sind spartanisch. Seufzend hat man sich dem Bildschirm und damit dem Großrechner wieder zugewandt und mit verächtlichem Blick das vermeintliche „Spielzeug" als nicht brauchbar bei der täglichen Arbeit eingestuft.

So oder ähnlich ist es vielen in der damaligen Zeit ergangen. Es war keine Revolution, die da stattfand – es rollten keine Köpfe, es veränderte sich zunächst fast gar nichts.

Der PC, der persönliche Computer, wurde z.B. als Terminal, als Bildschirmeingabeplatz für den Großrechner mißbraucht, denn (oh Wunder!) er kannte neben Groß- und Kleinschreibung sogar Sonderzeichen fremder Sprachen auf seiner Tastatur! (Hier horchte bereits der eine oder andere neugierig auf.)

Die ersten Drucker, die das auch wieder ausgeben konnten waren gleichfalls da, die ersten Geschäftsbriefe entstanden, „Diskette" oder „Flexi-Disk", wie sie in der biegsamen, größeren Ausführung auch lange Zeit hieß, war plötzlich kein unbekanntes Wesen mehr, sondern lag vielmehr im Schreibtisch immer in ausreichender Menge griffbereit.

Man gewöhnte sich daran, eben mal einen Geschäftsbrief zu schreiben – man war unabhängig von der Engpaßleistung Sekretariat.

1984 erschien ein relativ preiswerter „Arbeitsplatzrechner" wie manche Firmen in umständlichem Deutsch die
PCs nannten, auf dem Markt, der einen (ersten)
Paradigmen-Wechsel einleitete: Er hatte einen kleinen aber
für damalige (und sogar noch heutige!) Begriffe
hochauflösenden Bildschirm, der es ermöglichte, statt purer
Zeichen, grafische Symbole abzubilden, und er besaß ein in
mancher deutschsprachiger Literatur als „Zeigegerät"
umschriebenes Anhängsel, das heute besser als „Maus"
bekannt ist.

Mit diesem Computer (es war der erste kompakte
Macintosh von Apple Computer), der sogar teuerer war als
seine Mitbewerber, war es zum ersten Mal auch einem
Laien möglich, in relativ kurzer Zeit (je nach Gemüts- und
Geisteslage konnte das Stunden bis Tage dauern) einem
Computer beizubringen, was er für seinen Benutzer zu tun
hatte, und zwar ohne die Eingabe kryptischer Kommandos,
die eigentlich nur eine Maschine einwandfrei hantieren
konnte.

Die grafische Benutzeroberfläche war damit erstmals
einem größeren Publikum bekannt gemacht worden und sie
wurde euphorisch begrüßt. Sie hat den Erfolg des PC
letztendlich begründet - wenn auch erst nach einigen Um-
wegen, wenn man die Entwicklung seit jener Zeit verfolgt
und heute MICROSOFT WINDOWS auf dem Industrie-
Standard-PC wie selbstverständlich mit dem „Zeigegerät"
bedient.

Was aber, werden Sie fragen, haben diese alten Geschichten
mit unserem Thema „Client/Server" zu tun?

Dem Paradigmenwechsel vom zentralen Allesmacher
(dem Host oder Mainframe-Computer) zum dezentralen
Alleskönner (dem „Personal Computer") wurde durch die
grafische Benutzeroberfläche wesentlich zum Durchbruch
verholfen, der Wechsel wurde letztendlich dadurch erst
möglich. Die jüngere Geschichte der Computerindustrie
zeigt, daß selbst die größten Konzerne der Branche
Probleme hatten, diesen Wechsel rechtzeitig zu erkennen

*Abb. 2.2: Disketten
sind etwas Alltägliches
geworden*

*Die grafischen Benut-
zer-Oberflächen
brachten den eigentli-
chen Durchbruch*

und ihre Unternehmenstrategie darauf auszurichten. Dies ist eines der Beispiele, wie sich im Umfeld eines Unternehmens (hier einer ganzen Branche) Veränderungen vollziehen, die von den Beteiligten nicht rechtzeitig erkannt werden und schlußendlich beinahe zur Katastrophe (in diesem Fall für die Mainframe-Hersteller) führen, wie wir es bereits im Eingangskapitel dargelegt haben.

Der Trend, weg vom Zentralen hin zum Verteilten, ist ein Trend, der nur evolutionär genannt werden kann. In vielerlei Hinsicht gleicht dieser Trend den Entwicklungslinien, denen auch die Entstehung des Lebens gefolgt zu sein scheint, als aus ersten einzelligen Lebewesen durch Aggregation und Spezialisierung Mehrzellige sich entwickelten.

In der Tat wird heute ein Unternehmen gerne mit einem Organismus verglichen – auch dies ein Paradigmenwechsel, der mit der Client/Server-Technologie seinen Ausdruck in der Informatik findet. Man könnte auch sagen:

Weg von hierarchischen Daten- (und Organisations-) Strukturen, hin zu Informationsnetzen, zu spezialisierter, verteilter Verarbeitung.

Simon schreibt hierzu (Simon 1991):

Unternehmen bewegen sich ständig auf dem schmalen Grat zwischen Chaos und Ordnung, zwischen Planbarem und Unvorhergesehenem. ... Die Bedeutung von Chaos für die Entwicklung dynamischer Systeme wird von der Wissenschaft erst seit jüngerer Zeit verstanden. Als Folge stürzte das klassisch-deterministische Weltbild, nach dem sich bei Bekanntsein der Ausgangsbedingungen und der Gesetze eines Systems die weitere Entwicklung exakt prognostizieren läßt.

Die Wirtschaftswelt stellt sich uns in zwei Formen dar: zum einen als eine Welt deterministischer Gesetzmäßigkeiten, des Geregelten, des Vorhersehbaren (zum Beispiel dort, wo Naturgesetze und technische Regeln gelten); zum anderen als eine Welt des Einmaligen, der Intuition, des

Unvorhersehbaren und Zufälligen (beispielweise in der Führung, im Marketing neuer Produkte). In dieser „chaotischen" Welt sind sichere Prognosen und damit absolute Planbarkeit und Ordnung unmöglich. Das enthebt uns – als Individuum wie als Organisation – nicht dem Zwang, ständig nach Verbesserungen zu streben, zu verändern und zu innovieren.

Leider gilt für diesen Prozeß, was der Unternehmensberater Dr. Michael Sliwka sagt: *„Jede neue Idee, jedes neue Produkt, jede neue Aktion, jedes neue Verfahren lassen sich nicht ex ante theoretisch absolut verifizieren. Unternehmensentwicklung ist demnach ein stochastisches Geschäft und nicht technokratisch sicher planbar."*

Unternehmensführung braucht deshalb immer zwei Komponenten:

Ordnung, Disziplin einerseits und Phantasie, Kreativität, Chaos andererseits. Chaos ist dabei, wie in der Natur, nichts anderes als ein Suchprozeß. Beide Komponenten, Ordnung und Chaos sind unverzichtbar, wie der Mediziner Wolfgang Gerok am Beispiel der Gesundheit eindrücklich belegt:

- „Die geordneten Reaktionen verleihen den Systemen Stabilität und Konstanz."

- „Die chaotischen Reaktionen ermöglichen dagegen die Flexibilität, die rasche Anpasssung an veränderte Umweltbedingungen durch ‚trial and error' und die Kreation neuer Eigenschaften."

Eine perfekte Beschreibung der Aufgabe des Managements in einer turbulenten Umwelt! Unternehmen können sowohl an „erstarrter Ordnung" als auch an „ungesteuertem Chaos" erkranken. Die Herausforderung besteht darin, zu jeder Zeit die optimale Chaosbalance zu finden.

Zitat Ende

Soweit Simon, der hier eine moderne Sicht des Unternehmens beschreibt, wie sie auch von Warnecke in seinem

jüngsten Buch (Warnecke 1992) für den Produktionsbetrieb
vertreten wird:

*„Als Gemeinsamkeit aller technischen Revolutionen kann die
Tendenz von der Zentralisierung (Dampfmaschine bzw.
EDV-Zentrum) zur Dezentralisierung (Elektromotor bzw.
Arbeitsplatzrechner, Workstation) identifiziert werden. Des
weiteren ist jeweils eine zunehmende weltweite Verfügbarkeit
und unaufhaltsame Ausbreitung feststellbar..."*

Und welche Systemarchitektur würde dem eher
entgegenkommen:

*Client/Server:
Architektur der Infor-
mationssysteme in
den 90er Jahren*

Eine auf den Zentralrechner ausgerichtete, oder eine
dezentralisierte, auf den einzelnen Arbeitsplatz bezogene,
der Kreativität des Mitarbeiters Freiräume lassende und
schaffende Client/Server-Architektur moderner Ausprägung?

Der Markt ist dabei, die Antwort zu geben.

2.2 Überblick, Normen, Architekturen

Client/Server-Architektur als konkrete Ausprägung der
verteilten Informationsverarbeitung, als Basis für „Workflow" und „Workgroup"-Computing ist unser Thema in
diesem Buche. Was ist so fundamental neu an diesem
Ansatz? Dieser Ansatz hat zum Paradigmenwechsel in der
Informatik-Strategie vieler Unternehmen, zur Formierung
internationaler Normungsgremien, zu Allianzen unterschiedlichster Hardware- und Software-Hersteller, zu zahl-
losen Tagungen, zu Veröffentlichungen am laufendem
Band, aber auch zur Verwirrung und Verstörung der
ganzen Branche bis hin zu „Chapter 11", d.h. zum
Offenbarungseid für einige einstmals bedeutende Firmen
geführt.

Mit zwei Begriffen läß sich die Neuartigkeit des
Ansatzes schlagwortartig beschreiben:

- *Kooperative Informationsverarbeitung (Cooperative Processing)*
- *Offene Systeme (Open Systems)*

Client/Server-Technik[1] fußt auf kooperativer Informationsverarbeitung und kann sich in offenen Systemen
optimal entfalten. Kooperative Informationsverarbeitung ist
eine notwendige Voraussetzung für Client/Server-Technik,
und zwar Kooperation nicht nur zwischen Software-Komponenten, sondern auch zwischen Hardware-Komponenten.

Was verstehen wir darunter?

Grobe Definition
Client/Server-Technik

---

[1] Im Kapitel 2 verwenden wir den Terminus "Client/Server-Technik", da
hier der Schwerpunkt auf den technischen Aspekten der Thematik liegt.

Wir folgen hier Alex Berson (Berson 1992, 199ff) und stellen die Begriffe anhand der Abbildung 2.3 dar:

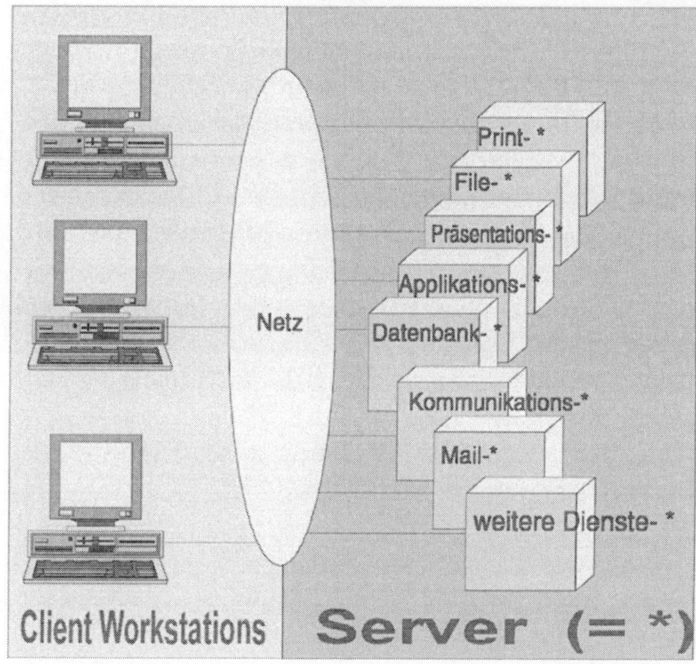

Die Client/Server-Beziehung besteht demnach nicht nur zwischen den Programmen auf der Client- und der Server-Seite (das wäre eine reine „Aufruf" oder „Call"-Beziehung) sondern auch gewissermaßen zwischen den spezialisierten Hardware-Plattformen, zumindest, was die geforderten Dienste anbetrifft. Das wird am deutlichsten, wenn man an die Benutzeroberfläche denkt: Eine grafische Präsentationsebene verlangt eben bestimmte Hardware-Komponenten wie Grafikkarte und zugehörige Bildschirmtreiber - eine Darstellung auf einer alphanumerischen Oberfläche ist nicht möglich (nur eingeschränkt als „Semi-" oder „Quasi-" Grafik, d.h. Ersatz einiger Grafikelemente der Benutzeroberfläche durch Darstellung mittels Zeichen). Nicht ganz so kraß sind die Hardware-Unterschiede bei den übrigen in Abb. 2.3 dargestellten Diensten zu bewerten. Print-Server oder Kommunikations-Server können relativ schwach dimensionierte PCs mit entsprechenden Zusatzkarten resp. Schnittstellen sein, wohingegen Datenbank-Server oder Applikations-Server Hochleistungsmaschinen sein sollten, um ihre Aufgaben erfüllen zu können.

Was ist nun „kooperativ" an dieser Beziehung?

Kooperative Abwicklung von Prozessen ist ein Spezialfall der verteilten Abwicklung, worunter wir die Verteilung der Komponenten einer Applikation

- *Präsentationslogik*
- *Businesslogik*
- *Datenmanagementlogik*

auf ein oder mehrere Computersysteme verstehen. Die Wechselwirkung dieser Komponenten untereinander erfolgt kooperativ mit dem Ziel, eine vom Anwender gewünschte und vom Anwendungsdesigner konzipierte Anwendungsfunktionalität zu erzielen: Kooperative Geschäftsabwicklung. Man könnte etwas philosophisch auch sagen: „Die Teile bilden ein vollständiges Ganzes", d.h. sie sind so aufeinander abgestimmt, daß der Gesamtprozeß optimiert wird, und nicht nur eine oder mehrere Teilprozeß-Ketten.

Vollständigkeit definieren wir hier so: Ein System heißt vollständig nicht dann, wenn ihm nichts mehr hinzugefügt werden könnte, sondern wenn man nichts mehr wegnehmen kann ohne das System zu zerstören oder in seiner Funktionalität wesentlich zu beeinträchtigen.

Wie war das in der herkömmlichen Datenverarbeitung? Nahezu die gesamte „Power" war im zentralen Rechner angesiedelt, periphere Geräte besaßen nur primitive Ein-/Ausgabe-Funktionalität und keine eigene „Intelligenz". Dies hatte durchaus fundierte Gründe (Illik 1993, 55f):

„Im Februar 1985 veröffentlichte die ACM unter dem Titel ‚Grosch's Law revistited' eine Studie zur Überprüfung der Gültigkeit der von Herbert G. Grosch bereits 1940 formulierten These, daß Computerleistung am wirtschaftlichsten angeboten werden kann, wenn sie von einem möglichst großen Zentralrechner stammt. Diese an

Kooperative Informationsverarbeitung: Verteilte Intelligenz (Software) und spezialisierte Funktionalität (Hardware) arbeiten als Client- (Dienste nachfragende) und Server- (Dienste erbringende) Komponenten ganzheitlich zusammen, um eine gemeinsame Aufgabe möglichst optimal abzuwickeln

39

Großrechnern bis ca. 1980 immer wieder empirisch verifizierte Aussage entstammt nicht nur der damaligen Technologie, sondern auch der Überlegung, es gebe zwar für jede Aufgabenstellung ein optimales Paket Computerleistung, dieses könne aber nicht in beliebiger Dimension kostengünstig angeboten werden. Im übrigen seien viele Anforderungen an Rechnerleistung und Speicherbedarf ohnehin nur auf großen Computern zu realisieren. Somit sei das große Time-Sharing System trotz seines belastungsabhängigen Antwortverhaltens und hohen internen Verwaltungsaufwands wie ein großes Kraftwerk der wirtschaftlichen Gesamtauslastung immer noch am nächsten. Mittlerweile haben jedoch Technologiesprünge stattgefunden: Seit Anfang der 80er Jahre sind 16-Bit- und 32-Bit-Mikroprozessoren verfügbar, seit Anfang der 90er Jahre 64-Bit Micros. Die oben erwähnte Studie kommt deswegen zu dem Schluß, daß sich Groschs Gesetz der ‚Economy of Scale‘ heute praktisch umgekehrt hat."

Somit ist die Basis der neuen Architekturen auch wirtschaftlich fundiert, was zur schnellen Verbreitung der neuen Techniken beiträgt.

Die Kosten (DM) pro MIPS sind seit 1980 exponentiell gefallen. Dies hat zur schnellen Verbreitung der Micros (PCs und Work-stations) beigetragen.

Kooperative Informationsverarbeitung bedeutet aber noch mehr, als reine DM/MIPS-Vergleiche:
Verteilte Intelligenz (Software) und spezialisierte Funktionalität (Hardware), d.h. Client/Server-Technik, bewerkstelligt viele gemeinsame Aufgaben (z.B. die Ablauf-Optimierung von Geschäftsprozessen) besser als eine rein zentrale Informatik-Architektur – das ist das Credo der Client/Server-Enthusiasten.

Es ist heute möglich, dieses Credo in die Tat umzusetzen: Hard- und Software-Hersteller haben sich auf die Bedürfnisse des mündigen Anwenders eingestellt. Nicht nur die zahlreichen Normen und De Facto Standards auf dem Gebiet der sog. „Offenen Systeme" belegen dies, sondern auch die strategischen Allianzen der Firmen untereinander (die der Anwender kaum mehr durchschauen kann) zeigen, daß der Zug der Zeit wegführt vom „proprietären" Betriebssystem, *weg von der Monokultur, hin zur „Multi-Vendor"-DV-Landschaft als besserem Abbild unserer beruflichen „Mini-Welt".*

Wedekind (Wedekind 1981) prägte den Begriff „Mini-Welt" für die Datenmodellierung eines betrieblichen Realitätsausschnitts.

Bevor wir uns daher mit der konkreten Verteilung der Anwendungskomponenten auf aktive Komponenten eines Netzes beschäftigen, wollen wir eine Definition „offener Systeme" geben und kurz auf die Normierungsbestrebungen der verschiedenen Gremien und Hersteller-Bündnisse eingehen, soweit sie für unsere Thematik von Bedeutung sind.

Was sind „Offene Systeme"?

„Offene Systeme" sind die Antworten der Hersteller auf die Forderungen des Marktes.
Ihre Haupteigenschaften sind (Berson 1992, 12ff):

Offene Systeme:
- *Standardisierung*
- *Portabilität*
- *Skalierbarkeit*
- *Interoperabilität*

- Übereinstimmung mit Industrie-Standards für Programmierung, Kommunikation, Netzwerk, Systemmanagement, Präsentation, Systemdienste und Schnittstellen zwischen Applikationen und Systemdiensten
- Portabilität von Applikationen über Systemgrenzen
- Skalierbarkeit von Performance/Durchsatz von Applikationen
- Möglichkeit der Zusammenarbeit über Systemgrenzen hinweg

Gemeinhin wird UNIX und „Offenes System" gleichgesetzt. Dies ist falsch, da UNIX eine Systemfamilie bezeichnet und nicht einen Standard als solchen.

UNIX ist eingetragenes Warenzeichen der AT&T; freizügig lizensiert ist dieses Betriebssystem die Basis für viele proprietäre UNIX-Dialekte.

Ein „UNIX-Standard" ist erst in jüngster Zeit definiert worden: Der sog. „POSIX-Standard" (s. Glossar) hat hier die lange erwartete Vereinheitlichung gebracht (Illik 1993, 63). Seit 1993 wird in den USA im Bereich der Behörden

Seit 1993 wird von
US-Behörden POSIX
und X/OPEN-Standard
gefordert

und des öffentlichen Dienstes POSIX-Kompatibilität (POSIX-Compliance) und X/OPEN-Zertifikation (X/Open branded) bei der Anschaffung von Computer-Systemen gefordert.

Offensichtlich haben amerikanische Behörden wie DOD („Department of Defense" – amerikanisches Verteidigungsministerium) und DOE („Department of Energy" – amerikanisches Energieministerium) stark normierende Wirkung für den einheimischen Markt und damit wegen der Bedeutung des amerikanischen Markts auch weltweit.

Die wichtigsten Standards/Herstellergremien im Bereich Offene Systeme sind in nachfolgender Tabelle (CW 15/1992) kurz zusammengefaßt:

Name, Gründungsjahr	Geschichte, Zielsetzung, Testverfahren	Mitglieder
X/Open, 1984	„Bison": Bull, IBM, Siemens, Olivetti, Nixdorf; = Gesellschaft nach Britischem Recht; Entwicklung von Standards für offene Systeme, z.B.: CAE= Common Applications Environment; Festschreibung der unstrittigen Definitionen, X/Open ist Warenzeichen seit 1988; VSX-Testverfahren nach X/Open Portability Guide (XPG, V4) –> „X/Open branded";	Amdahl, AT&T, Bull, DEC, Fujitsu, HP, Hitachi, IBM, ICL, NCR, NEC, Nokia, Oki, Olivetti, OSF^2, Philips, Prime, SNI, Sun, Unisys, UNIX International

(Fortsetzung)

---

[2] Die OSF (s.u.) ist zwischenzeitlich ausgetreten

UNIX International (UI), 1988	Antwort auf Gründung der OSF; AT&T hat UNIX-Entwicklung an UNIX System Laboratories (USL) abgegeben, deren Entwicklungsziele von UI vorgegeben werden; Ziel: kontrollierte Weiterentwicklung von UNIX; keine Testverfahren, aber Empfehlungen	245 Mitglieder nach eigenen Angaben; 1993 in Auflösung begriffen
Open Software Foundation (OSF), 1988	Als Antwort auf die „SUN-Lastigkeit" der UI von Apollo, Bull, DEC, HP, IBM, Nixdorf, Siemens gegründet; Ziel: neutrale Entwicklung von UNIX; Lizenzgebühren für die bisher entwickelten Produkte: Betriebssystem OSF/1 (DEC Alpha-Systeme, IBM ESA/390), GUI Motif und Systemintegrationsumgebung DCE und DME (in Entwicklung); keine Testverfahren	über 300 Mitglieder nach eigenen Angaben
Advanced Computing Environment (ACE), 1991	Rund um SUNs SPARC-Architektur für RISC-Prozessoren entstanden; Ziel: Breit unterstützte Umgebung für offenes Computing;	Compaq, DEC, Microsoft, MIPS und SCO; inzwischen mehr als 200 Unternehmen

(Fortsetzung)

System Performance Evaluation Cooperative (Spec)	Zeitschrift Electronic Enginering Times hat Gründungsmitglieder gewählt; Ziel: Standardisiertes Set relevanter Benchmarks, Testverfahren: Specmarks	22 Mitglieder

Als Produkte bzw. Spezifikationen dieser Gruppen sind vor allem DCE, DME und COSE zu erwähnen, die wir im folgenden näher beschreiben wollen (Heisterberg 1993):

„Am 17.3.1993, auf den Tag genau sechs Jahre nach der Vorstellung der IBM System-Anwendungs-Architektur (= SAA, s. Glossar), haben führende Unternehmen der Informationstechnik und zwar zunächst HP, IBM, SCO, SUN, (Novell mit) Univel und USL, ihre Absicht bekanntgegeben, ein „Common Open Software Environment (COSE)" auf Basis ihrer jeweiligen UNIX-Systeme anzubieten. Dabei adressiert COSE die Bereiche:

- *Gemeinsame Benutzerumgebung, Common Desktop Environment*
- *Gemeinsame Netzzugangsprodukte auch auf Basis von OSF/DCE*
- *Hochleistungs-Grafiksysteme für 2D/3D und Bildbearbeitung*
- *Eine gemeinsame Spezifikation für Multimedia-technologie*
- *Objekt-Technologie gemäß der gemeinsamen Architektur für einen Object Request Broker (CORBA)*
- *Gründung einer gemeinsamen Arbeitsgruppe für Systemmanagement*

Alle neuen Spezifikationen, Technologien und Produkte werden so entworfen, daß mit den bestehenden Anwendungssoftware-umgebungen der beteiligten Unternehmen Verträglichkeit bewahrt wird.

Darüber hinaus hat Univel/Novell angeboten, die Spezifikationen von UNIX-Clients am NetWare Server an X/Open zu übergeben.

Umgekehrt hat die Open Software Foundation eingewilligt, in gleicher Weise die Spezifikationen von OSF/Motif und Begleitmaterial an X/Open zu übergeben einschließlich des Rechtes zur Zertifizierung damit Motif in eine künftige Version des „X/Open Portability Guides" aufgenommen werden kann.

Eine erste Spezifikation des „Common Desktop Environments" soll im Juni 1993 veröffentlicht und auch an X/Open übergeben werden. Eine Entwicklungskonferenz soll im Oktober stattfinden und erste Produkte sind im ersten Quartal 1994 von HP, IBM, SUN und USL zu erwarten.

Bis zum 6. Mai 1993 haben folgende Unternehmen ihre Unterstützung für COSE erklärt: Adobe, Autodesk, Computer Associates, ComputerVision, Convex, Cray Research, EDS, Fujitsu, Hitachi, ICL, Ingres, Integrated Computer Solutions, Mead Data Central, ORACLE, SNI, Stratus, Sybase, Toshiba, Unisys, XSoft (Xerox) und die Standardisierungsgruppierungen Interactive Multimedia Association, Object Management Group und UNIX International."

Die OSF hat mit DCE (Distributed Computing Environment) und DME (Distributed Management Environment) eine Architektur verteilter Systeme mit allen wesentlichen Elementen vorgestellt bzw. die Verfügbarkeit von Produkten angekündigt (Seifert 1993). Als Basis sind die Betriebssysteme UNIX, MS-DOS und OS/2 mit dem Prozeßkonzept der Threads zusammen mit Kommunikationssystemen möglich. Fernaufruf (Remote Procedure Call, RPC), Datums- und Namensdienste sowie Sicherheits- und Verwaltungsfunktionalität werden enthalten sein.

An dieser Stelle sollte nicht unerwähnt bleiben, daß Microsoft, mittlerweile größtes Softwarehaus der Welt, eigene Standards für offene Systemarchitektur und Interoperabilität publiziert. Angesichts der Marktmacht von Microsoft haben auch diese „PC-basierten" Standards große Chancen weithin akzeptiert zu werden, vor allem, wenn Microsoft mit seinem neuen Betriebssystem WINDOWS NT nicht nur auf dem traditionellen Gebiet der PCs, Workstations und Server auf INTEL-Basis, sondern auch auf RISC-Maschinen (z.B. DECs Alpha-Chip) Erfolg hat. Interessant sind jedenfalls die Definitionen und Ziele von WOSA (= Windows Open Services Architecture, s. (WEKA 1993b)), in die erste Offenlegungen wie das DDE-Protokoll (= Dynamic Data Exchange, s. Glossar und (WEKA op.cit.)), und die OLE (= Object Linking and Emdedding, s. (WEKA op.cit.) und Glossar) -Schnittstellen-Technik sowie der von Microsoft vorgeschlagene Standard für Datenbankzugriffe (ODBC = Open Data Base Connectivity) eingegangen sind.

Handelte es sich bei DDE und OLE noch um Standards für den Austausch von Daten bzw. das Verknüpfen von Objekten eines Programms in die Dokumente eines anderen hinein, die zusammen auf einem Computer ausgeführt wurden, so geht WOSA mit NetDDE einen (entscheidenden) Schritt weiter: Die Protokolle wurden so erweitert, daß sie für Programm-zu-Programm-Kopplung innerhalb eines Netzwerks Gültigkeit haben. Eine vergleichbare Funktionalität konnte bisher nur mit Zusatzprodukten anderer Hersteller erreicht (z.B. mit dem DDE-Manager von ORACLE) und mußte durch geeignete Netzwerk-Software unterstützt werden. Indem nun alle notwendigen Komponenten aus einer Hand kommen, sinkt die Heterogenität und damit die Anfälligkeit für Fehlfunktionen an den Systemschnittstellen – auf der anderen Seite verstärkt sich die Abhängigkeit von einem Anbieter.

Es ist interessant zu beobachten, wie die normierende Bedeutung der Hardware-Hersteller zugunsten der Software-Hersteller zurückgeht – allerdings dürfen hieraus keine voreiligen Schlüsse gezogen werden: Die Hardware-Hersteller haben den Trend erkannt und setzen mit eigenen Marketing-Strategien dagegen. So gibt es heute kaum einen bedeutenden Hardware-Hersteller, der nicht auch zugleich System- und Integrations-Anbieter wäre – „Client/Server" erhält damit auch einen proprietären Touch, je nachdem welcher Anbieter dahintersteht! Dies widerspricht zwar der Grundintention der neuen Architektur, aber clevere Hersteller vermarkten „ihren" speziellen Weg zu Client/Server-Architekturen mit dem witzig-frivolen Bonmot:

„Wer nach überall hin offen ist, kann nicht ganz dicht sein!"

Nichtsdestoweniger bleibt die Lage spannend – wer zuerst seine Produkte in den Markt bringt und einen genügend hohen Prozentsatz der Installationen dominiert, wird die Standards letztendlich bestimmen – und damit Marktführer werden (oder bleiben).

Was hat es nun mit den „Zauberkürzeln" MS-NetDDE, WOSA und ODBC auf sich? (WEKA 1993b)

Unter dem Stichwort „Workgroup Computing" werden heute von verschiedenen Herstellern (Lotus, Microsoft,...) zunehmend Software-Produkte angeboten, die ein verteiltes Arbeiten innerhalb eines LANs ermöglichen. Hierunter fallen neben den „Electronic Mail" Produkten zur elektronischen Bürokommunikation vor allem solche Anwendungen, die es gestatten, entweder Daten von anderen, irgendwo im Netz befindlichen „Servern" zu erhalten (verteilte Datenhaltung), oder/und sogar Rechenleistung auf anderen Rechnern in Anspruch zu nehmen, womit eine echte verteilte Verarbeitung möglich wird. Microsoft bietet hier mit NetDDE (MS-SYS-J, 2, 1993) ein fortschrittliches Konzept zur Unterstützung des Workgroup-Computing an.

„Die Anwendungen, die mit NetDDE arbeiten, benutzen in ihren DDE-Transaktionen nur leicht geänderte Texte in den Bezeichnungen für Dienstleistungen (services) und Themen (topics). Sobald die Verbindung steht, laufen die weiteren DDE-Vorgänge genauso ab wie in lokalen Verbindungen - das für den Netzbetrieb zuständige DDE-Modul fängt die DDE-Vorgänge ab, die für andere Maschinen bestimmt sind und erledigt die Übertragung im Netz. NetDDE sorgt für den ferngesteuerten Start eines Programms auf einer anderen Maschine im LAN, falls mit dieser eine Verbindung aufgenommen werden soll, und das Programm noch nicht aktiv ist. Auf diese Weise kann sich unter Windows für Workgroups jede Maschine der Leistung jeder anderen im Netz bedienen.

NetDDE, die Netzwerkerweiterung des DDE-Protokolls von Microsoft:

Die technische Realisierung bedient sich wiederum der Schichtenarchitektur. Im wesentlichen wird neben der NetDDE-Anwendung der NetDDE-Treiber, die API (= Application Program Interface)-*Bibliothek und der ClipBook-Server resp. -Viewer benötigt. Letztere dann, wenn Anwender im Netz den Inhalt ihrer Zwischenablage austauschen wollen. NetDDE liefert also u.a. zwischen „gleichwertigen Partnern" (peer to peer) im Netz die Dienste, die das DDE-Protokoll und der DDE-Manager zwischen Datenbank-Client und Datenbank-Server anbieten plus der Möglichkeit, verteilt zu arbeiten, d.h. Prozesse auf anderen Rechnern im Netz zu starten und anzusprechen. Damit ergeben sich vielfältige Möglichkeiten in der Zusammenarbeit eng gekoppelter Gruppen: MIS (= Management Information* System) *Problemstellungen, Projektarbeit im weitesten Sinn wird dadurch wesentlich vereinfacht und transparent für die Beteiligten."*

WOSA[3] bietet dem Entwickler und dem Anwender eine einheitliche, konsistente Schnittstelle auf Systemebene zwischen WINDOWS-PCs und anderen Computerdiensten. Verwendet eine Windows-Anwendung diese Schnittstelle, so ist die Kenntnis des Partners (Großcomputer, Datenbank-Server, Mail-Server,...) vollständig von der Applikation (und damit auch vom Anwender) abgeschirmt. Das bedeutet konkret:

„Ändert sich das Partnersystem, muß die WOSA-Applikation nicht neu programmiert und nicht einmal neu kompiliert werden – alle Kommunikation erfolgt über Treiber und DLL (= Dynamic Link Library) -Module, die bei Laufzeit einfach dazugebunden werden, wenn sie benötigt werden. Das Ansprechen eines Partners im Netzwerk, die Nutzung eines Dienstes ist damit so einfach, wie das Ansprechens eines neuen Druckers: Es wird einfach ein neuer Treiber eingebunden und die Kommunikation kann beginnen, bzw. der Dienst kann genutzt werden. Es ist klar, daß dieses Konzept mit den Beschränkungen eines herkömmlichen Betriebssystems (640kB MS-DOS) sehr

---

[3] WOSA = Windows Open Services Architecture, s. z.B. (MS-DATAB, 2, 1993)

*schnell an Grenzen stoßen muß (das ändert sich auch nicht
wesentlich bei der Verwendung der „Load High"-Technik unter
MS-DOS V5) – neue Betriebssysteme sind letztendlich die
Voraussetzung zur konsequenten Nutzung dieser Techniken. Hier
darf man gespannt sein, welche Variante sich schließlich Mitte
der 90er Jahre durchsetzen wird."*

ODBC (= Open Data Base Connectivity) ist eine
Aufruf-Schnittstelle (= Call Level Interface), die in einem
heterogenen Umfeld ein gemeinsames API für alle Datenbanken definiert. Mit ODBC können Anwendungsentwickler einer Anwendung gleichzeitig den Zugriff, die
Betrachtung und Veränderung von Daten aus mehreren
verschiedenen Datenbanken ermöglichen. Jede Anwendung
verwendet die gleichen Funktionsaufrufe, um über DBMS
(= Daten Bank Management System) -Treiber mit verschiedenen Datenquellen zu kommunizieren. Ein Treibermanager befindet sich zwischen Anwendungen und den
eigentlichen DBMS-Treibern, genauso, wie der Druck-
manager zwischen Anwendung und Druckertreibern liegt.
In MS Windows sind Treibermanager und Treiber z. B. als
DLLs implementiert. Der ODBC-Treibermanager lädt die
Treiber dynamisch, nämlich dann, wenn sie gebraucht
werden. Die Treiber, die getrennt von den Anwendungen
entwickelt werden, befinden sich zwischen der Anwendung
und dem Netzwerk. Der Treiber verarbeitet ODBC-
Funktionsaufrufe und übersetzt sie in die von der
Zieldatenquelle benötigten Befehle. Um auf ein neues
DBMS zugreifen zu können, installiert ein Benutzer oder
Verwalter einfach den Treiber für dieses DBMS. Der
Benutzer braucht *keine* andere Version seiner An-
wendungssoftware zu installieren. Das ist eine immense
Einsparung an Entwicklungs- und Wartungsaufwand.

Auch hier gilt: Leistungsfähige Endgeräte (486er PCs
und höher) und leistungsfähige Betriebssysteme werden
letztendlich dieser Technik zum Durchbruch verhelfen. Mit
heute verfügbarer Hard- und Software (s.o.) treten im
konkreten Anwendungsfall zu viele nicht beherrschbare
Interferenzen auf.

Im Zusammenhang mit Datenbanken hat sich Microsoft zusammen mit mehr als 40 anderen Herstellern für die WOSA-Komponente ODBC entschieden. Sowohl ORACLE als auch Apple betrachten z.B. ODBC als strategische Technologie.

2.3 Client/Server-Architekturen

Nach diesem Ausflug in die Standards und Schnittstellendefinitionen wollen wir uns wieder der allgemeinen Client/-Server-Architektur zuwenden.

Definition:

Unter Client/Server-Architektur verstehen wir verteilte, kooperative Informationsverarbeitung in offenen Systemen und mit Hilfe offener Systeme; die Kooperation findet dabei nicht nur zwischen den Softwarekomponenten sondern auch zwischen den Hardwarekomponenten statt.

Nach welchen Kriterien kann man Client/Server-Systeme klassifizieren und darstellen?

Durchgesetzt hat sich, Client/Server-Architekturen gemäß der Verteilung von Präsentations- und Businesslogik (der eigentlichen, spezifischen Anwendung, d.h. den „Applikationsfunktionen" im engeren Sinne) und des Datenmanagement zu beschreiben (Gartner 1993). Wir werden hier dieser Systematik folgen, jedoch auch „Pseudo"- und „Misch"-Formen nicht außer acht lassen, da sie in der Praxis je nach eingesetzter Basissoftware von Bedeutung sind.

Des weiteren weisen wir darauf hin, daß ein bestimmter Rechner in einem Netz sowohl Client als auch Server sein kann. Insbesondere in einer mehrstufigen Architektur (s. Kap. 4) kann ein Datenbank-Server gegenüber einem anderen Server, z.B. dem klassischen Host, durchaus Client sein.

Wichtig ist außerdem festzuhalten, daß eine „echte" Client/Server-Architektur offen gegenüber beliebiger Verteilung der Komponenten ist – damit kann in einem Netz die Last nahezu ideal verteilt werden, wenn man das Netz als Engpaß ausschließen kann, was allerdings mit heutiger Technik nicht in allen Verteilungsvarianten zu gewährleisten ist (s. Unterkapitel 2.3.5 Netzwerk).

Üblich ist heute folgende Darstellungsweise für die Verteilung der Komponenten Präsentation, Applikations-Funktion und Datenmanagement (Gartner 1993):

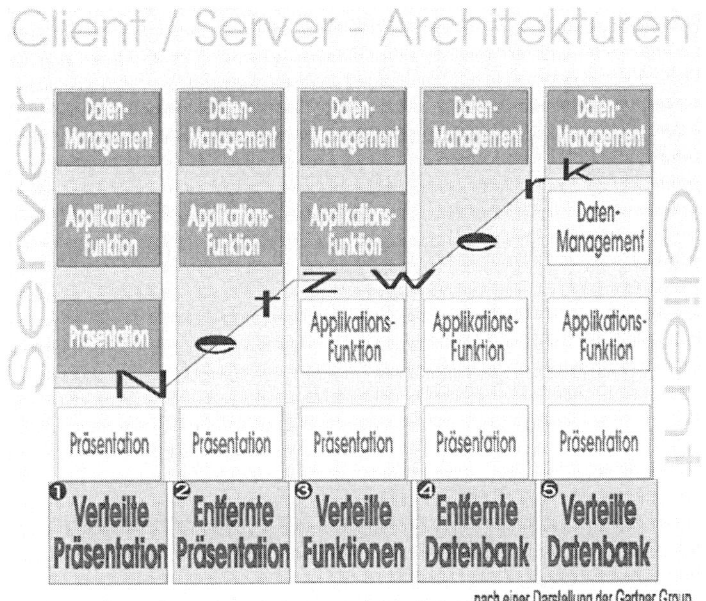

Abb. 2.4:

Client/Server-Architektur- Varianten

Wir wollen in den folgenden Unterkapiteln die einzelnen Architektur-Varianten 1 bis 5 aus Abb. 2.4 vorstellen, soweit sie von praktischer Bedeutung sind. Abb. 2.4 enthält jedoch nicht alle Varianten. So ist es z.B. möglich, daß bei der verteilten Datenhaltung auf mehreren Knoten eines Netzwerks (egal, ob primär Client oder Server) Daten redundant liegen. Ebenso verhält es sich bei der Verteilung der Funktionen: Diese können auf mehrere Applikations-server verteilt sein. Allerdings ist dann nur die Präsentationskomponente „echt" verteilt, da die Clients keine Teil-Funktionalität enthalten. Diese „Misch- und Pseudoformen" werden jeweils bei der Verteilung der Funktionen und des Datenmanagements besprochen.

2.3.1 Die Präsentationskomponente

Die Präsentationskomponente enthält die Präsentationslogik, d.h. den Teil des Anwendungscodes, der das
Endgerät des Benutzers „bedient". Im allgemeinen werden
Benutzeroberfläche und Dialogsteuerung, also die Masken
und Menüs, die ein Anwender sieht, heute nach CUA (=
Common User Access, IBM-Standard für Benutzeroberflächen, s. Glossar) -Gesichtspunkten konstruiert sein, da sich
dieser Quasi-Standard in mehreren konkreten Ausprägungen, die sich für den Benutzer nur marginal unterscheiden,
etabliert hat.

> Für CUA-konforme Anwendungen gilt: „Eine Anwendung beherrschen,
> heißt alle Anwendungen beherrschen", zumindest von der reinen
> Bedienbarkeit her. Die Bearbeitung des Geschäftsprozesses für den die
> jeweilige Anwendung gebaut wurde, muß natürlich immer geschult
> werden.

Dies sollte auch als ein wesentliches Kriterium beim
Kauf von Standard-Software aufgeführt werden, da in je-
dem Fall durch die (nahezu) gleichartige Bedienung der un-
terschiedlichsten Applikationen in den verschiedenen Sy-
stemwelten beim Anwender deutliche Synergieeffekte bei
Schulung und Einarbeitungszeit feststellbar sind. Damit ist
auch ein handfester Kostenvorteil nachweisbar. Das
Endgerät kann ein PC (mit oder ohne Festplatte und/oder
Diskettenlaufwerk) oder eine Workstation, ein X-Terminal,
ein alphanumerisches Terminal oder eine Terminal-
Emulation auf einem der vorgenannten „intelligenten"
Endgeräte sein.

Was ist nun die eigentliche „Präsentationslogik"?

Die folgende Tabelle stellt die wichtigsten Aufgaben zusammen, die unter dem Begriff gesehen werden.:

Aufgabe der Präsentationslogik	Bemerkung
Bildschirmformatierung	Aussehen der Anwendungsmasken, Feldattribute, Buttons, Schriften, Zeichensätze, Farben, ...
Ein-/Ausgabe der Bildschirminformation	feldweise, blockweise, maskenweise; dialog- bzw. ereignisorientierte Ein-/Ausgabe
Verwaltung der Applikations-Fenster	Fenster fester Größe, Roll-Menüs, Roll-Fenster, Pop- Up Fenster mit und ohne Rollbalken,...
Verarbeitung Tastatur- und/oder Maus-Eingabe	Ereignissteuerung, Pufferung, Warteschlangen
Dialogmanagement	Senden, Empfangen, Transaktionsabschluß (Speichern, Ändern anstoßen), Wechsel Menü/Applikation, Expertenmodus, Funktionstastenbelegung anzeigen, ...

Fortschrittliche Präsentationslogik kann darüber hinaus Typen- und Bereichs-Validierung für Datenfelder, kontextbezogene Hilfe, Meldungsaufzeichnung und Zugangskontrolle abhandeln. Hieraus folgt bereits die Erkenntnis, daß die Grenzen zwischen den drei „Schichten" oder Funktionsbereichen Präsentation, Applikation und Datenmanagement durchaus innerhalb gewisser Bereiche fließend sind. Es ist daher nützlich, Kriterien aufzustellen, mit denen man eine Aufteilung der funktionalen Komponenten auf die

Hardware-Bestandteile der konkreten Client/Server-Architektur beurteilen kann. Diese Bewertung kann nur im Hinblick auf den abzubildenden Geschäftsprozeß erfolgen – die Erreichung der Geschäftsziele muß durch eine Client/Server-Architektur optimal unterstützt werden – das kann im konkreten Fall bedeuten, daß die eine oder andere Variante der Client/Server-Architektur den Geschäftsprozeß nicht so optimal unterstützt (z.B. beim Kauf eines fertigen Standard-Software-Paketes mit festgelegter Architektur), wie es nach dem Stand der Technik möglich sein könnte. Auf der anderen Seite kann aber eine eingekaufte „Fertig-Architektur" auch für die eigenen Zwecke überdimensioniert sein. Wir wollen diese Extreme an zwei Beispielen erläutern:

Beispiele:

„Overpowered Presentation"

In einem PPS- (= Produktions-Planungs und Steuerungs-) System sollen die Werker Fertigungssteuerungsdaten (BDE = Betriebsdatenerfassung: Fertigmeldung eines Arbeitsvorgangs oder eines gefertigten Produkts) eingeben. Würde das konkrete PPS-Standardpaket an dieser Stelle unbedingt PCs oder gar Workstations voraussetzen, wäre dies i.a. Verschleuderung von Investitionsmitteln, denn der klassische Werkerarbeitsplatz ist i.a. kein multifunktionaler Arbeitsplatz, an dem auch andere Funktionalität als BDE bei der Erledigung des Tagesgeschäfts verlangt würde. Folglich sind hier BDE-Terminals in geeigneter Ausprägung (z.B. mit wenigen, speziellen Tasten und ggf. Verschmutzungsschutz der Tastatur) die richtige Wahl.

Die Situation stellt sich aber bereits ganz anders dar, wenn wir an das Meisterbüro in einer Produktionssteuerung oder einen DNC-Werkerarbeitsplatz (s. Glossar) denken. Hier gibt es unter Umständen einen grafischen Leitstand, woraus die Notwendigkeit einer grafischen Bildschirmdarstellung, d.h. X-Terminal im Minimum, vielleicht auch Emulation auf dem PC oder Workstation-Einsatz zwingend folgt. Hat das Meisterbüro Schnittstellen nach außen (z.B. in die Materialwirtschaft, was i.a. der Fall ist) wird es sinnvoll sein, hier einen multifunktionalen

Arbeitsplatz zu wählen und die verschiedenen Anwen-
dungspakete auf dem PC resp. der Workstation direkt oder
per Terminal-Emulation auszuführen (Fall „Verteilte Präsentation" bis „Entfernte Datenbank" in Abb. 2.4).

„Underpowered Presentation"

Das triviale Beispiel hierfür ist die Notwendigkeit grafischer Bearbeitungsmöglichkeiten für den Geschäftsprozeß,
aber die alleinige Verfügbarkeit von alphanumerischen
Bildschirmen.

Ein weiteres Beispiel ist die meist nicht CUA-konforme
Bedienoberfläche der Altsysteme auf dem Mainframe.
Wenn im Zuge eines „Downsizing"-Projekts zunehmend
auf Client/Server-Techniken umgestellt wird, aber
Altsysteme noch jahrelang eingesetzt werden, sei es, weil
sie aus Kapazitätsgründen erst sehr spät umgestellt werden
können, oder weil sie auf Dauer erhalten bleiben sollen (z.B.
Host überlebt als „Enterprise"-Daten-Server), lohnt es sich
zu überlegen, die Präsentationsebene durch Produkte wie
EASEL o.ä. auf CUA-Standard zu bringen. Der größte
deutsche Standard-Software-Hersteller, die SAP, geht einen
solchen Weg während der Umstellungsphase von SAP R/2-
Software (Host-basiert) auf R/3-Software (Client/Server-
Technik): Die Version 5 der SAP R/2-SW hat die (im
wesentlichen CUA konforme) Oberfläche der neuen R/3-
Software. Damit ist beim Anwender ein „weicherer"
Übergang von R/2 nach R/3 zu erreichen. Für hauseigene
Downsizing-Vorhaben ist ein derartiges Vorgehen u.U.
auch zu empfehlen, auch wenn es die Migration insgesamt
verteuert.

Verteilte Präsentation (Fall 1 aus Abb. 2.4):

Die Verteilung der Präsentations-Funktionalität zwischen Client und Sever-Komponenten ist eine wesenliche
Variante der Client/Server-Architektur:

*„Underpowered
Presentation"*

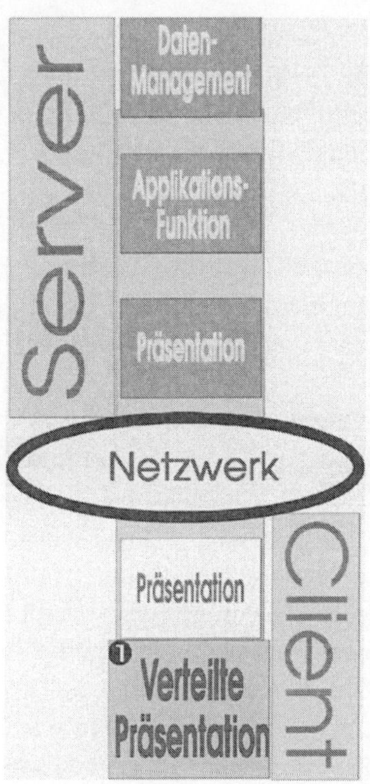

2.5:

Verteilte Präsentation

Man spricht von „back-end"-Komponente für die Server-Seite und von „front-end"-Komponente für die Client-Seite. Unter diese Architektur-Variante fallen Host-Terminalbetrieb (der „Host" oder „Mainframe-Computer" wird hier als Server betrachtet) mit grafischer Aufbereitung (Produkte wie EASEL und IN-FRONT), bei der die alpha-numerische Terminalinformation (die „Nettodaten") auf der „intelligenten" Arbeitsstation (PC oder Workstation) gemäß dort abgelegter Vorschriften in Fenstertechnik umgesetzt wird, aber auch die X-Window-Technik (X-Window basiert auf dem X11-Protokoll, s. Glossar), bei der Front-End = X-Server auf dem Client und Back-End = X-Client auf dem Server residiert.

Letztere (verwirrende) Definition ist durch die X-Window-Spezifikation bedingt: Der X-Server führt auf der Arbeitsstation des Anwenders (PC, Workstation oder X-Terminal) die Anfragen des X-Clients auf dem Server aus, der dort zusammen mit der Applikation (ggf. auch noch mit dem Datenbank-Management-System) parallel abläuft.

Verteilte Präsentation findet sich immer dort, wo eine gewisse Intelligenz auf dem „front end" vorhanden sein muß, um die Dienst-Anforderungen des Servers (des Präsentations-Clients) zu befriedigen. Der reine Terminal-Betrieb klassischer OLTP-Anwendungen (z.B. CICS oder IMS/DC-Anwendungen auf einem Großrechner und IBM 3270-Terminals oder UTM-Anwendungen auf SNI-Rechnern mit 97xx-Terminals) fällt auch unter diese Kategorie, zumindest, wenn dieser von einer Terminal-Emulation auf einem intelligenten Endgerät (front-end) emuliert wird.

> Beim klassichen Terminalbetrieb zögern wir im Gegensatz zu Berson, von verteilter Präsentation zu sprechen, wir sehen hier eher die „entfernte Präsentation"; schlußendlich sind die Grenzen aber nicht ganz scharf zu ziehen, da moderne Terminals bereits erhebliche „Intelligenz", wenn auch nicht Multifunktionalität besitzen

Es ist bezeichnend für die Situation auf dem derzeitigen Client/Server-Markt (1994), daß die meisten Standard-Software-Pakete nahezu 1:1-Portierungen von der Mainframe-Welt auf die Client/Server-Architektur darstellen, d.h. „Server" und „Host" haben oft nur den Namen und das Betriebssystem gewechselt, die wesentlichen Neuerungen der Client/Server-Architektur, die Nutzung der „offenen Systemarchitektur" und die kooperative Informationsverarbeitung (Workflow Computing und damit Einbindung der Bürokommunikation) sind nicht ohne weiteres bzw. nicht in der vollen Eleganz möglich.

Ein Beispiel ist die Verwendung verteilter oder entfernter Präsentation statt verteilter Anwendung dort, wo eine enge Verbindung zur Bürokommunikation notwendig wäre, z.B. im Bereich von MIS (= Management Information System) oder Workgroup/Workflow Computing (s. Abschnitt 2.4.1). Hier schaffen erst die Architektur-Varianten 3–5 (s. Abb.2.4) die technische Voraussetzung, „Information at the Fingertips[4]" zu haben. Die Schnittstellen zu „Standardprogrammen" wie WORD, EXCEL, LOTUS 1-2-3, LOTUS-NOTES etc. sind erst in diesen Varianten elegant, d.h. performant, kostengünstig und transparent zu implementieren. Wir wollen diesen Punkt unter dem Aspekt der verteilten Funktionalität und der Datenbank-Verteilung noch einmal ansprechen. Auch dort gilt, daß gewisse Aspekte und Möglichkeiten der Interprozeß-Kommunikation (mit Interprozeß-Kommunikation bezeichnen wir hier „peer-to-peer communication", wie sie zwischen gleichwertigen Systempartnern durch Protokolle wie APPC

---

[4]Dieser Slogan stammt von Bill Gates, dem CEO und Eigentümer von MICROSOFT

bzw. CPI-C (s. Glossar) unterstützt wird) bei reiner Terminal-Emulation auf dem Client (verteilte Präsentation) nur beschränkt oder gar nicht verfügbar gemacht werden können.

> Trivial anmutendes Beispiel (aber z.Zt. durchaus nicht trivial für heterogene Server-basierte Systeme) ist das Drucken auf beliebigen Abteilungsdruckern im LAN vor Ort. Ähnlich verhält es sich mit der Nutzung anderer im LAN verfügbarer Dienste, wie Electronic Mail resp. Fax.

Teilweise hängt die Scheu der Standard-Software-Anbieter vor dem neuen (ungewohnten?) Terrain aber auch damit zusammen, daß Standards auf der Client-Seite zum Zeitpunkt des Architektur-Designs nicht vorhanden oder gerade in Entwicklung waren – eine Entscheidung für eine herstellerspezifische Komponente oder Lösung hätte damit auch im Widerspruch zum Grundgedanken „Portabilität" der Offenen Systeme gestanden und unter Umständen das Marketing erschwert oder gar den Markterfolg der jeweiligen Standard-Software in Frage gestellt.

Auf der anderen Seite hat die Variante „Verteilte Präsentation" bzgl. Skalierbarkeit und Wirtschaftlichkeit auch ihre Vorteile: Schwächere Endgeräte genügen, mehrere Applikationsserver sind bei Lasterhöhung einsetzbar (Skalierbarkeit). Die Datensicherheit resp. der Datenschutz sind unsres Erachtens wiederum geringer, da eine Terminal-Emulation leichter den Weg zum „Host" öffnet, als eine abstrakte Brücke, die unterhalb einer Anwendung auf Schicht 6 des OSI-Referenzmodells (s. Abschnitt „Datenmanagement" in diesem Kapitel) für Verbindung sorgt. Für eine WAN (Wide Area Network)-Verbindung ist die Variante hingegen wieder günstiger, da weniger Nettodaten fließen, als zwischen Applikation und Datenbank-Managementsystem. Bei verteilten Funktionen fließen mehr Daten über das WAN, wenn nicht besondere Design-Maßnahmen ergriffen werden (s. verteilte Funktionalität und Datenmanagement).

Entfernte Präsentation (Abb. 2.4, Fall 2)

Die Kommunikation zwischen Client und Server beschränkt sich hier auf ein Versenden einzelner Meldungen, die Benutzeroberfläche ist starr, ein echter Dialog wird nicht benötigt. Ein Beispiel für diese Architektur-Variante sind die BDE-Terminals eines PPS (=Produktions-Planungs- und Steuerungs)-Systems, eines Bank-Terminals für Bargeldautomaten oder Kontoauszugdrucker, oder eines Fahrkartenautomaten.

Wer bei mehr als einer Bank ein Konto führt, bzw. wer gelegentlich an einem Automaten eines anderen Instituts genötigt ist, Geld abzuheben, wird sich wundern, wie gering in diesem Bereich die Standardisierung ist:

Muß bei einem Automaten der Betrag über Ziffernblock eingegeben werden, ist er bei einem anderen aus einem „Menü" mit Cursor-Steuerung auszuwählen – Beispiele für wenig Normierung und die daraus resultierenden Probleme für den Anwender, der bei manchen (Fahrkarten-) Automaten schier verzweifelt, weil sie „anders als von daheim gewohnt" funktionieren.

Fehlende Standardisierung und Normierung gehen zu Lasten des Endanwenders

Aus Client/Server-Sicht ist die Variante „Entfernte Präsentation" aber eher unergiebig, daher werden wir sie hier nicht näher beleuchten.

2.3.2 Die Funktionskomponente

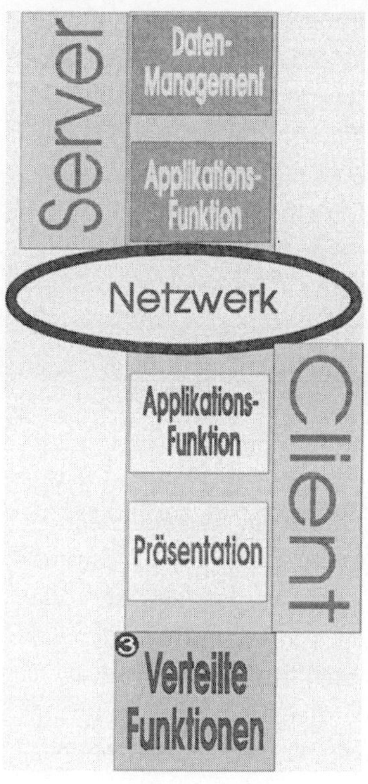

Abb. 2.6:
Verteilte Applikations-
Funktionen

Die (teilweise oder vollständige) Verteilung der Funktionskomponenten auf die Client-Seite (Fälle 3 und 4 aus Abb. 2.4) ist eine der ergiebigsten Varianten im Client/Server-Sinne. Wenn wir beide Varianten simultan diskutieren, verlassen wir unser Klassifikations-Schema damit nicht, dürfen jedoch auch nicht verschweigen, daß die Fälle 3–5 aus Abb. 2.4 in Mischformen, ja sogar auf verschiedene Knoten eines Netzwerks verteilt vorkommen können. Wir nähern uns hier dem Ideal kooperativer Informationsverarbeitung (totale Transparenz der Verteilung irgendeiner der Systemkomponenten) schon eher als mit einer reinen Verteilung der Präsentations-Ebene. Zugleich stellt die Verteilung der „Geschäftsfunktionalität" (business logic) aber auch die größte Herausforderung an den Client/Server-Architekten und die Basissysteme. Hier liegt, vor allem auch noch in Kombination mit verteilter Datenhaltung (Fall 5 aus Abb. 2.4), die größte Komplexität der Client/Server-Architektur.

Wir wollen uns der Problematik in bewährter Weise nähern. Zunächst werden wir die Definitionen zum Thema „business logic" und Transaktionslogik geben (das „Was"), um danach konkrete Implementierungen einer verteilten Funktionalität zu besprechen (das „Wie").

Was verstehen wir unter „Geschäftsfunktionen" (business logic)?

Nun, zunächst einmal verstehen wir darunter alle betriebswirtschaftlichen Regeln und Vorschriften allgemeiner Art, die in einer Firma/Institution beachtet werden müssen, sowie alle speziell in einer Firma/ Institution darüber hinaus gültigen Ergänzungen und Erweiterungen und solcher nur für die betreffende Institution zutreffenden Regeln und Vorschriften.

Hierunter fallen alle

- Bedingungen, Ausprägungen (d.h. Wertevorräte) von Datenfeldern
- Beziehungen zwischen Informationsobjekten mit ihren Kardinalitäten und den daraus resultierenden Integritätsbedingungen für das Datenbank-Design
- Gestaltung von Benutzeroberflächen und Benutzerdokumenten soweit sie firmenspezifisch sind (corporate identity)

Bei Anwendungs-Systemen, die von mehreren Benutzern angewendet werden, die auf einen gemeinsamen (womöglich verteilten) Datenbestand lesend und schreibend zugreifen, also sog. OLTP-Systemen (= OnLine Transaction Processing Systems, s. Glossar) ist es notwendig, die Prinzipien der Transaktionslogik anzuwenden, um jederzeit einen konsistenten Zustand der Daten vorzufinden. Als kurzes Beispiel soll ein Buchungssystem von Flugzeugplätzen oder Kontobewegungen dienen. Es ist klar, daß in beiden Fällen online, d.h. instantan eine abgeschlossene Wirkung erzielt werden muß: Ein Platz im Flugzeug ist entweder besetzt oder nicht, eine Kontobewegung hat entweder stattgefunden oder nicht – jede Abweichung von dieser starren Logik hätte die bekannten fatalen Folgen (wie Minusbuchung ohne Gutschrift auf Empfängerkonto oder doppelte Sitzplatzvergabe...) Die Prinzipien der Transaktionsverarbeitung sind in der entsprechenden Datenbank-Literatur (siehe hierzu (Date 1990) oder (Berson 1992) op. cit.) sehr ausführlich besprochen, so daß wir hier nur das Wichtigste zusammengefaßt darstellen.

Transaktionslogik (ACID-Prinzip) bedeutet:

ACID = engl. Anfangsbuchstaben für die Transaktionsprinzipien: **A**tomicity, **C**onsistency, **I**solation, **D**uration

- *Atomizität:*
  Eine Sequenz von Anweisungen, die alle innerhalb einer Transaktionklammer liegen, muß komplett ausgeführt oder komplett rückgängig gemacht werden. Ein partielles Ausführen solcher Anweisungen ist verboten.
- *Konsistenz*
  Eine Transaktion führt ein System von einem konsistenten Zustand in einen anderen konsistenten Zustand über.
- *Isolation*
  Eine Transaktion ist für andere (parallel ablaufende) Transaktionen unsichtbar, bis sie abgeschlossen ist
- *Dauerhaftigkeit*
  Führt eine Transaktion Änderungen an einem Datenbestand durch, und ist diese Transaktion ordentlich abgeschlossen (Status „Commit"), so sind die Änderungen permanent, d.h. insbesondere auch bei Ausfall des Betriebssystems oder der Hardware ist die unumkehrbare Wirkung der Transaktion zu gewährleisten.
- *Serialisierung*[5]
  Solange eine Transaktion während ihrer Ausführung von bestimmten Informationen abhängig ist, sind diese Informationen für andere (ändernde) Zugriffe gesperrt, damit sie nicht während der Transaktion geändert werden können.

Der interessierte, womöglich einschlägig erfahrene Leser wird feststellen, daß derartig harte (aber notwendige) Bedingungen in der Welt der LANs und der PCs heute nicht

Transaktionslogik:
- *Atomizität*
- *Konsistenz*
- *Isolation*
- *Dauerhaftigkeit*
- *Serialisierung*

---

[5] Dieser Punkt wird bei ACID nicht explizit aufgeführt

*immer selbstverständlich sind, wohl aber in der „Mainframe-
Welt" beim Betrieb von OLTP-Anwendungen schon immer
waren– ohne die Einhaltung dieser Bedingungen gäbe es keinen
elektronischen Zahlungsverkehr und keine weltweit operierenden
Buchungssysteme, um nur die herausragendsten Beispiele aus
unserem Alltagsleben zu nennen.*

Es ist klar, daß diese Bedingungen in einem
Client/Server-Umfeld mit heterogenen Komponenten, auf
der Basis womöglich verteilter Datenhaltung noch dazu auf
vom Anwender bestimmter Hardware (der Ein/
Ausschalter am PC (!)) und verteilter Funktionalität (!) ein
nicht eben leicht zu lösendes Problem darstellen. Es ist
weiterhin klar, daß die Bedeutung der Transaktionssicherheit für die Datenintegrität, also letztlich für die
Integrität und Konsistenz der von einem System beschriebenen Mini-Welt, von so manchem „PC-Freak" unterschätzt wird, weil sie ihm grundsätzlich unbekannt ist.

Im heutigen Client/Server-Umfeld für SQL-Daten-
banken gibt es nicht nur Lösungansätze für die geschilderte
Problematik, sondern bereits Normen und Standards, die in
Form von konkreten Produkten käuflich erworben werden
können.

Wir werden im folgenden einige konkrete Beispiele zur Realisierung von
Problemlösungen aus dem geschilderten Umfeld ansprechen. Wir
kommen dabei gelegentlich nicht umhin, herstellerspezifische Details zu
erwähnen. Wir möchten an dieser Stelle ausdrücklich darauf hinweisen,
daß wir damit keinerlei Werbung für ein bestimmtes Produkt betreiben
wollen – es würde aber den Rahmen dieses Buches sprengen und
sicher auch das Interesse des Lesers überfordern, wenn wir für jedes
der großen am Markt befindlichen Datenbank-Systeme das konkrete
„Wie" ausführlich darlegen würden.

Wir halten daher fest: Unterschiede zwischen DB-Herstellern gibt es;
diese sind zeitabhängig und bringen heute dem einen Hersteller z.B. in
der Performance oder anderen wichtigen Punkten einen vorderen Platz
– und morgen dem Mitbewerber. Es bleibt also in jedem Fall dem Leser,
resp. seinem verantwortlichen Informatik-Manager überlassen, das DB-
System seiner Wahl auszusuchen und zu implementieren. Wir geben
mit unseren Darlegungen keinerlei Kaufempfehlung oder Qualitätsurteil
ab.

Die Verteilung der Applikations-Funktionen:

Es gibt zwei Grundvarianten in der Verteilung der Funktionalität, die sehr verbreitet sind.

Die (quasi horizontale) Verteilung der Funktionen auf eigene Applikations-Server („Pseudo"-Client/Server):

Auf dem Client ist dabei nur die Präsentationsebene ausgelagert (Terminalbetrieb, also eigentlich Fall 2 „Entfernte Präsentation" aus Abb. 2.4). Die meisten portierten Standard-Software-Pakete bevorzugen diese Variante, da sie zunächst mit geringerem Umstellungsaufwand zu realisieren ist. In diesem Fall können aber nicht alle Vorteile der Client/Server-Technik genutzt werden, weil nur die Präsentation auf dem Client ausgeführt wird.

Daher die Bezeichnung „Pseudo-Client/Server"-Architektur.

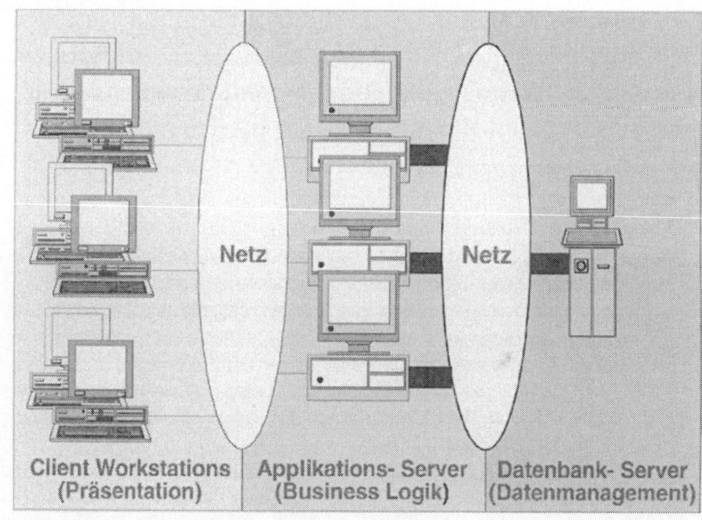

Abb.2.7: Typische Standard-Software-Architektur: „Horizontale" Verteilung

„Horizontale" Verteilung:
Verteilung der (gesamten) Business-Funktionen auf verschiedene Applikations-Server, die jeweils mehrere Clients bedienen; der Client hält nur die Präsentation (eigentlich Fall 1 aus Abb. 2.4)

Dieser Fall, von uns aus den oben genannten Gründen „Pseudo-Client/Server"-Verteilung der Funktionalität genannt, bringt nur die Applikation als Ganzes auf verschiedene Server, die zwar alle mit dem Datenbank-Server kommunizieren, aber ansonsten mittels verteilter Präsentation die Clients versorgen. Die Business Logik wird dabei *nicht* zwischen Client und Server gesplittet. Im Grunde ist diese Form der Architektur auch eine Art „UNIX-Multi-Host"-Lösung, die sich von der ursprünglichen Mainframe-Architektur nur durch die Trennung in DB-Server und Applikations-Server unterscheidet, also im eigentlichen Sinne den Fall 1 aus Abb. 2.4 „Verteilte Präsentation" darstellt, obwohl auch in diesem Falle gerne von „echter" Client/Server-Architektur gesprochen wird. Die Vorteile der Client/Server-Architektur werden dabei nicht optimal genutzt. Diese Lösung bringt nur den Vorteil der Skalierbarkeit gegenüber der „reinrassigen" Variante der verteilten Präsentation mit nur einem Applikationsserver (s. Diskussion unter „Verteilter Präsentation"). Wenn die Anwendung auf dem Applikations-Server zusätzlich von der darunterliegenden relationalen Datenbank (z.B. aus Portabilitätsgründen) so abgeschirmt ist, daß die modernen Features eines RDBMS (Verteilung der Datenbank, Stored Procedures, Datenbank-Trigger, s. Glossar) nicht genutzt werden können, ist eine Verteilung der Business-Funktionen in Richtung Datenbank-Server nicht praktikabel (in Richtung Client wegen der verteilten Präsentationslösung sowieso nicht). Die meisten, heute verfügbaren Standard-Software-Produkte haben diese Architekturvariante gewählt, vor allem, weil damit die Portierungskosten aus der Mainframe-Architektur heraus geringer ausfallen.

Die vertikale Verteilung der Funktionen zwischen Client und (Datenbank-) Server, nennen wir hingegen „echte" Client/Server-Verteilung, weil bei dieser Variante der Endanwender direkt die Funktionalität auf dem PC vor Ort verfügbar hat und damit alle Vorteile der verteilten Verarbeitung voll ausnutzen kann, insbesondere die Schnittstellen in die Bürokommunikation absolut transparent zu realisieren sind.

*„Echte" (vertikale) Verteilung der Funktionalität auf die Clients
und ggf. auf den DB-Server*

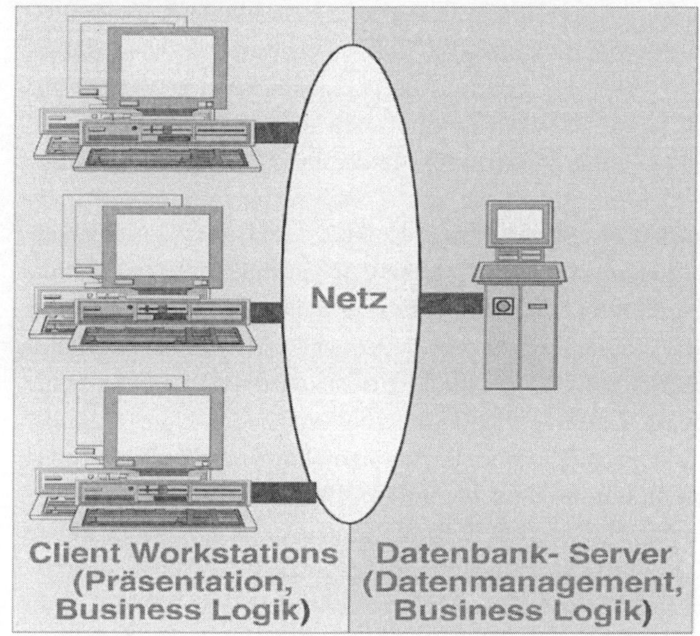

*Abb. 2.8: „Echte"
Client/Server-
Architektur (Fall 3 aus
Abb. 2.4): Vertikale
Verteilung der
Funktionen*

Diese Variante enthält alle Möglichkeiten der Verteilung, insbesondere die Verteilung der Funktionalität zwischen Datenbank-Server und der auf dem Client
ausgeführten Business-Logik.

Wir wollen die Unterschiede noch einmal klar heraus-
stellen: Bei Fall 4 aus Abb. 2.4, also der (vollständigen)
Verteilung der Anwendungs-Funktionalität auf die Clients
werden dort die Programme ausgeführt, sie sind Prozesse
(Tasks) unter dem dort laufenden Betriebssystem, z.B. unter
WINDOWS/MS-DOS, OS/2 oder UNIX. Damit stehen
diesen Programmen alle Betriebssystem-Ressourcen unmittelbar zur Verfügung: Drucker, File-Server, Electronic
Mail-Funktionen, Fax usw.. Insbesondere ist der Wechsel in
die Bürokommunikationswelt unter der Multitasking-Ober-
fläche des Betriebssytems ein einfacher Taskwechsel, was
den Anschluß der Bürokommunikation und damit ein
Workgroup und Workflow Computing enorm erleichtert.
Wäre die gesamte Systemwelt homogen, d.h. einheitlich
vom Betriebssystem und vom Netzwerk her, wäre der

Unterschied zwischen den Varianten 1 resp. 3 und 4 aus
Abb. 2.4 marginal. Von jeder Seite aus (Applikation auf
separatem Server oder auf dem Client) wären sämtliche
Ressourcen (z.B. mit RPC-Technik) auf jedem Netzknoten
jederzeit erreichbar – die Idealvorstellung für kooperative
verteilte Verarbeitung, die völlige Transparenz für den
Anwender, wäre erreicht.

Leider ist die EDV-Welt (nur zur Zeit oder nie?) noch
nicht so ideal gestaltet. Wir werden dies an einem
konkreten Anwendungsbeispiel erläutern:

Ein Sachbearbeiter, der auf seinem PC unter WIN-
DOWS arbeitet, möchte mit seiner „Business-Applikation"
(z.B. einer Auftragsabwicklung) einen Monatsbericht, der
auf Daten der Auftragsabwicklung zugreift, mit integrierter
Grafik in einem Tabellenkalkulationsprogramm erstellen
und diesen anschließend per Electronic Mail an seinen
Abteilungsleiter verschicken.

Möglicher Ablauf bei vertikal verteilter Funktionalität
(Fall 3 aus Abb. 2.4):

Der Sachbearbeiter ruft einen Menüpunkt seiner
„Business-Applikation" auf (bei Variante 3 wird diese auf
seinem PC ausgeführt!). Daraufhin wird auf seinem PC
unter WINDOWS die Tabellenkalkulation (z.B. EXCEL oder
LOTUS 1-2-3) gestartet und ein Dialog aus dem Tabellenkalkulationsprogramm heraus mit dem Anwender geführt
(z.B. um zusätzliche Selektionen, Formatierungen oder
einfach Druckerdefinitionen nach aktuellem Anwender-
wunsch durchzuführen). Die Tabellenkalkulation startet,
führt ihre Berechnungen durch, wobei sie ohne weiteres
Zutun des Anwenders Daten aus der Datenbank abgreift,
die er vielleicht gerade eben noch in seiner Auftragsbearbeitung eingegeben oder verändert hat. Das Programm
endet, fragt vielleicht noch nach Speicherung und Drucken.
Das Dokument wird mit Electronic Mail verschickt und der
Anwender verzweigt zurück in die Auftragsabwicklung,
der Sachbearbeiter kann dort weiterarbeiten, als ob er
niemals unterbrochen hätte.

Möglicher Ablauf bei horizontal verteilter Funktionalität auf Applikations-Servern (eigentlich Fall 1 in Abb. 2.4), „Pseudo"-Client/Server:

Der Anwender arbeitet mit seiner „Business Applikation" unter WINDOWS in einer Terminal-Emulation (Verteilte Präsentation!). An der Stelle, wo er seinen Monatsbericht erstellen möchte, verläßt er die Terminal Emulation (z.B. über Taskwechsel in WINDOWS) und ruft das Tabellenkalkulationsprogramm auf. Dort wählt er entweder über eine zu ladende Datei oder (wenn es sehr komfortabel gemacht ist) über einen Menüpunkt im Tabellenkalkulationsprogramm die gewünschte Funktion „Monatsbericht" aus. Die weiteren Schritte verlaufen wie unter Variante 1, bis der Anwender wieder in seine Auftragsabwicklung zurückkehren möchte. Er macht hier wieder einen Taskwechsel und arbeitet weiter.

Worin unterscheiden sich beide Vorgehensweisen?

Bei vertikaler Verteilung der Funktionalität muß der Sachbearbeiter weniger von sich aus tun. Die Applikation läuft auf seinem PC und steuert den gesamten (komplexen) Ablauf bis hin zur E-Mail-Verschickung. Theoretisch könnte vom Applikationsserver her bei horizontal verteilter Funktionalität mit RPC-Funktionalität (o.ä., z.B. mit CPI-C-Programmierung) eine ähnlich hohe Automatisierung des Ablaufs erreicht werden. Leider ist dieser Lösungsweg in der im allgemeinen heute sehr heterogenen Welt (meist unterschiedliche Betriebssysteme auf Client und Server und verschiedene Protokolle in beiden Welten) nicht ohne großen Aufwand mit der nötigen Robustheit und Stabilität möglich.

Teilweise müssen heute auf MS-DOS-Clients noch Treiber in den eh zu knappen MS-DOS-Realspeicher unterhalb 640kB geladen werden, teilweise gibt es bereits DLL-Routinen, die diese Problematik unter MS Windows entschärfen.

Es sind auch derzeit keine „Offenen" Produkte bekannt, die heute schon eine solche Funktionalität bieten würden. Client/Server-Technik ist zwar schon weit gediehen, aber durchaus noch entwicklungsfähig (Für MS WINDOWS geht NetDDE in diese Richtung, s.Kap. 2.2).

Wie kann nun Funktionalität weiter verteilt werden, außer in die Bürokommunikationswelt? Die meisten RDBMS-Hersteller bieten heute sog. „Stored Procedures" und Datenbank-Trigger an, die auf dem Datenbank-Server ablaufen und das auch noch im „Shared Code"-Modus (s. z.B. (Stürner 1993)).

Stored Procedures sind vorgefertigte, in der Datenbank abgelegte und compilierte prozedurale Code-Teile, die von der Appliaktions-Logik aufgerufen werden können und so im laufenden Betrieb auf dem Datenbank-Server den einzelnen Anwender-Prozessen dort dynamisch zur Verfügung gestellt werden. Als „Shared Code" dann, wenn verschiedene Anwender den gleichen Code aufrufen – dieser wird dann nur einmal auf dem Server geladen und interpretiert. Datenbank-Trigger sind ereignisgesteuerte prozedurale Code-Teile, die bei bestimmten Konstellationen automatisch vom RDBMS ausgeführt werden. Hiermit lassen sich Datenintegrität, Datenplausibilisierung u.a. äußerst elegant implementieren und zwar auch wieder direkt auf dem Datenbank-Server, so daß die damit kodierten Prüfungen z.B. nicht einmal mit direktem SQL-Zugriff umgangen werden können, es sei denn, der Anwender hätte besondere Rechte.

Somit sorgen Konzepte wie „Stored Procedures" und „Datenbank-Trigger" nicht nur für ein Höchstmaß an Datenschutz und Datenintegrität sondern auch für eine Verlagerung von Funktionalität vom Client zum Server. Hier handelt es sich um eine echte Verteilung von Business-Logik, und zwar unabhängig davon, ob die Anwendung auf einem eigenen Applikationsserver oder auf Clients abläuft: Gegenüber dem Datenbank-Server sind die direkt (ohne Applikationsserver) übers Netz angeschlossenen Clients genauso „Client", also Dienste nachfragende, wie der (oder die, falls mehrere) Applikations-Server.

Es ist erstaunlich, wie stark SQL sich weiterentwickelt hat (s. z.B. auch (Nagl 1992)). Zwar war SQL nie eine reine

Völlige Transparenz und Gleichwertigkeit der Netzknoten ist heute in den heterogenen Systemwelten noch nicht erreicht

Stored Procedures und DB-Trigger verteilen Business-Logik intelligent zwischen DB-Server und Client

Abfragesprache für relationale Datenbanken (wofür es aber von manchen gehalten wurde) sondern immer schon eine relativ komplette Daten-Definitions-(DDL) und Daten-Manipulations-(DML) Sprache, aber eben non-prozedural (mengenorientiert) angelegt. Inzwischen bieten die großen (Standard-) Datenbank-Hersteller ihre Erweiterungen des Standards SQL sogar inkl. „stored procedures" und verteilter Datenhaltung (s. Kap. 2.3.3) mittels „Two-Phase-Commit-Protokoll" an – was aber Standard-(Applikations-) Software-Hersteller nicht davon abhält, eben diese Funktionalitäten in der Logik ihrer jeweiligen Standard-Software nocheinmal zu erfinden, mit dem (vorgeblichen) Ziel, die Abhängigkeit vom Datenbank-Hersteller zu vermeiden. Wie soll sich der Anwender (d.h. in diesem Fall der Informatik-Manager) orientieren? Eher an der (Applikations-) Standard-Software und ihren Herstellern oder eher an der oft als „Middleware" (s. Kap. 2.4) bezeichneten Schicht aus Netzwerk und Datenbank-Software und deren Promotoren?

Viele Informatik-Manager entscheiden hier unbewußt oder argumentieren nur über die Kosten – doch eben daraus könnte sich für den einen oder anderen „besser Informierten" mittelfristig ein Wettbewerbsvorteil für sein Unternehmen ergeben, weil er z.B. nicht auf der „falschen" Standard-Welle bequem mitgeschwommen ist.

Es scheint verwirrend, was bei Client/Server-Technik einerseits alles berücksichtigt werden muß, andrerseits aber auch an Chancen vorhanden ist – ist aber nicht die Beherrschung der Komplexität heute neben der Personalfrage eine der wichtigsten Managementaufgaben?

In diesem Sinne sehen wir uns imstande, auch die letzte der drei Komponenten, das Datenmanagement, auf seine Verteilbarkeit hin zu untersuchen und moderne Problemlösungen zu beschreiben, die eben dies ermöglichen.

2.3.3 Das Datenmanagement

Am Fall 4 der Abb. 2.4 „Entfernte Datenbank" wollen wir
uns die Grundprinzipien heutiger Client/Server-Techniken
im Verbund mit relationalen Datenbanken klarmachen. Wir
beginnen dabei mit dem einfachen Fall eines RDBMS auf
einem Server und einigen verteilten Clients, die mit dem
Server und untereinander über ein LAN verbunden sind.

Präsentation und
Business-Logik laufen
auf den Clients ab (Ver-
teilte Funktionalität).
Aus Sicht des Daten-
managements sprechen
wir also zugleich über
die Varianten 1 bis 4, da
die Datenbank in allen
diesen Fällen „entfernt"
ist. Es spielt im übrigen
in diesem Zusammen-
hang noch nicht einmal
eine Rolle, ob die
Datenbank auf einem
entfernten Server liegt
oder ob alle drei Ebenen
(Präsentation, Business-
Logik und Datenma-

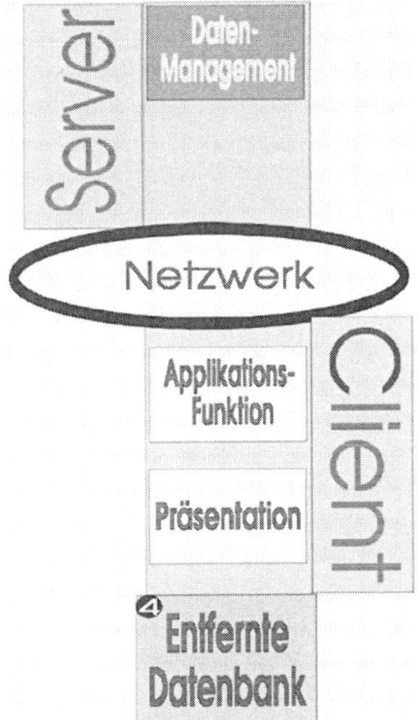

Abb. 2.9:

Entfernte Datenbank

nagement) auf einem Computer liegen. Wenn die Implementierung absolut transparent ausgeführt ist, darf der
Anwender überhaupt nicht merken, wo „seine" Datenbank
liegt. Zur Einstimmung stellen wir uns folgendes Szenario
vor:

Besagter Sachbearbeiter aus dem vorausgegangenen
Abschnitt benötigt für seinen Monatsbericht die Ver-
kaufszahlen seiner Filiale. Er startet seinen PC, meldet sich
an seinem Netz an („Login") und startet danach seine Da-
tenbankanwendung (z.B. ein Tabellenkalkulations-Pro-
gramm mit Zugriff auf die Datenbank). Nach ein paar

Eingaben und Auswahlentscheidungen druckt er den Ergebnisbericht auf seinem lokalen Drucker aus.

Ein Szenario, wie es jeden Tag im Büro in irgendeinem Unternehmen vorkommen könnte. Was passiert im Hintergrund, für den Anwender nicht sichtbar, also vollkommen transparent? Wir nehmen an, daß der Sachbearbeiter unter WINDOWS arbeitet. d.h. seine Präsentationskomponente ist der WINDOWS-Programm-Manager und die Oberfläche seiner Applikation, im Beispiel eine in 4GL-Technik programmierte SQL*FORMS-Anwendung auf Basis ORACLE. Zweckmäßigerweise lagern diese Programme nicht auf der Festplatte des Benutzers, sondern auf der Netzwerkplatte eines File-Servers, von der die Programme auf den PC hochgeladen und dort ausgeführt werden.

Das Ganze sieht dann etwa so aus:

Abb. 2.10:
Realistische
Client/Server Produk-
tionsumgebung

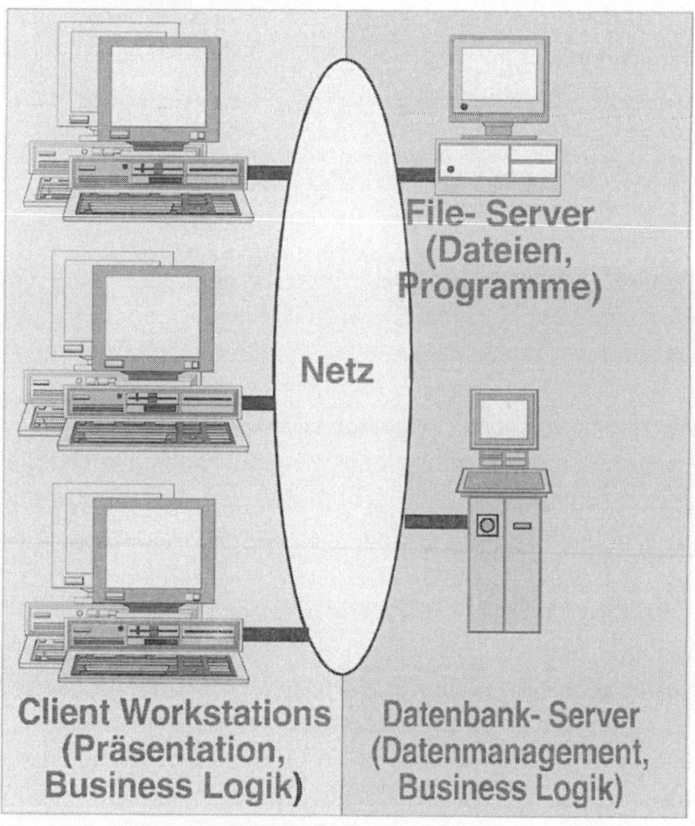

Eine 4GL-Anwendung befreit (u.a.) den Programmierer von Details des Netzwerks (Protokolle, Routing etc.) und des Verbindungsaufbaus, sowie der Dialogsteuerung. Das wird durch eine konsequente Anwendung des Schichtenmodells erreicht, welches wir hier im Vorgriff auf das Kapitel Netzwerk kurz erläutern wollen, zumindest was die Funktion der oberen Schichten anbetrifft (s. Abb. 2.11).

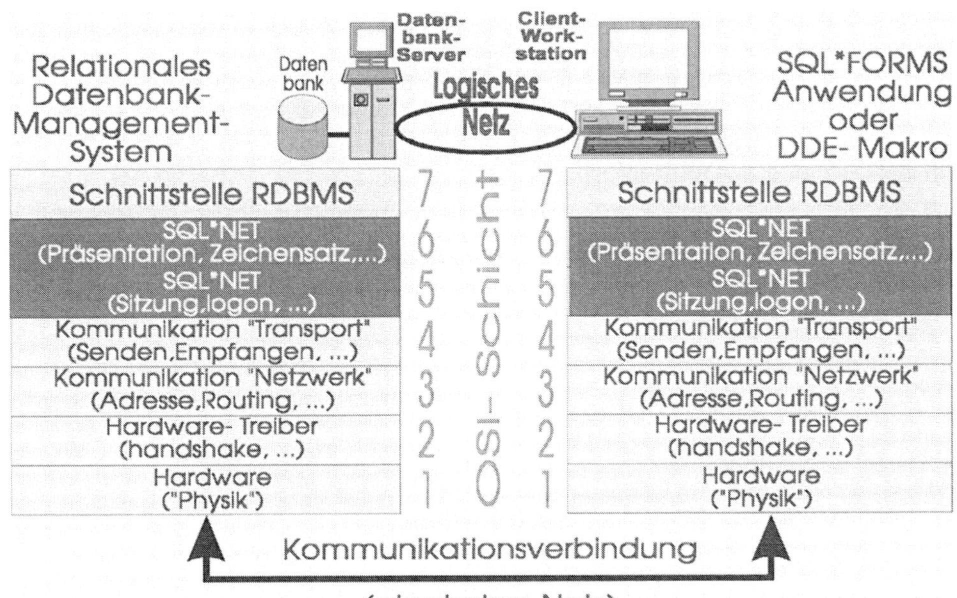

Wir gehen also davon aus, daß der Anwender in einem funktionstüchtigen LAN arbeitet, in dem ein File-Server für die Speicherung der Programme und ein Datenbank-Server für die Datenbank verfügbar sind (wie in Abb. 2.10 dargestellt). Die Funktionalität File-Server und DB-Server kann auch von einer Maschine allein ausgeführt werden, ja sogar der Client kann auf derselben Maschine liegen. Auf der anderen Seite kann aber auch in einem Multiprotokoll-Betrieb der Client eine MS-DOS-Maschine, der File-Server eine OS/2-Workstation und der DB-Server eine UNIX-Maschine in RISC-Technik unter einem der Betriebssysteme AIX, HP/UX oder ULTRIX sein – es gibt viele Variations-

Abb. 2.11:

Client/Server-Verbindung „Entfernte Datenbank" im Schichtenmodell

möglichkeiten in unserer heutigen heterogenen Welt. Warum auch relativ komplexe Szenarien wie das letzte problemlos funktionieren, wird am Schichtenmodell klarer (s. Abb. 2.11):

Die Schichten sind sauber entkoppelt. Jede Schicht kennt nur die nächsten Nachbarn als Schnittstellen- (Aufruf)-Partner und verständigt sich mit seiner korrespondierenden Schicht auf der anderen Seite (virtuelle Protokolle horizontal, s. Netzwerkkapitel), d.h. jede Schicht braucht nur einen begrenzten Befehlsvorrat zur Ausführung der begrenzten Funktionalität zu kennen, die sie abdecken muß. Damit ist das Problem in hantierbare Stücke geschnitten. Auf der obersten Ebene kann sich der Anwendungsprogrammierer auf seine „Business-Logik" konzentrieren und muß nicht gleichzeitig ein Netzwerk- oder Dialog-Spezialist sein.

Für den Anwender ist vollständige Transparenz erreicht – er merkt nicht, ob er auf eine lokal auf seinem PC liegende Datenbank oder auf eine entfernt auf einem Server liegende zugreift. Er hat nur Vorteile dadurch: Datensicherheit und Datenschutz, Transaktionssicherheit, Wiederanlauf im Fehlerfall erledigt das RDBMS für ihn, er muß sich um nichts kümmern, außer um seine „Business-Logik".

Damit ist einer weiteren Forderung modernen Managements Genüge getan: Der Anwender kann sich auf sein Kerngeschäft konzentrieren.

Auf der Datenbanksystemseite ist dafür natürlich technisch einiges an Aufwand vorzusehen. Ein Multiuser-Betrieb kann auch den stärksten UNIX-Server in die Knie zwingen, wenn die Technik ungeschickt eingesetzt wird.

Bei feldweiser Verarbeitung erzeugt jeder Feldsprung in jeder Maske eines Anwenders in der Applikation auf dem Applikations-Server einen Interrupt. Bei einer größeren Anzahl Anwender kann dies zum Zuammenbruch der Server-Performance führen, wenn nicht geeignete Gegenmaßnahmen ergriffen werden (z.B. blockweises Arbeiten).

Ein Betriebssystem, das wie UNIX zwar für Time-sharing-Betrieb ausgelegt, aber nicht a priori für die

Anforderungen des OLTP-Betriebs geeignet ist, braucht hier ergänzende Software-Unterstützung.

Es würde zu weit führen, die Betriebssystem-Internas (CPU-Leistung, Platten– und Speicherbereiche) aufzuzählen, die ein Timesharing-Benutzer verbraucht, aber als Datenbank-Nutzer gar nicht explizit verwendet.

Die Datenbank-Hersteller haben sich darauf schon eingestellt: Wie auf dem Großrechner gibt es nun bereits

Entwicklungswerkzeuge	Laufzeitumgebung	Administration
Datenzugriff Maskenlayout Inter- System- Kommunikation	Daten - Integrität - Sicherheit Responsezeit- Optimierung Lastverteilung Synchronisation	Installation Konfiguration Laufzeit- Monitor System- management
TP- Monitor- System		
Betriebssystem		

Abb. 2.12: Was tut ein TP-Monitor?

TP-Monitore (s. Glossar), die dem Betriebssystem „Arbeit abnehmen" und dessen Ressourcen (CPU, IO, Speicher) im Multiuser-Betrieb entlasten.

Die bekanntesten TP-Monitore sind CICS von IBM, UTM von SIEMENS und TUXEDO von AT&T. Die beiden erstgenannten TP-Monitore entstammen der Mainframe-Welt (MVS resp. BS2000), sind aber inzwischen auf die jeweiligen UNIX-Systeme (AIX resp. SINIX) portiert. TUXEDO ist extra für offene Systeme entwickelt worden. Dieser TP-Monitor hat aufgrund seiner modernen Architektur (Berson 1992) durchaus Chancen, ein Standard-werkzeug zu werden. Nun ist es aber nicht für jede OLTP-Anwendung erforderlich, mit einem TP-Monitor zusammenzuarbeiten. Einige RDBMS-Hersteller bieten hier bereits Funktionalität in ihren DB-Systemen an, die Teilbereiche (im wesentlichen die Laufzeitumgebung) eines TP-Monitors abdecken.

Als Beispiel sei hier der sog. Dispatcher im ORACLE7 RDBMS angeführt (s. z.B. (Stürner 1993) p.64). Dieser Baustein verteilt die Client-Anfragen automatisch auf die Server-DB-Prozesse (Multithreading-Architektur), so daß nicht mehr ein Client-Prozeß genau einen „Schattenprozeß" auf dem Server als Kommunikationspartner hat.

In heutigen offenen und verteilten Umgebungen muß ein TP-Monitor jedoch nicht nur die Anfragen vieler Clients auf einem Server optimal unterstützen, sondern er muß auch in einer verteilten Umgebung beim Einsatz des „Two-Phase-Commit-Protokolls" funktionieren. Dies ist eine weitere Stufe der Komplexität, die wir im nächsten Abschnitt vom Prinzip her betrachten wollen, ohne im Detail auf die Lösungsalgorithmen einzugehen. Wichtiger erscheint uns dagegen die Behandlung heterogener verteilter Datenbanken, d.h. Datenbanken verschiedener Hersteller und/oder unterschiedlicher Datenbank-Techniken zu sein, da sie die reale Situation in den Unternehmen zu Beginn der 90er Jahre ist (typisch ist z. B. der Mix aus hierarchischer IMS-Datenbank auf einem IBM-Mainframe und eine oder mehrere relationale Datenbanken auf unterschiedlichen Server-Systemen, s. auch Praxisbeispiel Kap. 4.1).

2.3.4 Verteilte Datenbanken

Wir wollen nun die Sachlage ein wenig weiter komplizieren, indem wir unser Geschäftsvorfall-Szenario geringfügig erweitern.

Besagter Sachbearbeiter soll zu seinem Monatsbericht Daten aus einer Filiale in einer anderen Stadt benötigen. Wie gelangt er transparent an die Daten?

Das Problem ist beileibe nicht neu. Im Zeitalter der „allmächtigen" Zentralrechner war das Problem auch bereits gelöst (nach Meinung vieler sogar zufiedenstellend). Es gab Lösungen, die in bestimmten Zeitabständen verteilte Datenbestände á jour hielten. Das Hauptproblem, verteilte Daten nicht „auseinanderlaufen" zu lassen, d.h. unterschiedliche Datenbestände erst gar nicht entstehen zu lassen, mußte individuell für jede Anwendung mit ihrer zugrundeliegenden Datenbasis (manchmal waren keine Datenbanken eingesetzt, sondern nur sequentielle oder indexsequentielle Dateien) gelöst werden.

Ein „Two Phase Commit-Protokoll" (s. Glossar) für verteilte Datenbanken, das die Vorgänge beim Update der Tabelleninhalte genau regelt, damit alle Kopien des Datenbestandes den gleichen Inhalt haben, war noch nicht als Norm verabschiedet, was heute (1993) aber der Fall ist. Derartige „Individual-Lösungen"

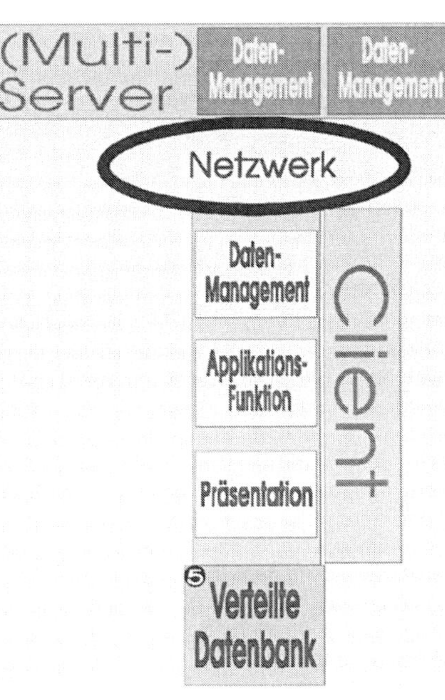

Abb. 2.13: Verteilte Datenbank

waren oft äußerst clever und auf die jeweilige „Business Logik" bezogen, sehr effektiv konstruiert. Ein bekanntes Beispiel ist das System KURS'90 der Deutschen Bundesbahn, mit dem an deren Schaltern Fahrkarten verkauft werden. Dort werden verteilte Datenbestände (Fahrpreise) durch das Tagesgeschäft sukzessive vom Zentralrechner auf das jeweilige Endgerät vor Ort geholt. Im Update-Fall (Fahrpreise ändern sich) „weiß" der Zentralrechner, wo überall Kopien von welchen Sätzen verteilt wurden und sorgt automatisch für sukzessives Update der verteilten Kopien.

So gab es (und gibt es) eine Reihe von Individual-Lösungen, die auf den jeweiligen Anwendungsfall zugeschnitten zur vollen Zufriedenheit der Anwender funktionierten und dies auch heute noch tun. Ein kritischer Punkt war in vielen Fällen dabei die Zeitkomponente. Wann wurden die

Änderungsstände bei welchen Daten nachgezogen? Für die Entscheidung, in welchen Abständen verteilte Datenbestände gleichgezogen werden sollten, waren aber selten die Anforderungen des jeweiligen Geschäfts maßgebend. Oft wurden Schwachlastzeiten des Netzes genutzt, und zumeist nachts, entsprechende Batchjobs automatisiert abgefahren. Wenn die Anforderungen an die Aktualität der Datenbestände höher waren, wurde eben in der Mittagszeit ein zweiter Abgleich gefahren.

Heute ist es oft so, daß im schneller drehenden Geschäft des Alltags zeitgleich Aktualität bei verteilten Datenbeständen verlangt wird, z.B. im Warenhausgeschäft des Einzelhandels. Es kommt tatsächlich darauf an, welche Anforderungen wir haben: Wenn wir mit einer gewissen Spanne bis zur Bearbeitung unserer Anfrage zufrieden sind, bzw. wenn wir mit einer vorhandenen und eingefahrenen Individual-Lösung zufrieden sind, können wir ruhig mit der alten Technik weiterarbeiten.

Verteilte relationale Datenbanken: die Problemlöser für zeitkritische, verteilte Anwendungen

Viele Anwender sind aber nicht mehr zufrieden mit den Zeitspannen, die zwischen einem Ereignis (sagen wir einer Restlieferung) und dem Anstoß der Fakturierung sowie der Meldung an die Finanzbuchhaltung, geschweige denn zur Meldung an das Ist-Kosten-System liegen. Eine Umfrage in heutigen Firmen würde Zeitspannen ergeben, die allenthalben als zu groß empfunden werden. Bei den meisten Unternehmen vergehen Tage oder Wochen, bis die Zahlen á jour sind. Während dieser „Latenzzeit" sind alle Berichte, die aktuelle Zahlen benötigen „vorläufig" oder gar von Hand „geschönt". Das mag beim Tempo der Geschäftsabwicklung früher ausreichend gewesen sein. Wenn man die Latenzzeiten tatsächlich zinsmäßig erfaßt (Fakturierungsfloat) kommen oft erstaunliche Beträge heraus (die verloren gehen). Hier liegt ein weites Feld, das noch reiche finanzielle Ernte bringen kann. Solche Nutzenbeiträge können sehr wohl zur Wirtschaftlichkeitsrechnung von „Downsizing"-Projekten mit herangezogen werden. Die integrierte Standard-Software SAP R/3 z.B. bietet hier fertige Lösungen an, die auf die Kundenwünsche bzgl. Zeitaktualität angepaßt werden

können, unterstützt aber andrerseits zur Zeit noch keine
verteilten Datenbanken.

Für Eigenentwicklungen wird man heute zur Lösung
der Anforderung ein verteiltes RDBMS einsetzen und kann
dann den Bericht wie oben beschrieben in Minutenschnelle
abrufen. Für den Update der Datenbestände kann das
Zeitintervall über DB-Trigger vom DBA vorgegeben
werden, ein Server kann als „Transaktionsverant-
wortlicher" einer verteilten Transaktion definiert werden
(z.B. im RDBMS ORACLE7), kurzum, alle Möglichkeiten
der verteilten Verarbeitung sind heute normiert vorhanden.

Ideal, werden Sie sagen, aber das liegt für unser Unternehmen weit in der Zukunft.

Mag sein, daß derartige Anforderungen und vorhandene Lösungen heute noch nicht Allgemeingut sind –
Client/Server-Technik ist in unserem Sinne (s. Kap.1) nicht
einfach Ablösung vorhandener EDV, sondern auch
Optimierung der Geschäftsprozesse unter Ausnutzung heute vorhandener Möglichkeiten. Zum Verständnis dessen,
was möglich ist, bedarf es allerdings eines Ausflugs durch
einige „Informatik-Landschaften", die heute Stand der
Technik sind (WEKA 1993a).

Das *Fundamentalprinzip verteilter Datenbanken* lautet:

Der Benutzer (end user) einer physisch verteilten
Datenbank soll von der Verteilung nichts merken: das verteilte System soll sich so verhalten, als wäre es nicht verteilt
– es erscheint wie eine lokale Datenbank auf dem Arbeitsplatzrechner des Anwenders resp. auf *einem* logischen „vir-
tuellen Server", der für den Benutzer uneingeschränkt
verfügbar ist.

Damit müßte das Datenbanksystem allen 12 Kriterien
genügen, denen eine (ideale) verteilte Datenbank nach (Date
1990) genügen muß:

1. *Lokale Autonomie:* Direkte Folge der Isolation als
   Prinzip der Transaktionslogik.
2. *Kein Verlaß auf eine zentrale Instanz:* Alle Beteiligten
   sind gleich. Dieses Prinzip wird nur während

einer verteilten Transaktion vorübergehend aufgehoben, wo ein Server die Koordination aller an der Transaktion Beteiligten übernimmt.

3. *Kontinuierlicher Betrieb:* Eine verteilte DB sollte immer verfügbar sein, Neuzugänge (neue Standorte) sollten im laufenden Betrieb definierbar sein, es sollte keinen Betriebszustand geben, der vom Herunterfahren eines RDBMS am gleichen oder anderen Standort abhängig ist.

4. *Unabhängigkeit vom Ort:* Die Speicherung muß für den Anwender volkommen transparent sein.

5. *Unabhängigkeit von Tabellenfragmentierung:* Aus Performancegründen kann es nötig sein eine Tabelle zwischen verschiedenen Standorten spaltenweise (vertikal) oder satzweise (horizontal) aufzusplitten. Der Anwender darf davon nichts merken.

6. *Unabhängigkeit von Replikaten:* Kontrollierte Kopien von Tabelleninhalten können aus Performancegründen notwendig sein. Das RDBMS muß einen Mechanismus unterstützen, der den konsistenten Update solcher Replikate unterstützt, der Anwender darf von Replikaten nichts merken.

7. *Unterstützung von Abfragen auf verteilte Datenbestände:* Es muß eine Unterstützung (Query Optimizer verteilter relationaler Systeme) für Abfragen auf verteilte Bestände aus Performancegründen geben.

8. *Unterstützung für verteilte Transaktionen:* Hier ist das „Two Phase Commit Protocol" als Prinzip angesprochen. Gleichzeitigkeit, d.h. konkurrierende Zugriffe und Wiederanlauf in einer verteilten Umgebung müssen geregelt sein.

9. *Hardware-Unabhängigkeit*

10. *Unabhängigkeit vom Betriebssystem*

11. *Unabhängigkeit vom Netzwerk*

12. *Unabhängigkeit vom Datenbank-Management-System*

Mit dem letzten Kriterium wird die „Homogenität" aufgegeben, d.h. das verteilte System darf nicht nur aus dem DBMS eines Herstellers bestehen, sondern darf deren mehrere enthalten (z.B. ein Verbund aus ORACLE, DB2, IMS, Rdb u.a.).

> Date (Date 1990) betrachtet nur relationale, verteilte DBMS verschiedener Hersteller. Wir gehen weiter und lassen auch andere als relationale DBMS (z.B. IMS, IDMS) zu, weil es die aktuelle Situation in vielen Unternehmen besser beschreibt.

Dies ist aber gerade heute die Ausgangssituation in den meisten Unternehmen. Auf dem IBM-Großrechner wird z.B. IMS oder IDMS eingesetzt oder die SAG-Produkte ADABAS/NATURAL, in der SNI BS2000-Umgebung oder einer anderen, vom Großrechner geprägten DV-Welt sieht es ähnlich aus. Es ist klar, daß gerade diese letzte Forderung „Unabhängigkeit vom Datenbank-Management-System" in der Realität große Schwierigkeiten macht, denn dabei spielen wegen der i.a. proprietären Implementierungen auch die anderen Kriterien, vor allem 9 bis 11 mit hinein.

Zur *Heterogenität* bzgl. des Herstellers, d.h. eigentlich bzgl. der oben angeführten Kriterien 9–12, kommt eine weitere Dimension hinzu, wenn man die dem DBMS zugrundeliegende Struktur mitbetrachtet (WEKA 1993a). So stellt sich in vielen Unternehmen die Aufgabe

- relationale mit nicht-relationalen Systemen zu koppeln (z.B. das relationale ORACLE mit dem hierarchischen IMS (IBM) oder einem CODASYL (Netzwerk-) Datenbank-System wie z.B. IDMS von CA oder UDS von SNI)
- microbasierte DBMS (z.B. dBase oder MICRO-SOFTs SQL-Server) mit Mini- oder Mainframe-basierten Systemen (ORACLE, INGRES,...) über Rechnerebenen hinweg zu vernetzen
- Dateisysteme mit einzubeziehen (z.B. IBM/VSAM oder DEC/RMS)

Heterogene *reale* Datenbanken im Netz warten also mit einer Kombination von Verstößen gegen die obengenannten

Kriterien für ideale verteilte Systeme auf, da die meisten proprietären Systeme eben mit ihrem jeweiligen Betriebssystem, der Hardware und speziellen Netzwerkarchitekturen eng verflochten sind. Will man diese Grenzen überwinden, muß an geeigneter Stelle im verteilten, heterogenen Gesamtsystem eine „Umwandlung" oder „Übersetzung" von der einen in die andere Sicht durchgeführt werden.

Wir nehmen an, daß unser Sachbearbeiter gar nicht wissen muß, welche Datenbanken die Daten für seinen Bericht enthalten (vollkommene Transparenz). Um die volle Komplexität darstellen zu können, nehmen wir an, daß nur eine DB relational, die andere z.B. eine IMS-Datenbank auf einem Großrechner ist.

Zur Lösung der Problematik realer heterogener DB im Netz wird von den DB-Herstellern wiederum auf die Schichtenarchitektur zurückgegriffen, wie wir sie auch in der Netzwerkarchitektur der offenen Datennetze wiederfinden.

Die bekannteste Schichtenarchitektur in der Informatik ist die des ISO/OSI-7-Schichten-Modells der Offenen Netze (s. auch Abschnitte „Netzwerk", „Entfernte Datenbank" und (Kauffels 1991)).

Schichtenmodelle als Konstruktionsprinzip sind jedoch weniger als Lösung des Heterogenitätsproblems in der Welt der verteilten DBMS bekannt. Praktisch alle DBMS-Hersteller bieten neben dem eigentlichen DB-Kern eine Vielzahl von Netzwerkkomponenten an, die es ermöglichen, „homogene verteilte DBMS" zu betreiben, also verteilte DBMS des jeweiligen Herstellers. Dabei werden sog. *DDBMS-Komponenten (Distributed Data Base Management System-Komponenten)* eingesetzt ((Date 1990), (WEKA 1993a)).

Bei diesen Komponenten handelt es sich um Software-Pakete auf den „Dienste fordernden" (Clients) und den „Dienste erbringenden" (Servern) Teilen eines verteilten DBMS, die mittels eines Protokolls miteinander kommunizieren. Diese Software-Pakete sind jeweils eigenständige Tasks oder Systemprozesse auf dem jeweiligen Betriebssystem, die über die verfügbaren Netzwerkdienste miteinander kommunizieren.

> Die „Granularität" einer DDBMS-Komponente kann noch feiner sein: Subtask und Thread sind Beispiele für „DDBMS-Aktoren" bei Verwendung von TP-Monitoren bzw. in Betriebssystemen mit Multithreading.

Im Falle verteilter Transaktionen wird durch die Zugrundelegung des „Two-Phase-Commit-Protocol" eine „feste Kopplung" erzwungen, denn auch bei verteilter Ausführung einer Transaktion gilt das „Alles oder Nichts"-Prinzip der Transaktionsverarbeitung (s. (Berson 1992) oder (Date 1990) sowie (WEKA 1993)).

> „ACID"-Prinzip für: „-Atomicity, -Consistency, -Isolation, -Durability" als fundamentale Eigenschaften einer legalen Transaktion, s. Abschnitt 2.3.2 „Die Funktionskomponente".

Die Komponenten der verteilten Datenbank-Technik einiger bekannter Datenbank-Hersteller sind:

Alle Hersteller bieten Software-Bausteine zur Übersetzung von einer „Datenbank-Welt" in die andere an. Diese Komponenten arbeiten analog wie Gateways in den Netzwerken: Dort wird von einer in die andere Protokollwelt über alle Schichten hinweg übersetzt, hier werden von den „SQL-Gateways" Übersetzungen in andere „Dialekte" oder Strukturen durchgeführt. Die Palette der Problemlösungen reicht von der Kopplung relationaler Datenbank-Systeme mit schlichten sequentiellen (resp. index-sequentiellen) Dateisystemen bis hin zur Kopplung unterschiedlicher DB-Systeme auf unterschiedlichen Hardware-Plattformen mit ihren jeweiligen proprietären Betriebssystemen.

Im folgenden wollen wir am Beispiel der Produkte SQL*Net und SQL*Connect des Marktführers ORACLE die prinzipielle Architektur heterogener DB im Netz erläutern (ORACLE Corp. 1991). Betrachten wir zunächst den einfachsten Fall, nämlich eine verteilte relationale Datenbank eines einzigen Herstellers im Netz.

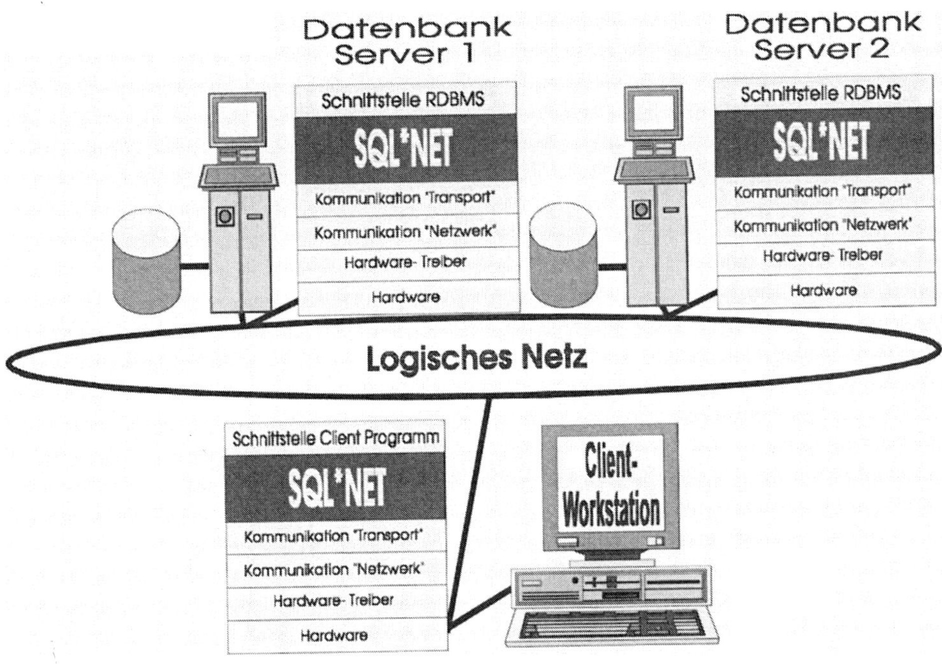

Unter Verwendung des RDBMS ORACLE ist eine Client/ Server-Anwendung, die mit ORACLE CDE-Werkzeugen (SQL*FORMS/MENU, SQL*PLUS und PL/SQL) gebaut worden ist, so aufgeteilt, daß die Business-Logik auf dem Client abläuft, also dessen Ressourcen wie CPU und Bildschirm benutzt, und mit genau einem Schattenprozeß auf der Server-Seite via ORACLE SQL*NET und den darunterliegenden transportorientierten Netzschichten kommuniziert. Der Client kann in dieser Architektur leicht mit verschiedenen DBMS (des gleichen Herstellers) gleichzeitig

Abb. 2.14: Homogene verteilte Datenbank

kommunizieren. SQL*Net stellt dabei immer Schicht 5 und 6 des ISO/OSI-Referenzmodells zur Verfügung.

Falls ORACLE7 mit seiner „Multithreading-Architektur" eingesetzt wird, verteilt der Dispatcher (Stürner 1993) N Client Prozesse auf wenige Server-Prozesse, die 1:1-Beziehung zwischen Client und Schattenprozeß auf dem Server wird also aufgehoben.

Der gleichzeitige Zugriff auf mehrere Datenbanken ist u.a. durch den sog. „Database Link Mechanismus" realisiert: Der Tabellenname 'table@dbname' steht für die „remote" auf der Datenbank „dbname" gespeicherten Tabellen; durch geeignete Definition von Views und Synonymen kann dieser Mechanismus vollständig transparent gestaltet werden

SQL*NET stellt Schicht 5 und 6 im Referenzmodell dar. Die darunter liegenden Schichten werden durch das jeweilige Netzwerk (resp. Netzwerkbetriebssystem), z.B. NETWARE von NOVELL, LAN-MANAGER von Microsoft oder IBM, Banyan Vines u.a. und die darin unterstützten Protokolle zur Verfügung gestellt (NETBIOS, NETBEUI, DECnet, SPX/IPX, Named Pipes, TCP/IP, APPC/LU6.2 u.a., s. Kap. 2.3.5 „Netzwerk").

Konkret läuft die Kommunikation zwischen Client-Prozeß und Server-Prozeß dann so ab: Das Programm auf dem Client stellt aus den plausibilisierten Eingaben des Anwenders SQL-Statements zusammen und übergibt diese an die SQL*NET-Schnittstelle.

Bei Verwendung der 4GL ORACLE Werkzeuge muß diese Übergabe nicht explizit programmiert werden, sondern wird vom Werkzeug automatisch generiert.

Die Statements werden zum Server transferiert, dort „geparsed", interpretiert und ausgeführt, wobei ORACLE7 auch Shared-Code und compilierte Prozeduren (stored procedures) unterstützt. Zurück laufen die selektierten Daten oder die Quittung für ein erfolgreiches Ändern oder Einfügen eines Datenbanksatzes.

Ist nun neben der ORACLE-Datenbank im Netz noch eine Datenbank eines anderen Herstellers installiert, von der wir gleichfalls Daten benötigen, und ist diese womöglich auch noch in einer anderen Datenbank-Technik (z.B. als eine netzwerkartige oder eine hierarchische

Datenbank) implementiert, brauchen wir in jedem Fall
einen Übersetzer zwischen den Welten.

Selbst bei zwei SQL-fähigen Datenbanken wird ein Übersetzer
(Gateway) benötigt, denn unterschiedliche SQL-DB benutzen i.a.
unterschiedliche Protokolle auf den Ebenen 5 und 6 zur Kommunikation
zwischen Client und Server, sprechen unterschiedliche SQL-Dialekte,
unterstützen unterschiedliche Datenformate, besitzen unterschiedliche
Features und Implementierungen von „stored procedures" , „database
triggers" , „dynamischem SQL", „Two Phase Commit Protocol" sowie
Sperrmechanismen.

Das Gateway muß sogar einige TP-Monitor-Fähigkeiten
besitzen, sofern man verteilte Transaktionen ausführen will
(oder muß). Es gibt heute (Stand 1994) noch keine
allgemeine, d.h. standardisierte Lösung dieses Problems. Im
Falle einer ORACLE-basierten Client/Server-Umgebung
kann man mit dem Produkt SQL*CONNECT auf folgende
Datenbanken transparent zugreifen:

DB-Typ	Produkt	Herst. DB	Plattform	Status
Dateisystem	RMS	DEC	DEC	Produktiv
relational	Rdb	DEC	DEC	Produktiv
relational	DB2	IBM	IBM/MVS	Produktiv
Dateisystem	VSAM	IBM	IBM/MVS	Produktiv
Netzwerk/rel.	ADABAS	SAG	IBM/MVS	pre-alpha
hierarchisch	IMS	IBM	IBM/MVS	geplant
Netzwerk	IDMS	CA	IBM/MVS	geplant
relational	SESAM	SNI	BS2000	pre-alpha
relational	NonStop SQL	Tandem	TandemGuardian	beta
Netzwerk	Turbo-Image	HP	HPMPE XL	Produktiv
relational	SQL/DS	IBM	IBM VM	Produktiv

Die Grundidee von Produkten wie SQL*Connect basiert wiederum auf dem Schichtenprinzip: Zwischen der SQL*Net-Komponente auf dem Fremdrechner mit dem „fremden" DB-System wird eine weitere Komponente (eben das „Gateway" SQL*Connect) dazwischen geschoben:

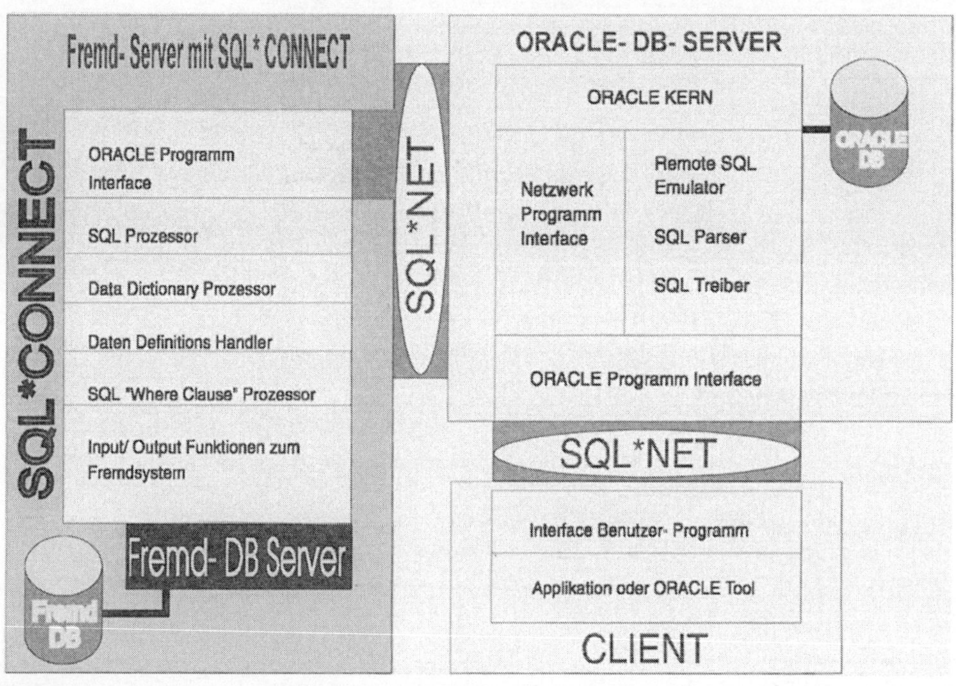

Abb. 2.15: SQL- CONNECT als Gateway*

Da SQL*Net auf der Server-Seite nur den relationalen ORACLE-Server kennt, muß das Gateway SQL*Connect die Transformation aus der relationalen (SQL) Welt in die fremde Welt (und umgekehrt) vornehmen. Die Zugriffe erfolgen über den „Database-Link-Mechanismus", d.h. Tabellenname 'table@dbname' für die „remote" auf der Datenbank „dbname" gespeicherten Tabellen. Durch Erzeugen von Synonymen und/oder Views kann der Zusammenhang noch transparenter gemacht werden, d.h. ein Benutzer sieht nicht, wo die Tabellen liegen. Weitere Details finden sich in (WEKA 1993a) und (Stürner 1990). Für eine IMS-DB gab es bis 1992 noch kein

SQL*CONNECT-Gateway, so daß hier bei Bedarf Individuallösungen programmiert werden mußten. Eine bei ABB Kraftwerke AG, Mannheim vollständig ausgeführte Lösung ist in (WEKA 1993a) und in (Müller 1992) beschrieben.

2.3.5 Das Netzwerk

Das Netzwerk ist die Bühne für Client/Server-Anwendungen. Hier spielt sich das Client/Server-Leben ab, ohne Netzwerk gibt es keine verteilte Verarbeitung. Netzwerke, ihre Auslegung, die Kosten, die HW- und SW-Komponenten, Sicherheit und Schutz sind Themen, die ganze Bücher füllen.

Es ist im Rahmen dieses Buches nicht möglich, das Thema auch nur annähernd erschöpfend zu behandeln. Wir geben daher neben den Literaturhinweisen für eine ausführlichere Darstellung der hier nur angerissenen Themenkreise einen Überblick zur Gesamtthematik. Auch empfehlen wir in jedem Fall, bei der Netzwerkplanung und -ausführung Spezialfirmen zu beauftragen, da hier Know-how gefragt ist, das aufgrund der derzeitigen Vielfalt und Heterogenität nur mit sehr viel Erfahrung gewonnen werden kann.

Die Informatik-Tochter der deutschen ABB, die ABB Informatik GmbH empfiehlt hier folgendes Vorgehen (INF/CB 1990):

- Erstellen eines Anforderungsprofils in Zusammenarbeit mit den Anwendern. Daraus ergibt sich eine grobe Soll-/Ist-Beschreibung mit grobem Lösungskonzept, Kostenrahmen und Angebot für die weiteren Schritte.

- Erstellen eines detaillierten Lösungskonzepts bis hin zur Bestellreife

- Einholen von Angeboten für die Verkabelung

- Vergabe des Auftrages für die Verkabelung und Bestellung von Hardware und Software

Netzwerkplanung und -installation ist nur mit spezialisierten Firmen erfolgreich

- Installation des Netzwerkes mit Schulung der Anwender und der Administratoren

- Erstellung einer kompletten Dokumentation der Hard- und Software-Konfiguration

- Absicherung durch Abschluß eines Netzwerk-Servicevertrages

In jedem Falle sollten aber auch auf Anwender- und Management-Seite gewisse Grundkenntnisse vorhanden sein, damit überhaupt ein Dialog mit einem Anbieter möglich wird. Wir wollen daher im folgenden einen Überblick der wichtigsten Standards und Prinzipien in Hard- und Software moderner Datennetze geben. Wo jedoch beginnen und wo aufhören könnte man fragen, angesichts der schier unübersehbaren Vielfalt an Normen, Herstellern und Protokollen?

Wir wollen uns, neben einer kurzen Diskussion hardwarebezogener Grundlagen für die Netzwerkauswahl und -auslegung, vor allem mit Architekturen des Netzwerks sowie Netzwerk-Protokollen und -Betriebssystemen vertraut machen, soweit sie heute von Bedeutung sind. Dabei verzichten wir bewußt auf eine Darstellung proprietärer Netzwerkarchitekturen, da diese mit der Zeit in offenen Systemen entweder nur noch eine untergeordnete Rolle spielen werden, oder aber in den neuen „offenen" Standard eingehen werden, da sie z.B. bereits zum Quasi-Standard geworden sind.

Die meisten Standards entstehen aus ursprünglich proprietären Lösungen, die entweder durch Offenlegung frühzeitig am Markt erfolgreich waren oder aber die jeweilige Systemwelt einfach geprägt haben. Für das Verständnis der IBM Netzwerkarchitektur SNA oder der SNI-Architektur TRANSDATA sowie anderer proprietärer Welten verweisen wir auf die entsprechende Literatur, z.B. (Kauffels 1991).

Weltweite Kommunikation von Mensch zu Mensch ist heute eine Selbstverständlichkeit geworden. Von jedem Ort zu jedem Ort kann heute mit Standardtechnik (Mobiltelefonie) ein Gespräch geführt werden. Das ist nicht ganz so einfach, wenn wir die Telekommunikation der Computer untereinander betrachten. Hier geht es um die Übermittlung digitalisierter Datenströme, die vom Volumen und der Qualität her sehr viel größere Anforderungen an ein Netzwerk stellen, als die reine Sprachkommunikation. Wenn wir als Beispiel einen heute verfügbaren Farbbildschirm eines PCs nehmen, der Grafik in besserer als normaler VGA-Auflösung (640x480) und 256 Farben halbwegs ansprechend darstellen kann, kommen wir mit einer ganz einfachen Rechnung auf die Informationsmenge, die beim Komplettaufbau eines Bildschirms benötigt wird, wenn wir z.B. auf unserem PC eine Programmwechsel unter WINDOWS durchführen. Der (hochauflösende) Bildschirm besteht aus rund 1000x800 Punkten (Pixel genannt), die für die gleichzeitige Darstellung von 256 Farben eine „Farbtiefe" von 8 Bit je Pixel haben müssen.

Abb. 2.16:

Weltweite

Kommunikation von

Mensch zu Mensch

Farbgrafik-Bildschirme: Große Informationsmenge pro Bild

Damit ergibt sich der Informationsgehalt eines Bildschirms zu 1000x800x8 Bit= 6,4 Mbit = 0,8 MB, d.h. unser PC muß für jeden Bildschirm, den er komplett neu darstellen muß, ca. 1MB Daten bewegen! Wenn wir noch dazu die Forderung aufstellen mit „Echtfarben" zu arbeiten (24 Bit Farbtiefe) müssen wir bei der genannten Bildschirm-auflösung mit rund 2,4 MB Daten pro Bildschirm rechnen, das ist mehr als 1,5 mal die Datenmenge, die auf eine Standard-Diskette (3,5", 1,44 MB) paßt!

Abb. 2.17:
Weltweite Kommunikation von Maschine zu Maschine

Diese Überlegungen lassen sich sehr leicht auf jede Form digitalisierter Pixel-Grafik übertragen, z. B. auf die Übermittlung von Konstruktionszeichnungen, die zuvor über einen Hochleistungsscanner digitalisiert wurden.

Sie sehen, die weltweite Kommunikation muß sehr breite oder ungewöhnliche Wege (Satellit!) benutzen, wenn auch Bilder oder Grafikinformation ausgetauscht werden sollen.

> Natürlich wird man auch bei GUI-Präsentation möglichst nur Nettodaten austauschen, also z.B. das X11-Protokoll von X-Windows benutzen und nicht komplette Grafik-Bildschirminhalte als Pixelmenge über die Leitung schicken, wenn es die Anwendung nicht erfordert.

In der Tat werden Breitbandnetze, wie sie heute in den Unternehmen im LAN-Bereich (s. Glossar) eingesetzt werden, auch für den WAN-Verkehr (s. Glossar) bereitstehen.

> Frankfurter Allgemeine Zeitung vom 17.9.93, Seite 16: „Ein Hochgeschwindigkeitsnetz für Daten als Milliardengeschäft – Die amerikanische Industrie schließt sich schon zu strategischen Allianzen zusammen, erste Versuchseinrichtung ..."

Das setzt, neben ausgefeilten Kompressionsalgorithmen für den Datentransfer, aber auch größere Investitionen bei den Netzwerkbetreibern voraus, in unserem Land also vor allem bei der Telekom. Ein erster Schritt in die Zukunft wurde mit der Einführung von ISDN bewältigt (s. Glossar). Hier handelt es sich um die erste voll digitalisierte Kommunikation im WAN-Bereich. Die Breitbanddienste der Satellitenkommunikation und die Ausbreitung der Lichtwellenleitertechnik werden auch im WAN-Verkehr mit hohen Bandbreiten (Bewegtbilder-Transfer etc.) geeignete Lösungen bereitstellen. Einen wichtigen Schritt stellt die Einigung der Hersteller von Fernsehtechnik, der Sendeanstalten und der Telekom auf eine gemeinsame Norm für digitales Fernsehen ab 1995 dar. Die Breitbandkommunikation wird dadurch wichtige Impulse erhalten und Hardware-Lösungen entwickeln, die auch im EDV-Bereich Verwendung finden werden.

> Die bisherige strenge Trennung der Übermittlung von Sprache und Fernsehen über Telekom-Netze resp. Kabelfernsehen muß nicht für alle Zeiten erhalten bleiben. Damit eröffnen sich sogar für die Haushalte die Möglichkeiten einer echten Breitbandkommunikation: Einrichtung von „Datenautobahnen" unter Einbeziehung der bereits verfügbaren Verkabelung.

Wir wollen nun zunächst die Vorteile einer digitalen Übertragungstechnik gegenüber einer analogen darstellen (Kauffels, 1991). Beim analogen Transfer von Nutzsignalen wird bekanntlich eine „analoge" Größe wie z.B. Spannung (Amplitude) oder Frequenz eines elektromagnetischen Trägermediums (einer Welle) im Sender „moduliert", d.h. im Falle der Amplitudenmodulation (AM) werden die Amplituden der Trägerwelle durch das Nutzsignal moduliert, bei der Frequenzmodulation (FM) die Frequenz der Welle. Durch Rückübersetzung der Modulation im Empfänger wird das modulierende Nutzsignal zurückgewonnen und kann verstärkt über Ausgabeeinheiten (z.B. Lautsprecher) ausgegeben werden.

Allgemein bekannte Beispiele sind hier die Telefonie im normalen (nicht ISDN) Verkehr und die konventionelle Schallplattentechnik mit piezoelektrischer Abtastung per Diamant.

Analoge versus digitale Nachrichtenübertragung: Schwarzscheiben versus Silberscheiben – CD-Qualität?

Bei der digitalen Übertragung, der wir im Bereich der Unterhaltungselektronik die CD-Technik verdanken (im Falle der Telekom die im ISDN integrierten Dienste, s.o.), werden „logische" Rechteckimpulse übertragen. Ein (Spannungs-) Impuls pro Zeitintervall stellt „ein Bit" dar und zwar „1", wenn der positive Impuls da ist, und „0", wenn der negative Impuls da ist (überhaupt kein Impuls bedeutet keine Informationsübertragung). Eine wie immer geartete Nutzinformation, die z.B. als analoge Modulation eines Spannungswertes eines Mikrofons vorliegt, muß nun „nur noch" geeignet fein abgetastet und in codierte Zahlen übersetzt werden.

Beim verbreiteten PCM-Verfahren (PulsCodeModulation) wird in der Telefonie wegen der höchstens auftretenden Frequenzen von 3400Hz mit 8000Hz abgetastet und der Abtastwert in ein 8Bit-Wort codiert. 8x8000 = 64kbit/s ist die Bandbreite eines ISDN-Kanals.

Sie kann dann praktisch ohne Informations- und damit Qualitätsverlust im Empfänger vollinhaltlich rekonstruiert werden. Technisch bereitet die Übermittlung von Rechteckimpulsen („bits") keine großen Probleme, Details finden sich sehr schön bei Kauffels (Kauffels 1991, 83) beschrieben.

Was ist nun der wesentliche Vorteil einer digitalen Informationsübertragung gegenüber einer analogen? Die Vorteile liegen in der Qualität, der einfacheren technischen Handhabung sowie in der Rationalisierung und Flexibilisierung.

- Qualitätsvorteile:
  Schutz des Nutzsignals vor Störeinflüssen (wichtig ist nur, ob ein Schwellenwert erreicht wird oder nicht), Rekonstruktion des Nutzsignals bei partiellem Bitverlust durch Redundanz, Codierung und Berechnung, hohe Qualität der analog-digital-Wandlung und des Umkehrprozesses (CD-Spieler!).

- Simplifizierung:
  Die Verarbeitung und Vermittlung von Signalen in einem Netzwerk erfolgt auf digitalem Weg. Digitale Signale sind dort leichter durchzuschleusen und erfordern weniger Wartungsaufwand durch standardisierte, hochintegrierte Komponenten.

- Rationalisierung/Flexibilisierung:
  Die Integration der verschiedenen Dienste erlaubt die effizientere Nutzung im LAN. Der Endbenutzer wird von der Komplexität der Elektrotechnik abgeschirmt, weitgehend transparent nutzt er die Dienste Telefonie, Transport, Auskunft,... direkt aus seiner Anwendung (hochauflösendes Fax vom PC aus).

Vorteile digitaler gegenüber analoger Übertragung:
- *Qualität*
- *Simplifizierung*
- *Rationalisierung*
- *Flexibilisierung*

Was ist heute möglich?

Leider sind heutzutage noch nicht alle Telekom-Dienste digitalisiert und damit per se für eine effektive (d.h. schnelle und fehlerfreie) Datenkommunikation geeignet. Aber auch mit herkömmlichen Übertragungstechniken läßt sich einiges erreichen, z.B. mit einem billigen Modem für den eigenen Computer.

Modem = *Mo*dularisierer*Dem*odularisierer, Analog/Digital-Wandler für das Telefonnetz; Modems mit FTZ-Prüf-Nr., d.h. Zulassung durch die Deutsche Bundespost, sind heute mit Baudraten von 14400bps schon für weniger als 1000DM zu haben. Übrigens: Geräte ohne FTZ-Prüf-Nr. dürfen im Netz der DBP nicht betrieben werden!

Damit kann auch der Privatmann „Electronic Banking" vom heimischen Schreibtisch aus oder Fax-Verschickung direkt aus dem Computer praktizieren. Die Kosten sind auch hier wieder so niedrig, daß ein mit dem Computer gesendetes Fax billiger als ein Brief mit gleichem Inhalt ist (zumindest bei einigen Seiten).

Das gilt natürlich auch für ein „konventionelles" Faxgerät, nur ist das Fax aus dem Computer durch den vermiedenen „Medienbruch EDV–> Papier–> Fax" qualitativ ungleich besser.

Hinzu kommt die Quittungsfunktion des Fax-Dienstes, die u.U. ein Einschreiben erübrigen kann (einige Dokumente, wie z.B. Rechnungen, werden von vielen Firmen nicht per Fax akzeptiert). Diese „elektronischen Spielereien", wie sie noch vor nicht allzu langer Zeit wohl bezeichnet wurden, werden in wenigen Jahren für Privatmann, Industrie und Handwerk gleichermaßen unverzichtbar sein, da sie Zeit und damit Geld sparen. Wichtig ist dabei, daß die vorhandenen Netze dem wachsenden Telekommunikations-Aufkommen Schritt halten können. Der „Hunger" nach Übertragungskapazitäten wird vergleichbare Ausmaße annehmen, wie heute die Telefonie. „Electronic Banking" wird mit Sicherheit durch „Electronic Shopping" ergänzt werden, wenn es die Übertragungswege zulassen.

„Electronic Shopping" nach „Electronic Banking" der Renner?

Warum soll der fernsehgewohnte Verbraucher nicht zu Hause vom bequemen Sessel aus durch die virtuelle Realität eines Kaufhauses auf seinem Bildschirm spazieren und die Produkte per „Television" ansehen und gleich per „Tele-Purchasing" erstehen? Für manchen mag dies ein Alptraum sein – wenn aber der Markt derartige Dinge fordert, werden sie Realität werden. Wer hätte vor 10 Jahren die Entwicklung auf dem Computer-Markt vorausgesehen, wie sie heute eingetreten ist? Der Mangel an Visionen hat schon ganze Industriezweige ins wirtschaftliche Desaster geführt – lieber eine Vision zuviel als eine zuwenig: Es könnte die geschäftsentscheidende gewesen sein.

Doch zurück zur Wirklichkeit am Beginn der neunziger
Jahre. Was bietet uns die Telekom heute?

Für die Datenübertragung auf analogen, festgeschalteten Leitungen und
im Telefonnetz hat die CCITT (s. Glossar) die V-Normen-Serie (z.B.
V.24), für digitale Netze die X-Normen (z.B. X.25) eingeführt

Die wichtigsten Netze der deutschen Bundespost
(DATEL-Dienste der Telekom) sind in der folgenden Tabelle gegenübergestellt (Kauffels 1991):

Netz	Beschreibung
öffentliches Telefonnetz (Wählverbindungen, analog)	ältestes, am weitesten verbreitetes Netz mit analoger Übertragung; Anschluß von Datenendeinrichtungen (z.B. Computer) über Modems oder Akustikkoppler; Übertragungsraten bis 9600 bit/s;
öffentliches Telexnetz (Wählverbindungen, digital)	erstes Netz mit digitaler Übertragung. 50bit/s und Halbduplex
öffentliches Direktrufnetz (Wählverbindungen, digital)	HfD (Hauptanschlüsse für Direktruf): festgeschaltete duplexfähige Verbindungen mit Übertragungsgeschwindigkeiten bis 2Mbit/s; Basis für Corporate WAN-Verbindungen über öffentliche Netze, hohe entfernungsabhängige Gebühren;

(Fortsetzung)

öffentliches Datexnetz (Wählverbindungen, digital)	Datex (DataExchange)-Netze für verteilte Datenverarbeitung mittels öffentlicher Netze. DATEX-L: leitungsvermittelter Dienst: nach Verbindungsaufbau steht den Kommunikationspartnern die Leitung exklusiv zur Verfügung, Transferraten bis 64kbit, zur besseren Kanalauslastung Multiplexbetrieb empfohlen, da Kosten nach Zeiteinheiten der bestehenden Verbindung und der Entfernung berechnet werden; DATEX-P: paketvermittelter Dienst; Norm X.25 orientiert, d.h. Nachrichtenpakete werden über virtuelle Verbindungen zwischen den Endgeräten versandt; Kosten nach Volumen, Bandbreiten bis 48kbit/s;
ISDN	Integrated Services Digital Network: Integration aller schmalbandigen Dienste (Sprache, Text, Daten, Fax); 64kbit/s pro Kanal; Fest- und Wählverbindungen;

Für höhere Bandbreiten, d.h. in digitalen Netzen für Bandbreiten > 64kbit gibt es bereits heute mehrere Möglichkeiten. Einmal das oben beschriebene Direktrufnetz mit den HfD-Leitungen bis 2Mbit/s, zum anderen aber auch Satellitenverbindungen mit Bandbreiten bis 125Mbit/s. In der Anfangszeit des wiedervereinigten Deutschland waren dies die ersten leistungfähigen „Nervenstränge" zwischen den beiden Landesteilen, heute gibt es Tageszeitungen, die via Satelliten-Breitbandkommunikation ihre hochaufgelöst digitalisierten Druckvorlagen von der Redaktion zur Druckerei verschicken (Frankfurter Allgemeine Zeitung Nr. 213, 14.9.93, Seite T6).

Vor- und Nachteile der Satellitenkommunikation nach (Kauffels
1991):

Vorteile	Nachteile
Hohe Bandbreiten	Lange Signallaufzeiten
Überdeckung großer Gebiete in regionalen oder globalen Netzen	Knappheit der Frequenzen und geostationärer Plätze im Weltraum
Mobile Benutzerstationen möglich	Störanfälligkeit der Funkstrecken gegenüber meteorologischen Einflüssen
Kosten unabhängig von Art und Länge der überbrückten Strecke	Hohe Satelliten-, Start- und Erdstationskosten
Leicht um weitere Benutzer erweiterbar	Lebensdauer gering (7–10 Jahre)

Als dritte Möglichkeit für Hochleistungs-WAN-Ver-
bindungen setzen sich zunehmend die aus dem LAN-
Bereich bereits vielfach bekannten Glasfaser-Techniken
durch, später im MAN-Bereich FDDI, das heute schon im
LAN-Backbone Verwendung findet.

Noch später, etwa Ende dieses Jahrzehnts vielleicht die
ATM-Technik, bei der statt einer fest geschalteten und
gemieteten Standleitung fester Bandbreite, die beim typischen „Bursty Traffic" ereignisorientierter Anwendungen
nicht kontinuierlich ausgelastet werden kann, mit der sog.
„Cell Relay Technique" eine „bandwidth on demand" realisiert werden wird.

> Burst Mode: große Mengen von Information müssen in kurzer Zeit vom
> Sender zum Empfänger übertragen werden, unterbrochen durch ver-
> gleichsweise lang andauernde „Sendepausen"; typischer Kommuni-
> kationsverkehr für heutige Client/Server-Anwendungen.

Mit diesen neuen Techniken werden Datenströme im
Gigabit/s-Bereich für möglich gehalten (Holler 1993).

*Abkürzungen siehe
Glossar*

*Leistungsfähige WAN-
Verbindungen:*
- *HfD*
- *Satellit*
- *Glasfasertechnik*
- *ATM (Ende der
90er)*

Was tut sich im LAN-Bereich, was ist heute „Standard"?

Im wesentlichen werden heute weltweit im LAN-Bereich zwei Netzwerk-Architekturen eingesetzt: Ethernet (IEEE 802.3) und Token-Ring (IEEE 802.5). Bevor wir jedoch diese beiden Standards näher beschreiben, wollen wir das ISO/OSI-Referenzmodell, auch bekannt als „7-Schichten-Modell" in seinen wesentlichen Eigenschaften beschreiben, da sich relativ dazu Ethernet und Token-Ring gleichermaßen verstehen lassen, wenn man die unterschiedlichen Zugriffs-Algorithmen und die unterschiedlichen Topologien beider Netzwerk-Architekturen zusätzlich beschreibt.

Zunächst einige allgemeine Bemerkungen zur Schichten-Architektur an sich. Sie ist eine bewährte Methode der angewandten Informatik, komplexe Problemstellungen in sauber voneinander isolierte Bereiche aufzutrennen. Jede Schicht eines Schichtenmodells nutzt die Dienste der darunterliegenden Schicht und ist Dienstleister für die darüberliegende Schicht. Wenn man die Schichten von unten nach oben aufsteigend durchnummeriert, kann man leicht ein Client/Server-Beziehung zwischen den Schichten entdecken: Schicht „N" ist Server für die darüberliegende Schicht „N+1" und Client für die Schicht „N-1".

Im Kommunikationsmodell der ISO, dem eben erwähnten Referenzmodell für Kommunikation in Offenen Systemen, werden die einzelnen funktionalen Dienste für eine erfolgreiche Kommunikation zweier Partner im Netzwerk mittels sieben übereinanderliegender Schichten beschrieben, die von unten nach oben aufsteigend numeriert sind, und jeweils mit der gleichen Schicht auf der Partnerseite verkehren (Netzwerkschichten sind eben sehr standesbewußt), d.h. nur deren Befehls- resp. Funktionsvorrat kennen. Gegenüber der darüberliegenden und der darunterliegenden Schicht ist die jeweilige Schicht Server bzw. Client.

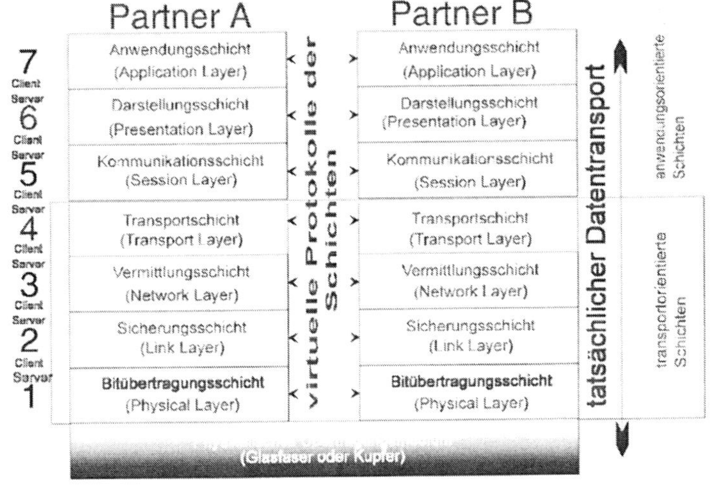

Abb. 2.18:
Das ISO-Referenz-
modell
(s.a. (Kauffels 1991))

Man könnte auch sagen, zwischen den Schichten existieren (horizontal) virtuelle Protokolle, also virtuelle Verständigungsvereinbarungen, während vertikal die eigentliche Information transportiert wird. Bei jeder Verarbeitung von Schicht n in Richtung Schicht n-1 wird einem Informationspaket eine zusätzliche „Hülle" verpaßt, die im wesentlichen Steuerungsinformation enthält. Beim „Durchreichen" von Schicht n zu Schicht n+1 auf der Partnerseite werden diese Hüllen sukzessive wieder entfernt. Diese „Hüllen" sind zusätzliche Bytes, die an die Nachrichten angehängt werden. Sie vergrößern natürlich die Datenpakete, was dazu führt, daß die Bruttokapazität eines Netzes niemals zu 100% für Nettodaten genutzt werden kann.

Anhand des ISO-Referenzmodells ist es möglich alle Netzwerkfunktionen zu erklären und auch verschiedene Netzwerk-Standards miteinander zu vergleichen.

Beginnen wir mit dem physikalischen Übertragungsmedium. Damit über ein Kabel Information per elektromagnetischer Welle übetragen werden kann, ist es notwendig, Signalhöhen, Frequenzen und Codierung, sowie Kabel und Steckverbindungen zu definieren. Mit den Vorschriften auf Schicht 1 (Bitübertragungsschicht = Physical Layer) ist es möglich eine Verbindung von Punkt zu Punkt auf- und wieder abzubauen und Bitstrings zu übermitteln. Hier werden die Schnittstellen, die physikalischen Übertragungsverfahren und die Übertragungsmedien festgelegt. Wichtige Schnittstellen-Normen sind hier RS232C, die V.-und X.-Schnittstellen der CCITT wie V.24 oder X.25 (s. z.B. (rororo 1989)), Übertragungsmedien sind verschiedenartig abgeschirmte Koaxialkabel und verdrillte Kupferkabel, sowie Glasfaserkabel und Richtfunkstrecken.

In der zweiten Schicht (Verbindungssicherungschicht= Link Layer) werden die Verbindungen angefordert, freigegeben und die Fehlererkennung bei der Übermittlung von Datenpaketen erkannt und ggf. korrigiert. Getrennte LAN werden auf dieser Ebene bei gleichem Protokollstandard durch Brücken verbunden. Wichtige Protokolle auf diesen Schichten sind HDLC resp. SDLC und CSMA/CD bzw. Token Passing oder Token Bus.

Die Dienste der dritten Schicht (Vermittlungsschicht= Network Layer) werden benötigt, wenn mehr als zwei Rechner miteinander gekoppelt sind. Es kann dann mehrere Wege von einem Rechner zu einem Zielrechner geben. Die „Wegefindung" (engl. „Routing") wird in dieser Schicht abgewickelt. Es wird eine virtuelle Punkt-zu-Punkt-Verbindung aufgebaut, die in der vierten Schicht (Transportschicht, Transportation Layer) benutzt wird, um den eigentlichen Datentransport durchzuführen, d.h. die richtige Übertragung resp. Korrektur im Fehlerfall sicherzustellen. Die vier unteren Schichten bilden zusammen die „transportorientierten Schichten". Sie bieten einen kompletten Transportservice mit Verpackung, Verschickung, Wegewahl, Kontrolle, Korrektur und Sicherung inkl. der Hardwaresteuerung an.

Die drei oberen Schichten des ISO/OSI-Referenzmodells können sich als „anwendungsorientierte" Schichten ganz auf ihr Kerngeschäft konzentrieren, nämlich eine Applikation zu befähigen, mit einer anderen Applikation Daten auszutauschen, resp. transparent auf einen Dienst zugreifen zu können, der nicht auf dem eigenen Rechner verfügbar ist (z. B. Drucken einer Datei auf einem „remote" (d.h. entfernten) Drucker im Netz oder Bearbeiten einer Datei auf einem remote Server, als wäre sie auf der „front end"-Maschine vor Ort verfügbar etc.). Eine besondere Rolle spielt dabei noch die Kommunikationssteuerungsschicht (Session Layer), die in Aktion tritt, wenn zwei Anwenderprozesse miteinander kommunizieren wollen. Die Anwendungsschicht fordert dann über die Datendarstellungsschicht (Presentation Layer, verantwortlich für die Darstellung der codierten Daten) die Kommunikationssteuerungsschicht zur Errichtung einer „Sitzung" auf, und zwar mit dem Partner, mit dem sie Daten austauschen möchte. Schicht 5 ist also verantwortlich Kommunikationssitzungen einzurichten, zu unterhalten und sie wieder zu beenden.

Schicht 6 wird benötigt, weil auf verschiedenen Rechnerwelten Daten in verschiedenen binären Codierungen vorliegen können (z. B. EBCDIC-, ASCII-, Windows-ANSI- und Unicode Codierung) und Schicht 7 stellt die Dienste für den Anwender resp. das Anwendungsprogramm zur Verfügung (Anwendungsschicht = Application Layer).

Wie man sieht, ist die Schichtenstruktur eine praktische Sache: Jede Schicht „kennt" nur die korrespondierende Schicht des Kommunikationspartners (virtuelles Protokoll) und versichert sich der Dienste der darunterliegenden Schicht (Client/Server-Beziehung). Damit ist ein komplexes (Riesen-) Problem in handliche Scheiben geschnitten und auch für den Menschen überschaubar geworden. Das ist gut für den Anwender, für den die „remote", d.h. entfernt verfügbaren Dienste transparent wie auf seinem eigenen Arbeitsplatzrechner verfügbar werden. Das ist aber auch gut für den Entwickler, denn noch immer machen Menschen die Programme, auch wenn sie dabei mehr und mehr von den Maschinen unterstützt werden. Die Schichtenarchitektur ermöglicht es, daß eine Schicht (d.h. deren Funktionalität) komplett ausgetauscht wird, ohne daß andere Schichten davon betroffen werden, solange nur die Schnittstelle gleichbleibt. Das ist eine äußerst angenehme, wartungsfreundliche Eigenschaft. Sie ermöglicht beispielsweise den Multiprotokoll-Betrieb auf ein und derselben Hardware oder den Austausch von Hardware (Kabel, Netzkarten) bei gleichbleibender Netzwerk-Software.

Schichtenarchitekturen sind daher aufgrund dieser Eigenschaften beliebt bei Informatikern. Was gerne übersehen wird (meist von eifrigen Entwicklern, die gerne das Rad noch einmal erfinden möchten), ist die Tatsache, daß Schichtenarchitekturen nicht nur positive Seiten haben. So kann die (prinzipiell richtige) Abschirmung tiefer liegender Funktionalität (z.B. die Abschirmung einer bestimmten Datenbanktechnik vor der Applikation) zu erheblichem Mehraufwand an Prozessor- oder IO-Leistung führen, was sich in verminderter Performance zeigt. Hier zeigt sich die enge Verbindung von Hardware und Software besonders deutlich: Wenn „sauber" d.h. abgeschirmt gearbeitet werden soll, wird hohe HW-Leistung verlangt – der Evolutionsdruck zu immer leistungsfähigerer HW ist also auch von der SW her vorgegeben!

Ethernet, Token Ring, TCP/IP, NetBios, NETWARE von Novell und LAN-Manager von Microsoft, das Wichtigste im LAN-Bereich in Kurzform:

Wir unternehmen nun den kühnen Versuch, auf wenigen Seiten einen Überblick der wichtigsten Begrifflichkeiten im LAN-Bereich zu geben. Unzweifelhaft kann dies nur ein summarischer Überblick sein, allein schon wegen der zeitlichen Komponente. Insbesondere die Markteinführung von WINDOWS NT und des darin enthaltenen Netzwerkmanagements (Custer 1993) könnte in Kürze Tatsachen schaffen, die einige Seiten dieses Buches überflüssig machen.

Abb. 2.19: Die Ethernet Bustopologie mit charakteristischen T-Verbindungsstücken

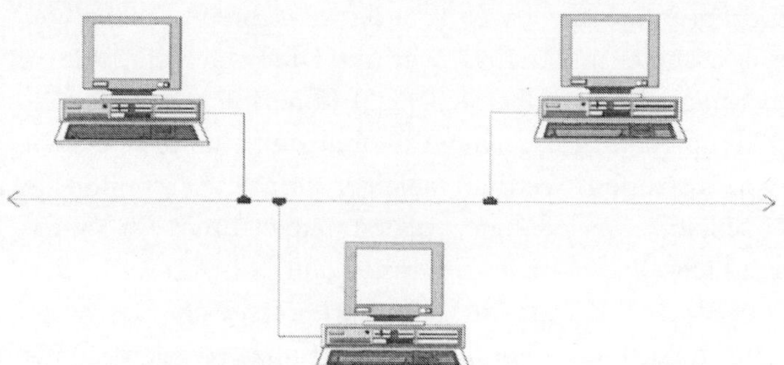

Ethernet (IEEE 802.3) und Token Ring (IEEE 802.5) sind LAN-Standards, die Schicht 2 des Referenzmodells überdecken, aber vom Kabel, über die Topologie bis zum Verständigungsalgorithmus, komplett unterschiedlich sind.

Dem Ethernet-Standard liegt eine Bustopologie mit CSMA/CD-Protokoll (Carrier Sense Multiple Access with Collision Detection) auf Schicht 2 des Referenzmodells zugrunde.

Dieses Protokoll beschreibt den Algorithmus, wie gesendet wird: Will eine Station senden, prüft sie den Bus, ob er bereits ein Signal führt, d.h. ob eine andere Station bereits sendet (Carrier sense). Ist dies nicht der Fall sendet sie. Es kann zu Kollisionen kommen (Multiple Access), falls zwei Stationen genau gleichzeitig oder innerhalb einer durch Laufzeitunterschiede bedingten Verzögerungsperiode senden. Dann müssen die Stationen in der Lage sein, dies zu erkennen und ihre Signale vom Bus zu löschen (Collision Detection). Innerhalb einer vom Protokoll festgelegten Periode versuchen die Stationen noch einmal zu senden. Erst bei einer sehr hohen Anzahl fehlgeschlagener Sendeversuche wird die entsprechende Fehlermeldung an die höheren Schichten weitergereicht.

Ethernet hat eine Bandbreite von nominell 10 Mbit/s, die zu etwa 95% auch ausgelastet werden kann. Auf Schicht 1 arbeitet Ethernet mit Basisband oder Breitband auf „dünnem" (thin wire Ethernet) oder „dickem" (thick wire Ethernet) Kabel. Jede Ethernet-Karte besitzt eine eigene Ethernet-Adresse, die einmalig ist. Die Nummernbänder werden von der IEEE an die einzelnen Hersteller vergeben. Das klassische Kabel (yellow cable) läßt maximale Längen bis 500 Meter in einem Segment zu, mit maximal vier Repeatern kann man damit bis zu 2500 Meter überbrücken. Auf Glasfaser-Kabelbasis erreicht man bei Ethernet 4km. Die maximalen Längen für das dünne Kabel sind etwas geringer, wegen der besseren Verlegbarkeit in Gebäuden wird heute aber allgemein dieses verwendet, das dicke Kabel höchstens als Gebäude-Backbone (INF/CB 1990), alternativ zu Glasfaser. Mit Transceivern und Repeatern

läßt sich eine vorausschauende Gebäudeverkabelung erreichen.

Token-Ring-Architektur:

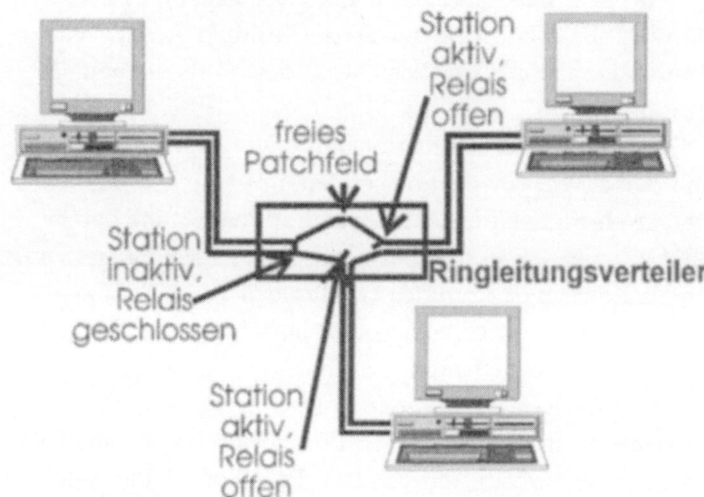

Abb. 2.20: Die Token

Ring-Stern-Topologie

(logischer Ring)

Beim Token Ring-Verfahren, das in IEEE 802.5 normiert
ist, kreist im Ring ein Bitmuster, der sog. „Token". Gleich
einem Staffelstab wird er von jeder Station aufgenommen,
geprüft und weitergeleitet. Was wird geprüft? Jede Station
prüft, ob der Inhalt eines gefüllten Tokens für sie bestimmt
ist. Falls ja, liest sie den Inhalt und schickt den Token
weiter. Wenn der gefüllte Token bei der aussendenden
Station wieder eingetroffen ist, entleert ihn diese und
schickt den leeren Token weiter. Will eine Station senden,
kann sie das nur dann tun, wenn sie im Besitz des (leeren)
Tokens ist. Sie fügt dann an den leeren Token die zu
versendende Nachricht an, und schickt ihn an die nächste
Station weiter.

Token-Ring: Bei diesem Protokoll kann es also keine Kollisionen

kollisionslos,   geben, die Token-Laufzeiten sind berechenbar. Man

deterministisch   bezeichnet deshalb ein Token-Ring-Netz auch als
kollisionsloses, deterministisches Netz. Als Medium dient
ein spezielles Vierdraht-Kabel (IBM-Kabeltyp 1, vieradriges,
mehrfach geschirmtes Kabel, s. (INF/CB 1990)), das in

physischer Stern-Topologie innerhalb eines Gebäudes verlegt wird. Die Kabel laufen in einem Verteilerschrank zusammen, wo sie in sogenannten „Ringleitungsverteilern" zusammengeführt werden (s. Abb. 2.20).

Durch Relais in den Ringleitungsverteilern werden nicht-aktive Stationen überbrückt und somit der (logische) Ring immer aufrechterhalten. Ist eine Station aktiv, d.h. hat sie der Benutzer eingeschaltet und mit der Token-Ring-Karte über ein Verbindungskabel an der lokalen Token-Ring Steckdose mit einem speziellen Kabel (IBM Kabeltyp 6) am Netz angeschlossen, öffnet das Relais, die Station nimmt teil am „Token-Passing" und reicht den Staffelstab weiter. Token-Ring-Netze arbeiten mit 4 resp. 16 Mbit Bandbreite. Die Token-Ring-Verkabelung ist teurer als die Ethernet-Verkabelung (bis zu einem Faktor 2). Typische Reichweiten: Maximal 100m für das Kabel, 250m ohne Verstärker zwischen Ringleitungsverteilern und 750m mit Verstärkern. Mittels Glasfaserkabel (Lichtwellenleiter) können Backbone-Netze ausgeführt werden. Die Reichweiten betragen hier bis 2km.

Bei den Netzkarten für die PCs ist die Busarchitektur des PC zu beachten: AT-Bus, IBM Microchannel, EISA

Netzwerk-Betriebssysteme

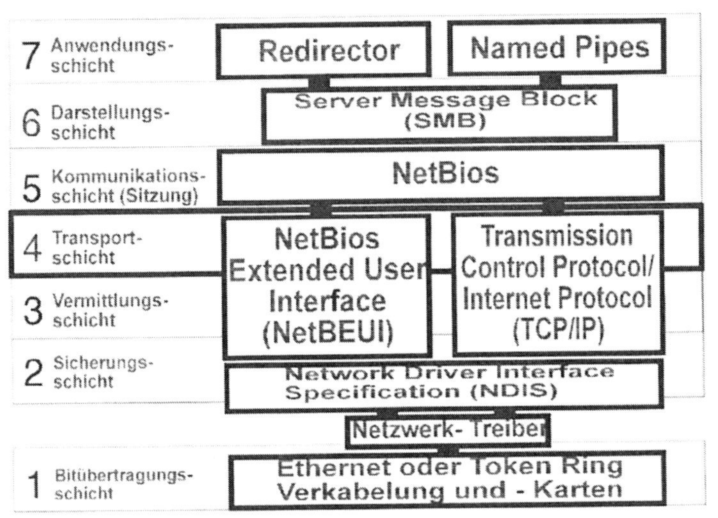

Abb. 2.21: LAN-Manager Architektur

Im Bereich der Netzwerk-Betriebssysteme ist Novell z.Zt. Marktführer mit seinem Produkt NetWare. Der LAN-

Manager von Microsoft (bzw. der fast identische OS/2 LAN Server von IBM) gewinnen jedoch immer mehr an Bedeutung. Wir nehmen im folgenden Bezug auf einen ausgezeichneten Übersichtsartikel im PC-Magazine (PC-Magazine, 1992).

Der Microsoft LAN-Manager ist ursprünglich als Erweiterung zu IBMs Betriebssystem OS/2 entwickelt worden. Das galt bis vor kurzem als strategischer Vorteil, da man (zumindest in stark IBM-geprägten Umgebungen) OS/2 als das Betriebssystem der Zukunft angesehen hat. Diese Sicht der Dinge ist zum Zeitpunkt der Drucklegung dieses Buchs eher zweifelhaft – man spricht vom „Krieg der Betriebssysteme" und meint damit die allseits geführte Diskussion, welches System denn nun das bessere sei: UNIX in seinen verschiedenen Derivaten, OS/2 als IBM-Baby oder die Neuerscheinung WINDOWS NT von Microsoft, vor der sich angeblich viele Mitbewerber fürchten. Wir wollen das hier nicht ausdiskutieren, weisen aber darauf hin, was wir eingangs in diesem Kapitel über offene Systeme gesagt haben.

> Sie erinnern sich noch? „POSIX-Compliance" und „X/Open branded"? Lesen Sie unter diesen Aspekten sehr sorgfältig, was über die konkurrierenden Systeme geschrieben wird, und Sie wissen mehr!

Vielleicht hilft das bei der Entscheidungsfindung, wenn die Entscheidung gerade anstehen sollte.

In jedem Fall ist der LAN-Manager als Produkt in einigen Funktionalitäten sehr stark:

- Unterstützung der Netzadministration
- Name Services über Netzwerkgrenzen hinweg, hohe Sicherheitsfunktionalität
- Kein eigenes Betriebssystem, d.h. OS/2 (HPFS) und MS-DOS Festplattenformate können transparent angesprochen werden
- Unterschiedliche Protokolle sind durch NetBios und einfachen Treibertausch möglich
- Bessere Verteilalgorithmen bei OS/2 oder MS-DOS basierten Datenbanken möglich durch die „Named Pipes"-Protokollarchitektur

- Einfache und effiziente Ressourcenteilung (Drucker,
  Platten)

LAN-Manager ist in WINWOWS NT integriert. Ein
Nachteil ergibt sich zur Zeit beim Einsatz von LAN-Manager in heterogenen Welten, da die UNIX-Version nicht von
allen Herstellern unterstützt wird.

NETWARE von Novell, dem Marktführer in Netz-
werk-Betriebssystemen, ist ein eigenes Betriebssystem, d.h.
es hat seine eigenen Plattenformate und ist nicht direkt mit
MS-DOS oder OS/2 kompatibel. NETWARE hat deutliche
Stärken in der Vernetzung heterogener Welten und
unterstützt z.B. auch HDLC direkt auf synchronen Brücken.
IBM und Novell haben erst kürzlich eine strategische
Allianz geschlossen – offenbar befürchtet man eine zu
starke Marktmacht der Firma Microsoft, die mit ihren
Betriebssystemen MS-DOS/WINDOWS den Markt der PC
und Nicht-UNIX-Workstations dominiert, woran auch
Apple als zweitgrößter PC-Hersteller der Welt mit seinem
proprietären (aber exzellenten) Betriebssystem nichts
ändert. Es ist erstaunlich, daß ein Produkt wie LAN-
Manager im direkten Vergleich mit Novell's NETWARE
laut PC-Magazine in allen Punkten entweder gleich auf
oder besser ist – mit Ausnahme der UNIX-Connectivity. Es
bleibt abzuwarten, ob Microsoft mit WINDOWS NT und
der „POSIX-Compliance" diese Scharte auswetzt, bzw. ob
dies schon mit der DLL-Verfügbarkeit von TCP/IP, dem
„Standard-Protokoll" der UNIX-Welt unter WINDOWS
3.x/LAN-Manager gelingt. Hier liegt Novell mit seinem
proprietären Protokoll SPX/IPX zwar dicht dran, aber eben
nicht direkt auf dem Standard. Als Hauptschwachpunkt
wurde die schwierige Netzwerkadministration unter
NETWARE beklagt – auch solche Punkte können in der
Zukunft wesentliche Entscheidungskriterien bei der
Systemauswahl werden. Je mehr Anwender in der
Informatik mitreden, desto schwieriger werden es Produkte
haben, die von der Oberfläche und dem Benutzerkomfort
her nicht optimal sind – derartige Argumente lassen sich
übrigens sehr leicht in einer Kosten-/Nutzenrechnung beim
erhöhten Schulungsaufwand ablesen.

2.4 CASE

2.4.1 Motivation, Grundlagen

Client/Server-CASE hat zwei Dimensionen

Der Prozeß der Software-Erstellung von Client/Server-Anwendungen hat einige Besonderheiten aufzuweisen, besitzt aber auch viele Gemeinsamkeiten mit den klassischen Verfahren zur Software-Entwicklung. Wenn von CASE, d.h. „Computer Aided *Software* Engineering" oder „Computer Aided *Systems* Engineering" im Client/Server-Umfeld gesprochen wird, müssen zwei Dimensionen betrachtet werden:

Client/Server-CASE hat zwei Dimensionen der Verteilung

- die *Entwicklungsumgebung* (oft abgekürzt mit SEU - Software-Entwicklungs-Umgebung, SPU -Software-Produktions-Umgebung o.ä.) bedient sich einer Client/Server-Architektur. Auch hier sind prinzipiell alle der in Kapitel 2.3 besprochenen Verteilungsvarianten denkbar, wobei in der Praxis durch die eingesetzte Basis-Software bestimmte Formen überwiegen;

Abb. 2.22: Die zwei Dimensionen einer Client/Server-CASE-Umgebung

- die entwickelten Anwendungen (Programme) kommen in einer Client/Server-Umgebung zur Ausführung (*Produktionsumgebung*).

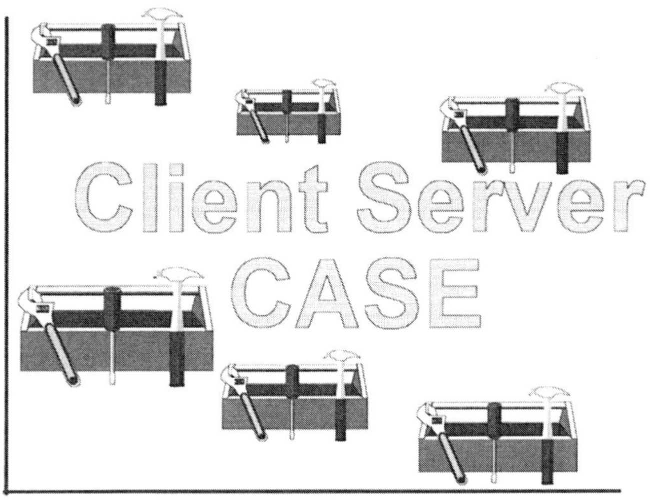

Abb. 2.22: Die zwei Dimensionen einer Client/Server-CASE-Umgebung

Heutige Client/Server-CASE-Umgebungen

Sehr häufig ist heute in vielen Unternehmen resp. Software-Häusern noch eine unternehmensspezifische, eigenentwickelte Lösung für die einzelnen Aufgaben der Software-Erstellung zu finden. Diesen Lösungen fehlt allesamt ein offenes, durchgängiges Konzept, sowohl im Hinblick auf die zukünftigen DV-Architekturen (Client/Server), als auch auf die derzeit aktuellen Methoden zur Software-Entwicklung und somit erst recht auf die zukünftigen Verfahren zur Software-Produktion (Objekt-Orientierung).

Wie soll eine moderne Client/Server-Entwicklungsumgebung aussehen? Sicherlich nicht mehr wie das AD/Cycle-Konzept aus dem Jahr 1989 (IBM 1989). Die großen Repository-Systeme auf dem Mainframe sind aufgrund ihrer systemimmanenten Probleme, wie z.B. den Up-/Download-Problemen (s. a. (Nagl 1992)), den Schwierigkeiten bei der Konsolidierung der auf den PWS (Programmable Work Station) erarbeiteten Informationen gescheitert. AD/Cycle ist letztlich nicht an den teilweise sehr guten inhaltlichen Komponenten zugrundegegangen, sondern an fehlenden oder mangelhaften technischen Kon-

Das logisch zentrale Repository ist die CASE Grundlage

111

zepten, die dem allgemeinen Trend nach Offenheit und kooperativer Verarbeitung entgegenstanden.

Im Gegensatz dazu haben die vielen (grafischen) Werkzeuge auf den Arbeitsplatzsystemen (PC's und Workstations) mit dem Problem der Tool-Integration zu kämpfen, die durch ein fehlendes Repository verursacht wurden, so daß diese Werkzeuge häufig nur als Zeichenprogramme für Diagramme Verwendung finden. Eine Nutzung als phasenübergreifende CASE-Umgebung ist für diese CASE-Werkzeuge nur eingeschränkt möglich, so daß spätestens mit der Designphase ein Bruch in der Entwicklung stattfindet.

Wägt man die beiden Techniken gegeneinander ab, so erscheint die Client/Server-Architektur auch als adäquate Lösung des CASE-Tool Dilemmas. Denn nur in dieser Architektur lassen sich die Vorteile der (logisch) zentralen Datenbasis (Repository) auf dem Server mit den Vorzügen der Clients, wie einfache Bedienbarkeit durch grafische Oberflächen etc., optimal miteinander verbinden. Zusätzlich entstehen Vorteile durch die einfache Erweiterbarkeit und die gute Skalierbarkeit dieser Umgebung.

Client/Server-CASE-Umgebungen sollten in allen möglichen Verteilungsvarianten einsetzbar sein

Betrachtet man die kommerziellen CASE-Produkte am Markt, die als Basis eine Client/Server-Architektur haben, so erkennt man schnell, daß sich die Produkte über alle Varianten einer Client/Server-Architektur erstrecken (s.a. Kap. 2.3), von der verteilten Präsentation bis zur entfernten Datenbank. Sehr selten findet man in den Produkten wirkliche Offenheit (s.a. Kapitel 2.3.2), die sich in der Produktarchitektur zeigen müßte:

Es fehlt nämlich i.a. an einer klaren Schichtenarchitektur, die z.B. die Kommunikation von der Datenhaltung trennt. Die CASE-Umgebung ist damit oft nur in einer ganz bestimmten Client/Server-Variante ablauffähig und ermöglicht nicht die parallele und gemischte Nutzung der verschiedenen Architekturvarianten (von der verteilten Präsentation bis zur verteilten Datenhaltung), was in der betrieblichen Praxis und Infrastruktur durchaus sinnvoll wäre.

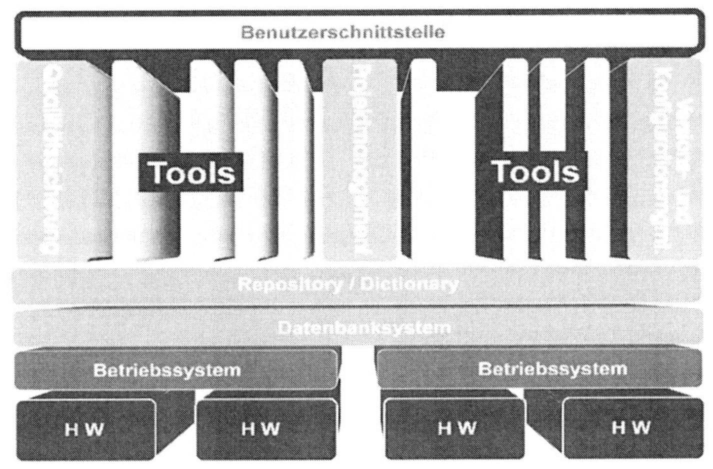

Abb. 2.23: Die Komponenten einer Software Entwicklungsumgebung

CASE-Architektur in einer Client/Server-Umgebung

Betrachtet man die Abbildung 2.23 so erkennt man sofort die klassischen Komponenten einer CASE-Umgebung: Das Repository als Fundament und Basis zur Ablage aller für die Systementwicklung relevanten Informationen. Darauf aufbauend die tragenden Säulen des Projekt-Managements (PM), der (QS) und des Versions- und Konfigurationsmanagement (VKM). Parallel hierzu sind die einzelnen Werkzeuge (Tools) zu sehen, die die Arbeit der Software-Konstruktion, integriert unter einer einheitlichen (grafischen) Oberfläche, vgl. (Nagl 1992) unterstützen. Deshalb wird in diesem Zusammenhang auch oft von I-CASE (Integriertem CASE) gesprochen.

Wo setzt nun die Client/Server-Architektur in diesem Standardmodell an ?

Prinzipiell sind Schnitte in diesem Modell sowohl in beliebiger horizontaler, als auch vertikaler Richtung denkbar, um Client- von Server-Komponenten mit Hilfe des Netzwerks abzutrennen. In der Praxis sind derartige große Freiheitsgrade noch nicht umfassend realisiert, zumindest in keinem Standardprodukt. Typischerweise findet die Trennung zwischen Client und Server durch einen horizontalen Schnitt in der Abb. 2.24 statt, d.h. entweder die Benutzer-

schnittstelle ist Bindeglied oder die Tools teilen ihre Arbeit
selbständig auf Client und Server auf.

*Abb. 2.24: Beispiele
von Client/Server-
Trennungen in der
CASE Umgebung*

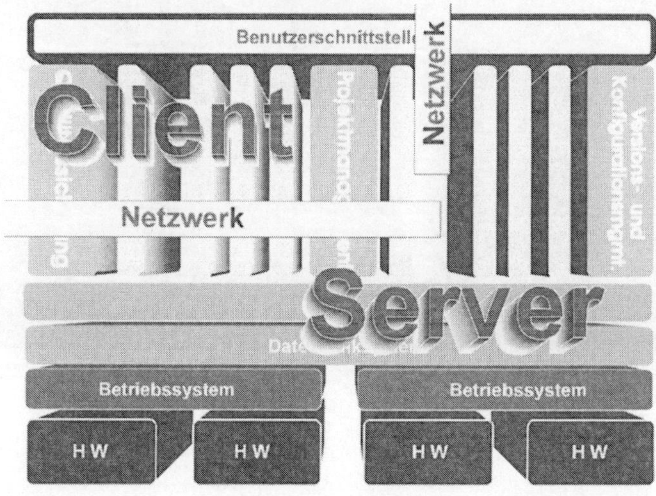

Versions- und Konfigurationsmanagement

Von besonderer Bedeutung für die Entwicklung von
Anwendungssystemen in Client/Server-Technik ist das
Versions- und Konfigurationsmanagment. Denn die Verteilung der drei Komponenten Datenbasis, Anwendungslogik und Präsentation auf unterschiedliche oder gleiche
Server bedeutet in jedem Fall redundante Infor-
mationserzeugung (im Gegensatz zur Host-basierten Lösung).

*Ein adaptiertes
Versions- und
Konfigurations-
management ist
notwendig*

Hier muß ein adäquates, für Client/Server-Um-
gebungen adaptiertes Versions- und Konfigurationsmanagement ansetzen, um die Entwicklung in der Praxis
überhaupt zu ermöglichen.

In einer verteilten Umgebung müssen sowohl die
eigenentwickelten Programme, als auch die Basissoftware-
komponenten (Betriebssystem, Netzwerk, Standard-
Programme etc.), synchron und koordiniert von den zentralen (Master-) Systemen auf die verschiedenen dezentralen Client- und Server-Systeme gebracht werden. Diese
(nicht triviale) Administrationsaufgabe erfordert neben der

organisatorischen Absicherung ein ausgereiftes Versions- und Konfigurationsmanagement.

Auch für Ausnahmesituationen, wie beispielsweise gravierende Fehler (Bugs) in der Software, müssen Vorkehrungen getroffen werden, die es ermöglichen schnell (online unter Vollast) Maßnahmen zu ergreifen um die betreffenden Programmteile aus dem laufenden Betrieb zu nehmen oder korrigierte Programmversionen zur Verfügung zu stellen.

Die Güte dieser Infrastrukturmaßnahmen entscheidet letzlich mit über den ökonomischen Gesamterfolg eines Projekts im laufenden Betrieb. Die Kosten für ein ausgeklügeltes Versions- und Konfigurationsmanagement sind in einem dezentralen Umfeld größer, als auf dem zentralen Hostsystem (s. Kap. 3).

Reverse Engineering und CASE

Einen wichtigen Aspekt im CASE-Umfeld stellt der Bereich des Reverse-Engineering (Re-Engineering etc.) dar. Viele Anwendungssysteme, die noch nicht wirtschaftlich abgeschrieben sind und ihrem Einsatzzweck entsprechen, müssen mit heutigen Client/Server-Systemen integriert werden. Zusätzlich entstehen Anforderungen im Hinblick auf die Kooperations- und Interoperabilitätsfähigkeiten zwischen neuen und bestehenden Anwendungen. Häufig findet man in der Praxis Anwendungen, die noch nicht einmal fünf Jahre alt sind, die sich aber einem Reverse-Engineering stellen müssen, um beispielsweise Bestandteil der zukünftigen integrierten Informationssysteme zu werden, oder ganz einfach, um die Wartung mit vertretbarem Aufwand durchführen zu können.

Reverse Engineering setzt bereits bei nur wenigen Jahre alten Anwendungen an

Generell lassen sich in der klassischen Software-Erstellung drei Bereiche unterscheiden, die dem Reverse Engineering unterliegen:

- Funktionen, die üblicherweise in Dialog- und Batch-Programmen, der Jobsteuerung oder ähnlicher Form zur Ausführung kommen,

- Daten, bzw. Metadaten wie die Datenstrukturdefinitionen (Data Definition Language)

- Integration (Kommunikation) zwischen Funktionen und Daten.

In der Wartung ist letzteres sicherlich der interessanteste Bereich. Denn sehr häufig ist bei Änderungen, Erweiterungen oder Anpassungen von Programmen keine Aussage über den Einfluß dieses Schrittes auf das Gesamtsystem möglich. Folge dieser fehlenden Querverweismatrizen zwischen Daten und Funktionen sind i.a. nicht mehr wartbare Anwendungssysteme, die nach einer Übergangszeit stillgelegt werden müssen.

Als Fazit für das Reverse Engineering faßt Reinhold Thurner, Delta Software Technologie in seinem Beitrag zum Thema 'Re-Engineering und Innovation in der Anwendungsentwicklung' (Zitat) zusammen:

„Technologien mit Bedacht in ihrer Kernfunktionalität einsetzen, Innovationen verfolgen und obsolete Techniken entsorgen, so lange man sie noch beherrscht." (WI 1993)

Auch diesen Sachverhalt müssen heutige CASE-Umgebungen befriedigend abdecken, denn Offenheit heißt auch offen zu sein für die Produkte aus zurückliegenden Tagen der Informationsverarbeitung.

Die Funktion des Unternehmensdatenmodells (UDM) als Generalbebauungsplan

Das Unternehmensdatenmodell ist die Basis für die Planung von neuen Client/Server-Systemen, es läßt sich aus der Unternehmensstrategie (Puchan 1991) ableiten, die das Mittel der Strategischen Informationssystem-Planung (SIP) (Müller-Ettrich 1993) einsetzt.

Geht man auf die operative Ebene, so findet man das Unternehmensmodell mit seinen drei Säulen, Datenmodell, Funktionenmodell und Prozeßmodell (vgl. auch (Scheer 1991) mit der ARIS-Architektur), als Basis für die Informationssystementwicklung (Abb. 2.25). Insbesondere dem Unternehmens*daten*modell, als zeitlich beständigsten Teil, kommt eine besondere Rolle zu. Es ergibt durch die

Ergänzung mit dem Funktionenmodell einen Generalbebauungsplan (Müller-Ettrich 93) für die EDV-Landschaft des Unternehmens. Thoma (Müller-Ettrich 93) schlägt hierzu ein konkretes Verfahren vor, um letztendlich über Funktionencluster zu den Anwendungssystemen zu kommen.

Das UDM steht ungerechtfertigt immer wieder im Mittelpunkt der Kritik. Dies vor allem deshalb, weil zum einen oftmals UDM-Projekte mit falschen Erwartungen aufgesetzt werden und zum anderen, weil die Auftraggeber sich in der Regel zuwenig mit der Thematik auseinandersetzen und daher in der Folge die Ergebnisse nicht richtig interpretieren und umsetzen können.

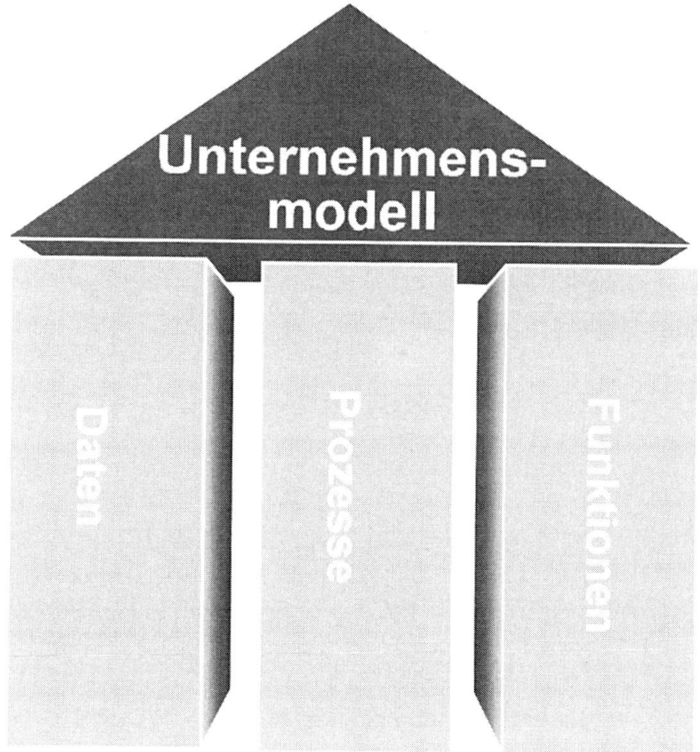

2.4.2 Standards, Normen und Begriffe

Ein sehr wichtiges Entscheidungskriterium für neue Konzepte, Architekturen und letztendlich konkrete Produkte sind Standards. Diese ermöglichen es, in einer offenen Umgebung ablauffähige Lösungen zu schaffen.

Die Standards im CASE Umfeld sind durch Institutionen (ANSI, ISO) und Quasistandards (DEC Cohesion, AD/Cycle) geprägt. Allerdings fehlt hier, anders als im Bereich der Datenbankabfragesprachen mit ANSI-SQL, ein etablierter und weit verbreiteter Standard. Derzeit sind noch viele Definitionen in der Abstimmphase und damit noch nicht in der Praxis zu gebrauchen. Wir sprechen hier über die momentan interessantesten Entwicklungen:

IRDS – Information Resource Dictionary System

Im Rahmen der ISO-Aktivitäten (s. Glossar) ist im Jahr 1993 ein Rahmenwerk zur Definition eines IRDS entstanden, der sogenannte ISO-IRDS-1 Standard (o.a. International Standard IS 10728, s.a. (Leymann 1992)); Ziel war die Definition eines weltweit standardisierten Repository (Informationsspeichers) für Informationen über die Informationssysteme einer Organisation. Dazu gehören Standard-Schnittstellen, Standard-Informationssystemmodelle über die Informationen (d.h. das Meta-Modell), in die die Benutzer ihre Informationen laden können, sowie Standard-Dienste zum Laden bzw. Entladen des Repository.

Die 4-Schichten-Architektur des IRDS ist eine anerkanntes Konzept für den Aufbau von Repository Systemen

Die in der Abbildung 2.26 gezeigte Architektur des IRDS beschreibt auf 4 Ebenen (L1 bis L4) den Aufbau des IRDS-Repository. Die Schicht L1 ist durch den Standard in Form eines Dokuments fixiert. Dieses Meta-Meta-Modell wird benutzt, um ein Meta-Modell zu erstellen, welches auf der Ebene L2 die Struktur des Dictionary beschreibt (Ebene der Tools- und Repository-Hersteller). Die Schicht L3 wird innerhalb der Organisation benutzt, um die eigenen Modelle, z.B. Unternehmensdatenmodell (UDM), zu erstellen und zu beschreiben. Die letzte Schicht schließlich dient der Beschreibung der realen Welt, der Anwendungen.

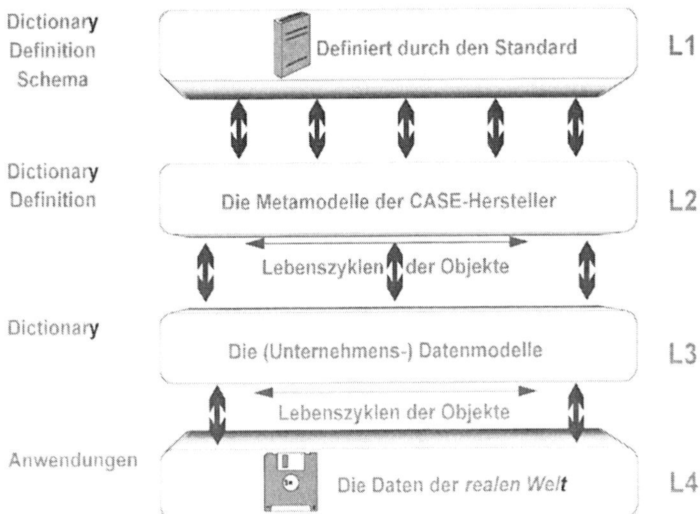

Abb. 2.26: Die ANSI 4-Schichten-Architektur des IRDS

Der IS 10728 definiert Funktionen zum Management des Meta-Modells in einer an ANSI-SQL angelehnten Sprache, mit Zusatzfunktionen zur Versions- und Konfigurationsverwaltung. Dieses ist die Basis für die nunmehr gemeinsam zwischen ISO IRDS und ANSI IRDS X3H4 vorgenommene Weiterentwicklung in Richtung eines IRDS-2. Diese Weiterentwicklung dient zum einen der Angleichung von ANSI und ISO Entwicklungen, zum anderen der Erweiterung im Hinblick auf die Objekt-Orientierung. Die objektorientierte Technologie basiert teilweise auf dem von DEC (Digital Equipment Corporation) vorgeschlagenen ATIS (A Tools Integration Standard).

Ferner wird eine Harmonisierung der Schnittstelle zum Laden bzw. Entladen von Daten mit dem Standard CDIF (s.u.) angestrebt. Daneben findet eine lose Zusammenarbeit mit der OMG (Objekt Management Group) und der ECMA PCTE (European Computer Manufacturers Association - Portable Common Tools Environment) statt. Mit einer verbindlichen Verabschiedung des IRDS-2 Standards ist allerdings erst in der zweiten Hälfte der neunziger Jahre zu rechnen.

CDIF – CASE Data Interchange Standard

Dieser durch die Electronic Industries Association (EIA) entwickelte (vorläufige) Standard dient einer sehr wichtigen Aufgabe in den derzeitigen CASE-Umgebungen:

Standardisiertem Austausch von Daten zur System-Entwicklung zwischen Werkzeugen unterschiedlicher Hersteller und/oder unterschiedlicher Methoden. Die einzelnen CASE-Tool-Hersteller haben entsprechende Lade- und Entladeprozeduren für Informationen im CDIF-Format bereitzustellen. Fast alle namhaften CASE-Hersteller sind deshalb aktiv bei der Definition und Erprobung des Standards mit Prototypen beteiligt. Abbildung 2.27 zeigt den prinzipiellen Aufbau eines CDIF-Transfers.

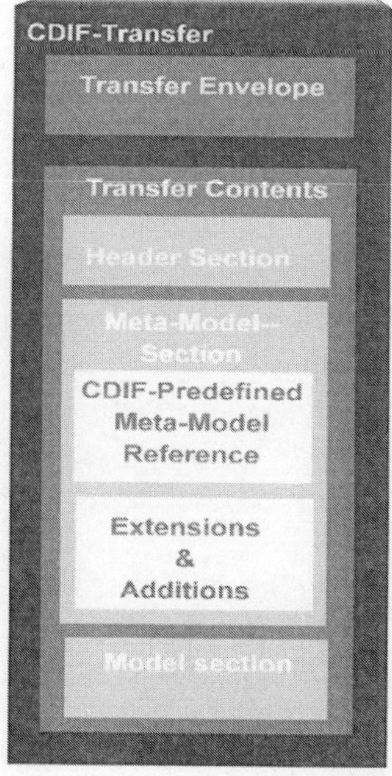

Abb. 2.27: Die schematische Struktur einer CDIF-Transfers

CDIF wird künftig das wichtigste Bindeglied zwischen unterschiedlichen CASE Umgebungen werden

Beginnend mit einem Umschlag (Transfer Envelope) mit allgemeinen Informationen werden im inhaltlichen Teil (Transfer Contents) eine Header Section, eine Meta-Modell-Section und die eigentliche Modell-Section unterschieden. Dabei beschreibt die Meta-Modell-Section das von der CDIF vordefinierte Meta-Modell bzw. eigene Erweiterungen und Änderungen, die dann benutzt werden, um in der Model-Section die Informationen der CASE-Umgebung zu übertragen.

Bereits heute gehen einige Tool-Hersteller so weit, ihr verwendetes Meta-Modell in Form von CDIF-Syntax zu dokumentieren und offenzulegen (ORACLE 92).

ISO 9000

Die unter „ISO 9000" angesprochenen Standards beziehen sich im Gegensatz zu den bisher besprochenen Standards nicht auf die Werkzeuge (Tools), sondern auf die Verfahren, beispielsweise der Anwendungserstellung (WI 4, 1992). Die ISO Normen 9000 bis 9004 befassen sich mit Qualitätsmanagementsystemen. Ihr übergeordnetes Ziel ist es, eine Organisation zu ertüchtigen, den jeweiligen Kunden Produkte oder Dienstleistungen zu liefern, die dem erwarteteten Qualitätsanspruch gerecht werden. Da immer mehr Unternehmen ihre komplette Organisation nach ISO9000 zertifizieren lassen, stellt sich auch für die Software-Dienstleister die Frage nach dieser Zertifizierung. Die ISO9000-3 gibt dabei für die Software-Industrie einen speziellen Leitfaden zur Darlegung des Qualitätsmanagement (ISO 9001) vor.

Die ISO 9000 zeigt das Vertrauen der eigenen Organisation in die angebotenen Dienstleistungen und Produkte

Weitere Standards

Der von den europäischen Herstellern (ECMA – European Computer Manufacturers Association) forcierte EGMA PCTE Standard (Portable Common Tools Environment) ist aus einem ESPRIT-Projekt der EG hervorgegangen. Er unterscheidet sich beispielsweise vom IRDS durch die stärkere Ausrichtung auf technische Belange (u.a. Echzeit-Anwendungsentwicklung), hat aber im Hinblick auf die Repository-Dienste teilweise ähnliche Ansätze wie das ANSI IRDS. Gespräche zur Angleichung der Standards werden mit den bereits erwähnten anderen Standardisierungskomitees geführt.

Andere Standards kommen aus der Industrie, z.B.

- DEC Cohesion: Umfaßt als Basistechnologie das bereits beim IRDS Standard genannte ATIS.

- AIX/CASE der IBM: Basiert auf HP's Softbench Umgebung.

- AD/Cyle der IBM: Das Mainframe Repository wird zwar nicht weiterverfolgt, aber dessen technologische Konzepte fließen durchaus in Standards und Produkte ein.

Generell bleibt festzustellen, daß die Standards im CASE Umfeld noch sehr heterogen sind und nur wenige akzeptierte (aber noch nicht realisierte) Standards vorliegen. Deswegen ist es bei einer Entscheidung für eine CASE-Umgebung wichtig, ob der oder die Hersteller sich verpflichtet fühlen, entsprechende Austauschmöglichkeiten zwischen verschiedene CASE-Umgebungen zu schaffen. Im Bereich der Standards sind keinerlei Ansätze zu finden, die den Bereich der Entwicklung von Anwendungen für Client/Server-Architekturen unterstützen, vielmehr steht die Objekt-Orientierung im Vordergrund (s. Kap. 2.5.2). Für die eigene Organisation bedeutet das, bei der Auswahl der Tools zu prüfen, ob die Werkzeuge bereits entsprechende Möglichkeiten haben, oder ob Erweiterungen des Meta-Modells für diese Belange möglich sind.

Offenheit von Client/Server – CASE

Die Offenheit einer Lösung (und CASE ist die Lösung der Software-Erstellung) wird zum einen durch die beschriebenen Standards und Normen bestimmt und zum anderen durch das Einhalten von Richtlinien und Konzepten. Hier die wichtigsten Punkte, die bei der Auswahl einer CASE-Umgebung qualitativ berücksichtigt werden sollten:

- *Offenes Repository*

  Neben den genannten Standards (CDIF) ist ein offenes Repository durch Online-Schnittstellen, in API (Application Programming Interface) Technik, gekennzeichnet. Damit ist beispielsweise die Integration und Interaktion mit fremden Repositorysystemen gesichert.

  Die Einhaltung von Normen ist genauso wichtig wie die Standards selbst: Nur so ist Offenheit gewährleistet.

  Ferner ist ein offengelegtes und dokumentiertes Meta-Modell der CASE-Umgebung notwendig, um die Informationen des Repository zu verstehen und korrekte Auswertungen zuzulassen. Dabei soll das Repository nicht nur Standardauswertungen zur Verfügung stellen, sondern auch individuelle Auswertungsmöglichkeiten erlauben. Als standardisierte Sprache zur Auswertung des Repository sollte bei relationaler Basistechnologie ANSI-SQL eingesetzt werden können.

  Die in den Produkten vordefinierten Meta-Modelle sind in der betrieblichen Praxis von Unternehmen und Organisationen typischerweise anzupassen. Dieses „Tailoring" des Meta-Modells sollte möglich sein, um auf unternehmensspezifische oder methodische Anforderungen reagieren zu können. Denn oftmals wird im konkreten Einsatz der CASE-Produkte eine spezielle Methode oder ein spezielles Verfahren verlangt (z.B: das V-Modell des BMV, ISOTEC der Ploenzke AG, etc.).

- *Offene Werkzeugumgebung*

  Als Basis für eine offene Werkzeugumgebung gelten die Anforderungen an ein offenes Repository. Daneben muß es möglich sein, komplementäre Werkzeuge zu ergänzen bzw. bei Bedarf durch Alternativen zu ersetzen. Die zu erstellenden Anwendungen (von Realtime-Systemen bis zu kommerzieller Software) erfordern unterschiedliche, angepaßte Tools, z.B. eignen sich Petri-Netze zur Modellierung und Simulation von Abläufen hervorragend.

  Eine standardisierte Oberfläche, durchgängig für alle eingesetzten Werkzeuge, ist ein wesentliches Element für die Akzeptanz von CASE. Hier sollten Standards (OSF/Motif, MS Windows) den eigenentwickelten (sub-) optimierten Oberflächen vorgezogen werden.

- *Offen in der Verwendung von Basistechnologien*

  Die Auswahl einer CASE-Umgebung ist eine langfristige Entscheidung und Bindung, die nicht durch die kurzen Innovationszyklen bei der Hardware oder Systemsoftware beeinflußt werden darf.

  Die in einer CASE-Umgebung einzusetzenden Basistechnologien, angefangen von der Hardware über das Netzwerk bis hin zum Betriebssystem oder zur Datenbank, sollten „offen" sein (s. Kap.2.2 „Offene Systeme"). Von den CASE-Werkzeugen kann dann verlangt werden, daß sie diese unterschiedlichen Basistechnologien nutzen können (Portabilität und Interoperabiltät). Dabei muß gelten, daß sowohl homogene als auch heterogene Umgebungen (diverse Hardware / Betriebssysteme / Netze) unterstützt werden.

Gerade weil es derzeit im CASE-Umfeld (noch) nicht *den* Standard oder *das* Standardprodukt gibt, ist eine Entscheidung für die richtige CASE-Umgebung unternehmensspezifisch zu fällen. Die vorgenannten Randbedingungen sollten ausreichend geprüft werden, insbesondere auch die Eignung (heute und in der Zukunft) für moderne

Architekturen (Client/Server, Multi-Processor-Systeme etc.)
und Technologien (Objekt-Orientierung).

Middleware

Ein Begriff, der im Rahmen von Client/Server-Anwendungsentwicklung immer wieder auftaucht, ist *Middleware*.
Dieser ist in seinen Inhalten wiederum stark durch verschiedene Standards geprägt (s. auch Kap. 2.2).

Middleware bezeichnet die Schicht, die sich zwischen
den Standarddiensten eines Betriebssystems (Basissoftware)
und der eigentlichen Anwendung (Benutzerprogrammen)
befindet. Sie ist damit i.a. auf den Schichten 5 und 6 des
OSI/ISO-Schichtenmodells zur Kommunikation angesiedelt. Die Middleware besteht beispielsweise im Umfeld der
OSF aus den Elementen: OSF/Motif (grafische Oberfläche),
DCE (Distributed Computing Environment), DME (Distributed Management Environment) und dem Architecture
Neutral Distribution Format (ANDF), s.a. (DEC 1992).
Daneben existieren weitere, teilweise herstellerspezifische
Middleware-Komponenten, z.B. die Windows Open Services Architecture (WOSA) von Microsoft oder dem
Network Application Support (NAS) von DEC.

Dieser *Middleware-Schicht* kommt entscheidende
Bedeutung zu, wenn Anwendungen vollkommen transparent in einem heterogenen LAN/WAN ablaufen sollen,
und zwar transparent in Bezug auf die Verteilung von
Daten und Funktionalität. Die Planung und Realisierung
dieser für den Anwender möglichst transparenten Schicht
gehört in einer Client/Server-Umgebung spätestens in der
Phase *DV-Konzept* zur unabdingbaren Pflicht und muß über
das CASE-Werkzeug wenigstens dokumentierbar sein.

2.4.3 Methoden und Verfahren

Betrachtet man die heutigen Client/Server-Systeme, so erkennt man sofort, daß es sich bei der eingesetzten Basistechnologie zur Datenhaltung in der Mehrzahl um relationale Systeme handelt. Dies impliziert dann für Analyse und Design i.a. die Verwendung des Entity-Relationship Modells von Chen bzw. eines Entity-Relationship Modells mit diversen Erweiterungen (Bsp. (Barker 1992)). Für CODASYL Datenbanken gilt dies ebenfalls, zusätzlich ist hier das „Bachman-Diagramm" zu erstellen.

Die Methoden zu Erstellung solcher Modelle sind hinreichend bekannt und erprobt. Aber wie sieht es bei der Entwicklung von Client/Server-Anwendungen in diesem Umfeld aus?

Betrachtet man die ersten Phasen der Software Entwicklung, so sind die Schritte bis einschließlich der Analysephase weitestgehend unabhängig von der später eingesetzten Systemarchitektur. Allerdings ist es sinnvoll festzuhalten, daß bestimmte Geschäftsfunktionen (Business Functions, Business Logic) an bestimmten Orten (Locations) ausgeführt werden.

Beim Design des Anwendungssystems kommt diesen Informationen wichtige Bedeutung zu:

Für das erste Design zur Verteilung der Anwendungen in einer Client/Server-Umgebung werden diese Informationen ausgewertet. Es sollte jedoch beachtet werden, daß die Architektur nicht nur den momentan aktuellen, vielleicht sogar unerwünschten Ist-Zustand fixiert, denn die Ablauf- und Aufbau-Organisationsstrukturen wandeln sich derzeit bei fast allen Unternehmen sehr rasch:

Sie werden durch Fusionen, Konzentration auf das Kerngeschäft, Dezentralisierung und Outsourcing bestimmt und unterliegen damit einem ständigen Wandel (s. Kap. 1).

Anwendungsysteme haben i.a. eine kurze Lebensdauer, wenn sie die Organisation als stabile Komponente betrachten. Deshalb sollte eines der obersten Designprizipien sein, die Transparenz in der Verteilbarkeit von Applikationen zu gewährleisten. Damit werden die Anwendungssysteme nicht nur den organisatorischen Änderungen folgen können, sondern auch die Anpassung an neue oder geänderte Basistechnologien zulassen.

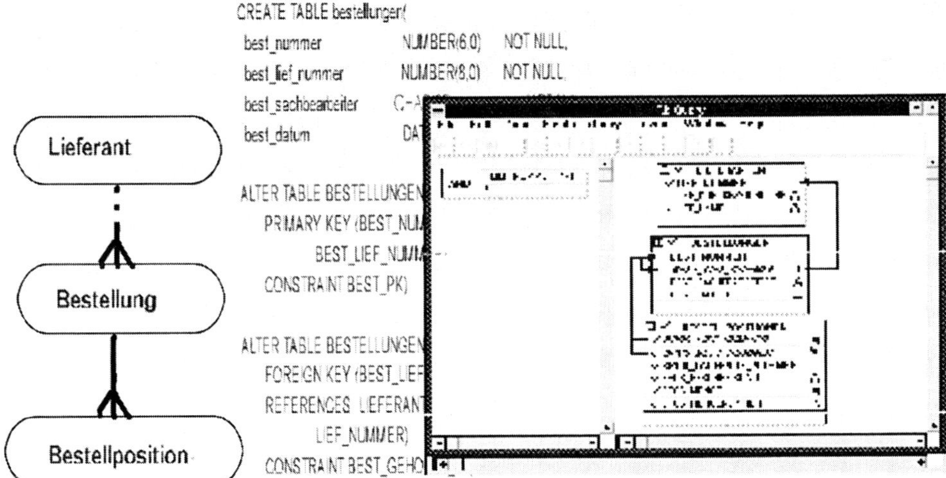

Semantisches Modell

Abb. 2.28: Die Verbindung des ERM mit dem relationalen Schema

Ein weiteres Element, zur Einhaltung der vorgenannten Ziele, ist die Abbildung des semantischen Modells im relationalen Datenbankschema. Das semantische Modell (Entity-Relationship-Modell – ERM) ist ausdrucksstärker (mächtiger) als das relationale Schema, das aber wiederum der strengeren, relationalen Theorie gehorcht. Mit der Schaffung der ANSI-SQL 2 Norm hat sich die sogenannte „semantische Lücke" zwischen den beiden Modellen drastisch verkleinert (vgl. (Stürner 1993)). Die in dieser Norm eingeführten deklarativen Integritätsregeln ermöglichen die Abbildung (fast) der ganzen Semantik des Datenmodells im relationalen Datenbanksystem.

127

Die Abbildung 2.28 zeigt dies symbolisch am Beispiel eines „Auszugs" aus einem Entity-Relationenship Modell (links) und der dazugehörigen DDL (Data Definition Language für die Tabelle BESTELLUNGEN) des relationalen Schemas in der Mitte, ergänzt um den Bildschirmausdruck eines Abfragewerkzeugs (ORACLE Data Browser), das die Auswertung der Daten durch den Benutzer anhand der grafischen Struktur ermöglicht.

Was wird mit dem CASE Werkzeug erstellt ?

Die in der Client/Server-Architektur erstellten Anwendungen bauen auf einem Ebenenmodell auf, welches je nach eingesetzten Produkten oder Realisierungsstrategien unterschiedliche Schichten und Schnittstellen zwischen diesen Schichten kennt. Im heutigen Umfeld der Informatik gelingt es nur noch wenigen (internen und externen) EDV-Dienstleistern ein entspechend großes Budget für eine komplette Eigenentwicklung zu bekommen. Prinzipiell ist es möglich (fast) alle Software-Schichten einer Client/Server-Architektur selbst zu erstellen, von diesem Vorhaben wird aber aus ökonomischer Sicht dringend abgeraten.

Welche Schichten sind heute durch Standard-Software Produkte hinzuzukaufen? Neben den Betriebssystemen (UNIX, MS-DOS o.ä.) sind es vorrangig die Netzwerkdienste (zumindest einschließlich der ISO/OSI-Ebene 4, der Transport-Dienste). Häufig werden ferner bereits Anwendungsdienste des Netzwerks, z.B. DCE hinzugenommen oder sogar komplette Netzwerklösungen von Standard-Produkten (z.B. Windows for Workgroups oder die Netzwerkdienste der verschiedenen Datenbankanbieter).

Die Client/Server-Architektur kann und sollte (Reduzierung der Komplexität, Konzentration auf das Kerngeschäft der DV-Abteilung) unter einer weiteren Schicht verborgen werden, nämlich den Anwendungsentwicklungswerkzeugen (den „4GL", also den Sprachen der vierten Generation). Beispiele sind hierfür sind die ABAP-Program-

miersprache der SAP und das Cooperative Development
Environment (CDE) von ORACLE.

CASE muß an dieser Stelle dafür sorgen, daß die richtigen Werkzeuge für den jeweiligen Zweck zur Verfügung
stehen. Nur zu häufig findet man noch die veralteten,
selbsterstellten CASE-ähnlichen Umgebungen in den Unternehmen vor, häufig in der Ausprägung von „Programmgeneratoren".

Diese „alten" CASE-Werkzeuge dienen hauptsächlich
der Generierung von Anwendungen, werden in Ausnahme-
fällen aber auch für die Entwicklung von systemnaher Software oder Schnittstellen (Application Programming Inter-
faces – API) genutzt.

Steht im Unternehmen die Entscheidung für Anwendungen in Client/Server-Architektur an, sollte auch die
Entscheidung für eine neue, offene CASE-Umgebung gefällt
werden. Die „alten" Werkzeuge sind den neuen Anforderungen einfach nicht gewachsen, was z.B. die Verteilung
der Komponenten, die Optimierung der Zugriffe im Design
etc. anbetrifft.

*Wie unterscheidet sich eine Client/Server-Anwendung auf Basis
von Standard-Software-Komponenten von einer kompletten
Eigenentwicklung ?*

Individualsoftware wird vor dem Hintergrund einer
konkreten Aufgabenstellung und einer konkreten
Organisation entwickelt. Die Randbedingungen und die
(EDV-) Infrastruktur sind dem Entwickler (scheinbar) be-
kannt und deshalb wird die Software auf den konkreten
Einsatzort optimiert. Dies wird solange gut funktionieren,
bis es zu Änderungen an den Randbedingungen, z.B. durch
Fusionen, Ablauf- oder Gesetzesänderungen, kommt. Dann
stellt die neue, optimierte Anwendung den berühmten
Klotz am Bein dar, der das DV-Budget platzen läßt.

Im Gegensatz hierzu hat die Standardsoftware
teilweise mit der oft exotischen, heterogenen Infrastruktur

in den Unternehmen zu kämpfen, bietet dafür aber wesentlich mehr Flexibilität im Hinblick auf Verteilbarkeit, falls eine entsprechende Architektur oder Basisprodukte zu Grunde liegen.

Daraus folgt für die Entwicklung robuster, wartungsfreundlicher Individualsoftware, daß es gilt Standardprodukte und -funktionalitäten als Basissoftware einzusetzen, um unterschiedlichste und flexible Client/Server-Architekturen zuzulassen. Wenn die Auswahl dieser Basissoftware sorgsam betrieben wird lassen sich die elementaren Eigenschaften,

- Skalierbarkeit,

- Verteilbarkeit,

- Erweiterbarkeit,

- Transparenz (in den vorgenannten Eigenschaften)

für die Anwendungssoftware erfüllen.

Wie leicht zu erkennen ist, gilt dies auch bei der Auswahl der CASE-Umgebung selbst.

Mitarbeiter

Client/Server-Architekturen entstehen in den Köpfen der Mitarbeiter.

Von den Mitarbeitern, die in einer Client/Server-Umgebung Software entwickeln, wird nicht nur das Wissen technischer Aspekte verlangt, sondern sie müssen im Laufe der Zeit ein tiefes Verständnis für die komplette Client/Server-Philosophie entwickeln. Nur so ist sichergestellt, daß von der Konzeption bis zur realisierten Lösung durchdachte und leistungsfähige Client/Server-Programme entstehen.

Oft kommt es zu Problemen, wenn bisherige Mainframe-Entwicklerteams auf die neue Technik umschwenken müssen. Das Spektrum der Reaktionen des Einzelnen reicht vom Torpedieren der neuen Technik bis hin zur persönlichen Resignation und zu Depressionen. An dieser Stelle ist das Management gefordert, die notwendigen

Schritte einzuleiten, um diesen Umstieg in einem sozialverträglichen Rahmen zu gestalten, z.B. durch Schulungs- und andere Motivationsmaßnahmen. (s. Kap. 3.4)

2.4.4 Werkzeuge

Die vorangegangenen Abschnitte haben die allgemeinen Anforderungen an CASE-Werkzeuge beschrieben. Wir wollen nun auf Besonderheiten im Client/Server-Umfeld der Werkzeuge eingehen.

Besondere Anforderungen an eine Client/Server-CASE Umgebung

- Automatische Verfahren zur Verteilung von Anforderungen (Requirements) auf die Infrastruktur (Client, Netz, Server); die Erstellung verteilbarer Bausteine im Rahmen des Designs

- Optimierung der Management-Vorgabe 'Think global, act local' auf die Belange der Informationssysteme. Nutzung der begrenzten Informationssystemressourcen im weltweiten Netzverbund, um am Arbeitsplatz optimale Ergebnisse zu erzielen

- Verwaltung (aktiv und passiv) von verteilten Anwendungssystemkomponenten. Dies umfaßt die Daten (verteilte Datenbanken), die Funktionen (verteilte Anwendungsprogramme) im LAN und auch im WAN, sowie verteiltes Versions- und Konfigurationsmanagement in einer heterogenen Infrastruktur

Wie werden diese Anforderungen abgedeckt ?

Die derzeit am Markt befindlichen CASE-Werkzeuge sind selbst nur teilweise in bestimmten Client/Server-Architekturen ablauffähig. Die Funktionalität zur Modellierung von Client/Server-Anwendungen ist entweder (noch) nicht enthalten oder hat derzeit einen statischen, rein dokumentarischen Charakter.

Eine der entscheidenden Fragen bei der Entwicklung von Client/Server-Anwendungen ist die Frage nach einem automatisierten oder automatisierbaren Verfahren zur Verteilung der Anwendungslogik im Client- und Server-Verbund. Bisher sind diese Fragen nur ansatzweise (Bsp.: (Oberweis 1992)) theoretisch behandelt oder untersucht worden.

Da es sich hierbei um Schlüsseltechniken handelt, ist jeder Anwender auf den Rat und die empirisch gesammelte Erfahrung angewiesen, die beispielsweise durch Berater bereitgestellt wird. Der objektorientierte Ansatz „Verteilung von Diensten" (d.h. Funktionen zusammen mit Datenstrukturen, auf die sie wirken) kann einen Ansatzpunkt bieten.

CASE und 4GL

Mittlerweile ist es fast schon zu einer Selbstverständlichkeit geworden, daß in einer CASE-Umgebung, neben den klassischen Programmiersprachen der 3. Generation (3GL), vermehrt bzw. ausschließlich Sprachen der 4. Generation (4GL) zur Verfügung stehen. Diese nutzen vorrangig ereignisorientierte (Trigger) Konzepte, die in grafischen Oberflächen seit langem bekannt sind.

Für den Anwendungsentwickler stellen diese eine erhebliche Reduzierung der Komplexität bei der Erstellung der prozeduralen Programmelemente (Ablauflogik) dar, die freigewordene Kapazität wird aber teilweise an anderer Stelle wieder verlangt. Trotzdem ergeben sich Entwicklungsvorteile von 30%–60% Einsparung gegenüber reiner Programmierung mit Sprachen der 3. Generation. Die optimale Verteilung von Anwendungslogik innerhalb der Client/Server-Architektur erfordert nämlich die freigewordene *Brainware*. Bei der Entwicklung mit klassischen 3GL Programmiersprachen steht i.a. keine ausreichende Kapazität (Mitarbeiter, Know-how) zur Verfügung, um diese Aufgabe innerhalb der vorgegebenen Zeit und des Budgets zu bewerkstelligen.

Eines ist an dieser Stelle von besonderer Bedeutung, daß die heutigen 4GL-Werkzeuge keinesfalls eine CASE-Umgebung ersetzen. 4GL-Werkzeuge können ein oder mehrere Tools ersetzen, aber keinesfalls die Querschnittsfunktionen (umfassendes Repository, Projekt-Management etc.). Die 4GL sind als komplementäre Hilfsmittel in einer CASE-Umgebung zu betrachten.

2.4.5 Konsequenzen und Ausblick auf das Client/Server-CASE

Wo heute noch die *Brainware* der Entwickler gefordert ist, wird sich in den nächsten Jahren eine Verbesserung der CASE-Werkzeuge ergeben:

- Neben den beiden Kernfragen bei der Entwicklung von Anwendungen, der Frage nach dem WAS (Analyse) und der Frage des WIE (Design), wird eine dritte Fragestellung nach dem WO (Client/Server) hinzukommen, die bei jeder Systementwicklung zu klären ist.

- Zukünftig werden Automatismen in der CASE Umgebung vorhanden sein, die der Generierung von replikaten Datenbankkbeständen, von Datenbank-Triggern und Stored Procedures/ Functions dienen. Werkzeuge zur Verteilung der Anwendungslogik auf die Client- und Serversysteme müssen hinzukommen (Voroptimierung nach Mengengerüst o.ä. Kriterien).

- Die Verfahren zur Verteilung der Anwendungen und Daten (Versions- und Konfigurationsmanagement) im LAN, und im WAN-Umfeld, werden sich durch neue Techniken verbessern (Kaskadierte Verteilung etc.).

Objekt-Orientierung (OO)

Trends, die bei den Basistechnologien zu erkennen sind, werden sich natürlich auch im CASE-Umfeld widerspiegeln. Beispiele für heute bereits eingesetzte objektorientierte Techniken finden sich in den grafischen Oberflächen (GUI), den Programmiersprachen (C++, Eiffel, Smalltalk) oder Betriebssystemen (Nextstep, Macintosh OS). Aber auch im Bereich der Datenbanken, als einer Schlüsselkomponente von Client/Server-Architekturen, sind objektorientierte Erweiterungen geplant und bereits in Entwicklung (s.a. P. Pistor und R. Weber in (IS 2,93) zum geplanten SQL3-Standard). Dies hat direkten Einfluß auf die am Markt eingesetzten CASE-Werkzeuge, die mit diesen Entwicklungen mitziehen müssen.

Neben den angegebenen Techniken zur Realisierung der Anwendungen entstehen für die Analyse und das Design der Anwendungen ebenfalls objekt-orientierte Lösungen. Neben den Techniken von Coad/Yourdon, Booch etc. (s.a. A. Heuer, zum Thema Objektorientierter Datenbankentwurf in (IS 2, 1993)) entstehen auch durch die Erweiterung und Anpassung von etablierten Modellen (Entity Relationship) Wege zur objekt-orientierten Analyse (OOA) bzw. Design (OOD) (Nagl 1992). Diese neuen Methoden müssen ihre Praxistauglichkeit allerdings erst noch im größeren Rahmen zeigen, bevor sie integraler Bestandteil von CASE werden. Die Bedeutung dieser Ansätze wird aber auch durch die Berücksichtigung in Standardisierungsgremien deutlich: Die OMG hat eine Special Interest Group (SIG) gebildet, die sich mit dem Thema objekt-orientierte Analyse beschäftigt.

Fazit

Die Entwicklung einer Client/Server-Anwendung braucht eine umfassendere CASE-Umgebung, die Zusatzfunktionen für die Client/Server-Entwicklung bereithält (Abb. 2.29). Neue Techniken und Methoden werden die Möglichkeiten zur Konstruktion und Implementierung der Client/Server-Architekturen weiter verbessern und erleichtern

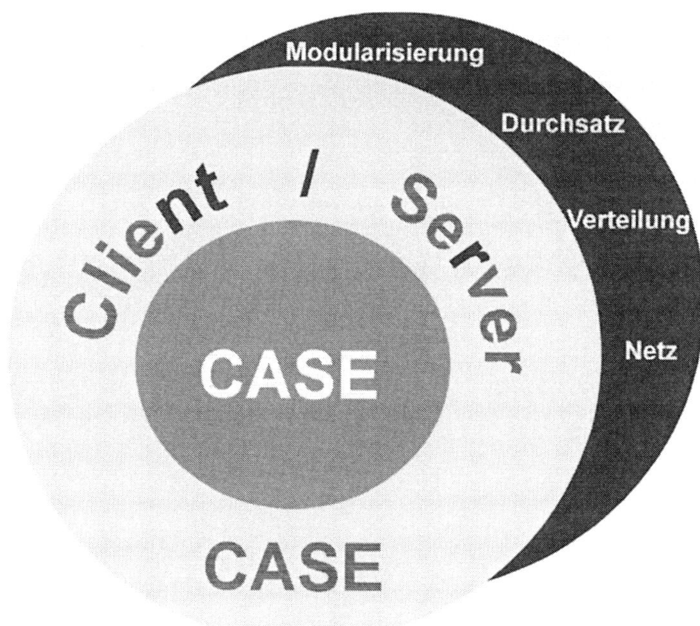

Abb. 2.29:
Client/Server CASE ist
mehr als CASE

2.5 Client/Server: Entwicklung und Ausblick

Wohin wird sich die Client/Server-Technik entwickeln?

Die große Vision des Client/Server-Paradigmas ist die beliebige und transparente Verteilung von „Dienst-Ressourcen" und „Dienst-Verbrauchern" oder Clients und Servern über ein internationales Netz verflochtener Corporate Networks und öffentlicher Kommunikationswege. Wo immer ein Dienst gebraucht wird, gibt es einen Diener, der ihn ausführt, sicher nicht umsonst, aber bitte diskret und transparent für den Anwender, den Kunden oder Clienten, wo immer es möglich ist.

> Es wird Dienste geben, die man nicht jedem „Anwender" gewähren möchte, zum Beispiel nicht gerade Ihrem Filius oder Ihrer Filia einen zwar transparenten, dafür aber auch transatlantischen Zugriff auf ein besonders interessantes Computerspiel, das Ihre Fernmelderechnung in ungeahnte Höhen schnellen läßt ...

Das ist das Schlaraffenland oder kommunistischer Utopismus werden Sie vielleicht einwenden – dem sei entgegengehalten, daß diese universelle Dienstleistung zwar jedem zugänglich sein sollte, aber vom „Kunden" auch bezahlt werden muß. Schließlich fliegen Sie auch nicht auf einen „Hamburger" von Paris nach Honolulu, oder falls doch, bezahlen Sie eben entsprechend dafür.

Wir gehen also davon aus, daß Dienste vollkommen transparent angeboten werden, aber das „Menu", d.h. die Dienstauswahl auch immer mit Preisen versehen ist, bzw. sichergestellt ist, daß Sie nur das bekommen, was Sie haben wollen und wofür Sie auch bereit sind zu zahlen (wer ein Faxgerät betreibt weiß, daß nicht nur erwünschte „Nachrichten" das eigene Papier aufbrauchen.).

Es gibt zwei wichtige Aspekte, unter der man diese universelle Dienstbereitschaft sehen sollte, einen eher nutzenorientierten für den Budgetverantwortlichen und einen eher technischen für den neugierigen Informatiker:

Was nutzt uns diese „Dienstverfügbarkeit" in unserem täglichen Berufsleben?

Wie kann man sich vorstellen, daß eine solche allumfassende „Dienstbereitschaft" realisiert werden könnte?

Ein Hauptnutzen besteht in der auch in Kapitel 3 noch einmal unter anderen Aspekten aufgegriffenen „elektronisch gestützten Teamarbeit" oder anders formuliert, im Workgroup/Workflow-Computing unserer Zeit – die (bezahlbare) Realisierungschance für die allumfassende Dienstbereitschaft liegt in der Anwendung und Entwicklung objektorientierten Designs und ebensolcher Implementierungstechniken. (s. auch (Nagl 1992))

2.5.1 Workgroup/Workflow Computing

Teamarbeit, Arbeit in kleinen selbstverantwortlichen Gruppen mit definiertem Ziel, ist heute ein weithin akzeptiertes und angestrebtes Arbeits- und Managementmodell. Teamarbeit setzt neben soziologischen und psychologischen Faktoren, auf die wir hier nicht näher eingehen wollen, effiziente Methoden und Werkzeuge zur Unterstützung der gemeinsamen Arbeit voraus. Zur Entlastung von Routine und kreativitätshemmendem Trott bedienen wir uns heute anderer Werkzeuge, als unsere Vorfahren im Zeitalter der Dampfmaschine. Wir haben unsere „persönlichen Computer" am Arbeitsplatz, mit denen wir im allgemeinen immer viel zu wenig umgehen gelernt haben.

Das wird sich ändern. Es gibt heute eine Reihe vielversprechender Ansätze, die auch in Produkten verfügbar sind, mit denen wir uns vieles der täglichen Routinearbeit ersparen können. Das beginnt mit Werkzeugen für „Electronic Mail", mit deren Hilfe man nicht nur „Memos" verschicken kann, sondern auch ganze Dokumente, die der Adressat dann auch „auspacken", lesen oder weiterverarbeiten kann. Das endet noch nicht mit dem Zugriff auf gemeinsame technische Dokumente im weltweiten Konstruktions- und Produktionsverbund eines international tätigen Konzerns – es geht hin bis zur Organisation von Videokonferenzen, gemeinsamem Team-

Terminkalender, Gruppenreports, Verteilern, Weitergabe von Material mit begleitender Dokumentation, die sich automatisch in die lokale Umgebung einfügt.

> Wenn es Sie hier beim Gedanken an „Viren" oder ähnliche „Trojanische Geschenke" gruselt, sollten Sie Ihren Datenschutzbeauftragten aufsuchen – er/sie wird Ihnen sicher erzählen können, warum dies in Ihrem Betrieb nicht passieren wird – falls nicht, geben Sie ihm/ihr eine Chance und schicken Sie ihn/sie zur Weiterbildung; gegen jedes Gift gibt es ein Gegengift – dieser Satz gilt auch in der Computerwissenschaft.

Lotus Notes ist zur Zeit Marktführer in Workflow Computing Software; weltweiter Firmenstandard z.B. beim ABB-Konzern

Die Verteilung beliebiger Information in Datenbanken ist heute inklusive aufgezeichneter Sprache, Animation, Video für Gebrauchsanweisungen etc. keine Utopie mehr, wenn sie nur intelligent, d.h. kostenoptimiert verteilt wird (bei der Auswertung erledigen das „cost based" Optimizer der RDBMS, beim Design die Analytiker). Mit Strichcode und geschickter Softwarewahl läßt sich auch heute schon eine Menge machen! Allerdings sollte man derartige Dinge nicht als trivial ansehen und einen Studenten im ersten Informatiksemester damit betrauen (es gibt einfachere Dinge an denen er üben kann), sondern solche Vorhaben in die Hände erfahrener, professioneller Analytiker und Realisierer geben – das Scheitern ist sonst vorgezeichnet.

> Auch wenn wir nicht gerne den Blick zurückwenden – denken Sie auch an die katastrophalen Auswüchse der nicht vernetzten, PC-basierten Dateien und „DB-Systeme", mit denen ganze Heerscharen von PC-Freaks ihr Geld verdient (und Ihres ausgegeben) haben?

Lassen Sie sich bei der Auswahl solcher Personen von dem leiten, was Ihnen als realisiertes System bei einem Referenzkunden gezeigt wird – klar, irgendwann ist jeder einmal der Erste, aber man muß nicht unbedingt Geld zum Fenster hinauswerfen, wenn man dafür auch solide „Workflow"-Anwendungen bauen kann.

Produkte wie Lotus Notes, ORACLE Office, Microsoft Office, etc. sind heute schon reif genug, um Erfahrung zu sammeln auf einem Gebiet, das Ihrem Betrieb oder Ihrer Organisation entscheidende Wettbewerbsvorteile durch „Office Automation" bringen kann. Die Produktionsstätten der Firmen werden seit Jahrzehnten rationalisiert, die Büros hat man (immer) noch nicht im Griff.

Hier leistet Workflow Computing durch Motivation und subtile gegenseitige Kontrolle einen Rationalisierungsbeitrag, der sich noch verstärken wird, wenn es Firmen wie Microsoft gelingt, allgemein anerkannte Schnittstellen für Bürogeräte wie Kopierer, Faxgeräte durchzusetzen.

Es wird behauptet, daß erst dann Ruhe sein wird, wenn auch die Kaffemaschine vom Computer aus gesteuert werden kann.

Dann wird es (endlich) möglich sein, daß auch hochintelligente Menschen einen Kopierer sicher bedienen können, bzw. der Wartungsdienst zuverlässig alarmiert wird, wenn der Toner zur Neige geht, oder Papier unrettbar den ominösen „Papierweg" verstopft – denn ganz ohne Papier wird es lange noch nicht gehen, im papierarmen Büro der Zukunft.

Die zunehmende Allergieanfälligkeit unserer Mitmenschen könnte das „papierarme" Büro forcieren

2.5.2 Client/Server-Architektur und Objekt-Orientierung

Und wie soll dieser grenzenlose Service allerorten funktionieren, wer behält da den Überblick? Glücklicherweise gibt es seit Jahrzehnten bewährte softwaretechnische Verfahrensweisen, die es ermöglichen, Software so zu entwerfen und zu produzieren, daß sie wartungsfreundlich, robust und modular genug ist, um hochkomplexe Systeme modellieren zu können. Zu diesen Verfahren gehören

- Datenabstraktion
- Vererbung
- Modularisierung
- Geheimnisprinzip
- Späte Bindung
- Sichere Ausnahmebehandlung
- Kontraktprogrammierung

Diese Prinzipien sind zum Teil bereits in den sechziger Jahren formuliert worden, aber erst sehr spät in einer übergreifenden mentalen Kategorie zusammengefaßt und um weitere Prinzipien ergänzt worden.

„Objekt-Orientierung" heißt das Zauberwort, mit dem die Software-Krise (nun wirklich endgültig) gelöst werden soll.

Zunächst: Wir haben es sicher nicht nur mit einer „Software-Krise" sondern mit einer ganzen Reihe von „Krisen" zu tun: Management-Krise, Organisations-Krise, Post-Industrialisierungskrise und so weiter. Was liegt also näher, als die Ursache für derlei Krisen in unserem Denken zu orten? Es gibt sehr originelle Vorträge und Schulungen zu dieser Thematik, die man heutigen Managern nur empfehlen kann, sofern sie an einer Lösung der Krisen interessiert sind.

Was steckt dahinter?

Nachdem es heute weltweit Konferenzen und ganze Meter Bücher zum Thema „Objekt-Orientierung" gibt, fällt es ähnlich wie bei der Netzwerk-Thematik schwer, in wenigen Zeilen die passenden Worte zu finden, unserem Leser „Objekt-Orientierung" zu erklären – wir wollen es trotzdem versuchen.

Für besonders neugierige Leser empfehlen wir folgende Literatur bzw. Kontakte in alphabetischer Reihenfolge:

Georg Heeg: Objektorientierte Systeme, Dortmund

Für technisch interessierte Leser: (Meyer 1988)

Für den Zusammenhang von SQL und Objekt-Orientierung, besonders zum Thema Weiterentwicklung der relationalen Technologie: (Nagl 1992)

„Objekt" = Server mit Nachrichtenschnittstelle

Objekte sind zunächst einmal Entitäten unserer Umwelt, die wir in einer „Mini-Welt" modellieren wollen. Wir möchten also ein Informationssystem bauen, das sich so verhält, wie sich die Objekte unserer Umwelt verhalten, wenn wir mit ihnen in Beziehung treten.

Warum treten wir mit diesen Objekten in Beziehung? Wir wollen, daß die Objekte unserer Umwelt einen „Dienst" für uns erbringen – wir treten also in eine „Client/ Server-Beziehung" mit den Objekten unserer Umwelt ein, wir schicken ihnen eine Botschaft und erwarten, daß sie die Botschaft genau verstehen und einen wohl definierten Dienst für uns erbringen. Ein Objekt ist also in weitestem Sinne ein „Server", der über eine Nachrichtenschnittstelle einen wohldefinierten Dienst erbringt.

> Das gesamte Betriebssystem des Apple Macintosh ist aus solchen „Servern" aufgebaut: Dort heißen sie „Manager" (Event Manager, Resource Manager, Window Manager usw.), wohl weil die Erfinder dieses Betriebssystems bei Apple Computer Inc. der Meinung waren, daß „Manager" =„ Server" ein guter Ansatz wäre.

Dabei ist das Innere des Objekts ein „schwarzer Kasten" für uns, in dem wir von außen keine Struktur wahrnehmen können. Ein Objekt kann ein Gedächtnis in dem Sinne haben, daß Informationen in ihm gespeichert werden können.

> Das Objekt verwaltet diesen Speicher selbst und reicht höchstens Pointer auf eigentliche Pointer (also „Handles") nach außen, mit denen dieser Speicher angesprochen werden kann. Wer zwischen Objekt und Instantiierung eines Objektes unterscheiden möchte, möge die angegebene Literatur für genauere Definitionen beiziehen.

Der Zugriff auf diese Informationen ist von außen nicht direkt möglich. Er erfolgt über Nachrichten, die das Objekt umsetzt in entsprechende Services, wobei es sich seiner inneren Informationsstruktur und Algorithmen, der sog. „Methoden" bedient.

> Nicht streng typisierte Sprachen (pseudo-Objekt-Orientierte) geben dem Programmierer jedoch „Tricks" in die Hand, mit denen er alle wohlgemeinten theoretischen Ansätze des objektorientierten Ansatzes wieder zunichte machen kann.

Was ist so revolutionär an diesem Ansatz? Meyer (Meyer 1988), der Vater der objektorientierten Sprache EIFFEL schreibt hierzu in seinem exzellenten Buch „Object-oriented Software Construction" (in unserer Übersetzung):

„Objekt-orientiert ist der neueste „In-Term", der „strukturiert" als die „high tech" Version von „gut" ergänzt oder sogar ersetzt. Wie es in solchen Fällen unvermeidlich ist, wird der Terminus von verschiedenen Leuten in verschiedener Bedeutung benutzt, und genauso unvermeidlich ist die dreistufige Reaktion, die eine Einführung eines neuen methodologischen Prinzips immer begleitet:

1.   *Es ist trivial*

2.   *Ganz nebenbei – es wird nicht funktionieren*

3.   *Wie auch immer, das ist genau das, was ich die ganze Zeit schon gemacht habe*

(Die Reihenfolge kann noch variieren.)"

Dies gilt ganz nebenbei auch für die Entwicklung von Client/Server-Systemen. (Denert 1991)

Der Weg, wie man Objekte findet und beschreibt (s. z.B. (Nagl 1992), (Denert 1991)), die Hilfsmittel zu ihrer Konstruktion und Realisierung sind Gegenstand des „Objektorientierten Designs" und der „Objektorientierten Programmierung". Beides wird geschult (z.B. bei Georg Heeg, Objektorientierte Systeme, Dortmund, oder INTEGRATA, Tübingen) und ist nicht weiter Gegenstand dieses Buches, wohl aber ist es die Bedeutung dieser Technik für die Client/Server-Welt von morgen.

Wie Sie sicher bemerkt haben (s.o.), ähnelt ein „Objekt" verdächtig einem „Server". In der Tat, an dieser Stelle treffen zwei hoffnungsvolle Ansätze moderner, praxisorientierter Informatik aufeinander und beginnen auch schon, sich zu befruchten.

Also doch Evolution statt Revolution!

Der objektorientierte Ansatz ist bereits in die Client/Server-Technik eingegangen und hat zu ersten auf dem Markt verfügbaren Produkten geführt.

Wir beziehen uns hier mit freundlicher Genehmigung auf einen Vortrag (Grundner 1993) von Winfried Grundner, DEC München, der auf dem Kongreß „Client Server Computing" vom 11.–12.5.93 in Mainz, veranstaltet von der DC Congress Gesellschaft mbH in Starnberg, gehalten wurde.

Client/Server – Beispiel mit Object Request Broker (ORB)

Einer der vielversprechendsten Ansätze für effizientes Client/Server-Computing und für das „Rightsizing" von hersteller-, betriebssystem- und netzwerkunabhängigen Software-Bausteinen (sog. Middleware Services) in Form von dynamisch abrufbaren Service-Funktionen bildet ein objektorientiertes Konzept, das von der „Object Management Group (OMG)", einer unabhängigen Hersteller- und Anwendervereinigung ausgearbeitet wurde und CORBA (Common Object Request Broker Architecture) genannt wird.

Zitat Anfang

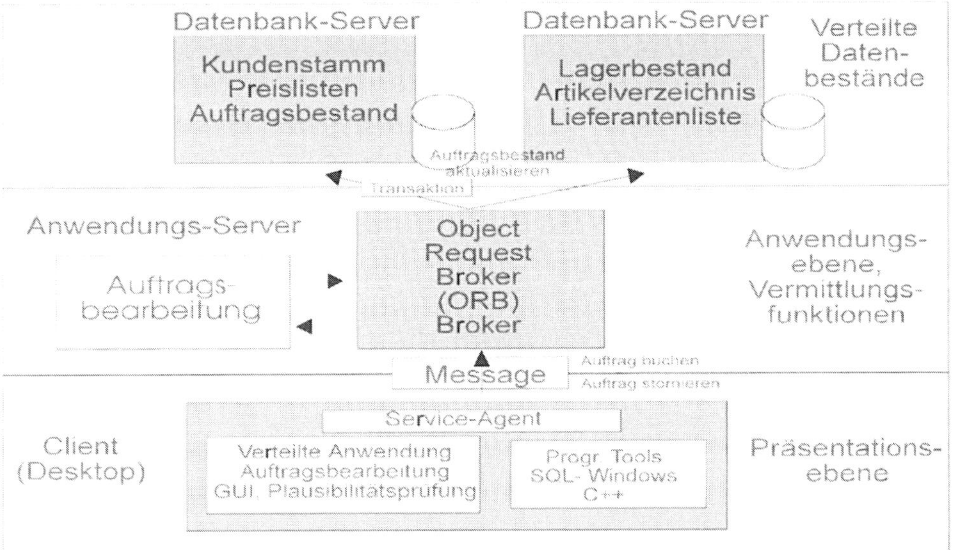

Der Grundgedanke dabei ist, daß ein Anwendungsprogramm auf einem intelligenten Desktop (hier ist ein PC oder eine Workstation gemeint) einfach einen generischen Request zur Lösung einer bestimmten Aufgabe (z.B. „Auftrag buchen", „Auftrag stornieren", etc.) an das Netzwerk in seiner Gesamtheit stellt und die im Netzwerk vorhandenen Service-Vermittlungsstellen (Request-Broker) dafür verantwortlich sind, daß der Request erkannt, entsprechende Aktionen aufgesetzt und dynamisch ein verfügbarer Anwendungsserver zugeschaltet wird. Die Service-Vermitt-

Abb. 2.30: Object Request Broker Beispiel (nach Grundner, DEC München)

lungsstellen werden auch als „Object Request Broker (ORB)" bezeichnet und beinhalten „Object-" und „Decision-Services".

Bei der Abbildung 2.30 handelt es sich um ein klassisches Drei-Ebenen-Modell, bestehend aus der Präsentationsebene, der Anwendungsebene mit Vermittlungsfunktionen und der Ebene der Backend-Systeme für verteilte Datenhaltung. Auf dem Desktop läuft beispielsweise unter MS Windows eine verteilte Verbundverarbeitungsanwendung (hier Auftragsbearbeitung) ab. Die grafisch orientierte Benutzerinteraktion und bestimmte Plausibilitätsprüfungen können bereits von der Anwendungslogik des Desktop-Programms abgedeckt werden.

Die verteilte Verbundverarbeitungsanwendung „Auftragsbearbeitung" wurde mit Frontend-Tools wie SQL-Windows, Visual Basic, Power Builder oder C++ erstellt. Diese Frontend-Tools sind in der Lage, Code zu generieren, welcher über „Dynamic Link Libraries" (DLLs) die gewünschten Services zur Laufzeit abruft. Es handelt sich um Dienstroutinen, die von vielen Anwendungsprogrammen, ggf. mit unterschiedlichen Parameterangaben, gemeinsam benutzt werden können und die deshalb einen hohen Wiederverwendbarkeitsgrad aufweisen. Es kann sich um Verzeichnis-, Kalkulations-, Analyse-, Statistik-, Accounting-, Formulardruck-Dienste, etc. handeln. Der ORB besteht dazu aus beliebig vielen Methoden (Programm-Module, Prozeduren), die über Messages aktiviert und unabhängig von hierarchisch angeordneten Objektklassen unterschiedlich interpretiert werden können. Den Objekten können Attribute zugeordnet werden, die sich innerhalb der Klassenhierarchie weitervererben.

ORBs können Dienste für mehrere IV-Anwendungen anbieten und ORBs können selbst verteilt sein und miteinander z.B. über RPCs kommunizieren.

Die ORBs speichern Informationen über Objekte in „Class Repositories". Objekte bestehen aus Daten und aus Operationen, die auf diesen Daten angewandt werden können. Ein „Class Repository" beinhaltet z.B. Service-Verzeichnisse, Algorithmen zur Methodenauswahl, Präferenzen, Voreinstellungen, Entscheidungsfindungsfunktionen, Objekte aller Art und Service-Routinen, die dynamisch zur Laufzeit zugeordnet werden.

Der ORB verhält sich in unserem Beispiel in Richtung Präsentationebene (Client) objektorientiert (Kommunikation durch Messages) und in Richtung Datenbank-Server transaktionsorientiert (Kommunikation über SQL-Calls). Das heißt, nach Auswahl einer bestimmten Methode kann dynamisch ein Transaktionsvorgang angestoßen werden, um z.B. mit Hilfe von im Cache des Datenbank-Servers gespeicherten Prozeduren (Stored Procedures) den Request „Auftragsbestand aktualisieren" durchzuführen.

Durch den Einsatz von objektorientierten Methoden (u.a. Verwendung von ORBs) ergeben sich eine Reihe von Vorteilen:

- gute Voraussetzung zur Verteilung komplexer Anwendungen.

- die ORBs, nicht die Clients führen die eigentlichen Aktionen durch, d.h., die Anwendung auf dem Client enthält nicht mehr die gesamte Applikationslogik. Die Manipulation von Objekten erfolgt durch definierte Operationen (Methoden). Dadurch werden die Front-Ends von Zugriffscode auf die Datenbank und umfangreicher Applikationslogik befreit und auf gemeinsame Programmfunktionen kann von jedem Client aus zugegriffen werden.

- Normalerweise müssen Anwendungen, die auf entfernte Datenbanken zugreifen, die Struktur (den Aufbau) der Datenbank kennen, um gezielt auf Informationen zugreifen zu können. Es ist von großem Vorteil, wenn nicht jede Anwendung die Struktur der Datenbank kennen muß, um z.B. für zukünftige Änderungen flexibler zu sein. Dies kann mit objektorientierten Verfahren (Senden einer „Message" an den Datenbank-Server) erreicht werden. Ferner benötigen Datenformate eine neutrale Repräsentation, sonst sind sie nur anwendungsspezifisch interpretierbar (dadurch Abhängigkeit).

Hier hilft nur eine abstrakte Syntax-Notation, wie z.B. ASN.1 .

- durch den Vererbungsmechanismus bei objektorientierten Verfahren reduzieren sich Definitions- und Kodierungsaufwand.

- es ist ein kaskadierter Aufruf von Objekt-Funktionen möglich.

- die Objekt- und Decision-Services des ORBs setzen die „atomisierten" Daten aus den relationalen Datenbanken wieder zusammen.

- beim Einsatz von objektorientierten Datenbanken sind die Decision-Services des ORBs auf dem Datenbank-Server und es werden vom ORB keine SQL-Befehle, sondern ebenfalls, wie bei der Kommunikation von Client mit dem ORB, Messages an die objektorientierte Datenbank gesendet, um dort gespeicherte Methoden zu aktivieren.

- man kann sehr flexible, robuste Middleware-Services in Form von Laufzeitbibliotheken mit klar definierten Schnittstellen zur Verfügung stellen, welche einen sehr hohen Wiederverwendbarkeitsgrad aufweisen.

Die Kommunikation von Service-Agenten auf dem Client mit dem ORB und ebenso die Kommunikation der ORBs mit den verschiedenen Server-Systemen erfolgt in aller Regel mit „Remote Procedure Calls (RPCs)".

Digital bietet mit dem Produkt „Application Control Architecture (ACA)" eine CORBA-konforme Implementierung von Object Request Broker Services für eine Reihe *Zitat Ende* unterschiedlicher Herstellersysteme an."

So weit DEC – und wie sieht es bei anderen Herstellern aus? INGRES hat mit POSTGRES ein (erstes) objektorientiertes Datenbanksystem quasi als „Shareware" an amerikanischen Universitäten verteilt und ORACLE Corp. z.B. vermeldet klar und deutlich (ORACLE 1993):

Nach mehr als 4 Jahren Forschung und Entwicklung ist ORACLE davon überzeugt, daß der effektivste Weg zu produktiv einsetzbaren objektorientierten Datenbanksystemen über die Evolution des relationalen Modells führt, anstatt eine komplette Neuimplementierung vorzunehmen.

Zitat Anfang

Das ORACLE System selbst hat sich über viele Jahre entwickelt und ist radikal überarbeitet worden, ohne die vielen sinnvollen und wichtigen Funktionen neu zu implementieren, die bereits vorhanden waren.

Um Objekte sauber und effizient zu unterstützen, müssen Teile des Systems geändert und erweitert werden, während andere, bereits ausgereifte und produktiv erprobte Teile mit geringfügigen Änderungen übernommen werden können.

Um den objektorientierten Entwickler voll zu unterstützen, kann das ORACLE DBMS mit seinen Erweiterungen als gemeinsamer Datenserver mit entsprechender Technologie mit Objekten, auch in Client/Server-Umgebungen, umgehen.

Das ORACLE DBMS verbindet die neue Technologie mit der bestehenden Funktionalität wie Integrität, Mehrbenutzer-Betrieb, Sicherheit, Zuverlässigkeit, Wiederherstellung und Performance, die auch vom objektorientierten Entwickler unbedingt benötigt werden.

Zusammenfassung:

ORACLE erweitert seinen Server, seine Sprachen und Werkzeuge in den folgenden Bereichen:

- Der Daten-Server wird in zukünftigen Releases die Fähigkeit besitzen, abstrakte Objekte und komplexe Klassen in Ergänzung zu den gegenwärtig bekannten skalaren Daten zu speichern und zu manipulieren.

- Der ORACLE7 Server unterstützt schon heute sogenannte Binary Large Objects (BLOBs) mit Größen bis zu zwei Gigabyte.

- Das objektorientierte Konzept mit seiner neuen Befehlssyntax setzt als Erweiterung auf den bekannten Standards SQL respektive PL/SQL auf. Die Entwicklung eines solchen Modells und seiner entsprechenden Sprachkonstrukte erfolgt in Zusammenarbeit mit ORACLE und dem ANSI SQL3-Kommitee. Unterstützt werden Kapselung (encapsulation), Vererbung (inheritance) und Methoden (methods). ORACLE7 unterstützt bereits heute gespeicherte Prozeduren, Funktionen und Pakete (stored procedures, functions, packages), die als Basis für die Implementierung von Methoden fungieren werden.

- Interna: Objekte können auf unterschiedliche Art und Weise repräsentiert werden: Als normalisierte Relationen und als durch Cluster eng verbundene Gruppen. Es können ebenso virtuelle Objekte auf Basis existierender Objekte oder Relationen definiert werden. Solche, auf den gesamten, bereits bestehenden Datenbereich bezogene Objekte, ermöglichen eine Steigerung von Produktivität und Performance, auch für bestehende Anwendungen.

- Hochintegrierte Verbindungen werden der Objektsprache zur Verfügung gestellt, um eine produktive Applikationsentwicklung auch bei Verwendung von 3GL-Sprachen zu ermöglichen.

- Neue objektorientierte Entwicklungswerkzeuge wie Klassen-(Objekt-)Browser, erweiterte Objekt-Entwicklungs- und Testwerkzeuge (object development and debugging tools) sowie objektorientierte Entwicklungsumgebungen (object oriented development ment environment) werden zu einer gesteigerten Produktivität führen"

Zitat Ende

ORACLE vertritt damit klar einen evolutionären Ansatz, der von anderen so nicht publiziert wird. Der zukünftige Datenbank-Server wird sowohl relationale (RD-BMS) wie auch objektorientierte Speicherung (OODBMS) zulasssen.

In der Tat werden sich IS-Manager nach der „Client/ Server-Welle" schwertun, eine objektorientierte „Welle" in den Budgets zu verankern und diese als kompletten Neuanfang zu verkaufen – die Natur lehrt, daß Evolution allemal ausreicht, sogar Menschen samt ihren Computern hervorzubringen – wozu braucht es da Revolutionen?

In jedem Fall bleibt es spannend, wie sich Applikations-Design, Middleware und Betriebssystem weiter entwickeln.

Der Traum der Anwender, daß ihre Probleme vom kundigen Informatiker unter Verwendung vieler kleiner Bausteine aus dem großen „Klassen-Baukasten" der Objekt-technik gelöst werden, ist jedenfalls noch nicht aus-geträumt. Es ist auch weniger Technik als vielmehr Abstandnehmen von tradierten Vorgehensweisen, was nun verlangt wird. Der Objekt-Designer muß die Welt in Client/Server-Verhältnisse „zerlegen", wobei ihm im Ge-wirr der Klassendefinitionen und der Anforderungen aus der Fachabteilung der Blick für das Ganze nicht verloren gehen darf – aber ist das nicht sowieso eine Anforderung für unser aller Leben?

Thesen, Prognosen Wo liegen die Fallstricke ?

Der Informationsmarkt ist heute noch weitgehend ein Verkäufermarkt, d.h. Information als Ware wird oft verkauft, weil sie sich unter einem bestimmten Schlagwort, wie z.B. Client/Server, gut verkaufen läßt und nicht, weil der Käufer genau diese Information zum Zeitpunkt des Kaufes gerade gebraucht hätte.

Nur qualitativ gute Informationen können eine Grundlage für Entscheidungen bilden

Das beste Beispiel sind die boomenden privaten Fernsehanstalten. Man kann diesen noch zu gute halten, daß hier Spaß und Freude, also der Unterhaltungswert, im Vordergrunde stehen, mithin die *reine Information* gar nicht so wichtig zu sein scheint. Im Falle der Informationsbeschaffung für unsere täglich beruflichen Entscheidungen sollte der Spaß zwar auch nicht zu kurz kommen, im Vordergrund steht jedoch die Objektivität und die Qualität der erhaltenen Informationen.

Hier liegt das Problem. Was ist seriös, wem darf man trauen? Wie soll man aus der Flut von Informationen, die täglich über uns hereinbrechen, genau die wichtigen und dann auch noch die richtigen herausfinden? Die zur Verfügung stehenden Informationsquellen sind nicht immer frei von Interessen der Informationslieferanten, oft steht das

Wer liefert seriöse Informationen?

Interesse, Produkte und/oder Leistungen gleich mit zu verkaufen kaum verdeckt im Vordergrund.

Der Informationsquelle kommt somit, da beeinflussend und meinungsbildend, eine bedeutende Rolle zu. Die Informationsbasis ist einer der Punkte, wo Entscheidungen bewußt oder unbewußt manipuliert werden können und mit der im täglichen Leben manchmal unwissentlich, (leider aber auch wissentlich) Entscheidungen in die *gewünschte* Richtung gelenkt werden.

Eine wichtige Informationsquelle sind zweifelsohne die Strategien, Konzepte und Planungen der Hersteller. Allerdings ist es oftmals äußerst schwierig zu erkennen, was Vision (Konzept) und was bereits Realität ist. Manchmal sind die Konzepte auch reine Seifenblasen, da für ihre Umsetzung die Geldgeber nicht bzw. nicht in genügender Anzahl akquiriert werden können. Dies soll hier nun nicht als pauschale Kritik an den Herstellern verstanden werden, denn es ist durchaus verständlich, daß in die Umsetzung komplexer und aufwendiger Konzepte viel investiert werden muß, und welcher Hersteller kann sich heute noch große Vorinvestitionen leisten? Es ist den Herstellern auch nicht zu verübeln, daß sie beim Verkauf ihrer Produkte bzw. Konzepte die nebulösen Bereiche elegant umgehen, denn *Haben-Argumente* sind naturgemäß besser zu verkaufen als *Nichthaben-Argumente*. So muß sich der Kunde oftmals mit Konzepten und halbfertigen Produkten zufrieden geben, mit dem Risiko, auf das falsche Pferd (sprich Hersteller) gesetzt zu haben.

Gewünscht sind herstellerneutrale Informationen. Im wesentlichen gibt es heute zwei Formen von neutralen Informationslieferanten, zum einen die Zunft der Berater,

Herstellerkonzepte eine sinnvolle Informationsquelle?

Auch die Hersteller versuchen sich zunehmend im Beratungsgeschäft zu etablieren, inwieweit sie sich allerdings wirklich neutral verhalten (können), ist in Frage zu stellen

die von Berufs wegen neutral sein sollten, und zum anderen *unabhängige* Marktanalysten, Prognostiker, Auguren etc. Die Gartner Group (übrigens ein Unternehmen, das von dem Verkauf der Ware Information hervorragend lebt) ist einer der bekanntesten Vertreter im Informatikbereich.

Die alten Griechen hatten ihr Orakel, die Cäsaren des alten Rom ihre Auguren, Wallenstein verließ sich auf die Sterne, und das heutige Management findet seine Auguren in Marktanalysen, Büchern (wie z.B. diesem), auf Kongressen, an den Universitäten, in Vorträgen und Fachzeitschriften.

Berater, Marktanalysten: Auguren in unserer Zeit?

Leider ist die Neutralität der Visionen und Empfehlungen nicht immer gegeben. So soll es den einen oder anderen Cäsaren gegeben haben, der mit der Voraussage seiner Auguren nicht einverstanden war, sich daraufhin neue suchte und diesen gleich die Gelegenheit gab, an den Eingeweiden ihrer Vorgänger das Deuten zu üben. Auch die Auguren der Neuzeit unterliegen ähnlichen äußeren Zwängen (z.B. gegenüber Sponsoren oder Herstellern).

Als typisches Beispiel hierfür, wie die Ausrichtung auf eine Vision auch leicht ins Auge gehen kann, erwies sich das AD/Cycle-Konzept der IBM. Mit relativ wenigen konkreten Aussagen und einer äußerst geringen Anzahl von Produkten, aber einem starken Marketing und vieler (neutraler?) Auguren gelang es der IBM, ihren Kunden eine Vision, ein Konzept zu verkaufen. Eine Vision, die so stark war, daß Unternehmen zwecks Vermarktung gegründet wurden. Heute ist der AD/Cycle nur noch ein Konzept, das so, wie es einmal geplant war (zentrales Repository auf einem Mainframe), nie realisiert werden wird (s. Kap. 2.4). Die ehemaligen AD/Cycle-Partner versuchen sich neu zu positionieren und befinden sich heute z.T. auf gefährlicher wirtschaftlicher Talfahrt.

Die Vision bzw. das Herstellerkonzept AD/Cycle

In den folgenden Kapiteln werden wir die Erkenntnisse und Erfahrungen aus zwei Projekten und Unternehmen, die sich mit dem Thema Client/Server im engeren Sinne (Informatik) und den Folgen von Client/Server im weiteren Sinne (Organisation, Mitarbeiter) beschäftigt haben, aufbereiten. Dabei wenden wir uns an verschiedenen Stellen

Client/Server – neben der Technik ein organisatorisches und personelles Problem ?

bewußt von einer rein technischen Diskussion ab, da wir davon überzeugt sind, daß die Auswirkungen der Client/Server-Technologie sich nicht nur auf Hard- und Software beschränken.

Wir wollen jedoch keine nebulösen Visionen entwickeln, vielmehr versuchen wir Erfahrungen, absehbare Entwicklungen und zum Teil auch laufende Prozesse gedanklich, quasi in Form von Thesen und Prognosen, fortzuführen und somit potentielle Fallstricke und Stolpersteine transparent zu machen. Wir möchten hier auch ganz bewußt nicht die technischen Entwicklungen kommentieren, das können die Hersteller besser und überzeugender, sondern uns ganz auf die Umsetzung von Praxis-Problemen konzentrieren.

Unser Ziel ist es, Sie für bestimmte, zukünftig bevorstehende Handlungs- und Entscheidungsschwerpunkte zu sensibilisieren, die ein oder andere Überlegung zu initialisieren und den *richtigen* Denkprozeß zu verstärken.

3.1 Client-Server-Technologie, eine Management-Entscheidung

Jede Investition ist eine Management-Entscheidung

Die Einführung bzw. der Einsatz der Client/Server-Technologie ist eine Management-Entscheidung. So oder ähnlich tönt es in Artikeln, Referaten und auf Symposien zum Thema Client/Server. Einmal davon abgesehen, daß jede Investition eine Management-Entscheidung ist, versteckt sich hier der Hinweis, daß man sich mit diesem Thema auf der Management-Ebene detaillierter auseinandersetzen sollte.

Dafür gibt es (neben den rein finanziellen) eine Reihe von Gründen, die je nach Unternehmen unterschiedliche Folgen und Gewichtung haben können:

- Der Einsatz der Client/Server-Technologie wird Auswirkungen auf Geschäftsprozesse haben und damit die Ablauforganisation verändern.
- Eventuell ist auch die Aufbauorganisation betroffen, indem z.B. neue Organisationseinheiten (z.B.

Benutzerservice, Netzwerkadministration) definiert und aufgebaut werden müssen.

- In jeder neuen Technologie stecken auch neue
  Nutzenpotentiale: Was bringt der Einsatz der
  Client/Server-Technologie dem Unternehmen ?
- Spezielles Know-how wird benötigt, das notfalls
  extern eingekauft werden muß, oder die eigenen
  Mitarbeiter (inkl. Anwender) müssen geschult
  werden (Folgekosten).
- Die Rolle der Informatik im Unternehmen ist neu
  zu definieren.
- Die bestehende Hard- und Software-Infrastruktur
  ist zu überdenken und zu ergänzen oder sogar
  auszutauschen.
- Es gibt Widerstände, die zuerst erkannt und be-
  seitigt werden müssen.

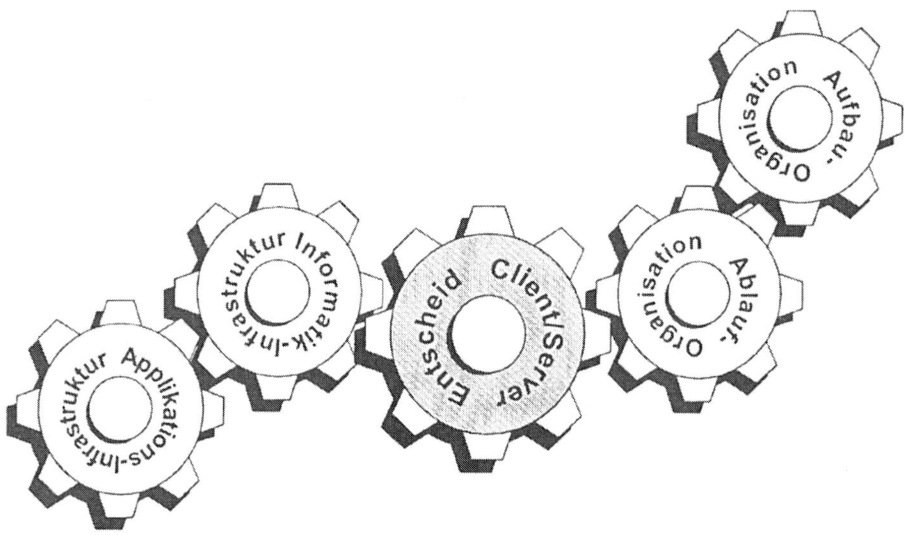

Diese unvollständige Auflistung zeigt bereits, daß sich das
Thema Client/Server nicht nur auf technische Frage- und
Problemstellungen reduzieren läßt. Nicht umsonst wird bei
der Diskussion von neuen Organisations- und Manage-
ment-Konzepten, wie *Lean Management* und *Lean Production,
Downsizing, Design to Cost* und *Time to Market,* die

*Abb. 3.1: Schlüssel-
technologie Client/
Server: Eine Entschei-
dung mit vielfältigen
Auswirkungen*

Client/Server-Technologie als die dafür notwendige Schlüsseltechnologie angesehen. Der Entscheid für die Einführung der Client/Server-Technologie hat Auswirkungen, die den Verantwortlichen zum Zeitpunkt der Entscheidungsfindung selten transparent sind.

Eine Entscheidung zur Einführung der Client/Server-Technologie im Unternehmen hat vielfältige Konsequenzen, die weit über die technologische Umsetzung hinausgehen. So dreht das *Zahnrad* (Abb. 3.1) Client/Server automatisch weitere Zahnräder, die sowohl die informationstechnologische Infrastruktur betreffen, als auch die Organisation.

Welches Unternehmen hat schon die Einführung des PC strategisch geplant?

Natürlich sind diese Entwicklungen schleichend und nicht immer sofort ersichtlich, aber in ihrer Auswirkung können sie in der Folge zu ungeplanten Entwicklungen führen. Welcher Informatikverantwortliche hätte vor zehn Jahren als die ersten PCs in den Unternehmen in größeren Stückzahlen auftraten geglaubt, daß er nur wenige Jahre später zusätzlich und parallel zu seiner Großrechnerumgebung, über einen relativ kurzen Zeitraum eine vollständig neue und andersartige informationstechnologische Infrastruktur aufbauen wird?

Neben der neuen Hardware und den Netzen kamen auch neue individuelle Applikationen ins Unternehmen. Die Folgen: die Problemmeldungen der Anwender verlagerten sich zunehmend von den Host-Applikationen zu den PC-Applikationen. Es mußten spezielle Supporteinheiten (Information-Center (IC)) gebildet, und die internen Schulungsaktivitäten mußten speziell für die Anwenderschulung ausgebaut werden.

In kurzer Zeit: Verknüpfung der Client/Server-Technologie mit den Geschäftsprozessen

Die Einführung der PCs und ihre anschließende Vernetzung hat bereits, auch wenn die Systeme heute oftmals lediglich für die individuelle Datenverarbeitung und als Terminalersatz eingesetzt werden, unübersehbare technologische und organisatorische Folgen mit sich gebracht. Die in den nächsten Jahren stattfindende Verknüpfung, der auf diesen Plattformen basierenden Client/Server-Technologie mit den Geschäftsprozessen der Unternehmen, wird Folgen haben, die weit über den Informatikbereich hinausgehen.

Die Beschränkung der Client/Server-Diskussion auf den Informatikbereich ist einer der ersten Fallstricke, der in der Praxis dazu führt, daß man das Geschäft von gestern mit der Technik von morgen macht. Es ist speziell eine Management-Aufgabe, die weit über den Bereich Informatik hinausgeht, innovativ und kreativ den Nutzen, der in der Client/Server-Technologie steckt, zu erkennen und umzusetzen.

Fallstrick: Konzentration der Client/Server-Diskussion auf den Bereich Informatik

3.2 Nutzenpotential Client/Server, eine strategische Erfolgsposition für die Unternehmung

3.2.1 Der Begriff der strategischen Erfolgsposition

In seinem Buch *Das Dynamik-Prinzip* (Pümpin 1990) beschreibt Pümpin, daß sich erfolgreiche Unternehmen dadurch auszeichnen, daß sie vorhandene Nutzenpotentiale erfolgreich erschließen und umsetzen können.

Nutzenpotentiale können als potentielle Quellen der Wertschöpfung betrachtet werden. Gelingt es einem Unternehmen, seine spezifischen Nutzenpotentiale zu erschließen, erhöht sich dessen Wertschöpfung. Pümpin definiert die in der Tabelle 3.1 auszugsweise dargestellten möglichen externen und internen Nutzenpotentiale.

Nutzenpotentiale: Quelle der Wertschöpfung

Externe Nutzen-potentiale	Beschreibung
Informatikpotential	Möglichkeiten für die Modifikation bzw. gänzliche Neugestaltung der Marktleistung oder auch zur Revolutionierung betrieblicher Wertschöpfungsaktivitäten durch den Einsatz moderner Informations- und Kommunikationstechnologien.

(Fortsetzung)

Tabelle 3.1: Nutzenpotentiale nach Pümpin (1992)

Technologiepotential	Die Wertsteigerungsmöglichkeiten aus dem Einsatz neuer Technologien, z.B. für die Kreation neuer bzw. veränderter Marktleistungs-/Fertigungsverfahren.
Marktpotential	Die Aufnahmefähigkeit bestimmter (nationaler und internationaler) Absatzmärkte bzw. Absatzsegmente für die Produkte und Dienstleistungen des Unternehmens.
Beschaffungspotential	Möglichkeiten zur gesteigerten Wertschöpfung durch die Nutzung von Veränderungen auf den Beschaffungsmärkten und/oder durch die Realisierung innovativer Beschaffungskonzepte und -systeme.
Imagepotential	Nutzen der Vorteile, die sich aus einem hohen Bekanntheits- und Prestigegrad der Produkte/Marken bei den Abnehmern sowie aus einem allgemein guten Ruf des Unternehmens in der Öffentlichkeit ergeben.
Interne Nutzenpotentiale	
Know-how-Potential	Die Möglichkeit zur internen Ausschöpfung (Multiplikation) und externen Verwertung von konkurrenzüberlegenem Wissen und Können in bezug auf bestimmte Technologien und Produkte.
Organisatorisches Potential	Möglichkeiten zur gesteigerten Wertschöpfung durch die Neugestaltung innerbetrieblicher Abläufe und Strukturen, etwa mit dem Ziel der Reduktion der Durchlaufzeiten oder der Sicherstellung größerer Basisnähe bei den Entscheidungsträgern und vermehrter Eigeninitiative auf allen Unternehmensebenen.

(Fortsetzung)

Kostensenkungs-potential	Die Möglichkeiten für Kosteneinsparungen im internen Bereich durch technische Rationalisierung, den Abbau von administrativem Overhead etc.
Synergiepotential	Möglichkeiten aus dem geschäftsfeldübergreifenden gemeinsamen Nutzen von spezifischen Erfolgspositionen des Unternehmens.

Ein typisches externes Nutzenpotential ist das Beschaffungspotential (s. Tab. 3.1). Im März 1993 hat sich z.B. der Volkswagen Konzern durch die Einstellung des Ex-Einkaufschefs vom Automobilhersteller General Motors Corp. José Ignacio Lopes entschlossen, auf diesem Weg die Wertschöpfung zu erhöhen.

Beispiel VW

Ein typisches internes Nutzenpotential ist das Kostensenkungspotential, d.h. die Möglichkeit von Kosteneinsparungen in internen Bereichen durch technische Rationalisierung, Abbau überflüssiger Strukturen etc. Typisches Beispiel ist die im Rahmen von Down- und Rightsizing-Projekten zu beobachtende Aufhebung, Zusammenlegung und zunehmende Automatisierung von Rechenzentren.

Aktuelles Nutzen-potential: Kostensenkungspotential

Das Vorhandensein eines oder mehrerer attraktiver Nutzenpotentiale allein ist allerdings noch nicht die Gewähr für den Erfolg einer Unternehmung. Vielmehr müssen, die für eine erfolgreiche Erschließung des Nutzenpotentials erforderlichen Fähigkeiten im Unternehmen aufgebaut werden. Die Entwicklung dieser Fähigkeiten bezeichnet Pümpin (Pümpin 1992) als strategische Erfolgsposition (SEP).

Ähnlich wie Produkte unterliegen auch Nutzenpotentiale einem Lebenszyklus (Abb. 3.2). In der Entstehungsphase befassen sich oft nur einzelne Pioniere mit der Erschließung eines spezifischen Nutzenpotentials. Mit der Zeit kommen weitere Unternehmen hinzu, um in der Wachstumsphase (aktuelle Phase der Client/Server-Technologie) vom erkannten Nutzenpotential zu profitieren. Mit der Zeit erreicht das Nutzenpotential seine Reifephase. Schließlich erschöpft es sich, die Niedergangsphase setzt

Auch Nutzenpotentiale unterliegen einem Lebenszyklus

ein. Ebenso wie im Produktezyklus profitieren diejenigen Unternehmen am meisten, welche die entsprechenden Nutzenpotentiale als erste erkennen und innovativ erschließen.

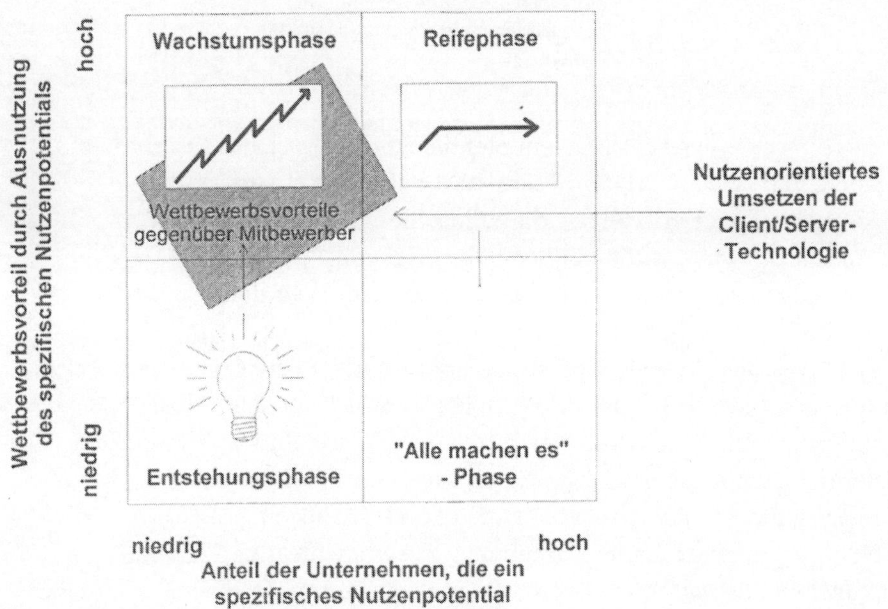

Bei Diskussionen des Nutzens der Client/Server-Technologie stellten wir immer wieder fest, daß der potentielle Nutzen der Client/Server-Technologie, insbesondere bei Mitarbeitern aus den Informatikbereichen, an der Fähigkeit, Probleme in den Bereichen des Tagesgeschäftes und aktuell anstehender Aufgaben zu lösen, gemessen wurde. Das Bewußtsein, daß eine neue Technologie auch die Basis für kreative und innovative Entwicklungen in anderen Bereichen sein kann, z.B. in der Aktivierung obengenannter Nutzenpotentiale, geht allzuoft im Tagesgeschäft verloren. Somit besteht die Gefahr, daß zwar die Technik zum Einsatz kommt, aber keinerlei Wettbewerbsvorteil oder sonstiger Nutzen generiert wird.

Auf Seiten der potentiellen Anwender finden sich hier auch die meisten Unsicherheiten, da in der Regel das

Know-how fehlt, die Möglichkeiten der Client/Server-Technologie einzuschätzen und unternehmensspezifisch umzusetzen.

Während viele Anwender noch zögern und auch in den nächsten Jahren eher langsam auf die Client/Server-Technologie einschwenken werden, setzen die meisten Anbieter und Hersteller auf Produkte im Bereich der Client/Server-Technologie. Die Abbildung 3.3 zeigt die aktuelle Positionierung von Client/Server- und Mainframe-Produkten und damit den Nutzen für die Anbieter und Hersteller: neue Produkte, neue Märkte. Einige Hersteller wie z.B. Oracle und Sybase haben es bereits geschafft Produkte in der *Star-Position* zu plazieren. Andere profitieren noch von ihren *Cash Cow*-Produkten die ihnen die notwendigen Neuentwicklungen finanzieren müssen.

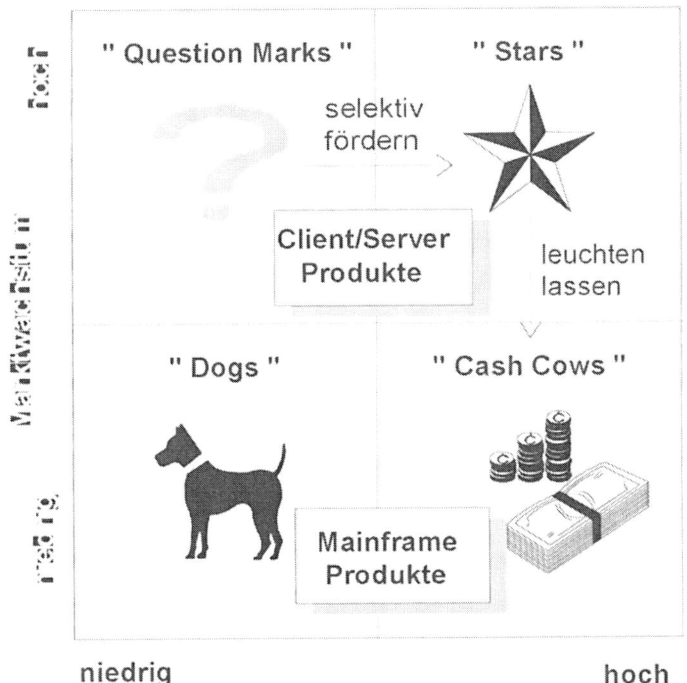

Abb. 3.3:
Positionierung von
Client/Server- und
Mainframe-Produkten
im Produktezyklus

Die Diskussion der Client/Server-Technologie in Bezug auf ihren Nutzen für eine Unternehmung kann anhand der von Pümpin definierten oder neu zu definierenden unter-

161

nehmensspezifischen Nutzenpotentiale geführt werden.
Hierbei sind zwei prinzipielle Betrachtungsweisen möglich.
So kann zum einen die Client/Server-Technologie als
eigenständiges Nutzenpotential (Informatikpotential) und
zum anderen in ihrer Wirkung auf die Erschließung anderer
Nutzenpotentiale betrachtet werden.

3.2.2 Informatiknutzenpotential Client/Server-
Technologie

Informatikpotential: Möglichkeiten für die Modifikation bzw. gänzliche
Neugestaltung der Marktleistung oder auch zur Revolutionierung
betrieblicher Wertschöpfungsaktivitäten durch den Einsatz moderner
Informations- und Kommunikationstechnologien (Pümpin 1992).

Strategische Erfolgs-
position: Client/Server-
Technologie

Die Umsetzung der Client/Server-Technologie erweitert aufgrund der ihr zugrunde liegenden Informations-
und Kommunikationstechnologien (Kapitel 2) das Informatikpotential einer Unternehmung beträchtlich. Die Erschließung dieses Potentials befindet sich heute am Anfang
der Wachstumsphase. Für viele Unternehmen wird in den
nächsten Jahren die Erschließung des durch die Client/
Server-Technologie ermöglichten Nutzenpotentials von
herausragender Bedeutung sein und damit zum strategischen Erfolgsfaktor werden.

Die Ressource Infor-
mation wird flexibler
handhabbar

Im Unterschied zur herkömmlichen mainframeorientierten Informationsverarbeitung, wird der Umgang
mit den Systemen vereinfacht, die Ressource Information
flexibler handhabbar. Die quasi über alle Systemgrenzen
hinweg erreichbare Information, ihre problemlose Übernahme und Integration in Büro-Software, ermöglichen eine
schnellere und flexiblere Weiterverarbeitung. Die Ressource
Information wird zu einem Produktionsfaktor, die Information selbst zum Produkt.

Damit dieses Potential erschlossen werden kann, müssen
vorgängig die erforderlichen Fähigkeiten aufgebaut werden. Im Mittelpunkt steht hier zweifelsohne der Mitarbeiter.
Einfache Schulungsmaßnahmen, basierend auf den neuen

Technologien, reichen hierzu allerdings nicht aus. Vielmehr muß eine *Migration des Denkens* (Kapitel 3.4) vom zentralistischen zum dezentralistischen, vom mainframeorientierten zum Client/Server-orientierten, vom tayloristischen zum organismischen/fraktalen und von der dialogorientierten zur multikommunikativ orientierten Informationsverarbeitung vollzogen werden.

Migration des Denkens: Grundage für die erfolgreiche Umsetzung der Client/Server-Technologie

Viele Unternehmen befinden sich heute am Anfang dieses schwierigen Umdenkprozesses und es ist damit zu rechnen, daß die Unternehmen, die diesen geistigen Wechsel als erste vollziehen, auch später die Nase vorne haben werden. Dabei ist davon auszugehen, daß kleinere Unternehmenseinheiten und Organisationen auch in diesem Punkt, vor allem was die Umsetzung betrifft, flexibler sein werden.

Kleine Organisationsstrukturen sind in der Umsetzung im Vorteil

Ein zweiter Schwerpunkt liegt in der Schaffung der notwendigen Infrastruktur. Eine der wichtigsten Maßnahmen ist hier der Auf- und Ausbau einer Kommunikationsinfrastruktur (Vernetzung), die mit eine der Grundlagen für die Erschließung des Nutzenpotentials ist, das die Client/Server-Technologie in sich birgt. Hierzu gehört auch die Definition und Einhaltung von Standards (Kap. 2.2), die für die Integration heterogener Rechnerwelten und damit für die Schaffung einer *offenen Welt* die Voraussetzung sind. Hierbei sind speziell die Hersteller gefordert, die sich z.T. nur mit Mühe von ihren hegemonistischen Verhaltensweisen lösen können.

Client/Server-Technologie verändert auch bestehende Geschäftsprozesse

Wie eine bekannte betriebliche Wertschöpfungsaktivität durch den Einsatz der Client/Server-Technologie verändert werden kann, zeigen die Konzepte für den zukünftigen Bankarbeitsplatz im Retail-Geschäft. Eine personalintensive Betreuung des sogenannten Kleinkunden (einfacher Kontoinhaber), kann sich eine Bank von heute einfach nicht mehr leisten. Geldausgabeautomaten und sogenannte Multifunktionsterminals, basierend auf Client/Server-Technologien, haben bereits große Anteile an den klassischen Kundenkontakten übernommen.

Die Bankfiliale von Morgen: Nicht jeder Kunde muß persönlich bedient werden

In den Kundenzonen von Bankfilialen werden zukünftig mehr und mehr Terminals mit Video-Bildplatten

163

und Touch-Screens als Bindeglied zwischen der Selbstbedienung und der aktiven Beratung zum Einsatz kommen.

Der Bankmitarbeiter von morgen wird mehr Berater- und Verkaufsfunktionen übernehmen und von einem multifunktionalen Arbeitsplatz aus seine Kunden, natürlich auch den Kleinkunden soweit dies noch nötig ist, betreuen.

Wie dieses kurze Beispiel zeigt, konzentriert sich der Nutzen der Client/Server-Technologie nicht nur auf die Informatik an sich. Die neue Technologie ermöglicht die Optimierung bestehender und die Schaffung neuer Wertschöpfungsketten sowie die Erschließung neuer Märkte.

3.2.3 Erschließung neuer Nutzenpotentiale durch Einsatz der Client/Server-Technologie

Mit dem Aufkommen der Online-Systeme anfang der achtziger Jahre entstanden eine Reihe neuer Dienstleistungen (Produkte) bzw. erfolgten Optimierungen bestehender Wertschöpfungsprozesse.

Als Beispiel sei hier das Platzbuchungssystem SABRE der US-Fluggesellschaft American Airlines (AA) genannt. SABRE wurde 1986 in ca. 12 000 unabhängigen Reisebüros installiert, 1988 waren es bereits über 70 000 angeschlossene Terminals. Mit SABRE standen die Flugpläne von allen bedeutenden Fluggesellschaften der Welt online zur Verfügung. Für jede getätigte Flugbuchung, die keine AA-Buchung war, bezahlte das Reisebüro 1,75 Dollar. Der Clou an dieser ganzen Geschichte war, daß SABRE die Flüge von American Airlines immer zuerst auf dem Bildschirm anzeigte. Es war somit kein Zufall, daß die Anzahl der AA-Buchungen nach Einführung des Systems sprunghaft stiegen. American Airlines konnte sich gezielt durch einen innovativen Einsatz der damals neuen Technologie einen klaren Wettbewerbsvorteil verschaffen.

Das mit Sicherheit größte Nutzenpotential der Client/Server-Technologie liegt darin, neue innovative Ansätze, die bisher an der fehlenden Technik scheiterten, zu realisieren. In der Diskussion über Kosten/Nutzen von

Client/Server-Systemen wird dieser Aspekt oft vernachlässigt.

In dem aktuellen meist am *Design to Cost*-orientierten Downsizing-Denken fehlt das innovative Gedankengut fast vollständig. Das heute noch dominierende mainframeorientierte Denken wird erst dann überwunden werden, wenn applikatorische Anforderungen, die schlußendlich auch Geld bringen, die technologischen Grenzen der klassischen Großrechnerwelt überschreiten.

Die reine Migration bestehender Systeme auf Client/ Server-Architekturen hat nur dann einen Sinn, wenn gleichzeitig die Stärken der Client/Server-Technologie, die in der Kommunikation, der Integration und im Umgang mit multimedialen Elementen liegen, eingesetzt werden. Der Einsatz der Client/Server-Technologie ist nur dann vertretbar, wenn auch ein wirtschaftlicher Nutzen damit erzeugt wird.

Unternehmen, die nur die Technologie einführen, auf der Client/Server-Systeme aufsetzen, aber die notwendigen begleitenden kreativen und innovativen Prozesse vernachlässigen, werden das eigentliche große Nutzenpotential, das die Client/Server-Technologie bietet, nicht oder zu spät erschließen.

Es gibt bereits heute Unternehmen, die sich eine sehr gute für Client/Server-Applikationen geeignete Infrastruktur (vernetzte PC-Arbeitsplätze) geschaffen haben und dort in einer Art Stillstand verharren. Die bestehenden Mainframe-Systeme werden durch eine Emulations-Software angesprochen, aber die Integration in den teuren PC-Arbeitsplatz (siehe Kapitel 3.9) ist noch nicht erfolgt. So ist heute oft noch der hochgerüstete mit vielerlei Software ausgerüstete intelligente PC-Arbeitsplatz zu finden, der bei näherer Betrachtung vorwiegend als *dummes Terminal* eingesetzt wird.

3.3 Entwicklung einer Client/Server-Strategie

*Fallstrick: Fehlende
Strategie*

Einer der wesentlichen Fallstricke bei der Einführung von Client/Server liegt in der Definition der Ziele und der Maßnahmen, die zur Zielerreichung führen. Auch hier wiederholen sich durchaus die Erfahrungen, die man im Rahmen anderer Innovationsschübe gemacht hat. Das Gefühl, handeln zu müssen, führt dazu, daß quasi im „Hauruck-Verfahren" ein Client/Server-Projekt aufgesetzt wird, ohne daß das Projekt in eine allgemein gültige Informatikstrategie eingebettet wird.

Die Folge ist, daß die bereits heterogene Systemumgebung, um einige neue Soft- und Hardware-Komponenten erweitert wird, daß eine neue Insel-Lösung entsteht, daß man die organisatorischen Auswirkungen unterschätzt, und daß die Integration der bestehenden Anwendungen vernachlässigt wird.

*Fallstrick: Ausrichtung
der Client/Server-Stra-
tegie auf eine einge-
grenzte Sicht*

Der Festlegung einer Client/Server-Strategie ist somit ein wesentlicher Erfolgsfaktor für die Einführung von entsprechenden Applikationen in die Unternehmenspraxis. Die Erstellung einer entsprechenden Strategie wird durch zwei Aspekte geprägt, der eine ist die Frage nach dem *Warum* (Motivation) und der andere nach den bestimmenden *Sichten*. Das Warum, die Motivation wird durch innere und äußere Einflußfaktoren bestimmt. Die die Strategie bestimmenden Sichten hängen von der prinzipiellen Vorgehensweise bei der Definition der Ziele ab. So kann z.B. eine Vorgehensweise die Ausrichtung an der bestehenden Hard- und Software-Infrastruktur sein, eine andere die Ausrichtung an den Erfordernissen der einzelnen Arbeitsplätze. Wie wichtig diese Differenzierung ist, zeigt folgende Überlegung. Bei der Ausrichtung an der Infrastruktur wird durch die Festlegung von Hard- und Software das potentielle Produktangebot für die Unterstützung eines Arbeitsplatzes eingeschränkt. Erfolgt dagegen eine reine Ausrichtung an den Bedürfnissen der Arbeitsplätze, stehen in erster Linie, die für diese Arbeitsplätze am besten geeigneten Produkte im Vordergrund. Im Extremfall können sich beide Produktpaletten (Hard- und Software) völlig diametral verhalten.

3.3.1 Einflußfaktoren

In vielen Unternehmen werden die Aufgaben und die anzustrebenden Ziele der Informatik in Form einer Informatikstrategie festgelegt und in einem mehr oder weniger regelmäßigem Rhythmus überarbeitet. Heute kann sich wohl kaum eine Informatikstrategie dem Thema Client/Server entziehen. Die Motivation und die Gründe hierfür sind vielfältig, so gibt es eine Reihe von äußeren und inneren Einflußfaktoren, die dazu führen, daß Client/Server-Technologien in der Informatikstrategie berücksichtigt werden müssen.

Innere und äußere Einflußfaktoren erzwingen die Berücksichtigung von Client/-Server in der Informatikstrategie

Der erste Schritt auf dem Weg zu einer Client/Server-Strategie ist die Festlegung dieser inneren und äußeren Einflußfaktoren (Abb. 3.4). Mit diesem ersten Schritt sollen die Fragen nach dem *„Warum wollen, (müssen wir?) Client/Server-Lösungen realisieren?"*, beantwortet werden. Die Motivation und die Gründe hierfür sind wesentliche Voraussetzungen für die spätere Zielfindung und Zieldefinition. Außerdem bilden sie eine wichtige Informationsquelle für die von den unweigerlich eintretenden Veränderungen betroffenen Mitarbeiter und dienen allgemein als Grundlage für die Veränderung festgefahrener Denkstrukturen.

Zu den äußeren Einflußfaktoren gehören:

* *Herstellerstrategien*

Alle Hersteller von proprietären Systemen wie IBM, DEC, NCR, SNI, UNISYS, BULL etc. haben sich zwischenzeitlich zu der Entwicklung von offenen Systemen bekannt. Der Einbruch im Mainframe-Bereich hat dazu geführt bzw. wird bei manchem Hersteller noch dazu führen, daß bestehende Hardware- und Software-Produktlinien aufgegeben werden. Heute ist zu beobachten, daß alle Hersteller ihre Investitionen auf neue Produktlinien im

Konzentration der Investitionen in Client/-Server-Technologie

Bereich der Client/Server-Technologien konzentrieren. Beispiele hierfür sind die IBM mit ihren RS/6000-Systemen und die SAP mit SAP/R3. Damit wird den Unternehmen klar signalisiert, wohin sich der Markt entwickelt.

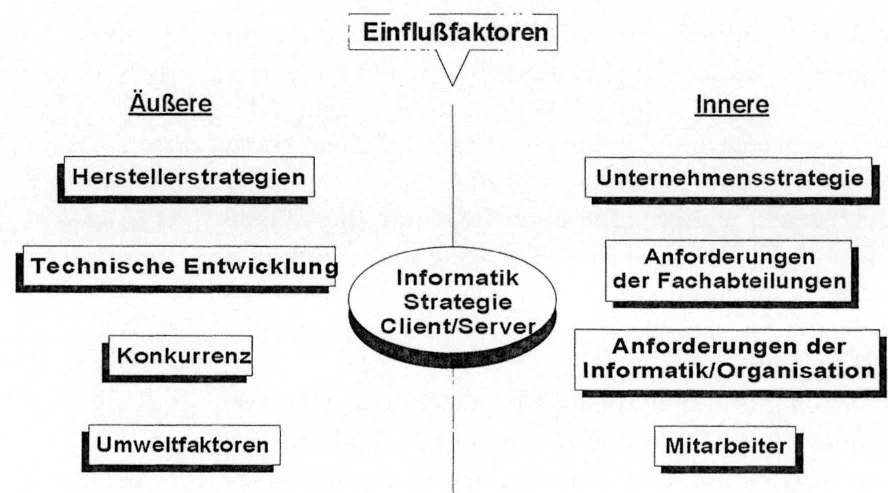

Abb. 3.4: Innere und äußere Einfluß- faktoren, die eine Client/Server-Strategie beeinflussen

Die Entwicklung im Bereich der Kommuni- kation fördert Client/- Server

• *Technische Entwicklung*

Die Client/Server-Technologie basiert auf einer ausgereiften Kommunikationstechnologie. Jedes Unternehmen, das einen hohen Kommunikationsaufwand betreiben muß, wird über den Ausbau seiner Kommunikationsinfrastruktur automatisch zu dem Thema Client/ Server hingeführt. Auch ist die weiter steigende Leistungsfähigkeit der PCs und Workstations ein Faktor, der dazu führt, daß man sich Gedanken darüber machen muß, was man mit dieser Power am Arbeitsplatz zukünftig erreichen möchte.

• *Konkurrenzsituation*

Die Konkurrenz be- stimmt das Tempo

Neue Technologien haben die Eigenschaft, daß sich damit neue Nutzenpotentiale in Form von neuen Produkten oder Effizienzsteigerungen etc. realisieren lassen. Spätestens dann, wenn die Konkurrenz mit auf Client/Server-

Technologien basierenden Applikationen Wettbewerbsvorteile erringt, kommt man nicht mehr daran vorbei.

- *Umweltfaktoren*

Ein nicht zu unterschätzender Faktor ist die Umwelt
des Unternehmens. Die Erkenntnis, daß alle über
Client/Server reden, es alle machen bzw. machen wollen
und außerdem die allgemeine Überzeugung vorhanden ist,
daß man mit Hilfe der Client/Server-Technologie die
Informatikkosten senken kann, führen automatisch dazu,
daß man sich Gedanken über dieses Thema macht.

*Alle reden darüber,
alle machen es*

Zu den inneren Einflußfaktoren gehören:

- *Die Unternehmensstrategie*

Eine heute insbesondere bei Großunternehmen zu beobachtende Erscheinung ist die Verselbständigung einzelner Unternehmensbereiche und/oder eine Dezentralisierung von Aufgaben und Verantwortungen, die im Extremfall zu einer selbständigen dezentralen Informatik
führt. Die Folge sind Veränderungen in den organisatorischen Abläufen sowie Down- und Rightsizing-Über-
legungen. Der Wunsch nach Kostensenkung im Informatikbereich und parallel der Effizienzsteigerung in den
produktiven Bereichen, ist ein weiterer Faktor, der zur
Client/Server-Technologie hinführt.

*Client/Server: Schlüs-
seltechnologie für De-
zentralisierung und
Downsizing*

- *Anforderungen der Fachabteilungen*

Aus den Fachbereichen werden vermehrt Applikationen gefordert, die nur auf der Basis von Client/
Server-Technologien zur Verfügung stehen. Hierzu gehört
vor allem das aufkommende Document Image Processing
und Workflow Management. Der mündige Anwender fordert eine Integration der ihm zur Verfügung stehenden
Anwendungen, d.h. einen durchgängigen Zugriff auf alle
Daten und Integration bzw. Ausnutzung der Schnittstellen
zur Office-Ware (Textverarbeitung, Tabellenkalkulation, E-
Mail etc.). Der Einsatz eines PCs am Arbeitsplatz inklusive
Grapical User Interface (GUI) ist, wenn auch noch nicht
überall realisiert, heute bereits eine Standard-Anforderung.

*GUI und Integration
der bestehenden
Systeme: Für den
Anwender eine
Selbstverständlichkeit*

169

- *Anforderung aus der Informatikabteilung*

Die bereits beschriebene Entwicklung führt dazu, daß die zentrale Informatik immer mehr an Einfluss und Macht verliert. Heute kann es sich kaum noch eine Informatikorganisation leisten ihre eigene Strategie zu leben. So verschieben sich die Aufgaben auch immer mehr zu koordinierenden Tätigkeiten. Die Forderungen die hier gestellt werden, betreffen meist die Eingrenzung der Produktevielfalt (Standardisierung) und den Wunsch nach pragmatischen Integrations- und Migrationskonzepten.

Zu den Einflußfaktoren sind die möglichst sachlich formulierten Faktoren zu definieren, die für und gegen die Einführung der Client/Server-Technologie zu einem bestimmten Zeitpunkt sprechen. Diese Argumente sind sicherlich von Unternehmen zu Unternehmen unterschiedlich und vor allem differenziert zu gewichten. Einige Beispiele hierzu:

Aus der heutigen Sicht sprechen folgende Faktoren *für* die Client/Server-Technologie:

- Kommunikationsorientierte Technologie.
- Bei allen Herstellern liegen hier die Investitions- und Entwicklungsschwerpunkte.
- Die Skalierbarkeit der Systeme (bedarfsgerechte Auslegung).
- Anwender- und Arbeitsplatzorientierung.
- Sie ist eine Integrationstechnologie.
- Produktevielfalt ermöglicht große Kombinationsmöglichkeiten und damit viele spezielle Lösungen.
- Neue Perspektiven und Möglichkeiten wie z.B. Document Image Processing, Multimedia etc.
- Schnellere Realisierung von kleineren Anwendungen auf der Basis von PC-Software/Tools.
- Günstiges Preis-Leistungsverhältnis bei der benötigten Hardware.
- Aufhebung der bisherigen Herstellerabhängigkeit (zumindest im Hardware-Bereich).

Faktoren, die heute noch *gegen* die Client/Server-Techno-
logie sprechen:

- Hohe Eintrittskosten durch zusätzliche Investitionen, Ausbildungsaufwand und Einkauf von ex-
  ternem Know-how sowie Mehraufwände und
  Fehlschläge aufgrund von fehlendem Know-how.
- Noch viele ungelöste bzw. unbefriedigende technische Lösungen in den Bereichen Netzwerkmanagement, Backup, Accounting, Datenschutz
  und Datensicherheit sowie der anwender-
  spezifischen Software-Distribution (hierunter wird
  die Verteilung von benutzerspezifischen Software-
  Komponenten verstanden, mit dem Ziel, daß der
  Benutzer an jeder beliebigen Workstation im Netz
  mit seiner spezifischen Arbeitsumgebung arbeiten
  kann).
- Der nicht zu unterschätzende zusätzlich entste-
  hende organisatorische Aufwand für den Benutzerservice.

3.3.2 Prinzipielle Vorgehensweisen zur Definition einer Client/Server-Strategie

Nachdem die Motivation und damit auch die Ziele
zumindest auf einer groben Ebene eingegrenzt wurden,
liegt der nächste Schritt in der Konkretisierung der Ziele.
Dies kann rein schematisch gesehen durch die Ausrichtung
an fünf Betrachtungsschwerpunkten erfolgen:

- Ausrichtung an der Organisation
- Ausrichtung an den Applikationen
- Ausrichtung am Arbeitsplatz
- Ausrichtung an der Infrastruktur
- Ausrichtung an den erfolgsbestimmenden
  Vorgangsketten.

Die Einführung der Client/Server-Technologie hat
Auswirkungen auf alle vier in der Abbildung 3.5 dargestellten Ebenen. So ist zum einen zwar eine *ganzheitliche*

*Eine ganzheitliche
Betrachtung ist
anzustreben*

Betrachtung anzustreben, zum anderen fallen aber auf den einzelnen Ebenen oftmals Entscheidungen, die vordergründig mit Client/Server nichts zu tun haben, sich aber in der Folge als einengende Rahmenbedingungen für eine Client/Server-Strategie erweisen.

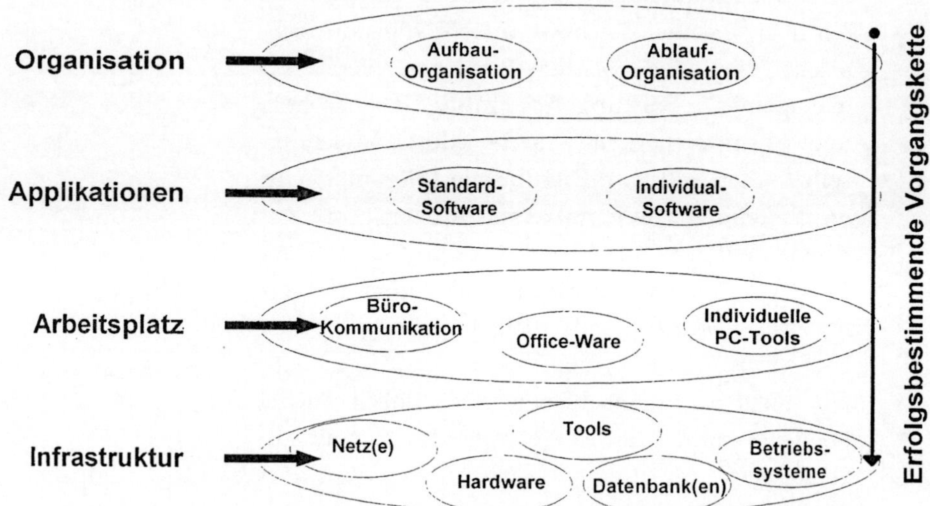

*Abb. 3.5: Fünf
prinzipielle Ausrichtungen bei der Erstellung einer Client/
Server-Strategie*

Diese Einzelbetrachtungen, die sich aus dem Blickwinkel der einzelnen Ebenen ergeben, werden in der Folge beschrieben. Anschließend wird ein Ansatz für eine ganzheitliche Betrachtung in Form der Ausrichtung an den erfolgsbestimmenden Vorgangsketten diskutiert.

Ausrichtung an der Organisation

In Bezug auf die Client/Server-Strategie stehen hier die Fragen im Vordergrund: Wie ist das Unternehmen zukünftig organisiert, wie und in welcher Rolle ist die Informatik positioniert? Insbesondere Überlegungen bezüglich Dezentralisierung und evtl. Verselbständigung von Unternehmensteilen haben erheblichen Einfluß auf die zukünftige Informatikstrategie.

Im Extremfall kann es bei der Bildung von selbständigen Geschäftseinheiten mit eigener Informatikverantwortung dazu führen, daß sich die Erstellung einer unternehmensweiten und gültigen Informatikstrategie erübrigt. Dezentralisierungsmaßnahmen haben automatisch auch Einfluß auf die Ablauforganisation. So könnte z.B. auch die Hard- und Software-Evaluation und die Beschaffung dezentralisiert werden, wobei dann mit Sicherheit davon ausgegangen werden kann, daß sich die einzelnen Geschäftseinheiten bezüglich der eingesetzten Hard- und Software im Laufe der Zeit unterscheiden werden.

Befindet sich das Unternehmen in einem Dezentralisierungsprozeß, bzw. hat sie diesen abgeschlossen, sind folgende Fragen zu klären:

- Rolle der zentralen Informatik
- Kommunikation (DV-technisch) der dezentralen Einheiten mit der Zentrale und untereinander
- Wie funktioniert bzw. wie ist die Kostenverteilung des Einkaufs- und Beschaffungswesen geregelt ?
- Wie wird die bestehende Hard- und Software-Infrastruktur betreut, wie sind die Zuständigkeiten definiert ?
- Welche Down-/Rightsizing-Überlegungen gibt es ?

In der Praxis zeigen sich oftmals zwei Ausprägungen. Bei der einen entwickelt die zentrale Informatik eine Informatikstrategie, in der sie unter anderem ihren Weg in Richtung Client/Server beschreibt. Zu einem bestimmten Zeitpunkt wird dann die zentrale Informatik durch organisatorische Veränderungen wie z.B. Dezentralisierung *überrascht*. Dies hat zur Folge, daß die Informatikstrategie in der Regel nicht mehr verwendet werden kann, weil sie auf den falschen Voraussetzungen beruht.

In der Praxis erfolgt eine Umorganisation auf Unternehmensebene für die Informatik im allgemeinen überraschend

Die zweite Ausprägung ist die, daß man sich noch keine konkreten Gedanken über die Einführung von Client/Server gemacht hat. Durch eine organisatorische Änderung in Richtung Verselbständigung einzelner Unternehmensbereiche mit eigener Informatikverantwortung, wird eine Downsizing-Diskussion angeregt, die unter

173

anderem dazu führt, daß man sich mit Client/Server-Technologien auseinandersetzen muß.

Ausrichtung an den Applikationen

Die Festlegung auf bestimmte Standard-Software-Lösungen kann eine Vorentscheidung bezüglich der zu wählenden Client/Server – Infrastruktur sein.

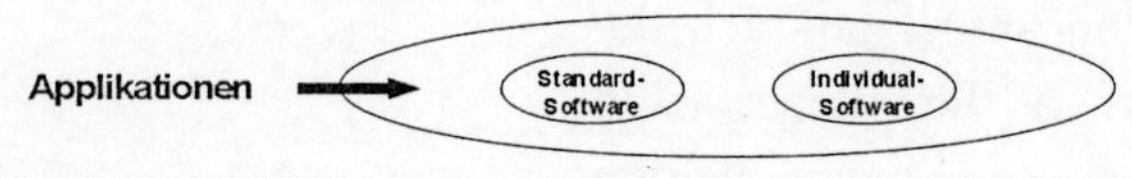

Eine andere Vorgehensweise ist die Ausrichtung an den im Einsatz befindlichen bzw. geplanten Applikationen. Beim Einkauf von Standard-Software entscheidet man sich mit dem Produkt meist auch gleichzeitig für eine bestimmte Hard- und Software-Plattform, auf der die Standard-Software verfügbar ist. Wird der Einstieg in die Client/Server-Technologie mit einer Standard-Software vollzogen, die auf der Basis einer Client/Server-Architektur realisiert wurde, so ist es sehr wahrscheinlich, daß man eine eventuelle Individual-Software-Entwicklung auf der gleichen Plattform mit den gleichen Entwicklungs-Tools realisieren wird.

Wie ist mit den bestehenden Mainframe-Applikationen zu verfahren?

Ein weiterer Aspekt ist die Frage, wie mit den bestehenden Mainframe-Applikationen zu verfahren ist. Vollständige Umstellung, partielle Umstellung, Integration in eine GUI oder lediglich via Emulation in den PC-Arbeitsplatz einbinden, oder Ersatz durch eine Standard-Software, sind die möglichen Varianten. Diese Frage ist für jede einzelne Applikation zu beantworten. Insbesondere bei großen Unternehmen stellt sich im Anbetracht der Vielzahl von Anwendungen sehr schnell die Frage, welche sind überhaupt (in irgendeiner Form) umzustellen und welche zuerst? Diese Fragen sind nicht einfach zu beantworten (wir gehen auf diese Problematik im folgenden Kapitel 3.3.3 näher ein), aber die Antworten haben Einfluß auf die Auswahl möglicher Plattformen und Entwicklungswerkzeuge.

Eine Entwicklung, die zu berücksichtigen ist und die mehr und mehr an Bedeutung gewinnt, ist die Entwicklung von (Gruppen)-individuellen Datenbank-Applikationen, die mit zentralen Applikationen und Datenbanken arbeiten. Mit der Verbreitung leistungsstarker PC-basierender Datenbanken und Entwicklungs-Tools, steigt die Nachfrage nach Klein-Applikationen (z.B. spezielle Lösungen für Analyse- und Statistikfunktionen), die nur von wenigen Anwendern benötigt werden. Hier steht von Seiten des Anwenders die berechtigte Überlegung im Vordergrund, daß die von ihm benötigten Daten auf bestimmten Datenbanken verfügbar sind und er diese Daten in einer ganz bestimmten Form zur weiteren Verarbeitung zur Verfügung haben möchte. Da hierfür nur gewisse Produkte in Frage kommen und bestimmte Kommunikationsschnittstellen benötigt werden, ist diese Entwicklung ein Faktor, der bei der Auswahl bzw. Definition der zukünftigen Hard- und Software-Infrastruktur zu berücksichtigen ist.

Die Nachfrage nach „Klein-Applikationen" steigt

Ausrichtung am Arbeitsplatz

Diese Vorgehensweise stellt den einzelnen Arbeitsplatz und die dort

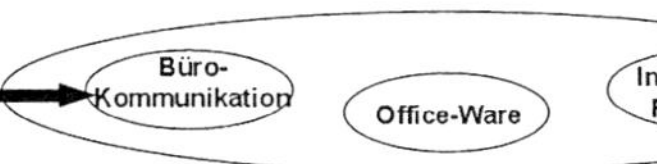

benötigten Arbeitsmittel in den Vordergrund. Vorgängig sind in Form eines Arbeitsplatzkonzeptes die einzelnen Arbeitsplatztypen zu definieren. Dies hat den Vorteil, daß anschließend Standard-Arbeitsplatztypen definiert werden können, die die ganze organisatorische Abwicklung (Beschaffung, Problemmanagement etc.) vereinfachen. Außerdem wird man überrascht sein, wie gering auch in großen Unternehmen die Anzahl der verschiedenen Arbeitsplatztypen (in Bezug auf die DV-technische Unterstützung) ist.

Ein Arbeitsplatzkonzept das die einzelnen Arbeitsplatztypen definiert, erleichtert die Definition der Client/-Server-Strategie

Mit der Definition der Arbeitsplatztypen werden auch die Anforderungen der Anwender bezüglich informationstechnologischer Unterstützung festgelegt. Daraus lassen sich in der Folge die benötigte Arbeitsplatz-Software (z.B. Office-Ware), die benötigten Zugriffe auf andere Applikationen und damit auch die Hardware und die benötigten Kommunikationsschnittstellen festlegen.

Die Arbeitsplatzbetrachtung erfolgt in der Regel immer dann, wenn arbeitsplatznahe Lösungen, wie z.B. Multimedia, Document Image Processing, Workflow Management oder Groupware zum Einsatz kommen soll. Die Auswahl entsprechender Produkte hat Einfluß auf die zu wählende Infrastruktur, die Ablauforganisation und evtl. auf bestehende Applikationen in Form von Schnittstellenerweiterungen oder -anpassungen.

Ausrichtung an der Infrastruktur

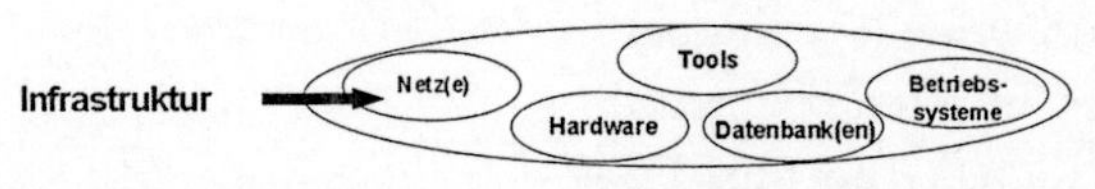

Fallstrick: In der Praxis erfolgt oftmals nur eine technische Diskussion: Integration oder Ablösung der bestehenden Infrastruktur ?

Die Infrastruktur beinhaltet jegliche Hardware, Betriebssysteme, Netzwerke, Datenbanken, TP-Monitore und Entwicklungsumgebungen. Informatikstrategien und damit auch die Strategie für die Einführung der Client/Server-Technologie, werden heute noch ausschließlich vom Informatikbereich erstellt. Dies ist der Hauptgrund dafür, daß sich die meisten Informatikstrategien an der bestehenden Hard- und Software-Infrastruktur ausrichten. Dies hat zur Folge, daß selten die bestehende Infrastruktur in Frage gestellt wird, und daß aufgrund der vorgebenen Infrastruktur das potentiell einsetzbare Produktespektrum auf die vorhandenen Plattformen eingegrenzt wird.

Hier stellt sich die Frage: Gibt es zukünftig eine typische Standard-Umgebung für Client/Server-Lösungen oder werden mehrere Varianten zugelassen? Die vorhandene Infrastruktur ist in Bezug auf ihre Rolle in einem Client/Server-Szenario zu bewerten und es ist zu klären, welche prinzipiellen Client/Server-Architekturen damit zu realisieren sind. Die Frage welche Client/Server-Architekturen zukünftig realisierbar sein müssen, gibt Hinweise auf die zukünftig benötigte Infrastruktur.

Auch hier sind in der Praxis z.T. extreme Entwicklungen zu beobachten. Diese reichen von der völligen Infragestellung der bestehenden Infrastruktur, besonders bei Unternehmungen, die einzelne Geschäftsbereiche verselbständigen und dann Downsizing betreiben, über Unternehmen, die sich entschließen (müssen), sich von ihren bisherigen Plattformen völlig zu trennen, da diese mittelfristig nicht mehr vom Hersteller unterstützt und gewartet werden, bis zur völligen Bindung an einen Hersteller, mit der vermutlich die Hoffnung verbunden ist, daß man dann nichts falsch machen kann.

Die Anbieter und Hersteller von Client/Server-Produkten denken prinzipiell produktorientiert und damit technisch. D.h. sie richten sich bei der Lösungsfindung (aus ihrer Sicht richtigerweise) an der bestehenden oder (wenn bereits definiert) zukünftigen Infrastruktur aus. In der Praxis ist oftmals zu beobachten, daß sich Unternehmen bei der Erstellung ihrer Informatik- oder einer Client/Server-Strategie durch einen Hersteller (meist der Haus- und Hoflieferant) beraten lassen. Dies führt dazu, daß in der Regel zwei technisch orientierte Interessensgruppen (Hersteller und Informatikabteilung) einer anwenderorientierten Interessensgruppe (Organisation, Fachabteilung) gegenübersteht. Das führt im Endeffekt zu einer in der Regel technisch orientierten Strategie.

Anbieter und Hersteller von Client/Server-Produkten sind technisch orientiert

Ausrichtung an der erfolgsbestimmenden Vorgangskette

Die bisher beschriebenen Vorgehensweisen haben alle den Nachteil, daß sie jeweils nur eine spezifische Sicht berücksichtigen. Es liegt aus diesem Grunde nahe, daß man alle vier Vorgehensweisen gemeinsam betrachtet. Dies hat allerdings den Nachteil, daß hierfür ein großer Aufwand zu betreiben ist. So sind nicht nur eine ganze Reihe unterschiedlicher Fakten zu erheben, sondern es reden auch eine ganze Menge Personen mit.

Ganzheitliches Vorgehen: Ausrichtung an allen Sichten

Die Lösung dieser Zwickmühle ist die Ausrichtung an der oder den erfolgsbestimmenden Vorgangsketten, mit denen die Autoren in der Praxis die besten Ergebnisse erzielt haben.

Organisation

Applikationen

Arbeitsplatz

Infrastruktur

Erfolgsbestimmende Vorgangskette

Was ist eine erfolgsbestimmende Vorgangskette im Unternehmen? Jedes Unternehmen besitzt eine oftmals verwirrende Vielzahl von Abläufen (Vorgängen) mit denen Tätigkeiten im Unternehmen angestoßen und gesteuert werden. Hierbei kann ein Vorgang einen oder mehrere andere Vorgänge anstoßen (Kette). Nun gibt es in einem Unternehmen Vorgänge und Vorgangsketten, die für den Erfolg des Unternehmens wesentliche Bedeutung haben. So ist z.B. bei einem Anlagenbauer die Vorgangskette *Auftragsabwicklung von der Offerte bis zur Garantieabnahme* mit Sicherheit eine, wenn nicht sogar die Vorgangskette, von der der Erfolg des Unternehmens abhängig ist. Die Vorgangskette *Bedarfserhebung und Beschaffung von Büromaterial* hingegen hat, auf den Erfolg des Unternehmens bezogen, keine Bedeutung.

Erfolgsbestimmende Vorgangskette: Die bestimmende Wertschöpfungskette einer Unternehmung

Unsere Erfahrungen haben gezeigt, daß es auch bei großen Unternehmen meist nur ganz wenige Vorgangsketten gibt, die den Erfolg der Unternehmung steuern bzw. beeinflussen. Da die optimale Unterstützung der erfolgsbestimmenden Vorgangsketten die höchste Priorität haben muß, liegt es nahe, sich bei der Definition einer Informatikstrategie zwecks Einführung der Client/Server-Technologie, an diesen Vorgangsketten auszurichten.

Nur wenige Vorgangsketten bestimmen den Erfolg eines Unternehmens

Die Ausrichtung erfolgt, indem die vier beschriebenen Betrachtungsschwerpunkte Organisation, Applikationen, Arbeitsplatz und Infrastruktur auf die erfolgsbestimmende Vorgangskette bezogen angewendet werden. In der Praxis hat dies zur Folge, daß diese Vorgänge bestimmend für die Abläufe aber auch für die Auswahl von Hard- und Software-Produkten sind. Weiterhin liegt hier die erste Priorität, wenn es darum geht, neue Technologien einzuführen, denn hier werden Wettbewerbsvorteile errungen oder verspielt.

Orientierung an der erfolgsbestimmenden Vorgangskette heißt „Konzentration auf das Wesentliche"

Diese Vorgehensweise hat den Vorteil, daß durch die Konzentration auf das Wesentliche der Aufwand reduziert und eine ganzheitliche Betrachtung erreicht wird, sowie am ehesten die Unternehmensinteressen und Ziele berücksichtigt werden.

3.3.3 Zieldefinition und Maßnahmen-Portfolio

Liegen die Einflußfaktoren vor und ist man sich somit der Motivation bewußt, die das Unternehmen veranlaßt Client/ Server als strategische Ausrichtung in der Informatikstrategie zu berücksichtigen und liegen die Fakten bezüglich der Zielvorstellungen in den Bereichen Organisation, Applikationen, Arbeitsplätze und Infrastruktur vor, kann mit der endgültigen Ziel- und Maßnahmendefinition begonnen werden.

Da die Ziele und die dafür notwendigen Maßnahmen sich von Unternehmen zu Unternehmen natürlicherweise erheblich unterscheiden, hat es an dieser Stelle wenig Sinn, über mögliche Ziele und Maßnahmen, die die Zielerreichung sicherstellen, zu diskutieren. Zwei Fragestellungen jedoch, auf die wir in der Folge näher eingehen, treten in jeder Unternehmung auf.

Eine erfolgreiche Umsetzung der Client/ Server-Strategie erfordert die Priorisierung der durchzuführenden Maßnahmen

Die erste Fragestellung liegt in der Feststellung, daß man eine ganze Reihe Maßnahmen definiert hat, deren Umsetzung aber aus finanziellen und organisatorischen Gründen nicht auf einmal realisierbar ist. Hier stellt sich die Frage: Wie legt man die Priorität fest?

Die zweite Fragestellung: Wenn man sich entschlossen hat, bestehende Mainframe-Applikationen in irgendeiner Form in eine Client/Server-Architektur zu migrieren oder zu integrieren, welche Applikationen haben dann den Vorrang?

Unsere Erfahrungen haben gezeigt, daß sich beide Fragestellungen durch eine Portfolioanalyse (Karer 1992, 1993), in der Folge als Maßnahmen-Portfolio für die erste und als Applikations-Portfolio für die zweite Fragestellung bezeichnet, beantworten lassen.

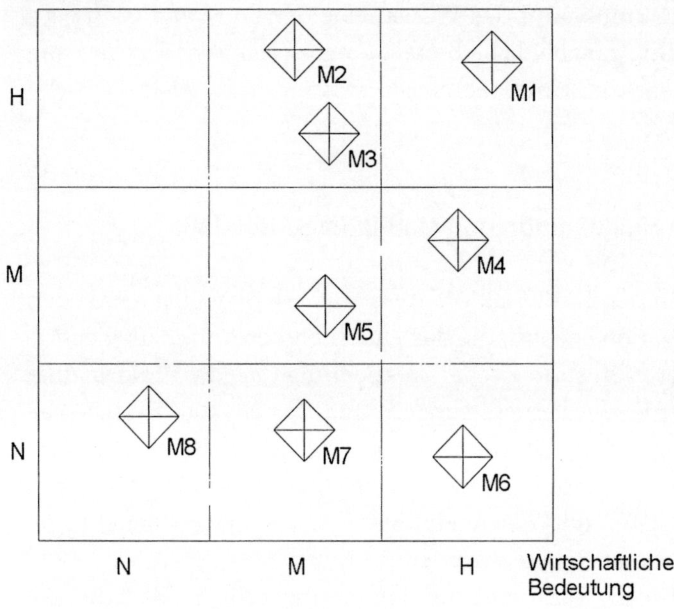

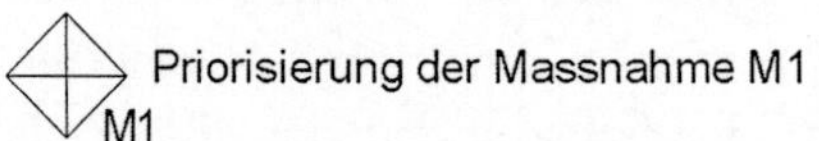

Abb. 3.6: Maßnahmen-Portfolio: Hilfsmittel für die Priorisierung von Maßnahmen

Für das Maßnahmen-Portfolio (Abb. 3.6) werden die einzelnen Maßnahmen in Bezug auf ihre strategische Bedeutung und in Bezug auf ihre Wirtschaftlichkeit (*Niedrig, Mittel, Hoch*) bewertet. Faktoren der strategischen Bedeutung (abhängig vom Unternehmen) können z.B. sein:

- Unterstützung bestehender Geschäftsbereiche
- Aus- und Aufbau neuer Geschäftsbereiche
- Unterstützung bestehender Produktlinien
- Aus- und Aufbau neuer Produktlinien
- Erhöhung der Wettbewerbsfähigkeit
- Verbesserung der Produktqualität

Faktoren der wirtschaftlichen Bedeutung sind z.B:

- Kosteneinsparungen
- Arbeitserleichterung
- Effizienzsteigerung
- Produktivitätssteigerung
- Return on Investment

Die Festlegung der Prioritäten kann auf dreierlei Art erfolgen. Bei der ersten erfolgt die Festlegung der Priorität anhand der strategischen Wichtigkeit. Auf das Portfolio bezogen bedeutet dies, die Maßnahme, die am nächsten zur obersten Linie (M2) liegt, erhält die erste Priorität, die am nächsten zur unteren liegt (M6) entsprechend die letzte. Eine zweite Variante ist die, daß man sich an der Wirtschaftlichkeit orientiert. Auf das Portfolio bezogen heißt dies, je weiter rechts (hohe Wirtschaftlichkeit) desto höher die Priorität (M1) und je weiter links desto niedriger die Priorität (M8) dieser Maßnahme. Eine dritte Variante ist die gleiche Gewichtung der strategischen Bedeutung sowie der Wirtschaftlichkeit, in diesem Falle erfolgt die Festlegung der Prioritäten von rechts oben (M1) nach links unten (M8).

Drei Varianten für die Priorisierung

Neben der einfachen Priorisierung der Maßnahmen hat das Portfolio den Vorteil, daß es als Informationsmittel eingesetzt, die Transparenz der Entscheidungen und den geplanten Ablauf zur Zielerreichung in einer Abbildung zusammenfaßt.

Mit dem Applikations-Portfolio wird ermittelt, welche Applikationen im Falle einer Umstellung (gleich welcher Art) auf eine Client/Server-Architektur zuerst, also mit höchster Priorität zu bearbeiten sind. Das Applikations-Portfolio besteht aus zwei Portfolios. In einem ersten Schritt wird eine Handlungsbedarfsanalyse (Abb. 3.7) durchgeführt und in einem zweiten Schritt die Prioritätsanalyse. Hierzu werden zuerst die einzelnen Applikationen hinsichtlich ihrer Software-Qualität und hinsichtlich ihrer Benutzer-Akzeptanz bewertet.

Das Applikationsportfolio besteht aus zwei Portfolios: Der Handlungsbedarfs- und der Prioritätsanalyse

Faktoren der Software-Qualität sind z.B:
- Fehlerhäufigkeit
- Aktualität der Dokumentation
- Qualität der Dokumentation
- Modularisierungsgrad
- Testdeckungsgrad

Faktoren der Benutzerakzeptanz sind z.B:
- Bedienungsfreundlichkeit
- Nutzen bei der Aufgabenerfüllung

- Qualität des Benutzerhandbuchs
- Reaktionszeit auf Änderungs- und Erweiterungs-
  wünsche
- Fehlerhäufigkeit

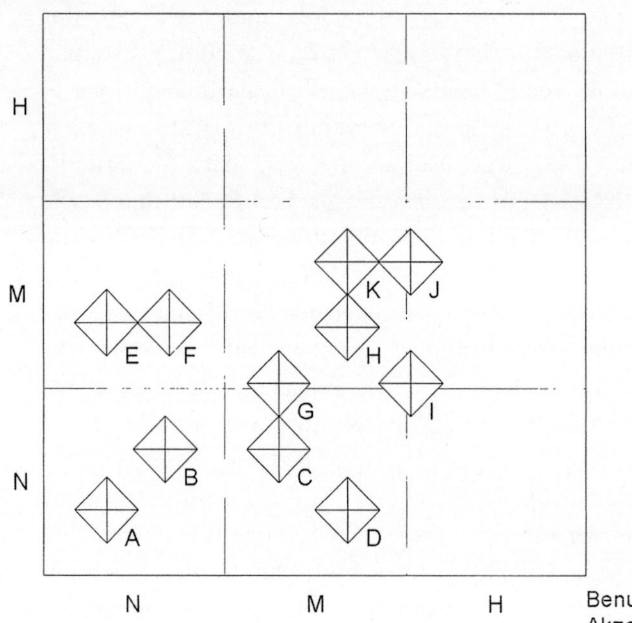

*Abb. 3.7: Handlungs-
bedarfsanalyse:
Bewertung bestehen-
der Systeme*

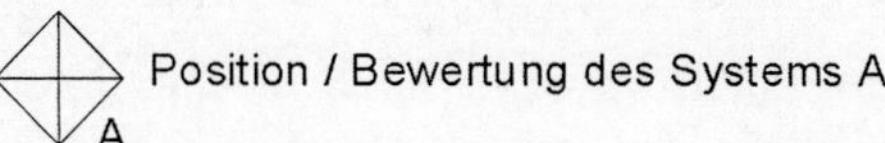

Die Gegenüberstellung von Software-Qualität und
Benutzer-Akzeptanz ergibt eine Handlungsbedarfs-Über-
sicht. Bei Applikationen mit niedriger Software-Qualität
und niedriger Benutzer-Akzeptanz ist der Handlungsbedarf
größer, wie bei Applikationen mit hoher Software-Qualität
und hoher Benutzer-Akzeptanz.

Bei der Migration bzw. Umstellung in eine Client/Server-Architektur besteht hier die Gefahr, daß man dazu neigt, die kritischen Projekte (A, B) zu nehmen, um die aktuellen Probleme zu lösen. Da eine Umstellung auf eine Client/Server-Architektur aber auch einiges an Investitionen bedeutet, ist diese Form der Beurteilung der Applikationen nicht ausreichend für die Priorisierung. Aus diesem Grunde wird eine zweite Portfolio-Analyse durchgeführt. Aus den Werten der Software-Qualität und der Benutzer-Akzeptanz wird ein Mittelwert gebildet der für die Gesamt-System-Qualität steht. Die Applikationen werden nun zusätzlich auf ihre strategische Bedeutung hin bewer-

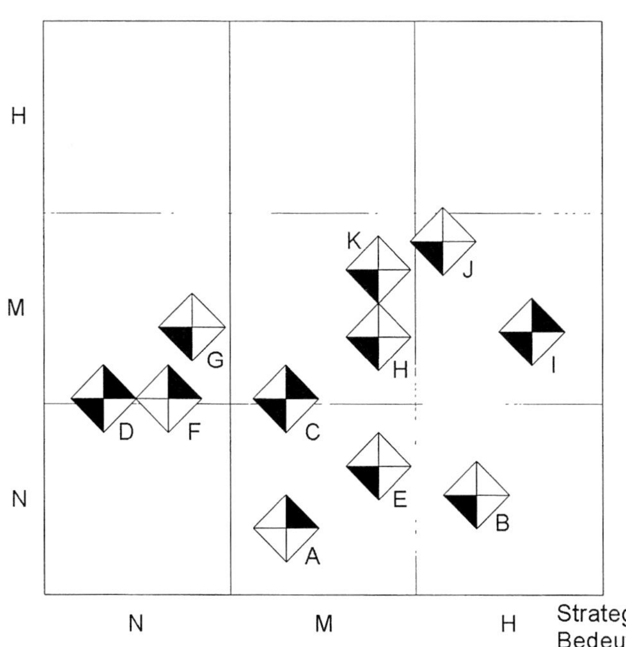

Abb. 3.8:

Prioritätsanalyse:

Hilfsmittel für die

Auswahl bestehender

Systeme für

Investitions- und

Migrationsvorhaben

tet. Hierbei erfolgt durch das Management die Bewertung der strategischen Bedeutung der Applikation für das Unternehmen zum aktuellen Zeitpunkt und die vermutete strategische Bedeutung in fünf Jahren. Das Ergebnis dieser Prioritätsanalyse ist ein Portfolio wie es in der Abbildung 3.8 dargestellt ist.

Daraus lassen sich die Prioritäten anhand der Kriterien System-Qualität, aktuelle und zukünftige strategische Bedeutung ableiten. So würde es z.B. Sinn machen, der Applikation die erste Priorität für eine Umstellung in eine Client/ Server-Architektur zu geben, die eine niedrige Systemqualität, eine hohe aktuelle und eine zukünftig steigende strategische Bedeutung (B) aufweist.

3.4 Migration des Denkens

Neue Konzepte und Organisationsformen sind noch keine Garanten für einen erfolgreichen Wandel. Wesentlich ist, daß danach gedacht, gehandelt und gelebt wird

Diese Buch stützt sich in vielen Aussagen auf einen stattfindenden prinzipiellen Strukturwandel, der von einem starken Innovationsschub im Bereich der Kommunikations- und Informationstechnologie begleitet wird. Die gesamte Entwicklung ist von einer Vielzahl von Schlagworten geprägt, die diesen Veränderungen einen Namen geben und jeweils für sich betrachtet eine Untermenge des gesamten Wandels darstellen.

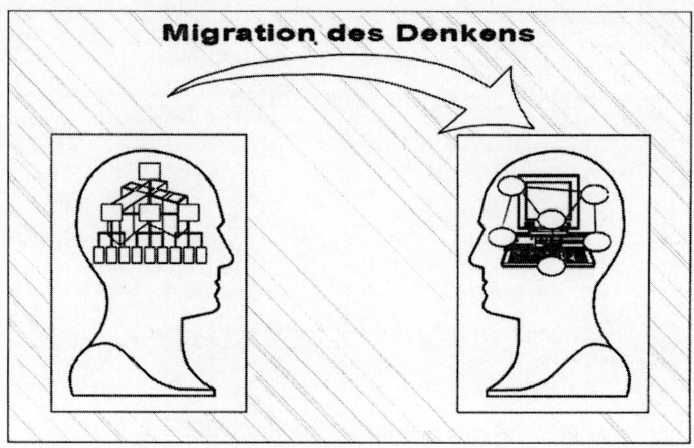

Abb. 3.9: Migration des Denkens. Die Schwierigkeit liegt im Denken und Handeln nach den neuen Konzepten

Auch wenn man mit den Schlagworten, deren Bedeutung und deren Folge bei einer Realisierung des dahinterstehenden Konzeptes vertraut ist, gelingt die Umsetzung des Konzeptes oft nicht oder nur teilweise.

Typisch ist hierfür z.B. der Begriff des *Lean Managements*: Die Abflachung der Hierarchie und deren Umsetzung in ein Organigramm ist salopp gesagt eine schnell gemachte Sache. Wesentlich langwieriger und schwieriger ist die Umsetzung (Abb. 3.9), d.h. das Handeln und Denken nach den neuen Konzepten. Wie schwierig diese Umsetzung ist, kann momentan bei allen Hardware-Herstellern zu beobachtet werden, die versuchen, sich neu z.B. als Dienstleister (Service Provider) zu positionieren. Der Ersatz einer streng hierachisch gegliederten Organisationsform durch eine Matrixstruktur, bei Beibehalt der organisatorischen Einheiten, der Aufgaben und der verantwortlichen Köpfe, macht zwar auf dem Papier die Hierarchie flach, in den Köpfen und in den Verhaltensweisen bleibt sie aber genauso hierarchisch wie ehedem.

Dies liegt wohl im menschlichen Bestreben nach Sicherheit begründet. Killerphrasen wie „Das haben wir schon immer so gemacht, das hat sich seit langem bewährt, das ist im Prinzip nichts neues, das machen wir seit Jahren schon so", sind typisch in Situationen, in denen mit neuen Konzepten und neuen Technologien Veränderungen herbeigeführt werden sollen. Die Argumentation erfolgt dann in der Regel auch mehr emotional statt sachlich. Dies ist insbesondere dann der Fall, wenn dadurch die eigenen Aufgaben und Kompetenzen beschnitten werden oder gar die eigene Stelle selbst in Frage gestellt wird. Mit einem RZ-Leiter kann, verständlicherweise, sehr schwer sachlich über das Thema Outsourcing seines Rechenzentrums geredet werden.

Ähnlich verhält es sich auch mit dem Thema Client/Server. Falsche Vorstellungen und Erwartungen, rein auf technologische Fragen konzentrierte Diskussionen und Aufgabenstellungen sowie Fehleinschätzungen in Bezug auf die Umsetzung und den notwendigen organisatorischen Änderungen führen zu Frustrationen, Fehleinschätzung der

Fallstrick: Emotionale Widerstände dürfen nicht unterschätzt werden

Fallstrick: Negative Erfahrungen mit der Client/Server-Technologie aufgrund zu hoher oder falscher Erwartungshaltung

185

potentiellen Möglichkeiten und dem vermeintlichen Nachweis, daß es nicht machbar ist bzw. keinen Nutzen bringt.

Ausgangspunkt hierfür sind oftmals alte Denkstrukturen, die sich von einer hierarchisch organisierten
monolithisch geprägten Datenverarbeitung nicht trennen
können, dem Anwender die Mündigkeit absprechen, einem
ganz bestimmten Hersteller die Treue halten wollen oder
einfach nicht dazu bereit sind, sich in ihrer Denk- und
Verhaltensweise zu ändern.

Wäre das ganze Thema Client/Server nur ein
technisches Problem (wie die Einführung einer relationalen
Datenbank), wäre es einfach zu lösen. Im Rahmen von alt-
bekannten Schulungsmaßnahmen würden alle Beteiligten
geschult, und schon würde es (wie gehabt) weitergehen.

Leider ist dies bei der Auseinandersetzung mit
Client/Server nicht mehr so einfach möglich, denn das zu
erwerbende Know-how ist das eine, die *Migration des
Denkens* aber das Wesentliche.

Bei der Anwendungsentwicklung löst das ereignisorientierte Denken das ablaufbezogene ab. Beim Design der
Programme und der Datenbanken wird das sequentiell und
zentral orientierte Denkmuster durch das kooperative,
verteilte abgelöst. Am Sachbearbeiterarbeitsplatz wird das
punktuell unterstützende, sich an einzelnen Funktionen
orientierende Hilfsmitteldenken durch ein integrativ
denkendes Vorgehen, zwecks Schaffung eines durchgängigen Arbeitsflusses, abgelöst. Im Management wird
das zentralistisch gesteuerte Denken durch das verant-
wortungsverteilende und koordinierende Denken ersetzt.

Diese Bewußtseinsänderung ist eine wesentliche
Voraussetzung für den Durchbruch der Client/Server-
Technologie in einem Unternehmen. All diejenigen, die die
Migration des Denkens nicht schaffen, werden zumindest in
ihrer bisherigen Rolle Schwierigkeiten bekommen. So ist
z.B. das ereignisorientierte Denken für manchen Entwickler
bereits heute ein sichtlich erkennbares Hindernis.

Daß dieser Prozeß nicht durch die bekannten
Ausbildungsformen innerhalb kürzester Zeit geschult
werden kann, liegt auf der Hand und zeigt sich, speziell auf

das Thema Client/Server bezogen, am Schulungsangebot der Hersteller und der Schulungsanbieter. Die dort in geringem Umfang angebotenen Seminare sind fast hundertprozentig technischer Natur, d.h. sie orientieren sich an bestimmten Produkten und den damit verbundenen technischen Lösungen.

Hersteller bieten nur technisch orientiertes Schulungsangebot

Daß die Anzahl der Seminare im Vergleich zur steigenden Nachfrage trotzdem noch relativ gering sind, liegt unter anderem daran, daß erst sehr wenig Erfahrungen und realisierte, produktive Großprojekte auf diesem Gebiet vorliegen. Insbesondere die Themen Konzeption, Design und Test von Client/Server-Anwendungen in heterogenen Systemwelten, Einbindung von dezentral organisierten Organisationseinheiten sowie das Thema „Auswirkungen auf die Organisation" sind heute nicht in den Katalogen der Anbieter zu finden.

Die Ausbildung in den Unternehmen zu dem Thema Client/Server kann heute quasi nur durch Maßnahmen sichergestellt werden, welche die angesprochene Bewußtseinsänderung bei den Mitarbeitern bewirken. Dies kann nur dadurch erfolgen, daß man die Vorteile, die man sich durch den Einsatz von Client/Server-Systemen verspricht, sowie die damit angestrebten Nutzenpotentiale den Mitarbeitern transparent macht. Neben der Information ist vor allem an die Integration der Mitarbeiter, insbesondere was deren Bedürfnisse betrifft, zu denken. Diese Form der *Ausbildung* erfolgt nun sicherlich nicht in bekannter Seminarmanier. Vielmehr ist auf der Ebene der Führungskräfte ein aktives Erarbeiten von Zielsetzungen und Auswirkungen gemeinsam mit allen Betroffenen aus den Fachabteilungen und den Informatik- und Organisationsabteilungen anzustreben. Auf der Ebene des Sachbearbeiters, des zukünftig mündigen Anwenders, wird die regelmäßige Information ein wichtiges Ausbildungsinstrumentarium sein.

Gemeinsames Erarbeiten von Zielen und Maßnahmen als Ausbildungsinstrumentarium erkennen und wahrnehmen

Die Weiterbildung der Informatikmitarbeiter wird sich mit Sicherheit an den eingesetzten Produkten orientieren müssen. Allerdings ist dieser klassische Ansatz zukünftig aufwendig und teuer. Einmal davon abgesehen, daß das

187

Schulungsangebot zu diesem Thema noch recht dünn ist, ist zu beachten, daß die Geschwindigkeit technologischer Veränderungen sich in den letzten Jahren ständig erhöht hat. Dies hat zur Folge, daß das produktspezifische Wissen einem ständigen Wechsel unterworfen ist. Um auf dem neuesten Stand zu bleiben wird ein entsprechend hoher Aufwand benötigt.

Der Mitarbeiter trägt die Verantwortung für seinen Ausbildungsstand

Viele Unternehmen sind bereits heute nicht mehr bereit, die Ausbildungsaufwände voll zu übernehmen. Hier wird vom Mitarbeiter erwartet, daß er die Verantwortung über seinen Ausbildungsstand übernimmt und dafür sorgt, daß er sich ständig weiterbildet. Diese Anforderung wird zukünftig vermehrt an die Mitarbeiter gestellt werden. Und Verantwortung heißt hier nicht nur sich aktiv weiterzubilden, sondern auch Teile der Aufwände in der eigenen Freizeit zu erbringen bzw. selbst zu finanzieren. Auch hier ist bei vielen eine Bewußtseinsänderung notwendig.

Die künftig vermehrt geforderten Fähigkeiten im Bereich der geistigen Flexibilität und der intellektuellen Leistungskraft sind aber auch die großen Chancen für jeden Einzelnen.

3.5 Folgen der Client/Server-Technologie im Unternehmen

Die Entwicklung neuer Organisationsformen und deren Umsetzung gehen mit der Entwicklung von neuen Technologien Hand in Hand. Lean Management und Lean Production stehen heute (1994) als Schlagworte für Organisationskonzepte, die flache Führungsstrukturen, hohe Eigenverantwortung der Mitarbeiter und Teamorientierung in den Vordergrund stellen.

Struktur- und Wertewandel beeinflussen die Anforderung an den Arbeitsplatz

Der parallel zum Strukturwandel sich vollziehende Wertewandel führt zu veränderten Ansprüchen der Mitarbeiter an ihren Arbeitsplatz. Parallel zum steigenden Bildungsniveau steigen die Ansprüche bezüglich Qualität des Arbeitsplatzes und ganzheitlicher Aufgaben mit hoher

Eigenverantwortung, die ein hohes Maß an Selbstverwirklichung erlauben.

Unter hoher Arbeitsplatzqualität wird unter anderem auch eine Arbeitsumgebung, in der mit nur einer Technik alle anfallenden Arbeiten erledigt werden können, verstanden. Ein Ziel also, das wir mit dem Einsatz der Client/Server-Technologie durch Integration und Standardisierung anstreben.

Für den Anwender wird die Client/Server-Technologie vor allem ersichtlich in der Entwicklung der Büroautomatisation und -kommunikation (Groupware, Workflow Computing) und speziell

- am Wandel seiner Arbeitsplatzausstattung. GUI, Maus, PC-Software, E-Mail und die mehr oder weniger gelungene Einbettung der evtl. vorhandenen Mainframe-Applikationen sind die Auswirkungen, die er *physisch* zu sehen und zu spüren bekommt,
- an der Veränderung der auf elektronischen Dokumenten basierenden Vorgangsbearbeitung,
- an dem veränderten Stellenwert der zentralen Informatik,
- und evtl. am Standort seines Arbeitsplatzes.

3.5.1 Höherer DV-Durchdringungsgrad

Mit der laufenden und in vielen Unternehmen bereits abgeschlossenen Ablösung von sogenannten *dummen Terminals* an den Sachbearbeiterarbeitsplätzen, wird den Sachbearbeitern in der Regel eine Fülle von neuen Hilfs- und Arbeitsmitteln an die Hand gegeben. Der steigende Informationsbedarf und die wachsende Vielfalt von PC-basierenden Hilfsmitteln führt zu einer zunehmenden Verbreitung der sogenannten Bildschirmarbeitsplätze und somit zu einem höheren Durchdringungsgrad (Abb. 3.10) der Informatik im Unternehmen.

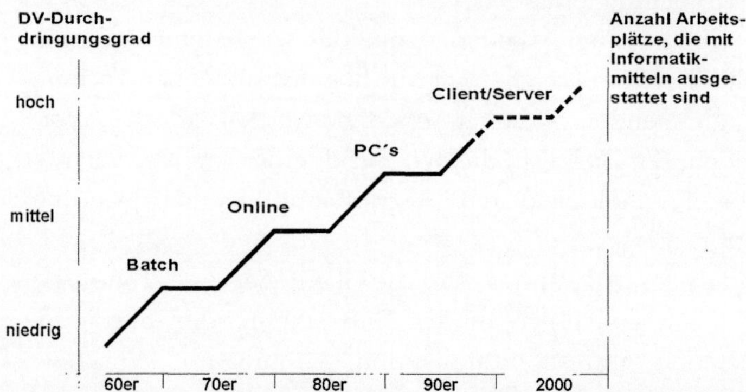

Abb. 3.10: Steigender Durchdringungsgrad der DV im Unternehmen

Auch wenn die eingesetzten Mainframe-Applikationen in einem ersten Schritt nur in Form einer Emulation angeschlossen sind, erfolgt durch die Arbeitsplatzausstattung und die zusätzliche PC-Software eine Aufwertung des Arbeitsplatzes.

Arbeitsplatzaufwertung durch Ausstattung mit PC und einer Vielzahl von Software-Produkten

In der Regel stehen dem Anwender, neben den bisherigen Applikationen, heute eine GUI mit einer Reihe von Werkzeugen (Taschenrechner, Notizbuch etc.) und zumindest ein Textverarbeitungssystem zur Verfügung. Zunehmend werden die Arbeitsplätze auch mit sogenannten Office-Ware-Paketen ausgestattet, die neben der Textverarbeitung auch Software für Tabellenkalkulation, Grafik, Datenbanken und E-Mail beinhalten.

Diese Ausstattung hat zur Folge, daß der Ausbildungsbedarf im Anwenderbereich steigt. Denn ohne Ausbildung und sei es auch nur in Form eines *training on the job* (kostet Arbeitszeit), nützen all die schönen Hilfsmittel nicht, die man dann auch nicht hätte kaufen müssen. Neben dem steigenden Bedarf an Ausbildung treten aber noch eine Reihe von weiteren Folgeerscheinungen auf:

- Der bisher ohne DV-Wissen agierende Anwender wird aufgrund der Ausbildung und des meist parallel dazu wachsenden Interesses, wie der boomende Büchermarkt in diesem Segment beweist, zum Kenner der Materie. Der Anwender wird in Fragen der Informatik mündig oder in Bezug auf einen beliebten Entwicklerspruch („Der Benutzer weiß nicht, was er will") ausgedrückt: Er weiß, zumindest auf die Technik bezogen, ganz genau, was er will. Heute fordert der mündige Anwender GUI und Mausbedienung sowie die Integration der Anwendungen und die einfache Datenübernahme von einem Softwaresystem ins andere. Dieser Druck des Anwenders ist mit einer der Gründe, warum sich zum einen die Hersteller auf bestimmte Standards einigen müssen und zum anderen die Informatikabteilungen in vielen Unternehmen sich mit dem Thema Client/Server beschäftigen (müssen).

Der Benutzer weiß was er will, die Anforderungen an die bestehenden Systeme steigen

- Ein weiterer in seinen Auswirkungen nicht zu unterschätzender Effekt sind die Möglichkeiten an sich, die dem Anwender durch eine solche Umgebung geboten werden. So können z.B. mit den entprechenden Datenbanksystemen schnell und auf den einzelnen Arbeitsplatz bezogen bzw. für eine kleine Gruppe, recht komplexe Datenbankanwendungen erstellt werden. Allerdings besteht die Gefahr, daß durch den *cleveren* Anwender selbst die entsprechenden Entwicklungsarbeiten geleistet werden. Davon einmal abgesehen, daß durch die Entwicklung ein erheblicher Verlust an Arbeitszeit entsteht, werden solche Anwendungen auch selten nach den Regeln des Software-Engineering entwickelt, geschweige denn dokumentiert. Dies kann, muß aber nicht zu Problemen führen. Zukünftig besteht gerade bei *kleineren* Entwicklungsanfragen die Gefahr, daß aufgrund langer Wartezeiten der Anwender sich selbst hilft.

Keine Zeit kleinere Anforderungen zu realisieren? Der Anwender hilft sich zukünftig selbst!

- Die multifunktionale Ausstattung des Arbeitsplatzes führt dazu, daß sich die Aufgaben des einzelnen Anwenders verändern. Ein kleines aber bedeutsames Beispiel ist die Textverarbeitung. Da

*Der multifunktionale
Arbeitsplatz führt zur
Veränderung der Ar-
beitsinhalte*

in der Regel jedem Mitarbeiter solch ein System zur Verfügung steht, ist es eigentlich selbstverständlich, wenn jeder seine Schreibarbeiten selbst erledigt. Dies bedeutet im Endeffekt, daß sich die Anzahl der reinen Schreibkräfte reduzieren läßt. So ist bereits heute in vielen Unternehmen zu beobachten, daß sich die Aufgaben im Sekretariatsbereich erheblich verändern. Dort werden immer häufiger Sachbearbeitertätigkeiten und in einer Art Assistenzfunktion auch typische Managementaufgaben, zwecks Entlastung der Führungskräfte, durchgeführt.

*Anwendernahe
Software, ein
Wachstumsmarkt*

Der Bereich der anwendernahen Software ist auch in den nächsten Jahren noch ein Wachstumsmarkt. Hier haben aber nur Hersteller eine Chance, die sich einem bestimmten Standard unterwerfen oder stark genug sind, de facto Standards zu definieren. Die Orientierung des Anwenders an Standard-Konformität bei Evaluation und Kauf, zwingt die Hersteller dazu, sich an diesen Standards zu orientieren und somit offene Systeme zu entwickeln. Diese vom Anwender und nicht von den Herstellern (!) gesteuerte Entwicklung ist, wie bereits im zweiten Kapitel beschrieben, eine der Hauptvoraussetzungen für Client/Server.

3.5.2 Vom Rechen- zum Service-Zentrum

*Kostendruck auf die
zentrale Informatik*

Der technologische Wandel und die strukturellen Veränderungen in den Unternehmen gehen auch an der zentralen Informatik, d.h. den Rechenzentren und Entwicklungsabteilungen, nicht spurlos vorbei. Verstärkt durch die wirtschaftliche Schwächephase, in der auf allen Unternehmensebenen Kosten reduziert werden, wächst heute der Druck insbesondere auf die Informatik.

Bekannte Großunternehmen wie die BASF oder Siemens reduzieren die Standorte ihrer Rechenzentren. Parallel laufen dort wie in vielen anderen Unternehmen auch Automatisierungsprojekte, die zum Ziel haben, die

Personalkosten in den Rechenzentren zu senken. Das Produktespektrum entsprechender Software und Technologien (z.B. Roboter) zeigen, wie weit der Rationalisierungsprozeß im Bereich der Rechenzentren schon fortgeschritten ist. Im Gegensatz zum allgemeinen Dezentralisierungstrend erfolgt in diesem Bereich eine massive Zentralisierung.

Allgemeiner Trend: Zusammenlegung von Rechenzentren

Der Stellenwert und das Aufgabenspektrum der zentralen Informatik ändert sich. Im Unternehmen kann sich dies auf vielerlei Art bemerkbar machen:

Rechenzentren werden zusammengelegt und damit vergleichbar wie in der Industrie, Produktionsstandorte aufgegeben. Eine weitere Variante ist die des Outsourcing, d.h. Rechenzentrumsleistung wird extern eingekauft. Dieses Konzept, die Fixkosten zu reduzieren bzw. durch variable Kosten zu ersetzen, wird auch in anderen Bereichen angewendet.

Zusammenlegung von Rechenzentren entspricht der Aufgabe von Produktionsstandorten

So haben sich bereits viele Unternehmen von ihrer internen Informatik-Ausbildung getrennt bzw. planen dies zu tun. Dies unter anderem deshalb, da die Reduktion von Ausbildungsmaßnahmen eine schnell umzusetzende und einfach durchführbare Sparmaßnahme ist. Allerdings bleiben die hohen Fixkosten wie Schulungspersonal, Räumlichkeiten, Hard- und Software etc. bestehen. Wesentlich günstiger ist es in diesem Falle den benötigten Ausbildungsbedarf bedarfsgerecht von außen einzukaufen.

Reduktion der Fixkosten durch Outsourcing der internen Informatik-Ausbildung

In den Entwicklungsabteilungen stellt sich immer häufiger die Frage *Make or buy*, da durch den Einsatz passender Standard-Software die Entwicklungs- und die Fixkosten für die Maintenance-Phase reduziert werden können. Weiterhin können die Personalkosten in den Entwicklungsabteilungen durch den entsprechenden Zukauf von Leistungen, Outsourcing von Entwicklungsprojekten, gesenkt werden.

Kostenreduktion durch Einsatz von Standard-Software bzw. Outsourcing von Entwicklungsaufgaben

Die Durchsetzung von Client/Server-Systemen wird weiter zur Entlastung der zentralen Mainframe-Systeme beitragen. Bereits heute gibt es Rechenzentren, die innerhalb der Unternehmung nur noch ganz spezielle Aufgaben übernehmen, wie z.B. den Netzbetrieb zur Sicherstellung der unternehmensweiten Kommunikation oder Pflege und Unterhalt von Standard-Software mit unternehmensweiter Bedeutung.

Diese Spezialisierung muß aber nicht unbedingt dazu führen, daß die ehemals mächtige zentrale Informatik zu einem Mauerblümchendasein verkommt. Insbesondere das in der Regel zentral vom Rechenzentrum betreute unternehmensweite Netzwerk ist und wird zukünftig ein wichtiger Nervenstrang größerer Unternehmen sein. Mit der zunehmenden Vernetzung und Verbreitung komplexer Kommunikationssysteme gewinnt das Beherrschen und damit das Management von Kommunikationsnetzen eine immer größere Bedeutung (Bauknecht 1992).

Auch zukünftig wird und muß es gewisse zentrale Dienste geben. Der Stellenwert, die Aufgaben und die Organisation der zentralen Informatik, des Rechenzentrums, der Entwicklungs- und Schulungsabteilung werden sich durch den Wandel zu eigentlichen Servicezentren wandeln: Servicezentren, die einen oder mehrere Services bedarfsgerecht zur Verfügung stellen und verursachergerecht die Kosten verrechnen.

3.5.3 Veränderungen im Bereich des Arbeitsplatzes

Der Nutzen der Client/Server-Technologie liegt unter anderem auch in der Möglichkeit, neue Applikationen und Produkte zu entwickeln, die z.B. bestimmte Vorgänge optimieren oder automatisieren. Mit der in den letzten Jahren wachsenden Papierflut, wuchsen und wachsen immer noch die Archivräume und die *manuellen Zugriffszeiten* auf die Papier-Dokumente.

Unseres Erachtens ist hier die Client/Server-Technologie, soweit keine Insellösung angestrebt wird, eine zwingende Voraussetzung für die Realisierung der elektronischen Archivierung von Papier- und Bilddokumenten sowie der Automatisierung und Optimierung der entsprechenden Geschäftsprozesse.

Parallel zu Client/Server sind die Schlagworte Groupware und Workflow Computing (elektronische Vorgangsbearbeitung) auf dem Markt erschienen. Beide Begriffe stehen für eine angestrebte Automatisierung von Arbeitsabläufen. Die Abbildung 3.11 veranschaulicht die Positionierung von Groupware und Workflow Computing.

Abb. 3.11. Positionierung Groupware und Workflow Computing (Quelle: CW Extra 3,

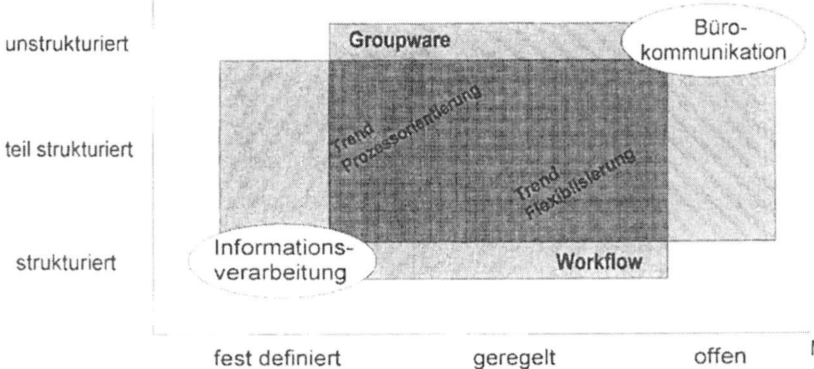

Eine Grundvoraussetzung für die Automatisierung von Arbeitsabläufen ist die Gewährleistung einer arbeitsplatzübergreifenden Kommunikation. Groupware ist prinzipiell dazu gedacht, die Kommunikation in unstrukturierten Abläufen, wie wir sie z.B. aus der Projektarbeit kennen, zu unterstützen. Ein typisches Groupware-Produkt ist das Produkt Lotus Notes, dessen Kern eine auf einem oder mehreren Servern befindliche *Dokumentendatenbank* ist, auf die die Clients via LAN und/oder öffentliches Netz zugreifen können.

Die arbeitsplatzübergreifende Kommunikation ist die Grundlage für die Automatisierung von Geschäftsprozessen.

Der Begriff Workflow Computing wird immer in Zusammenhang mit Document Image Processing-(DIP)-Systemen verwendet. DIP-Systeme konzentrieren sich auf wiederholbare, strukturierte und papierintensive Büroabläufe. Ein typisches Beispiel für DIP-Präsentationen sind z.B. Antrags- und Schadensfallbearbeitung bei Versicherungen. Bei der Entwicklung bzw. Anpassung eines

Workflow Computing und Document Image Processing ergänzen sich gegenseitig

195

mit einem DIP-System unterstützen Workflows, stellt sich schnell die Frage, wie die Integration von bestehenden Datenbanksystemen erfolgt.

Da heute in der Regel die Stammdaten, wie z.B. der Kundenstamm, in einer zentralen Großrechner-Datenbank gespeichert sind, muß für die Kommunikation mit der zentralen Datenbank eine Lösung gefunden werden. Womit wir mitten im Thema Client/Server sind (s. Kap. 4).

Dies bedeutet, daß jedes Unternehmen das den Einsatz eines DIP-Systemes plant, sich auch mit dem Thema Client/Server auseinandersetzen muß, wenn nicht eine Insellösung vorgesehen ist.

Die Funktionen eines DIP-Systems und eines damit realisierten Workflows können am einfachsten an einem kleinen konstruierten Beispiel erläutert werden:

Beispiel Schadens-
fallbearbeitung
Es handelt sich um eine Schadensfallbearbeitung im Rahmen einer Autohaftpflichtversicherung. Der Kunde liefert z.B. per Post eine Schadensmeldung mit einem Schadensprotokoll und Fotografien des Unfallschadens, der Unfallstelle etc. ein. Durch den Einsatz eines Scanners werden diese Papier-Dokumente als sogenannte Images digitalisiert. (Die zukünftige Einbindung von Multimedia eröffnet hier noch zusätzliche Möglichkeiten). Parallel werden diese Images indiziert. Der Sachbearbeiter legt damit ein Dossier an, das er in der Folge ergänzt. In unserem Beispiel ist die Workflow-Software um spezielle Funktionen erweitert worden: So erfolgt z.B. aufgrund der eingegebenen Versicherungsnummer ein Zugriff auf die zentrale Großrechnerdatenbank. Es werden relevante Informationen zusammengestellt, die als Ergänzungen dem Dossier hinzugefügt werden oder als Steuerinformationen (besteht z.B. prinzipiell Versicherungsanspruch) für den Workflow verwendet werden. Der Sachbearbeiter stellt das Dokument zur Weiterbearbeitung in den elektronischen Postkorb des Sachverständigen, der z.B. Abklärungen trifft, Gutachten einholt (und diese via Scanner digitalisiert) und anschließend zur abschließenden Bearbeitung das Dokument dem verantwortlichen Sachbearbeiter via elektronischen Postkorb zurückgibt.

Solcherart Geschäftsprozesse sind in der Regel wesentlich komplexer. Mehrere Schlaufen (Vorlage, Bearbeiten, Ablegen) und mehrere am Vorgang beteiligte Sachbearbeiter sind durchaus üblich.

Wo liegen die Vorteile beim Einsatz von Document Image Processing und Workflow Computing?

- Die Dokumente sind jederzeit und schnell verfügbar.
- Es treten keine Verzögerungen durch den Transport der Unterlagen (Hauspost) auf.
- Das übliche Kopieren und Weiterreichen in Papierform entfällt.
- Originaldokumente werden einmal angefaßt (Scanner) und dann gleich abgelegt.
- Der zeitaufwendige, da manuelle Zugriff auf die Originale entfällt.
- Im Bereich der Archivierung und der Archivverwaltung können Arbeitskräfte eingespart und damit die Personalkosten gesenkt werden.
- Die Integration mit anderen Systemen (Textverarbeitung, zentrale Datenbank) steigert die Effizienz der Bearbeitung.

Die Verbindung unterschiedlicher Systeme und die damit erreichbare Multifunktionalität verändert den Stellenwert der Informatik in den mit einem DIP-System und Workflow Computing unterstützten Vorgängen. Heute werden wesentliche Teile von Geschäftsprozeßabwicklungen im allgemeinen durch den Einsatz von Informatikmitteln lediglich unterstützt. Die Informatik ist, solange die eigentlichen Arbeitsinhalte notfalls auch noch manuell, d.h. ohne Informatikunterstützung durchgeführt werden können, nur ein Hilfsmittel. Unter der Verwendung von Workflow-Software dagegen, wird sie immer mehr zum zentralen Arbeitsmittel, das durch manuelle Tätigkeiten nicht mehr zu ersetzen ist, da es die bestehenden Systeme integriert, die Sachbearbeiter durch eingebaute Intelligenz (Ablaufregeln) führt und durch

Workflow-Software, bald ein zentrales Arbeitsmittel am Sachbearbeiter-Arbeitsplatz ?

197

automatische Generierung von Führungskennzahlen eine stetige Optimierung der Vorgänge ermöglicht.

DIP-Systeme gibt es heute als PC – stand alone –, als Host- und als Client/Server-Lösungen. Die Zukunft dieser Systeme, die bei richtigem Einsatz die Archivierung von Dokumenten revolutionieren werden, liegt für uns in Lösungen, die auf einer Client/Server-Architektur basieren.

Der Standort des Arbeitsplatzes wird aus Sicht der Technik zur Nebensache

Die Veränderung im Bereich der Arbeitsplätze erfolgt aber nicht nur bei den Arbeitsinhalten und der technischen Unterstützung. So spielt der Ort an dem der PC bzw. die Workstation steht, aufgrund der Entwicklungen in der Kommunikationstechnologie, immer weniger eine Rolle. So könnte z.B. der im obigen Beispiel genannte Gutachter seinen Arbeitsplatz in direkter Nachbarschaft des Sachbearbeiters aber genau so gut auch zu Hause haben.

Anfang der 80er Jahre wurde das Thema Tele-arbeitsplatz (s. Heilmann 1987) als einer der zukünftigen Trends diskutiert. Damals prognostizierte man quasi eine Massenflucht vom Büroarbeitsplatz zum heimischen Schreibtisch. Zwar haben sich in den letzten Jahren die Kommunikationsmöglichkeiten (Telefax, BTX und zu-künftig Bildtelefonie) weiter verbessert, doch ist der soziale Faktor, Kontaktbedürfnis und Angst vor der sozialen Isolation, nicht zu unterschätzen (Eggers 1992).

Die klassische Büroplanung orientiert sich an der örtlichen Verteilung

Die klassische Büroplanung richtete sich unter anderem an bestimmten Sachbearbeitungsabläufen und Kommuni-kationsbedürfnissen aus. Alles in einem Haus, die Bündelung und Konzentration der Aufgabenerfüllung in einem Gebäude, ist in vielen Unternehmen ein angestrebtes, aber meist nur für eine kurze Zeitspanne erreichbares Ziel.

Die durch die Client/Server-Technologie unterstützte Entwicklung in den Abläufen (Workflow, Groupware), den Sachbearbeiteraufgaben (abgeschlossene Tätigkeiten mit hoher Eigenverantwortung) und im Bereich des (Lean)-Managements führt zur Bildung kleiner, selbständiger operativer Einheiten.

Diese Einheiten sind aufgrund der vorhandenen Kom-munikationstechnologie nicht mehr an einen spezifischen Ort gebunden. Dezentrale Raumkonzepte werden zukünftig technologisch unterstützt. Diese reichen vom Telearbeitsplatz zu Hause über Satellitenbüros bis zum mobilen Arbeitsplatz.

Die heute in vielen Unternehmen, aufgrund der Raumkapazitäten erzwungene Verteilung wird nicht mehr unbedingt als Störung empfunden, da z.B. Dokumente schnell und ohne Verzögerung via E-Mail ausgetauscht werden können.

Dezentrale Büroraumkonzepte werden zukünftig technologisch unterstützt

3.6 Veränderung der Berufsbilder in der Informatik

In kaum einem Bereich werden so viele unterschiedliche Berufsbezeichnungen wie in der Informatik verwendet. Durch fehlende einheitliche Definition ist das Verständnis der Aufgaben bzw. Tätigkeiten einer Berufsbezeichnung in der Regel so unterschiedlich wie die einzelnen Menschen, die diese Aufgaben ausführen.

Die Berufsbilder in der Informatik verändern sich so schnell wie die technologische Entwicklung

Jeder Innovationsschub in der Informatik hat zur Folge, daß sich die bekannten Berufsbilder mehr oder weniger stark verändern. Sei es in den Aufgaben und Tätigkeitsinhalten oder in der Definition neuer bzw. Abschaffung bestehender Berufsbilder. Die allmähliche Durchsetzung der Client/Server-Technologie und deren Einsatz in der Praxis führt ebenso zu Veränderungen, wie es andere Innovationsschübe bereits getan haben bzw. auch zukünftig tun werden.

Allerdings findet neben dem technologischen auch der bereits erwähnte Strukturwandel statt, der z.B. aufgrund wirtschaftlicher und sozialer Folgen, die Auswirkungen der Innovationen auf einzelne Berufe in der Informatik für die Öffentlichkeit sichtbarmacht.

Ein typisches Beispiel ist hierfür die Situation der Anwendungsprogrammierer. Noch vor wenigen Jahren waren sie so begehrt, daß unzählige Quereinsteiger innerhalb relativ kurzer Zeit (6–12 Monate) zum Cobol-Datenbank-Programmierer ausgebildet wurden. In Deutschland haben sich einzelne Schulungsunternehmen wie z.B. die CDI erfolgreich auf diesen Markt konzentriert. Die

199

Ausbildungskosten wurden in Deutschland oftmals in Form von Umschulungsprogrammen durch den Staat getragen. Größere Unternehmen haben zwecks Kostenreduktion eigene Schulungsbereiche aufgebaut, um den internen Bedarf selbst auszubilden.

Auch in anderen europäischen Länder fanden ähnliche Entwicklungen statt. In der Schweiz wurden insbesondere durch Großunternehmen, im Rahmen von internen Ausbildungen Cobol-Programmierer regelrecht produziert. Im Gegensatz zu Deutschland generieren die Schweizer Hochschulen erst seit etwa 10 Jahren Informatiker und dies nur in geringer Anzahl. Während in Deutschland der größte Teil der Umschüler Akademiker waren, weisen die Schweizer Quereinsteiger ein deutlich niedrigeres Grund-Ausbildungsniveau auf.

Boomende Umschulungsprogramme in den achtziger Jahren für Anwendungsprogrammierer

Seit Anfang der neunziger Jahre ist der Bedarf an Cobol-Anwendungsprogrammierern rapide zurückgegangen. Die wirtschaftliche Entwicklung sowie der technologische Wandel hat dazu geführt, daß das Berufsbild Anwendungsprogrammierer heute quasi nicht mehr gefragt ist. Die Folgen:

Für das Berufsbild Anwendungsprogrammierer sinkt die Nachfrage

- Kein Unternehmen bildet heute noch in großem Stil Anwendungsprogrammierer aus. Die teure Schulungsinfrastruktur wird nicht mehr benötigt und abgebaut.

- In Deutschland hat der Staat die Finanzierung der Umschulung zum Anwendungsprogrammierer eingestellt. Daraufhin bekamen auf Umschulung spezialisierte Unternehmen wie z.B. die CDI wirtschaftliche Probleme, die im Fall der CDI zur Aufgabe des öffentlich angebotenen Seminarbetriebes führten.

- Die Schwemme der Anwendungsprogrammierer hat zur Veränderung ihres Marktwertes geführt, was sich bei den Betroffenen in Form von Arbeitslosigkeit oder zumindest Lohneinbußen bemerkbar gemacht hat. Weiterhin kam es in diesem Bereich zu einem vollständigen Einbruch des *body leasing*-Marktes.

Die technologische Entwicklung im Bereich der Anwendungsentwicklung stellt neue Anforderungen an die Mitarbeiter. Im Gegensatz zu vorhergehenden Innovationsschüben wie 4GL und relationale Datenbanken wird nicht nur mehr die Beherrschung und Erlernung der neuen Technik erwartet. Vielmehr stehen konzeptionelle, kommunikative und methodische Anforderungen im Vordergrund.

Die Erfahrungen aus einzelnen Unternehmen zeigten, daß im Bereich der Anwendungsentwicklung momentan eine Neuorientierung erfolgt. So kann man pauschal die Perspektiven der heutigen Anwendungsentwickler in vier Richtungen (Abb. 3.12) aufzeigen.

Bei den Anwendungs-entwicklern ist eine Neuorientierung notwendig

Abb. 3.12: Entwicklungsperspektiven für Anwendungs-programmierer

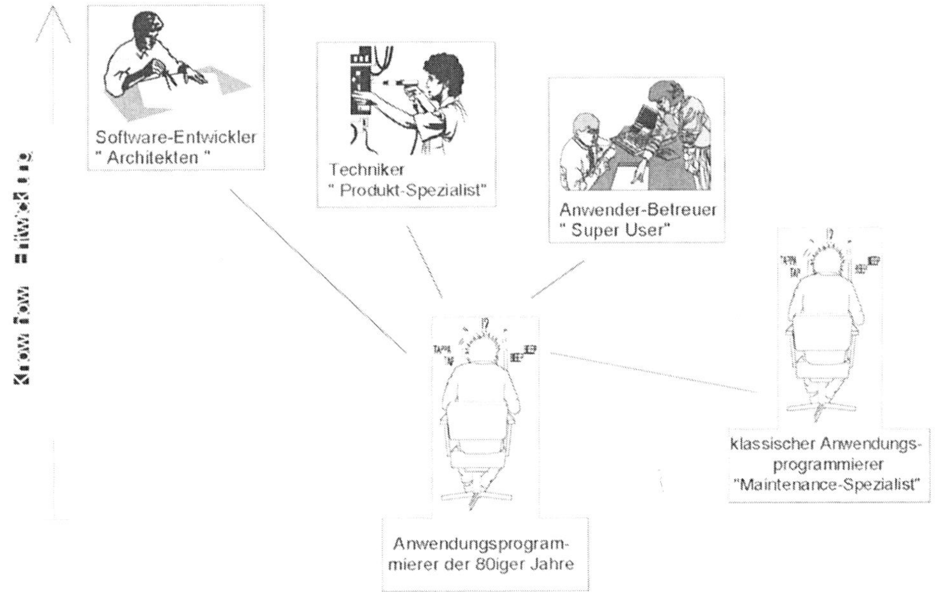

Option 1:

Konzeptionell

orientierter Entwickler

Die zukünftigen Software-Entwickler (und das werden aus dem genannten Kreis die wenigsten sein) erfüllen die oben genannten Anforderungen. Sie werden quasi die Architekten der zukünftigen Systeme. Konzeption, Modellierung und der Einsatz von anspruchsvollen Entwicklungswerkzeugen (CASE) stehen im Vordergrund, die technische Umsetzung wird zur anspruchslosen, reinen Codierung.

Option 2: Speziali-

sierung auf System-

oder systemnahe

Software

Der zweite Entwicklungsweg ist die zum Experten für System- bzw. systemnahe Software, mit allen Vor- und Nachteilen, die eine Spezialisierung zur Folge hat. Der Bedarf an dieser Personengruppe wird gering bzw. mit Sicherheit nicht so groß sein, daß hierin für viele eine Ausweichmöglichkeit besteht. Außerdem gibt es hier natürlich Konkurrenz durch die Hersteller bzw. durch das Bestreben teures Spezialisten-Know-how eher nach Bedarf einzukaufen, als es in Form von teuren Fixkosten zu kultivieren.

Option 3: Funktion im

Benutzerservice

Eine Ausweichmöglichkeit ist der steigende Bedarf im Bereich des Benutzerservices und der Anwenderbetreuung. Allerdings dürfte dieser Schritt vielen eher als Abstieg erscheinen, da hier keine Software-Entwicklung (im Sinne der klassischen Anwendungsentwicklung) mehr stattfindet.

Option 4:

Anwendungs-

programmierer mit

Maintenance-Funktion

Da es trotz Client/Server-Euphorie auch im nächsten Jahrzehnt noch produktive Mainframe-Applikationen geben wird, wird es hier weiterhin einen allerdings stetig abnehmenden Bedarf an Anwendungsprogrammierern geben, die die Maintenance sicherstellen. Ob dies allerdings für einen heute 30-jährigen Anwendungsentwickler eine Perspektive ist, ist mehr als fraglich.

Der Bedarf an

Operatoren sinkt stetig

weiter

Eine andere von der technologischen Entwicklung betroffene Berufsgruppe ist die der Operatoren. Durch die zunehmende Automatisierung und Zusammenlegung der Rechenzentren sinkt der Bedarf an Operatoren. Der operatorlose Betrieb ist kein Schlagwort mehr, sondern in vielen Unternehmen bereits Realität. Dieses Berufsbild wird die nächsten 10 Jahre wohl kaum überleben.

Überhaupt sind alle Berufsbilder im Mainframe und Rechenzentrums-Bereich von der Client/Server-Ent-

wicklung bedroht. Neben den Technikern und System-
programmierern geht natürlich auch die Nachfrage nach
Führungskräften und Organisatoren mit RZ-Kenntnissen
zurück.
Es gibt aber auch eine Reihe von neuen oder aufblühenden
Berufsgruppen. Dazu gehören z.B. alle, die in den Bereich
Kommunikation gehören. Der Weg bzw. der Übergang für
den einzelnen Mitarbeiter von einem der klassischen
Berufsbilder in ein neues ist jedoch nicht eben einfach,

- da in der Regel das „klassische Know-how" bis zur
  endgültigen Ablösung der laufenden Applikationen benötigt wird, und keine Möglichkeit
  besteht, sich praktisches Wissen anzueignen.

- da die fachlichen und intellektuellen Voraussetzungen für die neuen Berufsbilder nicht immer
  erfüllt werden können.

- da alleine aufgrund der unterschiedlichen organisatorischen Zuordnung (zentral/dezentral) der
  fließende Übergang nicht sichergestellt ist.

- da die *Umschulungskosten* nicht unbedingt gering
  sind und es für einen Arbeitgeber durchaus
  günstiger sein kann, Personal mit dem
  entsprechenden Know-how einzustellen oder nach
  Bedarf extern einzukaufen.

Steigende Nachfrage im Bereich Kommunikation und Connectivity

So zynisch es manch einem vielleicht erscheinen mag, aber
die Informatik selbst wird zukünftig immer mehr auch
Aufgaben und Funktionen innerhalb der Informatik übernehmen, für die früher *spezialisiertes* Personal benötigt
wurde. Dies führt zwangsläufig zu einem Rationalisierungsprozeß, dem die Mitarbeiter zum Opfer fallen, die
die Zeichen der Zeit zu spät erkennen und/oder die
intellektuellen Fähigkeiten nicht mitbringen, sich ständig
weiterzuentwickeln.

3.7 Client/Server-Technologie versus Mainframe-Technologie?

Die Entwicklung der Client/Server-Technologie war und ist ein evolutionärer Prozeß. Im Gegensatz zur Revolution, wo quasi mit Gewalt und (Todes)-Opfern Veränderungen erzwungen werden, baut die Evolution auf vorhandenem auf, das sich über einen längeren Zeitraum verändert und zu neuen Formen führt.

In den Medien und bei allen, die letztendlich davon profitieren, wird die Diskussion oftmals in Form eines revolutionären Dogmas wie *Client/Server contra Mainframe*

Umsetzung der Client/ Server-Technologie in die Unternehmenspraxis, ein evolutionärer Prozeß

geführt. Dabei wird ganz einfach unterschlagen, daß zwanzig Jahre Mainframe-Technologie und riesige Investitionen in Form von Hard- und Software nicht von heute auf morgen aus den Unternehmen *gekippt* werden können.

Sicherlich wird sich die Rolle des Mainframes im Laufe des nächsten Jahrzehnts (eben evolutionär) verändern, aber heute bereits vom Tod (Revolution) des Mainframes zu reden, ist übertrieben.

Die heutige Situation läßt sich bestens britisch formulieren: *Der Mainframe ist tot, lang lebe der Mainframe.*

Tot deshalb, da unter anderem:

- die meisten Hardware-Hersteller ihre Strategie bei Hardware und Betriebssystemen geändert haben,
- bei allen Hard- und Software-Herstellern die Investitionen vorwiegend im Bereich der Client/ Server-Technologien erfolgen,
- die benötigte Infrastruktur (Rechenzentrum) für viele Anwender zu aufwendig und zu teuer geworden ist,

- der Markt für proprietäre Hostsysteme (insbesondere Großsysteme) in den letzten zwei Jahren quasi zusammengebrochen ist.

Leben wird er noch, weil:

- noch Tausende von Applikationen mit Milliarden Line of Codes auf diesen Systemen im Einsatz sind und dies sicherlich auch noch einige Jahre lang sein werden,
- auch heute noch neue Applikationen auf der immerhin bekannten Plattform, mit den bewährten Verfahren und Methoden realisiert werden,
- es wegen des enormen Preisverfalls in diesem Segment durchaus lohnend sein kann, das bestehende Hostsystem weiter auszubauen,
- die meisten großen Datenbanken heute auf klassischen Mainframe-Systemen geführt werden und es aus vielerlei Gründen (Backup, Sicherheit, Schnittstellen etc.) in vielen Unternehmen sinnvoll sein wird, den Mainframe zumindest als zentralen Datenserver weiter zu betreiben,
- nicht alle von den Anwendern definierten Anforderungen automatisch eine Client/Server-Lösung erfordern.

Der Weg ist eindeutig, die Dinosaurier der Informatik haben ihren Zenit überschritten und haben an Bedeutung innerhalb einer Informatikstrategie verloren. Allerdings wird man sich wohl noch lange mit diesen Systemen auseinandersetzen müssen, vor allem dort, wo große individuelle Anwendungen realisiert wurden und immer noch werden.

Der Zenit der Mainframe-Technologie ist überschritten

Das Marktforschungsunternehmen Forrester Research Inc. stellte bei einer Umfrage im Jahre 1993 (CW 33, 1993) fest, daß 45% der Unternehmen den Mainframe zukünftig zur zentralen Datenhaltung einsetzen, 20% dem Großrechner überhaupt keine Chance mehr geben. Immerhin noch weitere 20% sehen den Mainframe weiterhin als

Applikationsplattform. 5% haben sich schon von ihrem Host getrennt und weitere 18% planen dies in Kürze zu tun.

Solche Zahlen dokumentieren als Meinungsumfragen den allgemeinen Trend, sind aber mit Vorsicht zu genießen, da diese Meinungen in den einzelnen Unternehmen z.T. noch um- bzw. durchgesetzt werden müssen.

Der Mainframe zukünftig als zentraler Daten-server ?

Die Rolle und Bedeutung des Mainframes wird sich in den nächsten Jahren erst langsam ändern. Heute wird in den meisten Unternehmen der Großteil der relevanten Informationen auf dem Mainframe gespeichert. Diese Datenbanken sind in ihrer Gesamtheit in der Regel komplex und in vielerlei Applikationen eingebunden. Der Zugriff auf diese Daten ist innerhalb einer Client/Server-Lösung mit einem Zugriffsmodul das über ein API (Application Programming Interface) angestoßen wird, in der Regel einfacher zu realisieren, als die gesamte Datenbank auf einen speziellen Server auszulagern.

Eine (temporäre) Rolle wird bzw. kann die eines zentralen Daten-Servers sein, wobei der Grund hierfür allerdings mehr im pragmatisch sinnvolleren, kosten-günstigeren und heute bezüglich Sicherheit bewährten Einsatz bestehender Ressourcen zu finden ist.

Der Mainframe hat in Bezug auf Daten-schutz, Datensicher-heit und Backup heute noch einen techni-schen Vorsprung

Überhaupt ist das ganze wichtige Thema Sicherheit, von Datenschutz, über Daten- und Betriebssicherheit bis hin zur Backup-Lösung im Client/Server-Umfeld noch nicht zufriedenstellend gelöst. Bei den klassischen Großsystemen dagegen sind Lösungen, Werkzeuge und Utilities in großem Umfang vorhanden.

Diese in der Client/Server-Technologie heute noch vorhandenen Schwächen werden in den nächsten Jahren Schritt für Schritt beseitigt werden, was den Trend weg vom Mainframe weiter verstärken wird.

Auch die verbissensten Mainframe-Verfechter und Ver-teidiger werden in den nächsten Jahren aufgrund der technologischen Entwicklungen und aufgrund der Anforderungen seitens der Anwender das Handtuch werfen müssen. Es wird aber mit Sicherheit in den wenigsten Fällen zu einer radikalen, vollständigen und absoluten Loslösung, quasi von heute auf morgen, vom klassischen Großrechner erfolgen (können). Die Migration bestehender individuell erstellter Großrechner-Applikationen ist eher unwahrscheinlich, da der Aufwand hierfür enorm sein kann. Ziel ist es und muß es sein, den Mainframe und die darauf installierten Applikationen in die neuen Architekturen zu integrieren und so ein mittelfristig ausgelegtes Übergangs- bzw. Ablösungskonzept zu realisieren.

3.8 Benutzer-Support, Ressourcen-Management und Systembetreuung in Client/Server-Umgebungen

Eine zentrale Bedeutung in Client/Server-Umgebungen wird dem Benutzerservice, den wir in das Ressourcen-Management, den Benutzer-Support und in die Systembetreuung gliedern, zukommen. Typisch für eine Client/Server-Umgebung ist dabei die Komplexität und Heterogenität der eingesetzten Hard- und Software.

Benutzerservice umfaßt: Ressourcen-Management, Benutzer-Support und Systembetreuung

Waren in einer streng monolithischen Umgebung die Hardware-Komponenten und die zugehörige Software sowie die Lizenz- und Wartungsverträge noch überschaubar, so nehmen in einer Client/Server-Umgebung die zu verwaltenden Objekte wie Hardware, Software, Software-Lizenzen, Wartungsverträge etc., schlagartig zu.

Wird eine *dummes Terminal* durch einen PC ersetzt, bedeutet dies je nach Ausstattung und Verwaltungskriterien bzw. -anforderungen eine Zunahme der zu verwaltenden Objekte von bis zu 10 und mehr Objekten (Abb. 3.13) pro Arbeitsplatz!

Im optimalen Ressourcen-Management liegt ein hohes Potential, Kosten zu reduzieren bzw. zu vermeiden und Transparenz über die eingesetzte Hard- und Software zu schaffen. Ein beliebtes Beispiel hierfür sind Wartungsverträge, die solange weiterlaufen, bis sie gekündigt werden. Eine fehlende Übersicht über aktive oder zu kündigende Wartungs- und Serviceverträge kann sich schnell zu einem deutlichen Kostenfaktor entwickeln.

Im Ressourcen-Management steckt ein hohes Kostensenkungspotential

207

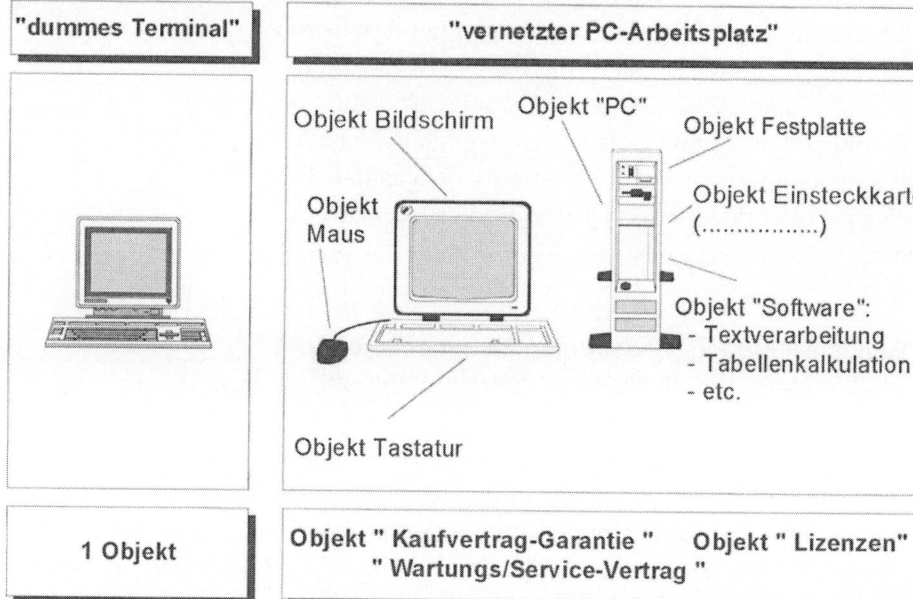

Abb. 3.13: Zunahme der zu verwaltenden Objekte in einer Client/ Server-Umgebung

Die Vielzahl der in einer Client/Server- Umgebung eingesetzten Komponenten erhöht die Anzahl der potentiellen Fehler- und Problemquellen

Der Anwender wird in einer Client/Server-Umgebung mit einer Vielzahl von Hilfsmitteln und Techniken konfrontiert. Neben einem erhöhten Ausbildungsbedarf steigt auch die Nachfrage nach Support. Gerade in Client/Server-Umgebungen, die aus einer Vielzahl verschiedenster Komponenten bestehen, ist die Anzahl der potentiellen Fehler- und Problemquellen hoch. Die Fehlerein- und abgrenzung ist damit, neben der Beratung und Schulung der Anwender, eine der wichtigsten Aufgaben des Benutzer-Supports. Damit dies überhaupt sinnvoll ist, muß dem Benutzer-Support die Arbeitsplatzausstattung und die Einbindung in das bestehende System bekannt sein, was wiederum ein funktionierendes Beschaffungs- und Ressourcen-Management verlangt.

Hauptziel muß die Sicherstellung der technischen und applikatorischen Systembetreuung sein. Bezüglich des Benutzerservice bezieht sich dies vor allem auf das Netzwerkmanagement, auf den Datenschutz und die Datensicherheit sowie auf die Installation von Software- und Hardware-Komponenten.

Je nach organisatorischer Eingliederung, Aufgabenverteilung, Historie des Benutzerservices in einem Unternehmen oder auch der Aufgabenverteilung zwischen internen Organisationseinheiten und Herstellern bzw. Lieferanten, existieren unterschiedliche Vorstellungen über die Aufgaben des Benutzerservices. Wir werden in der Folge alle Aufgaben und Funktionen auflisten, die diesbezüglich in einer Client/Server-Umgebung zu erbringen sind, was aber nicht unbedingt heißt, daß diese Aufgaben und Funktionen in Ihrem Unternehmen zwingend durch den Benutzerservice erbracht werden müssen.

Viele der Aufgaben sind auch in einer klassischen monolithischen Umgebung zu erbringen, allerdings unterscheiden sich diese in einer Client/Server-Umgebung meist in der Komplexität und damit im zu leistenden Aufwand und der zunehmenden Verantwortung für die Sicherstellung des laufenden Betriebs:

Aufgaben des Benutzerservice:

Ressourcen-Management

- Auswahl von Hard- und Software
- Kommunikation mit Herstellern und Lieferanten
- Erprobung neuer Techniken und Produkte
- Marktbeobachtung, Analysen und Informationswiedergabe
- Beschaffung von Hard-, Software und Dienstleistungen (Service, Schulung etc.)
- Bestandsmanagement
- Change- und Konfigurationsmanagement

Benutzer-Support

- Problemmanagement (Fehlerein- und abgrenzung, Fehlerbehebung)
- Beratung
- Hotline
- Gezielte Einarbeitung und Schulung der Anwender
- Planung, Erstellung Schulungsangebot

Systembetreuung

- Koordination zwischen Informatik und Anwendern
- Entwicklung (z.B. Makros, Tool-gestütze Datenbankabfragen)
- Erstellung, Um- und Durchsetzung von Standards und Richtlinien
- Systembetreuung, inkl. Software- und Hardware-Installation
- Netzwerkmanagement

Der Benutzerservice ist für die Sicherstellung des laufenden Betriebes von hoher Bedeutung

Der Aufbau und die Einrichtung einer Organisationseinheit Benutzerservice (Abb.3.14), die das Ressourcen-Management, den Benutzer-Support und die Systembetreuung gewährleistet, ist für die Sicherstellung des laufenden Betriebes und vor allem für die Kostentransparenz von hoher Bedeutung. Da hiervon die Akzeptanz von Client/Server-Lösungen auf Seiten der Anwender und des Managements abhängt, werden wir in der Folge auf die Anforderungen, Aufgaben und möglichen Ausprägungen eines Benutzerservice in einer Client/Server-Umgebung eingehen.

Abb. 3.14: Schnittstellen und Aufgabengebiete Benutzerservice

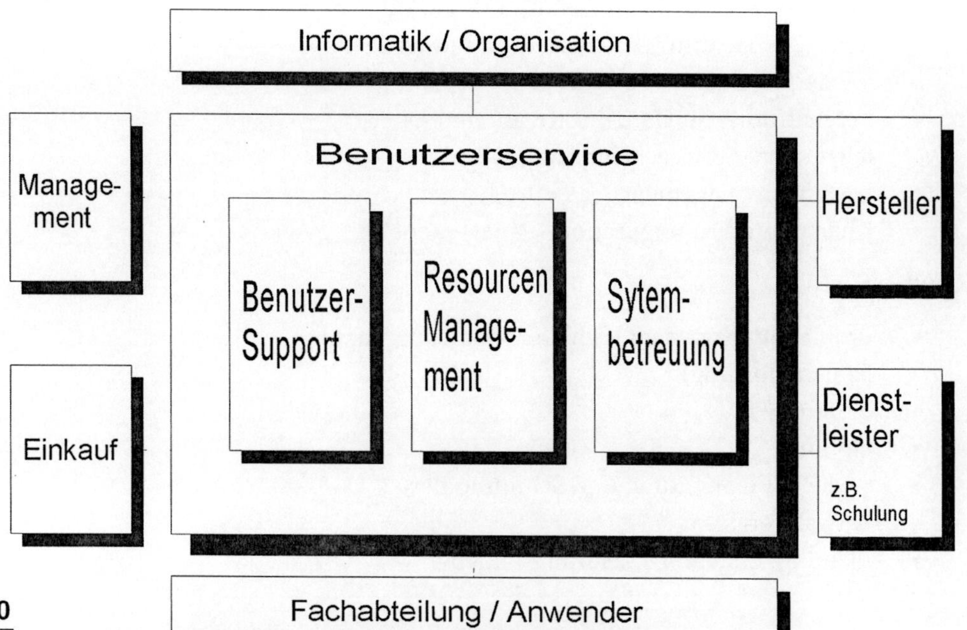

3.8.1 Ressourcen-Management

In einer Client/Server-Umgebung nimmt die Anzahl der zu verwaltenden Hard- und Software-Komponenten und die der damit verknüpften Wartungsverträge, Lizenzen etc. im Vergleich zu reinen Host-Umgebungen durchschnittlich um den Faktor 10 zu.

In einer typischen Mainframe-Umgebung ist die Kostentransparenz bezüglich der eingesetzten Hard- und Software relativ einfach herzustellen. In einer gemischten bzw. reinen Client/Server-Umgebung (bezogen auf ein großes Unternehmen), ist es eine organisatorische und verwaltungstechnische Leistung, die Kostentransparenz zu gewährleisten.

Ressourcen-Management eine verwaltungstechnische Herausforderung

Während in einer klassischen Hostumgebung die Anzahl der Komponenten an sich geringer ist, kommt zusätzlich noch die streng hierarchische Organisation hinzu, die ein einfaches Verfolgen (Mainframe - Controller - Bildschirm) und Aufspüren von Fehlerquellen ermöglicht. Außerdem wird die benötigte Software an einer zentralen Stelle installiert.

Die Beziehungen zwischen den einzelnen Komponenten innerhalb einer typischen Client/Server-Systemarchitektur sind dagegen vernetzt. Welche Komponente mit welcher zusammenarbeitet ist nicht immer so einfach wie in einer hierarchisch ausgerichteten Struktur nachzuvollziehen. Oftmals ist die Software auf PCs und/oder mehreren Servern verteilt. Verwaltungstechnisch erschwerend ist der Umstand, daß nicht jeder Arbeitsplatz bzw. Server mit der gleichen Software ausgestattet ist. In der Praxis ist es in der Regel eher so, daß aufgrund der verfügbaren Software eine große Anzahl verschiedener Kombinationen von Arbeitsplatz-Konfigurationen möglich und vorhanden sind.

Objekt-Beziehungen sind im Mainframe-Umfeld hierarchisch, im Client/Server-Umfeld vernetzt

Die Basisvoraussetzungen für die Schaffung der Kostentransparenz sind:

- Definition von Standards bezüglich verfügbarer und einzusetzender Software, mit dem Ziel einen schnell eintretenden Wildwuchs zu unterbinden. Besonders in großen Unternehmen findet man oft den Fall, daß für die gleiche Funktionalität zwei und mehr verschiedene Software-Lösungen eingesetzt werden.

Die Kostentransparenz ist dadurch sicherzustellen, daß es möglich ist:

- den Bestand an installierten bzw. sich am Lager befindlichen Hardware-Komponenten inkl. aller Informationen (wie z.B. Typ, Konfiguration, Anschaffungspreis, Anschaffungsdatum etc.) ohne großen Aufwand zu erstellen.
- den Bestand an installierter bzw. am Lager befindlicher Software inkl. aller Informationen ohne großen Aufwand zu erstellen.
- eine sichere Aussage darüber zu machen, wieviele Arbeitsplätze und welche z.B. mit einem bestimmten Software-Paket ausgestattet sind, um daraus z.B. Upgradekosten oder den potentiellen Schulungsbedarf oder evtl. Migrationskosten (bei Wechsel auf eine neue Lösung) zu berechnen.

Software Distribution: Automatisches Verteilen der Software im Netz reduziert Kosten- und Fehlerquellen

Weiterhin werden die Angaben, wo die einzelnen Software-Lösungen eingesetzt sind, auch für die Lösung der Software-Verteilung (Software Distribution) benötigt. Da in einer Client/Server-Umgebung die benötigte Software nur mit einem hohen Aufwand manuell verteilt werden kann (z.B. bei Versionswechsel), muß eine automatische Software-Verteilung sichergestellt werden. Damit dies rein organisatorisch gewährleistet werden kann, muß bekannt sein, wo welche Software benötigt wird bzw. im Einsatz ist.

Da das Bestandsmanagement direkt mit dem Einkauf der entsprechenden Hard- und Software und den dazugehörenden Dienstleistungen verbunden ist, ist die korrekte Bestandsführung ein nicht zu unterschätzender finanzieller Einflußfaktor. Im Bereich der Software kann bereits der nicht mögliche Nachweis von Software-Lizenzen (Lizenz-Vergehen) unangenehme Folgen haben. (So wurde z.B. im Sommer 1993 der ABN AMRO Bank in Zürich ein Lizenz-Vergehen nachgewiesen. Dabei dürfte der Imageschaden wesentlich größer gewesen sein als die nachträglich zu zahlenden Lizenzkosten).

Weiterhin können sowohl bei der Hard- wie bei der Software Mengenrabatte erzielt werden. Grundlage hierfür ist jedoch erstens der Nachweis (was wurde bereits gekauft) und zweitens eine kalkulatorisch gesunde Grundlage für die Erstellung einer korrekten Bedarfsplanung.

Eine weitere wichtige Grundlage bildet das Bestandsmanagement für die Umsetzung organisatorischer Änderungen, die z.B. zu einer Veränderung der Konfiguration (Konfigurationsmanagement) oder zu einer räumlichen Veränderung (Umzug) führen.

Insbesondere bei größeren Unternehmen bzw. bei Unternehmen, die sich im Wachstum befinden, ändern sich oftmals die Standorte der einzelnen Arbeitsplätze. Für die Vorbereitung des Umzuges, vom Abbau der Workstation bis zur Installation am neuen Ort, werden eine Reihe von Informationen über die Arbeitsplatzausstattungen an sich, aber auch über Server, Netze etc. benötigt.

Ein sauberes Bestandsmanagement wird zukünftig das organisatorische *A und O* einer Client/Server-Umgebung sein. All diese Anforderungen können nur dann umgesetzt werden, wenn sie zumindest auf gewissen Ebenen zentral geführt werden und wenn eine informationstechnologische Unterstützung sichergestellt ist. Verschiedene Software-Hersteller haben diesen Markt erkannt und bieten entsprechende Standard-Software-Lösungen an.

Bestandsmanagement und Einkauf, zwei eng miteinander verbundene Funktionen

Bestandsmanagement: Grundlage für eine Reihe wichtiger Tätigkeiten

3.8.2 Benutzer-Support

Für einen Anwender gibt es wohl nichts Frustrierenderes als fehlenden oder ungenügenden Benutzer-Support beim Auftreten eines Fehlers. Bei der Inbetriebnahme neuer Systeme kommt es oft vor, daß die Fehlerhäufigkeit erst ansteigt, bevor sie schließlich abfällt und das System in einen stabilen Zustand übergeht.

Sowohl vor der Einführung des Systems, wie während der Inbetriebnahme ist der Benutzer-Support sicherzustellen. Dabei kann der Benutzer-Support folgende Ausprägungen haben:

- Hotline, Help desk, telefonische Beratung
- Problemmanagement
- Ausbildung

Die Benutzung der Hotline durch den Anwender erfolgt in der Regel in zwei Fällen: Erstens, wenn der Anwender Beratung braucht oder zweitens, was durchaus eine Steigerung des ersten Falles sein kann, wenn der Anwender einen Fehler entdeckt hat. Das Auftreten von Fehlern bzw. Störungen des Betriebs (technische Pannen) ist ein Thema des Problemmanagements.

In einer heterogenen, aus einer großen Anzahl verschiedener Hard- und Software-Komponenten bestehenden Client/Server-Lösung steigt automatisch die Anzahl der potentiellen Fehlerquellen. An das Problemmanagement in einer Client/Server-Umgebung werden bezüglich Fehlerein- und abgrenzung sowie Veranlassung der richtigen und notwendigen Schritte zur Problembeseitigung, hohe Anforderungen gestellt. Diese Anforderungen sind und werden zukünftig vermehrt nur durch ein DV-technisch realisiertes Problemmanagement-System zu erfüllen sein.

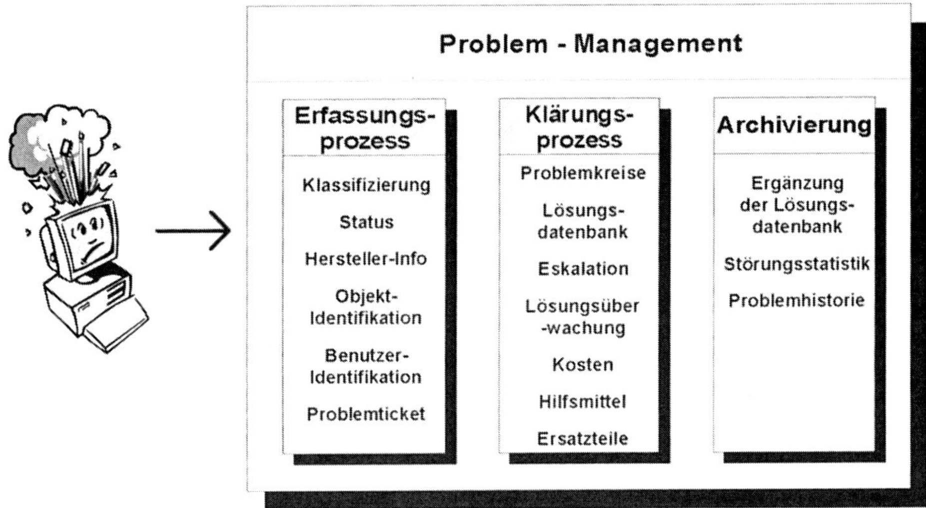

Abb. 3.15: Aufgaben des Problem-managements

Wichtige Basisvoraussetzungen für ein effektives und kosteneffizientes Problemmanagement ist auch hier die Führung eines aktuellen Bestands- bzw. Ressourcen-Managements. So können z.B. bei der Kenntnis der Arbeitsplatzkonfiguration bestimmte Fehler ausgegrenzt bzw. bestimmte Fehlerquellen vermutet werden. Außerdem können evtl. andere von einer Störung betroffene Einheiten erkannt (z.B. gleicher Server, gleiches Netz) und benachrichtigt werden. In der Abbildung 3.15 sind die typischen Aufgaben des Problemmanagements dargestellt.

Das Problemmanagement benötigt eine aktuelle Übersicht über den Bestand und die Konfigurationen

An ein Problemmanagement-System werden folgende Anforderungen gestellt:

- Erfassung aller aufgetretenen Fragen und Probleme, inklusive Problem- und Bearbeitungsstatus. Dies ermöglicht zum einen den Überblick über die Probleme und Anfragen, die dem Benutzerservice zur Bearbeitung vorliegen. Weiterhin entsteht Transparenz über offene, anstehende und eskalierte Anfragen und Probleme, was eine optimale Organisation des Benutzerservices ermöglicht.

- Genaue Protokollierung der aufgetretenen Probleme, deren Ursache und Lösung sowie die für die

Lösung des Problems entstandenen Kosten. Die Archivierung behobener Störungen in einer *Lösungsdatenbank* stellt sicher, daß wiederkehrende Probleme schneller gelöst und damit Ausfallzeiten verkürzt resp. Kosten gespart werden.

- Die Erstellung von Statistiken über aufgetretene Probleme und Problemkreise, Ausfallzeiten und entstandene Kosten sowie Fehleranfälligkeit und Wartungshäufigkeit einzelner Geräte.

- Abbildung und Umsetzung eines Eskalationsverfahren, das sicherstellt, daß bei dem Auftreten bestimmter Problemkreise automatisch weitere Aktivitäten (z.B. Information eines Technikers) angestoßen werden, falls die Problemlösung bzw. -behebung nicht innerhalb einer festgelegten Frist erfolgt ist.

Spätestens dann, wenn ein Anwender sich nicht gut genug betreut und unterstützt fühlt, greift er zur Selbsthilfe, indem er z.B.:

- Arbeitszeit verschwendet für die Beschaffung von Informationen zur Problembeseitigung.
- Kollegen zur Problemlösung hinzuzieht und damit seine und deren Arbeitszeit verschwendet.
- Kurz entschlossen einen externen Techniker bestellt.

So entstehen dann sogenannte *versteckte Kosten*, die weder nachvollzieh- noch ermittelbar sind.

3.8.3 Systembetreuung

Unter Systembetreuung werden im wesentlichen die Aktivitäten verstanden, die die Überwachung und Gewährleistung des laufenden Betriebes und die Bereitstellung und Installation von Hard- und Software an den Arbeitsplätzen umfassen. Der Aufgabenumfang und die Anzahl der zu betreuenden Systemkomponenten sind abhängig von der jeweiligen spezifischen Aufgabendefinition. So kann ein Systembetreuer, je nach Aufgabendefiniton für einige wenige Workstations, aber auch für mehrere Server, inkl. der angeschlossenen Workstations und des Netzes verantwortlich sein.

Aufgaben der Systembetreuung können sein:

- Installation und Einrichtung der Arbeitsplätze
- Installation der Software auf den Servern
- Einrichtung und Verwaltung von Benutzern
- Zuordnung von Druckern
- Überwachung des Netzwerkes (Netzwerkmanagement)
- Entwicklung von Makros, Druckformatvorlagen, Datenbankabfragen etc.
- Koordination zwischen Anwendern und Informatik.

Für eine Client/Server-Anwendung wird der Systembetreuer oftmals zu einer Art Super-User, der neue User einrichtet, für den regelmäßigen (lokalen) Backup zuständig ist, Zugriffsberechtigungen verteilt und sonstige administrative Tätigkeiten übernimmt und damit die Entwicklungsabteilung entlastet.

Eine häufig gestellte und in der Praxis anzutreffende Fragestellung ist, inwieweit innerhalb des Benutzerservices im Rahmen der Systembetreuung Software-Entwicklung zu betreiben ist. So hat sich heute in der Praxis durchgesetzt, daß der Benutzerservice durchaus Entwicklungsarbeiten in Form von Makro-Programmierung, z.B. für Tabellenkalkulation, ausführt.

Die Frage, inwieweit der Benutzerservice zukünftig mit Entwicklungsarbeiten konfrontiert wird, ist unseres Erachtens nicht auf die Erstellung von Makros einzugrenzen. Vielmehr ist zu beobachten, daß die Entwicklungsabteilungen oftmals gerade kleine Anforderungen der Anwender nicht realisieren (können). Diese kleinen Anforderungen sind oftmals spezifische Anwendungen weniger Anwender, die sich z.B. mit PC-basierender Datenbank-

Verlagerung von Entwicklungsarbeiten in den Benutzerservice

und/oder Groupware-Software schneller und zweckmäßiger entwickeln lassen. Solange diese Anwendungen ein isoliertes Dasein fristen, ist dies nicht weiter problematisch. Benötigt eine Anwendung Zugriff auf andere Datenbanken (z.B. Kundenstamm), sind wir mitten in der Entwicklung von Client/Server-Funktionalitäten.

3.8.4 Organisatorische Einbettung

Die Bedeutung und Stellung des Benutzerservice im Unternehmen, ist an seiner organisatorischen Positionierung zu erkennen

In den folgenden Abbildungen sind zwei Varianten der organisatorischen Einbettung des Benutzerservices ins Unternehmen dargestellt. Der Benutzerservice als Fachabteilung oder Fachgruppe (Abb. 3.16) innerhalb der Informatik ist weit verbreitet und in den meisten Firmen heute so anzutreffen. Die organisatorische Einbettung

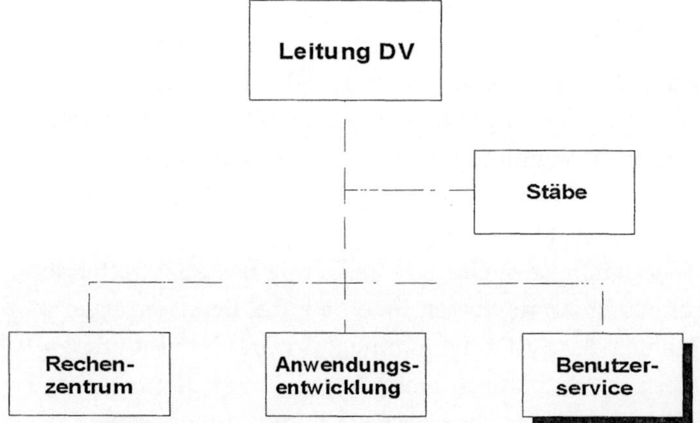

Abb. 3.16. Der Benutzerservice als Fachabteilung

stammt aus der Zeit, in der man den PC als Informatikarbeitsmittel nicht mehr verneinen konnte und den Support gewährleisten mußte. Da die dortigen Aufgaben weder etwas mit dem Rechenzentrum noch mit der Anwendungsentwicklung zu tun hatten, entstand eine eigene Organisationseinheit.

Oftmals ist der Benutzerservice organisatorisch tiefer aufgehängt als in der schematischen Darstellung, z.B. unterhalb des Rechenzentrums. In vielen Firmen entstehen aufgrund dieser Struktur unklare Kompetenzverteilungen sowie Aufgabendurchmischungen.

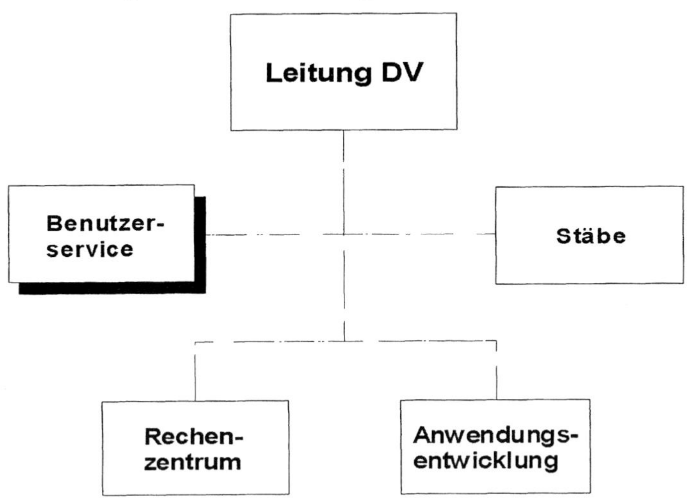

Abb. 3.17:

Benutzerservice als

Stabsfunktion

Die Variante Benutzerservice als Stabsabteilung (Abb. 3.17) vermeidet diese Probleme. Außerdem ist der Stellenwert des Benutzerservice rein optisch höher. In der Regel wird in Firmen mit dieser organisatorischen Einordnung die Bedeutung des Benutzerservice höher eingeschätzt. Beide Varianten gleichen sich: sie sind typisch für Unternehmen, in der die Informatik zentral organisiert und ausgerichtet ist.

In der Abbildung 3.18 ist die organisatorische Einbettung des Benutzerservices dargestellt, die sich unseres Erachtens in Unternehmen, die Client/Server-Lösungen im Einsatz haben, durchsetzen wird. Neben einem zentralen Benutzerservice, der in erster Linie für das Ressourcen- und Problemmanagement sowie für die Organisation der Ausbildung zuständig ist, existiert ein dezentraler Benutzerservice, der den direkten und schnellen Benutzer-Support der Mitarbeiter vor Ort sicherstellt und quasi als dezentraler Filter für den zentralen Benutzerservice dient.

Der Benutzerservice in einem Client/Server-Umfeld besteht aus zentralen und dezentralen Funktionen

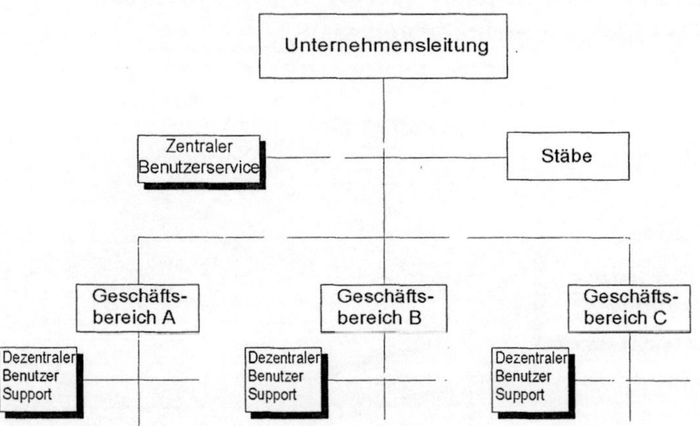

Abb. 3.18:

Benutzerservice mit

dezentralen

Funktionen

Outsourcing des

Benutzerservice. Eine

weitere Variante Fix-

kosten zu reduzieren

Eine weitere und zukünftig vermehrt auftretende Variante wird das Outsourcing des gesamten oder von Teilen des Benutzerservices sein. Diese Outsourcing-Variante kann für viele Unternehmen aus verschiedenen Gründen interessant sein. So können vom Informatikbereich die Vorteile von Outsourcing (Senkung der Fixkosten) genutzt werden ohne strategische Informatikfunktionen aufzugeben. Weiterhin können bestimmte kostenintensive Teile, wie z.B. das gesamte Schulungsszenarium vermieden werden.

Neben der organisatorischen Einbettung ist vor allem der Personalbedarf von Interesse. Der Personalbedarf ist prinzipiell abhängig von den Aufgaben und von der Komplexität der eingesetzten Hard- und Software-Komponenten. Legt man die in diesem Kapitel beschriebenen Aufgaben und die Annahme zugrunde, daß jeder Arbeitsplatz mit einem PC ausgerüstet ist, kann als Orientierungsgröße von einem Mitarbeiter für Benutzerservice pro 50–60 Arbeitsplätzen ausgegangen werden. (Die Angaben von Herstellern schwanken zwischen 40–70 Arbeitsplätze pro Benutzerservicemitarbeiter). D.h. für 1000 Arbeitsplätze wird ein Benutzerservice in der Größe von ca. 15–20 Mitarbeitern benötigt.

3.9 Client/Server und die Kosten

Ein nicht unwesentlicher Faktor bei der Entscheidung für den Einsatz der Client/Server-Technologie ist die Kostenbetrachtung. Man gibt sich heute gerne der Hoffnung hin, daß mit Hilfe der Client/Server-Technologie die DV-Kosten reduziert werden. Allerdings sind uns bis heute noch keine unabhängigen Analysen bekannt, die sich auf realisierte Client/Server-Projekte beziehen und eine umfassende Betrachtung von Primär- (externe Leistungen), Sekundär- (interne Leistungen) und Folgekosten in den Bereichen Organisation, Anwenderschulung, Systembetrieb und Unterhalt beinhalten.

Abgesicherte, unabhängige Kosten-/Nutzenanalysen für den Einsatz der Client/Server-Technologie liegen noch nicht vor

Die bei der Einführung von Client/Server-Systemen in der Regel begleitende Dezentralisierung von Informatikaufgaben führt oftmals zu einer versteckten Kostenverschiebung. Aufwände, die früher von der zentralen Informatik geleistet wurden, werden dann in dezentralen Organisationseinheiten, oftmals Stabsstellen mit wenigen Mitarbeitern, erbracht. In der Betrachtung der zentralen Informatik fallen diese Aufwände dann weg, was als Kosteneinsparung interpretiert wird. Diese durchaus sinnvollen und gewollten Verschiebemechanismen erschweren eine umfassende Kostenanalyse.

Kostenreduktion in der zentralen Informatik, in der Realität nur Kostenverschiebung?

Außer Frage steht das wesentlich günstigere Preis/Leistungsverhältnis im Hardware-Bereich. Bei Modellrechnungen, in denen die benötigten Hardware-Komponenten und die MIPS von Mainframe und entsprechenden PC-/Workstation-/Server-Systemen verglichen werden, schneidet der Mainframe immer schlecht ab. Die intensive Verbreitung und Argumentation mit diesen Ergebnissen ist der Hauptgrund, daß Client/Server-Technologie heute oftmals mit Kostenreduktion gleichgesetzt wird.

In einer alternativen Planung hat Dr. Mell (zitiert in CW EXTRA, Nr.6 1992) vom Informations-Zentrum Sozialwissenschaften die Kosten einer Konfiguration für 200 Arbeitsplätze berechnet. Die Alternativen bestanden aus einem Siemens BS/2000-Mainframe oder PCs bzw. beliebige Kombinationen daraus. Hierbei wurde auch die für die Anwendung erforderliche Software (Betriebssystem, Datenbank, Textverarbeitung, Mail und X.25-Anschluss) einkalkuliert. Die Studie die im April 1992 auf der SAVE-Tagung vorgestellt wurde, gelangte zu folgenden Kosten je Arbeitsplatz :

Arbeitsplatzausstattung	Kosten
Mainframes mit Terminals	21.330 DM
PCs stand-alone	16.960 DM
PCs im LAN mit DB-Server	15.895 DM
PCs im LAN mit Mainframe	20.150 DM

In dieser alternativen Planung liegt die Differenz zwischen der teuersten (Mainframe) und der billigsten Lösung (PC/LAN/DB-Server) bei immerhin einer Million DM. Dies deckt sich mit allgemeinen Aussagen bei Nachkalkulationen vergleichbarer Projekte: Hardware und Basis-Software kommt billiger, doch der Aufwand für die Applikationserstellung und das *Drumherum* hebt die Kosten aufs gewohnte Maß.

Im Januar 1993 veröffentlichte das Marktforschungsinstitut Xephon (Xephon 1993) in der von ihr herausgegebenen Zeitschrift *insight IBM* unter dem Titel *The real costs of downsizing* eine detaillierte Kostenanalyse für verschiedene Systemplattformen über einen Zeitraum von 5 Jahren. Die Systemplattformen wurden in vier Kategorien aufgeteilt: Mainframe (zwei ES/9021 mit 6690 bzw. 2000 End-Usern), Proprietäre Minis (AS/400, DEC VAX), UNIX Minis (RS/6000, HP) und eine nicht näher beschriebene Auswahl von LAN-vernetzten PCs.

Die Kosten wurden auf einen Bildschirmarbeitsplatz bezogen ermittelt. Außer für die Kategorie Mainframe sind die entsprechenden End-User-Zahlen aus der Quelle nicht ersichtlich. Bei Kostenvergleichen, die sich auf den einzelnen Bildschirmarbeitsplatz beziehen, ist der Frage, ob die Anzahl der insgesamt installierten Arbeitsplätze in etwa gleich groß ist, besondere Aufmerksamkeit zu schenken, da im Mainframe-Bereich die Kosten pro Bildschirmarbeitsplatz quasi durch jeden zusätzlich installierten Bildschirm verringert werden.

Es wurden drei Kostenquellen definiert: Hardware und System-Software, Applikations-Software und Personalaufwand. Die Kosten pro Arbeitsplatz sind in der folgenden Tabelle (in englischen Pfund) zusammengefaßt:

	Mainframe	Proprietäre Minis	UNIX-Minis	LAN-PCs
Hardware	2.479 - 3.170	1.931 - 2.411	1.805 - 2.365	2.900 - 9.000
Applikations -Software	1.401	1.000	1.000	1.000
Personal	1.402	4.375	4.375	5.500
	5.282 - 5.973	7.306 - 7.786	7.180 - 7.740	9.400 - 15.500

Tabelle 3.3:
Kostenvergleich Nr. 2
pro Arbeitsplatz

Solche Zahlenangaben sind immer sehr kritisch zu interpretieren, da selten die bei der Analyse berücksichtigten Rahmenbedingungen vollständig offengelegt werden bzw. verschiedene Studien aufgrund verschiedener Rahmenbedingungen zu unterschiedlichen Ergebnissen kommen. Oftmals werden auch Äpfel mit Birnen verglichen. Eine naheliegende Fehlinterpretation dieser Werte wäre z.B. die, daß 50 Mainframe-Arbeitsplätze billiger sind als 50 LAN-PC-Arbeitsplätze. Weiterhin ist z.B. nicht jede Plattform für jede Software gleichermaßen sinnvoll einsetzbar. Außerdem wird durch den rein technischen Vergleich (Hardware, Software, Supportaufwand) keinerlei Aussage über den spezifischen Nutzen der gewählten Lösung gemacht.

Aufgrund der hohen End-User-Zahl der Mainframe-Systeme, die der Ermittlung der in der obigen Tabelle dargestellten Werte zu Grunde liegt, entsteht der Eindruck,

Studien über Kosten
im Client/Server-Um-
feld sind äußerst kri-
tisch zu interpretieren

daß die Hardware-Kosten im Mainframe-Bereich im Schnitt günstiger sind, wie die für LAN-PCs. Dies wiederspricht allerdings den bezüglich Preis/Leistungsverhältnis vorliegenden Erkenntnissen.

Auch wenn in der obigen Tabelle die im Mainframe-Bereich höheren Hardware-Kosten (bezogen auf Preis/ Leistung) nicht sichtbar werden, so fallen doch die durchschnittlich höheren Software-Kosten auf. Hier liegt heute noch einer der größten Kostenvorteile beim Einstieg in die Client/Server-Technologie. Erstens ist die Software hier allgemein günstiger, und zweitens kann aufgrund der Skalierbarkeit der Systeme der Software-Zukauf bedarfsgerecht erfolgen.

Durch die Verlagerung der Herstellerstrategien zum einen in Richtung Client/Server-Technologien und zum anderen in die Bereiche Software und Services, ist allerdings mittelfristig (nach der momentan stattfindenden Marktbereinigung) damit zu rechnen, daß auch hier die Preise wieder anziehen werden. Heute wird quasi den Kunden ihre Pionier-Rolle noch durch günstige Preise schmackhaft gemacht, doch sind bei den ersten Herstellern auch bereits Strategien im Gange, die Skalierbarkeit der Systeme auszunützen, d.h. die Lizenzkosten abhängig von den einzelnen Arbeitsplätzen zu machen und damit vom Wachstum der Systeme stärker zu profitieren.

Interessant an der Statistik in Tab. 3.3 sind die durchschnittlich drei bis viermal höheren Personalaufwendungen in den Nicht-Mainframe-Umgebungen. Das ist ein Hinweis auf die im vorhergegangenen Kapitel diskutierten höheren Betreuungsaufwände.

Wie werden sich die Kosten für die Informatik in den nächsten Jahren entwickeln? Wird die Forderung umsetzbar sein, den relativen Anteil der Informatik am Gesamtbudget zu reduzieren? Wird die Client/Server-Technologie die Kosten reduzieren?

Vereinfacht betrachtet lassen sich drei Kostenarten definieren:

- Materialkosten (umfaßt Hardware und Software-Kosten (Lizenzen)).
- Betriebskosten (umfaßt Telekommunikations-, Service- und Instandhaltungskosten etc.).
- Personalkosten (Lohn, Sozial- und Ausbildungskosten für interne und externe Mitarbeiter).

3.9.1 Materialkosten

Bei den Materialkosten ist bezüglich des Preis-/Leistungsverhältnisses der größte kostenreduzierende Effekt erzielbar. Dies gilt vor allem für die Hardware. Im Bereich der Software sind hier insbesondere die PC-Software-Produkte (Textverarbeitung, Tabellenkalkulation etc.) konkurrenzlos. Mainframe-basierende Textverarbeitungssysteme, die sich vor wenigen Jahren noch gut verkaufen ließen und auch heute noch eine weite Verbreitung haben, können weder funktional noch preislich mithalten.

Preis-/Leistungsverhältnis im Client/Server-Umfeld günstiger

Allerdings hat die vermeintlich günstige Software, was die Kosten betrifft, auch ihre Tücken. So kann im Mainframe-Bereich beim Kauf einer Software von einer jährlichen Wartungsgebühr von ca. 12–15% vom Kaufpreis ausgegangen werden. Bei PC-Software kostet das nach spätestens zwei Jahren erforderliche Upgrade bis zu 50%. Bei größeren Unternehmen kann pro Jahr sehr schnell ein bemerkenswerter Betrag für Software-Upgrades zusammenkommen. Kosten, denen in der Realität meist ein nur geringer Nutzen gegenübersteht.

Fallstrick: Unterschätzung der Software-Kosten

Die Gartner Group geht davon aus, daß die Lizenzkosten für eine PC-Software nur 14 % der Gesamtkosten über ihre Lebensdauer von ca. 5 Jahren ausmachen. Die Verteilung der Gesamtkosten sind in der Abbildung 3.19, bei einem angenommenen Lizenzpreis von 1.400 DM, dargestellt.

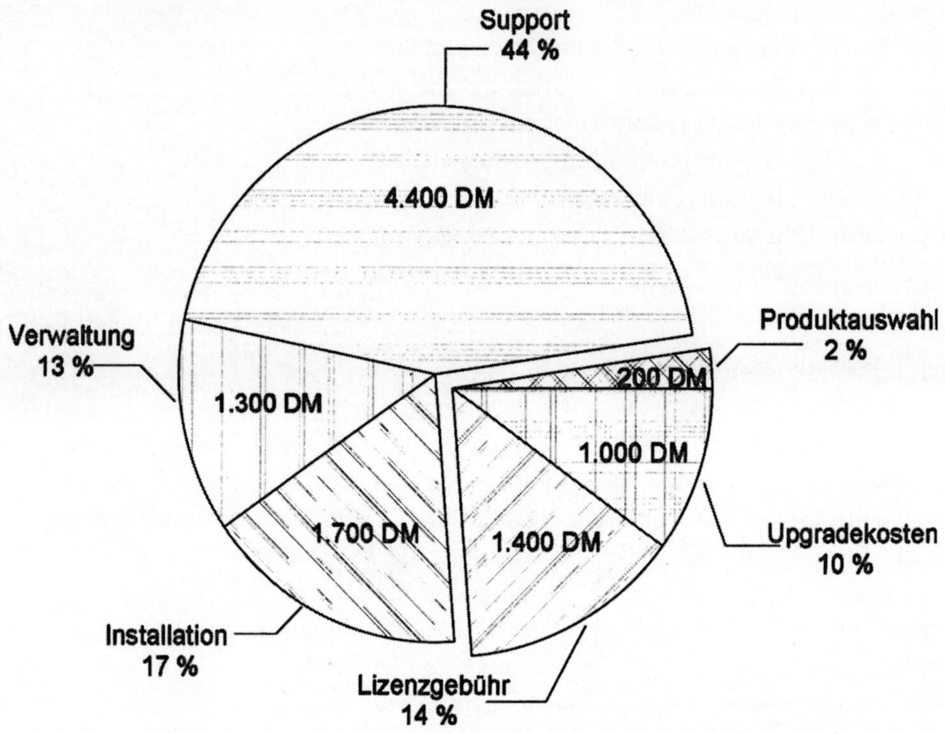

Abb. 3.19: Relative Verteilung von PC-Software-Kosten bezogen auf 5 Jahre

Interessant bei dieser Zusammenstellung sind die Anteile für Verwaltung, Installation und Support, die zusammen fast 60 Prozent der Folgekosten ausmachen. Da die Verwaltung und der Support durch Personen erbracht wird, sind dies Personalkosten. Hierzu eine einfache Modellrechnung, die von folgenden Voraussetzungen ausgeht:

- Relative Verteilung der Kosten wie in Abb. 3.19 dargestellt,
- Anzahl PCs im Unternehmen: 500
- Pro PC mehrere Office-Ware-Produkte (Textverarbeitung, Tabellenkalkulation, Grafik, Mail etc.) installiert bzw. über einen Server verfügbar.
- Einmalige Software-Lizenzkosten pro PC: 1.400 DM.

Damit ergeben sich bezogen auf 5 Jahre die in der nachfolgenden Tabelle dargestellten Werte:

Kostenart	Gesamtkosten (DM)	Kosten pro Jahr (DM)
Produktauswahl	100.000	20.000
Lizenzkosten	700.000	140.000
Upgrades	500.000	100.000
Verwaltung	650.000	130.000
Installation	850.000	170.000
Support	2.200.000	440.000
	5.000.000	1.000.000

Tabelle 3.4: PC-Software-Kosten bezogen auf 500 Arbeitsplätze und einen Zeitraum von 5 Jahren

Davon ausgehend, daß die Verwaltungs-, Installations- und Supportkosten Personalkosten sind, würde das hier bedeuten, daß rein für diese Tätigkeiten Personalkosten in der Höhe von 740.000 DM/Jahr anfielen. Ausgehend von Lohn- und Lohnnebenkosten in der Höhe von 75.000 DM, wären das ca. 10 Mitarbeiterkapazitäten, die für diese Tätigkeiten benötigt würden. Woraus sich wiederum ableiten ließe, daß in unserem Beispiel auf ca. 50 PCs ein Mitarbeiter rein für den Unterhalt und Support benötigt würde.

Verwaltung / Support / Installation von PC-Software erfordert einen nicht zu unterschätzenden Personal- und Verwaltungsaufwand

Diese Modellrechnung hat zunächst mit Client/Server recht wenig zu tun. Sie spiegelt die heute verbreitete informationstechnologische Infrastruktur wider: zentraler Mainframe und an den Arbeitsplätzen PCs mit Office-Ware-Software und einem Anschluß (Emulation, Communication-Server) an den Großrechner. Dieses kurze Zahlenspiel zeigt aber auch, daß die Kostenexplosion im Informatikbereich nicht nur durch den Mainframe verursacht wurde.

Kostenexplosion nicht nur durch den Mainframe verursacht

Bei dem Wechsel in eine Client/Server-Architektur muß eine dafür geeignete Infrastruktur geschaffen werden. Dazu gehört die Vernetzung (heute bei vielen Anwendern meist schon mehr oder weniger vorhanden) die Einführung von multitasking-fähigen Betriebssystemen wie UNIX, OS/2 oder Windows-NT, Datenbanksystemen, sowie einer Reihe weiterer Produkte. Da diese Infrastruktur parallel zu der bestehenden Mainframe-Umgebung auf- und ausgebaut werden muß (man kann den Mainframe ja nicht von heute auf morgen abschalten) sind zunächst Investitionen notwendig, die das Informatik-Budget zusätzlich belasten.

Allerdings wirkt sich hier die Skalierbarkeit (Abb. 3.20) beim Einsatz der Client/Server-Technologie kosten-dämpfend aus. Denn im Gegensatz zum Mainframe wo man immer gleich groß, d.h. in der Regel überdimensioniert und entsprechend teuer eingekauft hat, besteht hier die Möglichkeit, die Infrastruktur quasi Arbeitsplatz um Ar-beitsplatz auszubauen. Dies bewirkt, daß die Investitionen erst dann getätigt werden müssen, wenn sie wirklich not-wendig sind.

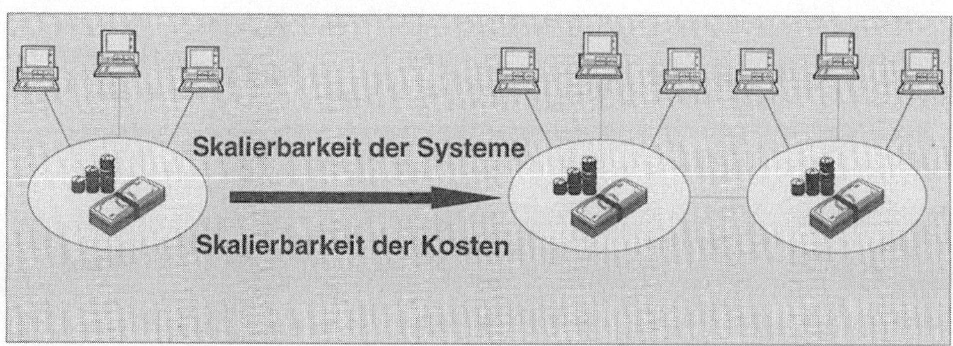

Zusammenfassend kann zu den Materialkosten gesagt werden, daß sich vor allem im Hardware-Bereich das besse-re Preis-/Leistungsverhältnis bemerkbar macht. Im Bereich der Software gehen wir davon aus, daß die Aufwände in den nächsten Jahren eher steigen als fallen werden. Dies wird insbesondere den Bereich der Datenbanken betreffen.

3.9.2 Betriebskosten

Die Entwicklung der Betriebs- und Unterhaltskosten in einer reinen Client/Server-Umgebung ohne zentralen Mainframe sind heute noch schwer abzuschätzen. So möchten wir uns hier auf einige Punkte beschränken, die sich kostensteigernd bzw. reduzierend auswirken könnten.

Fallstrick: Fehleinschätzung der Betriebskosten

In einer klassischen Mainframe-Umgebung ist das Backup-Problem oftmals durch das Vorhandensein eines zweiten Rechners oder eines Ausweich-Rechenzentrums gelöst. In einer Client/Server-Umgebung, bestehend aus einem Server-Verbund, übernimmt beim Ausfall eines Servers ein anderer Server dessen Aufgaben. Soweit zur Theorie. In der Praxis ist man von diesem Idealzustand meist noch einiges entfernt. Ist dieser Idealzustand aber einmal erreicht, werden die Kosten für das Vorhalten von Backup-Lösungen, wie wir sie aus dem Mainframe-Bereich kennen, deutlich reduziert werden.

Eines der Hauptmerkmale der Client/Server-Technologie ist die Kommunikation. Der Kommunikationsaufwand wird in den nächsten Jahren stetig steigen und mit dem Aufwand natürlich auch die Kosten. Insbesondere wenn die Kommunikation über öffentliche Netze erfolgt, wird sich jede Gebührenerhöhung im Budget bemerkbar machen.

Kostenfaktor: Kommunikationsaufwand

Ein weiteres Merkmal beim Einsatz der Client/Server-Technologie, ist die rapide Zunahme der einzelnen Hardware- und Software-Objekte (siehe Kapitel 3.8). Vor wenigen Jahren noch stand an einem Sachbearbeiterplatz mit dem sogenannten *dummen Terminal* nur ein verwaltungstechnisch relevantes Objekt. Heute sind es bereits zwischen 5–10 (je nachdem, ob man z.B. Einsteckkarten etc. als einzelne Objekte betrachtet). D.h. das Informatikinventar erhält einen enormen Zuwachs. All dieses Inventar und all die Komponenten, die im Boden versteckt sind oder als Server irgendwo still ihre Arbeit tun, müssen verwaltet, gewartet, instandgehalten und ersetzt werden. Hierfür wird zukünftig aufgrund der hohen Objektzahl und deren örtliche Verteilung mehr Aufwand zu

Wachsendes Informatikmittel-Inventar: Steigende Aufwände für Verwaltung, Wartung und Instandhaltung

betreiben sein, als es in einer reinen Mainframe-Umgebung jemals notwendig war.

Ein ganz wesentliches Element, werden die Aufwendungen für die Sicherstellung des Datenschutzes und der Datensicherheit sein. Hier gibt es heute nur wenige bzw. noch in den Kinderschuhen steckende technische Lösungsansätze. Die fehlende technische Unterstützung muß z.T. durch personalintensive und damit teuere organisatorische Maßnahmen gelöst werden.

Interessant in diesem Zusammenhang dürfte auch der Energieverbrauch[1] sein. So darf man davon ausgehen, daß das Wachstum der stromverbrauchenden Endgeräte (PCs, Monitore, Drucker etc.) sich auch entsprechend im Energieverbrauch bemerkbar macht.

Auch für die Sicherstellung der Stromversorgung für eine Gesamtheit von verteilten und vernetzten Systemen sind noch keine überzeugende Konzepte vorhanden. Wie wichtig dieser Punkt für viele Unternehmen ist, zeigen die oftmals enormen Anstrengungen, die heute im Mainframe-Bereich für die Sicherstellung der Stromversorgung erbracht werden.

3.9.3 Personalkosten

Der kostenintensivste Teil im Informatikbudget ist das Personal. Die größten Kosteneinsparungen im Informatikbereich können zweifelsohne durch einen Personalabbau erreicht werden. Heute stehen wir, was die Informatik betrifft, in einer ähnlichen Situation wie die Industrie vor ca. zwanzig Jahren. Die Technik und bestimmte Verfahren haben sich nun soweit entwickelt, daß sie zur Automatisierung und Rationalisierung eingesetzt werden können.

Die besten Beispiele hierfür sind die Automatisierung von Rechenzentren (z.B. der operatorlose Betrieb) und der zunehmende Einsatz von Standard-Software, dem es zu verdanken ist, daß es heute kaum noch in einem Unternehmen Personal gibt, das sich mit eigenentwickelten

---

Kostenfaktor:
Datenschutz und
Datensicherheit

[1] So verbrauchen in Europa die schätzungsweise 50 Mio. PC-Benutzer jedes Jahr rund 70 Mrd. Kilowattstunden Strom, etwa 5% des Strombedarfs im Gewerbe. Ohne entsprechende Gegenmaßnahmen dürfte sich dieser Verbrauch bis ins Jahr 2000 verdoppeln. (TA 1994)

Personalreduktion, die wirksamste Methode, Kosten im Informatikbereich einzusparen

Systemen im Rechnungs- und Personalwesen auseinandersetzen muß.

Doch wie sieht es mit den Personalkosten im Client/Server-Bereich aus? Bei welchen Mitarbeitern bzw. Berufsgruppen sind aufgrund der Einführung von Client/Server-Systemen Veränderungen im benötigten Personalbestand zu erwarten?

Da sich diese Fragen entweder nur sehr pauschal oder oftmals nur auf einen spezifischen Einzelfall bezogen beantworten lassen, wollen wir sie anhand eines *hypothetischen Betriebes* diskutieren.

Ausgangslage ist ein Unternehmen beliebiger Branche mit einer klassischen Informatik-Infrastruktur basierend auf einer Mainframe-Architektur und 1 000 Bildschirmarbeitsplätzen. Für Finanzbuchhaltung, Rechnungs und Personalwesen ist Standard-Software im Einsatz. Weiterhin existieren noch 10 spezifische Eigenentwicklungen mit teilweise hohem Stellenwert für das Unternehmen. Die Personalstärke für den Betrieb, den Unterhalt und für die Entwicklung beträgt inklusive der administrativen und Leitungsfunktionen 48 Personen, die sich wie folgt verteilen.

Diskussion eines heiklen Themas am Beispiel eines hypothetischen Betriebes

Funktion	Anzahl Mitarbeiter
Leitung und Sekretariat Bereich Informatik	2
Stab (Einkauf und Anwenderbetreuung)	2
Leitung und Sekretariat Abteilung Rechenzentrum	2
Mitarbeiter RZ	20
Leitung und Sekretariat Abteilung Software-Entwicklung	2
Software-Entwicklung (Neu-Entwicklung, Maintenance,SSW)	20
	48

*Tabelle 3.5:
Personalsituation der zentralen Informatik vor der Umstellung*

Das Unternehmen entschließt sich, die einzelnen Geschäftsbereiche zu dezentralisieren und zukünftig als quasi selbständige *Business units* agieren zu lassen. Parallel wird die Mainframe-Technologie durch eine Client/Server-Architektur abgelöst. Ein Ziel der Unternehmung ist es, durch das Downsizing die Ausgaben für die zentrale Informatik zu reduzieren. Aus Sicht der Informatik stellt sich die Situation wie in der Abbildung 3.21 dar.

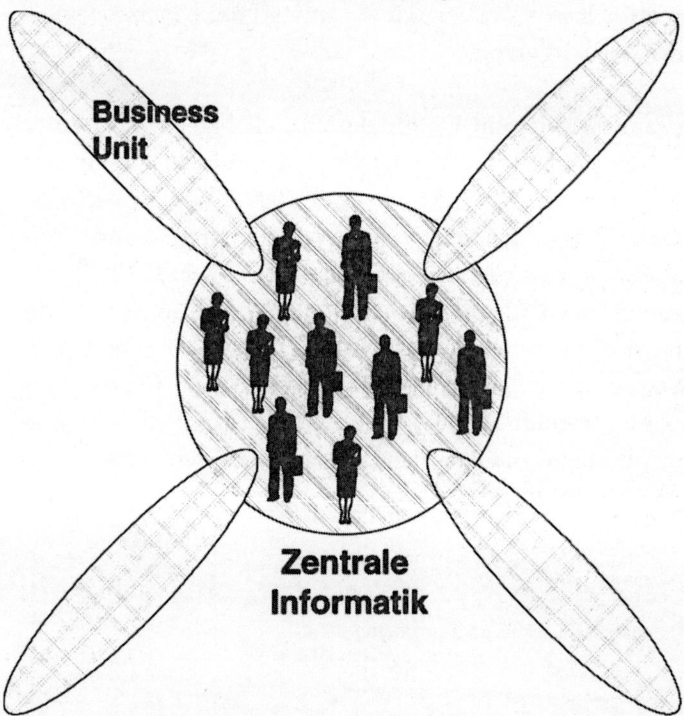

*Abb. 3.21: Verteilung
des Informatik-Know-
hows vor der
Dezentralisierung*

*Aktivierung eines spe-
zifischen Nutzenpo-
tentials durch Einsatz
einer neuen Anwen-
dung (DIP)*

Die 1 000 Arbeitsplätze werden mit PCs ausgerüstet. Jeweils 50 Arbeitsplätze sind in einem LAN zusammengeschlossen und einem Server zugeordnet. Zu diesen 20 Servern kommen noch 5 Server für Entwicklung, Test und Reserve hinzu. Weiterhin sind 250 Laserdrucker im Einsatz. Die Applikationen aus dem Mainframe-Bereich können bis auf spezielle Eigenentwicklungen durch Standard-Software ersetzt werden. Die spezifische Individual-Software wird neu entwickelt. Die Fähigkeit Individual-Software zu erstellen, wird auch weiterhin notwendig sein. Auf der

Basis der gewählten Client/Server-Technologie wird ein umfassendes Document Image Processing-System (DIP) für die Archivierung und Dokumentenverwaltung eingeführt.

Wie wird sich die Umstellung auf den Personalbestand der Informatikabteilung auswirken? Die benötigten Kapazitäten (inkl. Administration und Leitung) könnten sich wie in der folgenden Tabelle dargestellt verteilen:

Funktion	Anzahl Mitarbeiter
Leitung und Sekretariat	2
Software-Entwicklung (Neu-Entwicklung, Maintenance,SSW)	15
Betreuung Document Image Processing	3
Systembetreuung (Installation Arbeitsplatz,LANs, Server)	12
Hard-/Software-Verwaltung (Beschaffung)	2
Zentraler Benutzer-Service	3
Dezentrale Benutzer-Support/-Betreuung	10
	47

Tabelle 3.6:
Personalsituation des
Informatikbereiches
nach der Umstellung

Bei der Umorganisation hat sich das Unternehmen von folgenden Zielen und Überlegungen leiten lassen:

- Reduktion der Personalkosten im Bereich Informatik durch die Straffung im Bereich Management und Administration.
- Pro Eigenentwicklung 1 Mitarbeiter, zusätzliche Kapazität für Betreuung der SSW und Neu-Entwicklungen.
- Für das eingesetzte Document Image Processing Produkt eine spezielle Betreuungsgruppe.

233

- Pro 2 Server, 2 LANs und 100 PCs ein Systembetreuer und ein Mitarbeiter für den Benutzer-Support.
- Da sich die Anzahl der zu beschaffenden und zu verwaltenden Objekte (Inventar) vervielfacht hat, eine dafür spezielle administrative Funktion, die auch die Beschaffung koordiniert.
- Ein zentraler Benutzerservice.

Benötigtes Personal bleibt quasi konstant

In unserem hypothetischen Unternehmen kommen wir auf 47 Mitarbeiter, die Funktionen im Bereich der Informationstechnologie ausführen. Der Personalbestand entspricht nahezu der Anzahl Informatikmitarbeiter vor der Umstellung, wobei sich die Arbeitsinhalte und Funktionen z.T. aber erheblich verändert haben.

Bisher erfolgte die Betrachtung rein aus der Sicht der zentralen Informatik. D.h. im obigen Beispiel haben wir die alte zentrale Informatik, in eine neue, noch zentral organisierte Informatik mit abgespeckten Leitungs- und Administrationsfunktionen sowie einer teilweise neuen informationstechnologischen Funktionalität umgewandelt.

Der nächste Schritt in unserem hypothetischen Betrieb ist die Dezentralisierung von Funktionen. Hierzu eignen sich die Systembetreuung und der Benutzer-Support. Somit ergibt sich folgende neue Verteilung des Personals:

Tabelle 3.7: Verteilung des Personal auf zentrale und dezentrale Funktionen

Funktion	Anzahl Mitarbeiter
Zentrale Informatik	
Leitung und Sekretariat	2
Software-Entwicklung (Neu-Entwicklung, Maintenance,SSW)	15
Betreuung Document Image Processing	3
Zentrale Systembetreuung (Server/LAN)	2
Zentraler Benutzer-Service	3

Hard-/Software-Verwaltung (Beschaffung)	2
	27
Dezentrale Informatik-Funktionen	
Systembetreuung (Installation Arbeitsplatz,LANs, Server)	10
Dezentraler Benutzer-Support/-Betreuung	10
	20

Durch die Dezentralisierung von bestimmten Tätigkeiten, ist in unserem hypothetischen Betrieb eine Reduktion des Personalbestandes in der zentralen Informatik um ca. 40% erfolgt. Allerdings ist der Gesamtbestand des für Informatiktätigkeiten benötigten Personals quasi konstant geblieben. Wir haben hier also das Personal und die Kosten verschoben. Aus Sicht der geschrumpften Informatik stellt sich die Verteilung des Informatik-Know-hows im Unternehmen wie in der Abbildung 3.22 dargestellt dar.

Reduktion des Personalbestandes in der zentralen Informatik um ca. 40 Prozent

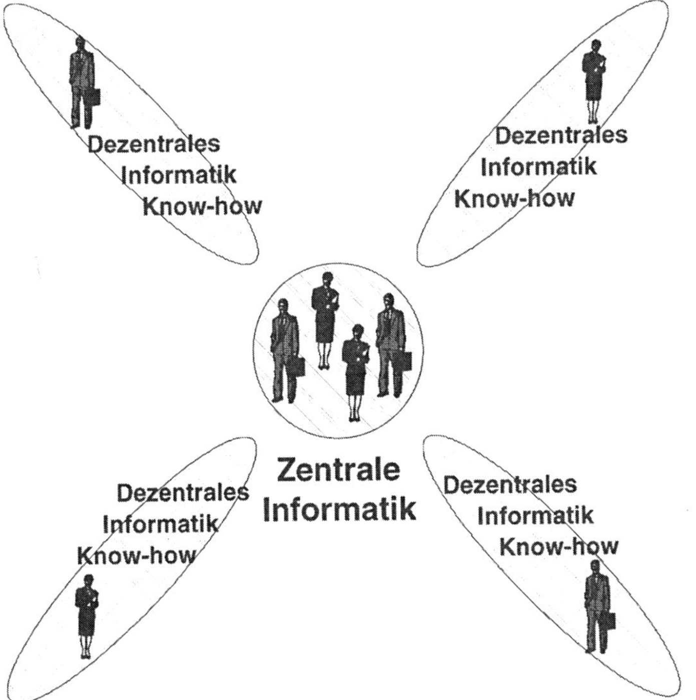

Abb. 3.22: Verteilung des Informatik-Know-hows nach der Dezentralisierung

235

*Der Verschiebeprozeß
ist gewollt und sinnvoll*

*Wechsel der Berufs-
bilder und der benö-
tigten Qualifikationen*

*Auswirkung der
Client/Server-Lösung
auf die Anwender*

*Reduktion der benötig-
ten Schreibkapazitäten*

Dieser Verschiebeprozeß ist in der Praxis durchaus gewollt und sinnvoll, da dadurch die Kosten genau dort anfallen, wo sie verursacht werden. Dieses kleine hypothetische Beispiel soll aber auch darauf hinweisen, daß bei der Diskussion *Senkung der Personalkosten durch Einsatz der Client/Server-Technologie* nicht nur die Folgen für die ehemalige zentrale Informatik zu berücksichtigen sind. So kommen auch noch eine Reihe von anderen Faktoren ins Spiel, von denen wir noch einige am Beispiel unseres Unternehmens diskutieren wollen.

Was in der Unternehmenspraxis ein in der Regel langsamer Prozeß ist und in unserem Beispiel schlagartig sichtbar wird, ist der Wechsel bei den Berufsbildern und damit der Qualifikation der Mitarbeiter.

Die typischen Berufe, wie man sie aus dem Rechenzentrum her kennt, fehlen vollständig (z.B. Operator, RZ-Leiter etc.) bzw. haben sich in ihrem Arbeitsinhalten vollständig verändert (System-Technik, -Betreuung). Die Software-Entwickler sind keine klassischen (billigen) Cobol-Datenbank-Anwendungsprogrammierer mehr. Hier steigen die konzeptionellen und technischen Anforderungen. Der Benutzer-Support ist in dieser Form ein neu hinzugekommenes Berufsbild das, wenn man die Lohnkosten betrachtet, nicht unbedingt in der Rubrik eines teuren DV-Spezialisten liegt.

Weiterhin hat der Wechsel von einer Mainframe- auf eine Client/Server-Lösung für die Anwender und für das Unternehmen weitreichende Bedeutung. Am Beispiel unseres hypothetischen Betriebes können wir mögliche Auswirkungen diskutieren.

Da jetzt jeder Sachbearbeiter mit Textverarbeitung und einem Laser-Drucker in Arbeitsplatznähe ausgestattet ist, können im Sachbearbeiterbereich die Schreibarbeiten, die früher vom Sekretariat oder speziellen Schreibkräften durchgeführt wurden, selbst erstellt werden. Es wird dabei davon ausgegangen, daß die Entstehung von Geschäftsdokumenten nicht wesentlich teurer ist als die Erstellung durch eine Schreibkraft. In unserem Gedankenmodell werden dadurch pro 50 PC-Arbeitsplätzen eine Schreibkapazität überflüssig, was auf der Basis von 1 000 PCs 40 Arbeitsplätzen entspricht.

Die größte Auswirkung hat die aufgrund der Client/ Server-Architektur mögliche Einführung des Document Image Processing-Systems. Durch dieses System konnte die interne Archiv- und Dokumentenverwaltung revolutioniert werden. Neben den schnelleren Zugriffszeiten (vom Tages- in den Minutenbereich); mit denen ein klarer Wettbewerbsvorteil erzielt wird, konnte aufgrund der neuen Technologie der Personalbestand reduziert werden.

Reduktion von Personal durch Einsatz eines Document Image Processing-Systems und Optimierung der Archivierung

Allerdings werden auch, zumindest kalkulatorisch auf Mitarbeiterkapazitäten bezogen, neue Arbeitsplätze geschaffen. Hierzu einige einfache Rechenbeispiele: Die Sachbearbeiter verbringen im Schnitt einen Arbeitstag pro Monat mit Systemarbeiten (wie Disketten kopieren, formatieren, Backup etc.) und Ausprobieren von Software-Funktionalitäten. Bei 1 000 Arbeitsplätzen macht dies immerhin 1 000 Arbeitstage oder rund 4 Mitarbeiterkapazitäten pro Jahr aus.

Dezentralisierung von Aufgaben, erfordert weitere Mitarbeiterkapazitäten in den Fachbereichen

Weiterhin steigt der Ausbildungsbedarf dieser 1 000 Sachbearbeiter, denn sie müssen im Umgang mit PC, Drucker und der Software geschult werden. Da meist mehre Software-Pakete zur Verfügung stehen, ist man schnell auf einem Ausbildungsbedarf von im Minimum 10 Tagen pro Mitarbeiter. Vergißt man einmal die Einführungsschulung für alle Mitarbeiter und betrachtet nur die Folgekosten, kommen bereits *spürbare* Zahlen zusammen. Bei einer angenommenen jährlichen Fluktuation von 5% müssen pro Jahr 50 Mitarbeiter mit insgesamt 500 Arbeitstagen neu geschult werden. Für den Ausgleich dieser 500 Arbeitstage braucht es zwei weitere Mitarbeiter. Zusätzlich fallen zwischen 200.000–250.000 DM (bei einem Ansatz von 400–500 DM pro Tag) an Ausbildungskosten an.

Sicherlich ist unser hypothetischer Betrieb nicht in allen Details ausgereift und manchmal (bewußt) etwas schwarz-weiß dargestellt. Trotzdem zeigt das Modell aber, daß die Auswirkungen bei der Einführung der Client/Server-Technologie sich nicht auf die Informatik alleine

*Outsourcing – eine
weitere Variante für
die Reduktion
von Fixkosten*

*Das Phänomen der
versteckten Kosten*

beschränken, sondern in der Folge das ganze Unternehmen betreffen.

Natürlich können parallel kostendämpfende Maßnahmen ergriffen werden. In unserem oben dargestellten Unternehmen könnte z.B. die Eigenentwicklung reduziert werden, indem man die Realisierung von Individual-Software nach außen vergibt. Ebenso könnte z.B. der gesamte Benutzer-Support via Outsourcing realisiert werden, wodurch weitere Fixkosten abgebaut würden. Weiterhin ist ganz verständlich, daß der Arbeitgeber die Ausbildungskosten dadurch reduzieren möchte, daß ein Teil der Ausbildung in der Freizeit der Mitarbeiter erfolgen soll.

Was in dieser gesamten Betrachtung noch fehlt, ist das Phänomen der versteckten Kosten. Versteckte Kosten sind Personalkosten oder Materialkosten, die man nie vorhergesehen und damit auch nicht kalkulatorisch berücksichtigt hat. Drei Beispiele aus der Praxis:

Erstens: Ein Sachbearbeiter erstellt ein Dokument, er möchte (muß aber nicht) das Dokument mit einem anspruchsvollen Layout erstellen. Der benötigte Aufwand für das Erstellen des gewünschten Layouts hierfür liegt – bei rund vier Stunden üben, zwei Stunden Diskussion mit Kollegen und einer Stunde Abklärungen mit dem Benutzerservice – also bei insgesamt rund acht Stunden. Acht Stunden, die nicht eingeplant waren, sind zwar nicht viel, aber 8 mal 1000 pro Monat?

Zweitens: Bei einem Laserdrucker wird das Druckbild zunehmend schlechter. Die Verantwortung für den Drucker liegt auf der Fachabteilungsebene. Da der Benutzersupport nicht ausreichend organisiert ist, wird vom betroffenen Mitarbeiter ein Servicetechniker bestellt, der 2 Arbeitsstunden für eine Inspektion und einen Tonerwechsel verrechnet. Einmalig ?

Drittens: Trotz Schulung und vorhandener technischer Infrastruktur können eine Reihe von Bedienungsfehlern gemacht werden, die in der Folge spürbare Aufwände nach sich ziehen können. Hierzu gehört z.B. Datenverlust

aufgrund geringer Backup-Disziplin oder das (unbeab-
sichtigte) Löschen von Software.

3.9.4 Zusammenfassende Kosten- und Nutzenthese

Der Nutzen der Client/Server-Technologie liegt *nicht* in der
trivialen Erwartungshaltung „alte, teuere Technologie"
durch „neue, billigere Technologie" zu ersetzen.

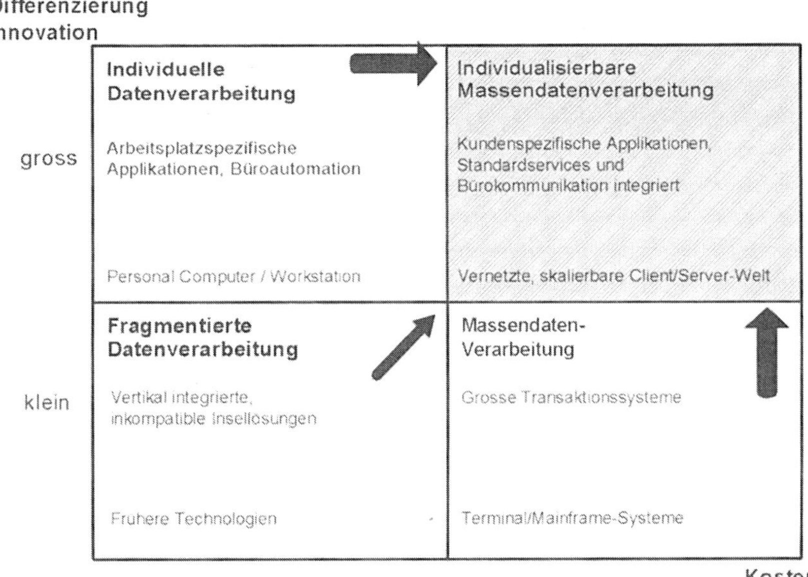

Abb. 3.23: Die kosteneffiziente Flexibilität der Client/Server-Technologie. (Quelle: Kubli 1993)

Der Nutzen der Client/Server-Technologie liegt in
ihrem Innovationspotential, der kosteneffizienten Flexibilität (Abb. 3.23) sowie in der Möglichkeit, neue Konzepte auf
der Basis einer neuen Technologie umzusetzen. Damit kann
man neue Produkte entwickeln, neue Märkte erschließen,
Geschäftsprozesse optimieren und die Organisation von
einer hierarchisch geführten, reagierenden Organisation auf
eine agierende Organisationsform umstellen, die von hoher
Eigenverantwortung und Selbständigkeit bis zum einzelnen
Arbeitsplatz geprägt ist.

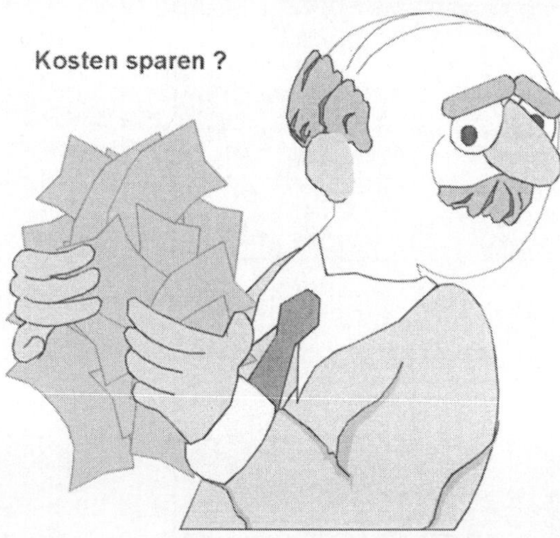

Das Preis/Leistungsverhältnis im Hardware- und Software-Bereich wird sich weiter verbessern. Dadurch werden die Infrastrukturkosten zwar relativ (im Vergleich zur Mainframe-Technologie) günstiger. Da die Client/Server-Technologie aber aus unserer Sicht eine zunehmende DV-Durchdringung in den Unternehmen bewirken wird, wird das Informatikbudget nur aufgrund des günstigeren Preis-/Leistungsverhältnisses nicht kleiner werden. Weiterhin wird der Anteil der Software-Kosten am Informatikbudget weiter steigen.

Ein oftmals nur am Rande berücksichtigter Faktor, der auf die Betriebskosten einen starken Einfluß nehmen wird, sind die Kommunikationskosten. Mit der Einführung und Durchsetzung der Client/Server-Technologie werden auch die Kommunikationskosten steigen. Insbesondere, wenn die Kommunikation über öffentliche Einrichtungen oder Netze läuft. Günstige Auswirkungen auf die Investitionsplanung hat die Client/Server-Eigenschaft der *Skalierbarkeit*. Damit ist sichergestellt, daß man bedarfsgerecht einkaufen und das System ausbauen kann. Im Gegensatz zum Mainframe-Bereich, in dem oftmals zu groß eingekauft wurde.

Bei den Personalkosten stehen den Einsparungen in klassischen Berufsbildern (z.B. Operator) Ausgaben in neu zu schaffenden Positionen wie Benutzerservice entgegen. Durch die teilweise Dezentralisierung dieser Tätigkeiten wird der Aufwand als *typischer Informatikaufwand* nicht mehr unbedingt sichtbar, wodurch eine scheinbare Kostenreduktion erreicht wird.

3.10 Wirtschaftlichkeit von Client/Server-Lösungen

Große und bedeutende Investitionen, wie sie die Einführung von Client/Server-Lösungen bedingen, müssen in der Regel in Form von Kosten/Nutzen-Analysen und Investitionsrechnungen abgesichert werden. Eine der typischsten Fallstricke für die Einführung von Client/Server-Lösungen ist, diese Aufgabe den Informatikern, d.h. in diesem Falle den Technikern zu überlassen. Aufgrund der Komplexität und der z.T. erheblichen Folgewirkungen und -kosten in Bezug auf Aufgaben- und Kostenverteilung (Dezentralisierung) und den damit verbundenen Veränderungen in der Ablauf- und Aufbauorganisation, können die notwendigen Investitionsrechnungen nur in Zusammenarbeit und in der Verantwortung von Betriebsökonomen mit der notwendigen Qualität sichergestellt werden.

Fallstrick: Investitionsrechnung für Client/Server-Projekte den Technikern zu überlassen

Investitionsrechnungen sind eine wesentliche Grundlage von Investitionsentscheidungen, wenn ihre Bedeutung auch nicht überschätzt werden darf, da nicht quantifizierbare Entscheidungsfaktoren unberücksichtigt bleiben. Diese werden im Investitionskalkül praktisch als nicht existent behandelt. Bei der Einführung neuer Technologien, wie dies beim Thema Client/Server der Fall ist, spielen aber gerade diese Faktoren eine große Rolle. Somit ist die simulative Berechnung der Wirtschaftlichkeit für eine ganz spezifische Client/Server-Lösung in der Regel mit einem großen Unsicherheitsfaktoren versehen. Das heißt, hier ist das unternehmerische Risiko entsprechend hoch, was allerdings kein Argument sein darf, auf eine Wirtschaftlichkeitsrechnung zu verzichten!

Typisch für Client/Server-Projekte: eine Reihe von nicht quantifizierbaren Entscheidungsfaktoren sind zu berücksichtigen

Jedes Unternehmen handelt nach bzw. unterliegt dem ökonomischen Prinzip (siehe auch Schierenbeck (1989)). Versteht man unter Aufwand (bzw. Kosten) den wertmäßigen Ausdruck für das, was an Wirtschaftsgütern für einen bestimmten Zweck eingesetzt werden muß, bzw. eingesetzt wird, und unter Ertrag (bzw. Leistung) das bewertete Ergebnis dieses Einsatzes, so beinhaltet das ökonomische Prinzip das Streben nach

Jedes Unternehmen handelt nach bzw. unterliegt dem ökonomischen Prinzip

- Ertrags- (Leistungs-)maximierung
- Aufwands-(Kosten-)minimierung
- Ertrags-(Leistungs-) und Aufwands-(Kosten-)opti
mierung.

Wirtschaftlichkeit: in erster Linie eine Kennzahl

Das ökonomische Prinzip darf nicht mit dem Begriff der Wirtschaftlichkeit verwechselt werden. Hier handelt es sich in der Regel um eine einfache Kennzahl,

$$\boxed{\text{Wirtschaftlichkeit} = \text{Ertrag} / \text{Aufwand}}$$

die das Verhältnis von Ertrag (Leistung) und Aufwand (Kosten) zum Ausdruck bringt, ohne aber eine Aussage darüber zu machen, ob dieses Verhältnis im Sinne des ökonomischen Prinzips auch optimal ist.

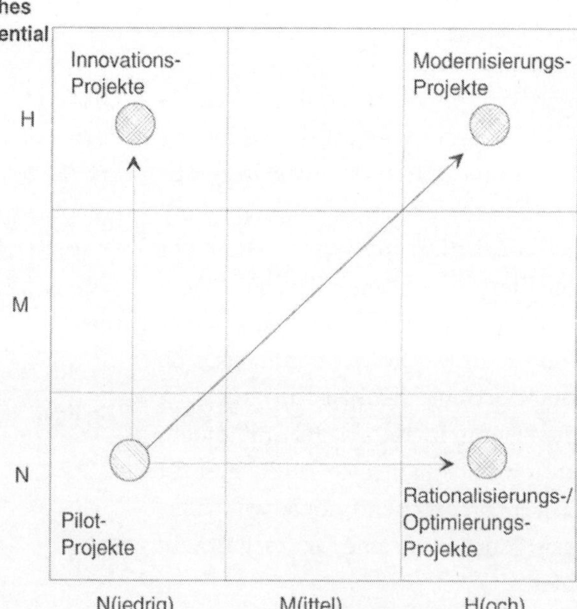

Abb. 3.24: Positionierung von Client/Server- Projekten hinsichtlich ihrer Ertragswertigkeit

Wie sind nun Client/Server-Projekte (-Lösungen) hinsichtlich ihrer Wirtschaftlichkeit zu positionieren? In der Abbildung 3.24 sind verschiedene Projekttypen hinsichtlich ihrer potentiellen Ertragswertigkeit positioniert. Hierbei erfolgte eine Aufteilung nach wertmäßig nicht quantifizierbaren Faktoren (y-Achse), die zusammenfassend als *Strategisches Nutzenpotential* bezeichnet werden und nach wertmäßig quantifizierbaren Faktoren (x-Achse), die zusammenfassend als *Kostensenkungs-/Einsparungspotential* bezeichnet werden.

Die Einführung neuer Technologien, worum es sich bei der Client/Server-Technologie unbestreitbar handelt, wird im allgemeinen in Form von Pilot-Projekten vorbereitet. Neue Technologien können (verallgemeinert) zu folgenden Vorhaben eingesetzt werden:

- Innovations-Projekte, z.B. Aufbau neuer Geschäfts bereiche, Entwicklung neuer Produkte, Leistungen.
- Modernisierungs-Projekte, z.B. Ausbau bestehender Geschäftsbereiche, Modernisierung, Weiterentwicklung, Verbesserung bestehender Produkte, Leistungen.
- Rationalisierungs-/Optimierungsprojekte, z.B. Automatisierung von Tätigkeiten, Verbesserung der Abläufe.

Abb. 3.25:
Positionierung von
Client/Server-
Projekten hinsichtlich
ihrer Wirtschaftlichkeit

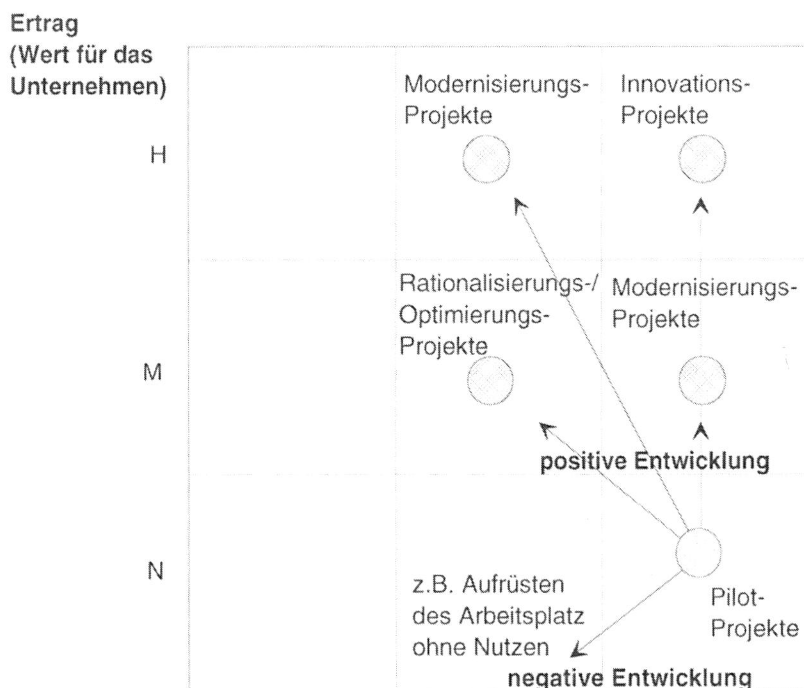

In der Abbildung 3.25 ist das *Strategische Nutzen-potential* sowie das *Kostensenkungs- und Einsparungspotential* zum *Wert für das Unternehmen* zusammengefaßt. Aus Sicht der Wirtschaftlichkeit entsprechen diese Potentiale dem Ertrag (y-Achse). Die einzelnen Projekte sind nun hinsichtlich ihres potentiellen Ertrags und der zu leistenden Aufwände (x-Achse) im Portfolio positioniert. Die einzelnen Projekttypen können wie folgt beurteilt werden:

Innovations-Projekte haben in der Regel den höchsten Nutzen für ein Unternehmen, da sie zum Ziel haben, die wirtschaftliche Zukunft (wertmäßig nicht quantifizierbar) des Unternehmens sicherzustellen. Sie sind von einem großen unternehmerischen Risiko begleitet, da zuerst ein hoher Aufwand zu betreiben ist, der erst zu einem späteren Zeitpunkt oder im schlimmsten Falle auch nie, durch einen Ertrag ausgeglichen bzw. überschritten wird. Oder anders ausgedrückt, die Wirtschaftlichkeit als Kennzahl hat bei Innovations-Projekten zu Projekbeginn einen negativen Wert, der erst bei erfolgreicher Plazierung des neuen Produktes, der neuen Leistungen auf dem Markt, in den positiven Bereich verschoben wird. Die Entwicklung von Workflow-Management-Systemen waren bzw. sind für manche Software-Häuser Innovations-Projekte, die erst durch die Verfügbarkeit der Client/Server-Technologie ermöglicht bzw. initialisiert wurden.

Modernisierungs-Projekte sind, solange die bestehenden, zu modernisierenden Produkte bzw. Leistungen auf dem Markt noch gefragt sind, für ein Unternehmen von hohem Nutzen. In der Regel handelt es sich hierbei um so genannte Cash cow-Produkte (siehe Produkteportfolio Abb. 3.3 Kap. 3.21), die auf dem Markt etabliert sind und Erträge erwirtschaften. Gleichfalls enthalten Modernisierungs-Projekte ein hohes Kostensenkungs- bzw. Einsparungspotential, da durch den Einsatz neuer Technologien z.B. Produkte günstiger produziert, Leistungen schneller und effizienter erbracht werden. Sie sind von einem geringen unternehmerischen Risiko begleitet, da der Ertrag der bestehenden Produkte in der Regel (d.h. solange sich dieser Produktbereich in der Gewinnzone bewegt), die zu leistenden Aufwände bereits sehr frühzeitig ausgleicht. Die Wirtschaftlichkeit als Kennzahl hat bei Modernisierungs-Projekten zu Projektbeginn in der Regel bereits einen ausgeglichenen Wert, der sich bei erfolgreicher Plazierung der neuen modernisierten Produkte resp. Leistungen am Markt schnell in den positiven Bereich verschiebt. Bei erfolgreicher Modernisierung und Plazierung der Produkte/Leistungen wird in der Regel die wirtschaftliche Kennzahl, die vor dem Modernisierungs-Projekt als Vergleichswert ermittelt wurde, in der Folge deutlich überschritten.

Die Integration eines bestimmten Vorgangs in die Bürokommunikation auf der Basis einer Client/Server-Lösung könnte hier z.B. zu einem schnelleren Durchlauf (z.B. E-Mail) und besserer Qualität (z.B. keine Medienbrüche) führen. Typisches Beispiel hierfür sind Projekte, die die Einführung von Workflow-Management-Systemen zum Inhalt haben.

Rationalisierungs- und Optimierungsprojekte sind die Projekte, die am schnellsten ertragswirksam werden, da sie in aller Regel zum Ziel haben, die Kosten zu optimieren bzw. zu reduzieren. Hier werden neue Technologien dazu verwendet, bestehende Produktions- bzw. Organisationsverfahren abzulösen und in der Folge billiger zu produzieren. Sie sind von keinerlei unternehmerischen Risiken, wenn man einmal von der Reaktion evtl. betroffener Mitarbeiter und Gewerkschaften absieht, begleitet. Durch die rein interne Wirkung (Kosteneinsparung) wird der zu leistende Aufwand sehr schnell durch den steigenden Ertrag ausgeglichen. D.h. in der Folge erhöht sich die Wirtschaftlichkeit allein durch den verminderten Aufwand, selbst wenn der Ertrag gleich bleibt.

Ein hohes Rationalisierungs- und Optimierungspotential liegt zukünftig in der informationstechnologischen Unterstützung der Geschäftsprozesse auf der Basis von Client/Server-Lösungen. Ein typisches Beispiel ist hier eine komplexe Antragsbearbeitung, die von mehreren Sachbearbeitern bearbeitet wird. In einer klassischen Mainframe-Umgebung ist es durchaus üblich, daß ein Antrag in Form eines Papieraktes durch die Sachbearbeiter bearbeitet und

Rationalisierungs- und Optimierungsprojekte: sofortiger Nutzen ohne unternehmerisches Risiko

Die informationstechnologische Unterstützung der Geschäftsprozesse auf der Basis von Client/Server-Lösungen beinhaltet ein hohes Rationalisierungs- und Optimierungspotential

245

ergänzt wird. Nach Abschluß der Bearbeitung erfolgt dann durch eine spezielle Organisationseinheit die zentrale Erfassung. Hier kann z.B. durch die Einführung eines Workflow-Management-Systems der ganze Sachbearbeitungsvorgang optimiert und die Organisationseinheit, die für die Erfassung zuständig war, wegrationalisiert werden.

Die genannten drei Projekttypen können natürlich gemischt und in verschiedenen Varianten und Ausprägungen auftreten, die Grenzen sind fließend. Dies zeigt auch die bei allen drei Projektbeispielen zu Grunde liegende Client/ Server-Lösung, die aus unternehmerischer Sicht allerdings jeweils einem anderen Zweck dient.

Fallstrick: Richtige Positionierung von Pilot-Projekten

In Bezug auf die Wirtschaftlichkeit von Client/Server-Projekten ist noch folgendes festzuhalten: Pilot-Projekte sind insbesonders im Bereich Client/Server äußerst sorgfältig vorzubereiten. Dies betrifft sowohl die Auswahl der Basistechnologie (Hard-, Software, Vernetzung, Betriebssysteme etc.), als auch das Einsatzgebiet. Die Ausrichtung des Piloten an einem unternehmerischen Nebenschauplatz bringt Erfahrungswerte, die in der Regel nur bedingt auf die erfolgsbestimmenden Geschäftsprozesse zu übertragen sind. Client/Server-Pilot-Projekte erfordern einen hohen Aufwand, die Gefahr einer negativen Entwicklung, d.h. den Aufwand nicht in einen Ertrag (Wert für das Unternehmen) umzusetzen ist, insbesondere bei der Einführung der Client/Server-Technologie nicht zu unterschätzen.

In Bezug auf die Wirtschaftlickeit ausgedrückt: Erfolgt durch die Einführung der Client/Server-Technologie keine Ertragssteigerung bzw. eine Aufwandsverminderung, verschlechtert sich in dem betroffenen Bereich die Wirtschaftlichkeit, da die Client/Server-Technologie sehr schnell zu einem erhöhten Aufwand führen kann. Beliebtes (negatives) Beispiel hierfür ist der modern eingerichtete und hochaufgerüstete PC-Arbeitsplatz, der (auf der Basis einer Emulation) hauptsächlich als Mainframe-Terminal eingesetzt wird.

Kapitel 4

Beispiele aus der Unternehmenspraxis

Realisierte Großprojekte in Client/Server-Technik

Das folgende Kapitel stellt als Repräsentanten für erfolgreich realisierte Vorhaben in Client/Server-Architektur zwei Großprojekte vor, die in ganz unterschiedlichem Umfeld, Motivations- und Zeitrahmen realisiert worden sind.

Wir wollen damit zeigen, daß es heute schon große, produktive Systeme gibt, die in der neuen Technik implementiert worden sind, und daß die vorrangige Motivation zur Durchführung solcher Projekte eher von den aktuellen Informatik-Bedürfnissen in einer Firma bestimmt ist, als von einer Erwartung globaler Kostenvorteile beim Einsatz der Client/Server-Technik als solcher. Beide Projekte zeigen außerdem, daß es möglich ist, große OLTP-Anwendungen mit Client/Server-Architektur zu bauen, wenn die Kenntnisse und Implementierungstechniken für den professionellen Einsatz vorhanden sind.

Die Projektberichte sind wie folgt gegliedert:

- Ausgangslage
- Situation im betreffenden Unternehmen, Kerngeschäft und Markt
- Aufgabenstellung/Zielsetzung des Projekts
- Projekt-Information: Ist-Zustand, Soll-Konzept, betriebliche Funktionen, Datenstrukturen und Abläufe, soweit sie für das Verständnis des Gesamtzusammenhangs nötig sind
- Projektplan, Vorgehen
- Lösung/Besonderheiten

- Systembriefing des Projekts; (auf spezielle Probleme und Lösungen wird näher eingegangen)
- Kosten-/Nutzen-Analyse der Projekte
- Hinterher ist alles klarer: Was würde man heute anders machen?

4.1 Client/Server bei ABB Kraftwerke AG
Ablösung mainframe-orientierter Datenverarbeitung im Anlagenbau

4.1.1 Ausgangslage

Der Asea Brown Boveri Konzern, Mannheim, ist die größte Unternehmensgruppe innerhalb der weltweiten ABB-Organisation. Rund 37 000 Mitarbeiter erzielen in mehr als 60 Produktionsstätten und Service-Betrieben im In- und Ausland einen Umsatz von rund neun Milliarden DM.

Als führendes Unternehmen der Investitionsgüterindustrie sind Schwerpunkte der Geschäftstätigkeit die Planung und der Bau von Anlagen zur Stromerzeugung, die Übertragung und Verteilung elektrischer Energie sowie ihre effiziente Anwendung in der Industrie und im Verkehr. Andere wichtige Aktivitäten liegen auf dem Gebiet der Umwelttechnik, der Regelungs- und Steuertechnik, der Industrieroboter und des elektrischen Serienmaterials. Für das operative Geschäft verantwortlich sind ausschließlich rechtlich selbständige Tochtergesellschaften. Die Asea Brown Boveri Aktiengesellschaft, Mannheim, führt und koordiniert als Management-Holding diese Gesellschaften.

Das Unternehmen
Asea Brown Boveri

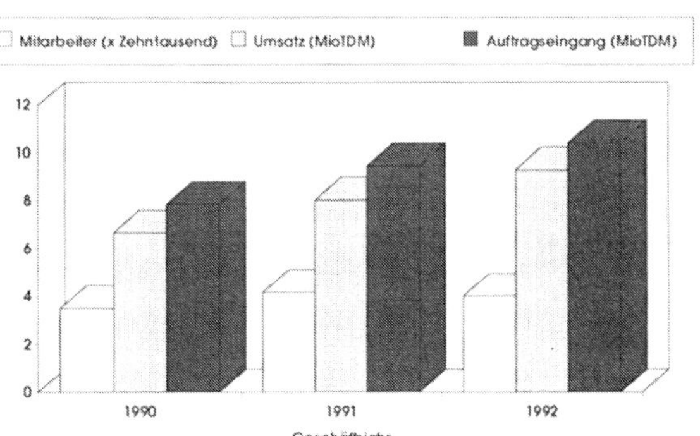

Abb. 4.1:
ABB Deutschland in
Zahlen

Die ABB Kraftwerke AG, Mannheim, ist eine von mehr als 50 selbständigen Gesellschaften der deutschen ABB-Gruppe. Weltweit gehören zur ABB-Holding mit Sitz in

Zürich rund 1300 nationale Gesellschaften, die jährliche Auftragseingänge von mehr als 30 Milliarden Dollar verzeichnen. Diese stark dezentralisierte Unternehmenslandschaft ist Ausdruck der *Konzern-Philosophie*, die sich in *kleinen, selbstbilanzierenden Einheiten und flachen Hierarchieen* niederschlägt und durch ein *ausgeprägtes Kosten-/Nutzen-Denken und -Handeln* geprägt ist.

Die Informatik-Dienstleistung im Konzern wird von der ABB Informatik GmbH in Mannheim als Dienstleister für die deutschen Gesellschaften sowie durch kleine, dezentrale Informatikeinheiten in den einzelnen Gesellschaften erbracht. Strategie und Normung werden durch Abstimmung in der Holding zwischen den Informatik-Beauftragten der einzelnen ABB-Firmen festgelegt. Es gibt wenig „zentrale" Vorschriften, gerade so viele, wie notwendig sind, um den Informationsaustausch zwischen den einzelnen Partnern zu gewährleisten, d.h. die Gesellschaften sind innerhalb der „Rahmenrichtlinien" weitgehend frei in ihrer eigenen Informatik-Planung und -Strategie.

Damit ist sichergestellt, daß lokal und geschäftsbezogen optimiert werden kann und trotzdem die globale Integration konzernrelevanter Information möglich ist.

Die ABB Kraftwerke AG produziert und vertreibt schlüsselfertige Kraftwerke und Kraftwerkskomponenten. Darüber hinaus bietet die Gesellschaft Service für eigene und Fremdanlagen in aller Welt an. Das Werk Mannheim und der europaweite Produktionsverbund stellen Dampf- und Gasturbinen für alle Kraftwerkstypen einschließlich Wasserkraftwerken her.

Die speziellen Anforderungen aus diesem Geschäft, die lange Tradition in der DV, aber auch die wechselvolle Geschichte in der Organisations- und DV-Entwicklung der ABB Kraftwerke AG, haben mit der Zeit zu einer Systemlandschaft geführt, die aus monolithischen Großanwendungen für Produktions-Planung und -Steuerung, Materialwirtschaft und Beschaffung, sowie Ersatzteilabwicklung besteht. Daneben hatte sich eine Kultur von Kleinanwendungen auf Basis PC und im wesentlichen lokaler

250

Datenbanken entwickelt, die funktionale Defizite der Großanwendungen auf der Basis IMS/IMS-DC ausgleichen
helfen sollten. Die Verteilung der zugrundeliegenden Datenstrukturen war unübersichtlich geworden, da kein ge-
pflegtes, anwendungsübergeifendes Dictionary existierte.
Hilfsmittel der Bürokommunikation wurden kaum eingesetzt, Entwicklungswerkzeuge der vierten Generation
wurden nicht verwendet. Die Neustrukturierung des
Konzerns, die dadurch verstärkt hervortretenden An-
wendungsdefizite, wie hierarchische, statt relationaler Datenstrukturen, batch-statt dialogorientierter Arbeitsweisen,
führten zu einem Revirement der gesamten vorhandenen
Systemlandschaft.

Im Rahmen der ABB Kraftwerke-Informations-System-
Strategie (=*KISS*, (Greiner, 1991)) wurde für die Kraftwerke
AG in Mannheim Ende 1990 vom Vorstand (nach einer
flächendeckenden Ist-Analyse zusammen mit einem externen Beratungsunternehmen und der Leitung der Kraftwerke Informationssysteme (KI)) als strategisches Soll-
Konzept eine weitgehende Erneuerung der gesamten Infor-
matiklandschaft beschlossen, die seitdem in mehreren nahezu parallel verlaufenden Projekten durchgeführt wird.

Diese (auch finanziell) gewaltige Anstrengung war
getrieben durch die Ziele:

Altsysteme genügten den Anforderungen des veränderten Umfelds und der neuen Konzernstruktur nicht mehr

- *Ausrichtung der Informatiksysteme an der dezen
  tralisierten Unternehmensstruktur*

- *Verbesserung des Kosten-/ Nutzenverhältnisses durch
  Einsatz moderner Informatiktechniken:*

  ⇒ *Client/Server-Architektur*

  ⇒ *Ablösung der hierarchischen IMS-Datenbanken durch
  relationale Datenbanken*

  ⇒ *Einführung elektronischer Bürokommunikation*

  ⇒ *Einsatz computergestützter Entwicklungswerkzeuge
  und Methoden (CASE)*

  ⇒ *Erarbeitung eines Unternehmensdatenmodells*

- *Verkürzung der Durchlaufzeiten im Neuanlagen- und Service-Geschäft*

- *Verbesserung der Produktqualität durch verstärkte Informatikunterstützung*

„KISS" hat heute bereits zu mehreren einsatzbereiten Systemen geführt, von denen das Kraftwerks-Service-Projekt CASH als „Pfadfinder" unter anderem auch die Aufgabe hatte, die Tragfähigkeit der neuen Systemstrategie zu erproben und durch eine performante und anwenderfreundliche Applikation im „WINDOWS"-Stil unter Beweis zu stellen.

4.1.2 Aufgabenstellung/Zielsetzung im Projekt CASH

CASH = Computer Aided Service Handling

Der Kraftwerks-Service ist wie sein Produkt, auf das er sich bezieht, ein sehr spezielles Geschäft. Die Komplexität des Produkts Kraftwerk, speziell seiner Stromerzeugungsmaschinen, aber auch der anderen Kraftwerkskomponenten bedingt in der zeitlichen Komponente der Geschäftsvorfälle lange Abwicklungszeiten beim Neuanlagen-Geschäft (oftmals lange Genehmigungsverfahren, Planungs- und Bauphasen) und im Service, dort vor allem wegen der jahrzehntelangen Verfügbarkeit des hochwertigen Investitionsgutes Kraftwerk.

Hohe Komplexität des Produkts Kraftwerk stellt Herausforderung für die Informatik-Unterstützung dar

Die hohe Komplexität des Produkts, die speziellen Eigenarten des Service-Geschäfts und der Wunsch, sowohl Kunden als auch Mitarbeiter möglichst optimal mit einem neuen System zu unterstützen, stellt eine Herausforderung für die Informatik-Dienstleistung dar.

Damit sowohl „Customer Focus" als auch „Employee Focus" im Service-Geschäft mit Leben erfüllt werden konnten, war es zunächst notwendig, neben einer genauen Kenntnis des zu unterstützenden Geschäfts, welche die Fachabteilung beitragen mußte, mit modernsten Methoden eine komplette Systemanalyse durchzuführen.

Customer Focus und Employee Focus sind wichtige Eckpfeiler der Firmenstrategie

Aus den Ergebnissen der Ist-Analyse war eine Applikation zu entwerfen, die mit einem möglichst hohen Anteil von Standard-Software das Soll-Konzept für die Service-Aktivitäten der Kraftwerke AG langfristig optimal abdecken konnte.

Die Kraftwerks-Service-Aktivitäten umfassen:

- *Geplante Revisionen unterschiedlicher Tiefe und Dauer*

Diese sind etwa vergleichbar mit dem großen und kleinen Kundendienst beim privaten Investitionsgut Auto. Festgelegte Arbeiten werden dabei nach Erreichen bestimmter Betriebsleistungen durchgeführt. Beim Auto sind es die gefahrenen Kilometer, bei den Stromerzeugungsmaschinen die Betriebsstunden und der Lastzustand während dieser Betriebsstunden, die den Zeitpunkt für die geplanten Wartungsarbeiten bestimmen.

Kraftwerks-Service-Aktivitäten

- *Reparaturen bei Revisionen und im Schadensfall*

Hierunter fallen die anläßlich einer Revision vorgesehenen Arbeiten, aber auch die Beseitigung unmittelbar bei der Revision, an der geöffneten Maschine entdeckten eventuellen Schäden, wiederum durchaus vergleichbar mit dem Kundendienst beim Auto. Für die geplanten und nicht-geplanten Reparaturen werden Ersatzteile, für die Inbetriebnahmephase bei Neuanlagen Verbrauchsmaterial sowie eine Erstausstattung an Ersatz- und Verschleißteilen für die ersten Betriebsjahre benötigt und vom Hersteller angeboten, beschafft und geliefert.

- *Lieferung von Ersatzteilen und Verbrauchsmaterial*

Hier läßt sich der Vergleich mit dem in Großserie hergestellten Automobil und den dort gängigen Abläufen nicht mehr durchführen. Vielmehr müssen Variantenvielfalt und Probleme der Einzelfertigung, maximal Kleinserienbedingungen im Gasturbinengeschäft, berücksichtigt werden. Das bedeutet konkret, daß der Beschaffungsprozeß neben einer flexiblen Disposition „make or buy" auch durch Lagerhaltung von schwierig, oder nur in großen Mengen zu beschaffenden Ausgangsmaterialien (z.B. Spezialstählen), der problemlosen Weitergabe von Konstruktionsunterlagen, der Möglichkeiten von Lieferanten-Anfrage, Lieferanten-Angebot, Bestellung sowie übergreifender Terminverfolgung DV-technisch unterstützt werden muß. Hinzu kommt, daß neben der Lieferung von Hardware eigentlich immer auch Leistung angeboten wird, d.h. *Beistellung von Engineering-Leistung* (Manpower) in Form von *Beratung, Planung und Montage* müssen unter internationalen Randbedingungen kalkulierbar und durch geeignete DV-technische Hilfsmittel möglichst standardisiert angeboten und verrechnet werden können.

Die Geschäftsfelder

- *Retrofit, d.h. „technischer Upgrade und Uprating" der Stromerzeugungsmaschinen*

- *Rehabilitation, d.h. Sanierung und Aus-/Umbau ganzer Kraftwerke*

sind relativ neuen Datums. Hier werden auch Anlagen fremder Hersteller technisch auf den neuesten Stand gebracht, bzw. im Wirkungsgrad verbessert. Gerade in der Angebotsphase muß hier sehr kundenspezifisch gearbeitet werden.

Die Dokumente müssen auch werblich ansprechend gestaltet werden können, da letztendlich nicht immer nur der Preis für eine Lieferung oder Leistung zwischen zwei Anbietern diskrimiert, sondern auch das Vertrauen des Kunden in die technischen Fähigkeiten des Anbieters, die durch ansprechend gestaltete Unterlagen besonders gut vermittelt werden können. Hier ist es wichtig, die Welt der Bürokommunikation problemlos mit den Informationen der Geschäftsvorfälle integrieren zu können, d.h. ein Angebot muß mit allen Mitteln des DTP (= Desktop Publishing) gestaltet werden können, aber mit den darin enthaltenen technischen und kaufmännischen Informationen den Bezug zur Datenbank des Service-Systems halten.

Die Service-Aktivitäten sind weiter durch eine Reihe besonderer Randbedingungen geprägt, die in der Informatikunterstützung berücksichtigt werden müssen:

Das Service-Geschäft der ABB Kraftwerke AG wird international betrieben, d.h. Fremdsprachen und spezielle Kundenwünsche sowie Ausfuhrbestimmungen und Importverbote aus Drittländern müssen korrekt behandelt werden. Die Preiskontinuität gegenüber dem Kunden, d.h. eine Preispflege, die sich am Markt orientieren muß, um konkurrenzfähig zu bleiben, wird heute bereits überregional gefordert, da auch die Kunden (die Kraftwerksbetreiber) ganzer Regionen Preisvergleiche zwischen Herstellern durchführen. Es ist klar, daß Qualität und Preiswürdigkeit des Service-Geschäftes bei langlebigen Investitionsgütern wie Kraftwerken die Kaufentscheidung im Neuanlagengeschäft entscheidend beeinflussen.

Qualität und Preiswürdigkeit des Service-Geschäftes beeinflussen bei langlebigen Investitionsgütern wie Kraftwerken die Kaufentscheidung im Neuanlagengeschäft entscheidend

Das vorhandene Altsystem zur Unterstützung der reinen Ersatzteilabwicklung im Servicegeschäft für Kraftwerke konnte die vielfältigen neuen Aufgaben nicht mehr erfüllen. Das System war auf der Basis IMS/IMS-DC in COBOL realisiert und seit mehr als zehn Jahren im Einsatz. Die Mainframe-Rechnerkosten waren exorbitant hoch (TDM 900 p.a.), der gedruckte Output betrug etwa 2500 Seiten pro Tag. Das System arbeitete in vielen funktionalen Bereichen stark batch-orientiert mit entsprechend großen Listen, die über Nacht im Rechenzentrum gedruckt und tags darauf verteilt wurden. Allein dadurch ergaben sich im Service-Geschäft oft Verzögerungen durch reine Wartezeiten von mehreren Tagen, bis auf eine Kundenanfrage qualifiziert, d.h. mit technischer Verbindlichkeit, gültigem Preis und voraussichtlicher Lieferzeit geantwortet werden konnte. Auch die neuen Geschäftsfelder, wie Retrofit, d.h. Upgrating und Uprating der Stromerzeugungsmaschinen in einem Kundenkraftwerk oder Rehabilitation ganzer Kraftwerke, konnten mit dem Altsystem nicht einmal ansatzweise bewältigt werden. Die Ist-Analyse erbrachte daher in Abstimmung mit den Fachabteilungen folgende Zielsetzungen für das neue System:

- *Qualitäts- und Durchlaufverbesserungen im Service-Geschäft*

  ⇒ Vermeidung von Doppelerfassung, d.h. DV-technische Schnittstellen statt Papier

  ⇒ Senkung der internen Kosten, z.B. durch Kalkulation in Teile-Familien

  ⇒ Beschleunigung des Gesamtprozesses „Service an Kraftwerksanlagen"

- *verstärkter Kundenfokus, d.h. :*

  ⇒ Generierung von Ersatzteilkatalogen aus DV-technisch geführten Stücklisten

  ⇒ Preiskontinuität online im Dialog

- *moderne Bedienung* (GUI = Grafical User Interface), *d.h.*:

  ⇒ Ablauf unter WINDOWS-Oberfläche

  ⇒ Nutzung moderner Fenster-Techniken

- *flexiblere Datenbanktechnik*

  ⇒ relational statt hierarchisch

- *„Weg vom Host", hin zu dezentralen Rechnerarchitekturen („DOWNSIZING")*

  ⇒ Anpassung an die veränderte dezentralisierte Unternehmensstruktur

  ⇒ Kostensenkung durch Wegfall der hohen Systembetriebskosten auf dem Mainframe

  ⇒ Verringerung von Abhängigkeiten von HW, SW-Hersteller und Personal

Zum Verständnis der Zielsetzungen ist es notwendig, das spezielle Service-Geschäft für Kraftwerke etwas genauer zu beleuchten. Zwar gibt es viele Parallelen zu Service-Abwicklungen im Alltag (z.B. zum Service am Auto, wo es statt „Großer und Kleiner Revision" eben einen „großen und kleinen Kundendienst" gibt), jedoch sind die Aufgaben und die Komplexität bei derartig hochwertigen Investitionsgütern, wie Kraftwerken resp. deren Stromerzeugungsmaschinen, ungleich höher als beim privaten Investitionsgut Auto, was auch im Preis zum Ausdruck kommt.

ABB Kraftwerke AG führt weltweit Service an Kraftwerksanlagen eigener Herstellung und Retrofit sowie Rehabilitationsmaßnahmen an eigenen und fremden Maschinen bzw. Kraftwerksanlagen durch.

Die Spanne der *betrieblichen Funktionen* umfaßt dabei:

- *Erfassung und Bearbeitung einer Kundenanfrage für Ersatzteile oder Engineering-Leistung*

- *Angebotswesen mit Angebots-Kalkulation, Referenzierung von Ersatzteilkatalogen*

- *Auftragsabwicklung*

Betriebswirtschaftliche Funktionalität CASH

Die Auftragsabwicklung ist im Ausland unter Berücksichtigung von Akkreditiven und unter Beachtung der Exportkontrollvorschriften des statistischen Bundesamtes durchzuführen.

In der logistischen Kette von

- *Beschaffung*

- *Zwischenlagerung, Verpackung und Langzeitkonservierung im Service-Center*

- *Versendung*

der Hardware muß sichergestellt werden, daß Daten nur einmal erfaßt werden müssen, und zwar dort, wo sie entstehen, und ansonsten elektronisch über Schnittstellen weitergegeben werden. Die Funktionalität muß durch intelligenten Zugriff, d.h. Kopier- und Duplizierfunktionalität bzw. strenge Referenzierung auf *unternehmensspezifische Datenstrukturen* unterstützt werden.

Hierunter fallen z.B. *Kunden- und Lieferantendaten* wie Adressen, Zahlungsbedingungen, Lieferbedingungen und andere abwicklungstechnische Informationen, z.B. Korrespondenzdaten über den Geschäftspartner.

Vergleichbar mit dem Service am Auto sind im Kraftwerksgeschäft „Inspektionen" in festgelegten Zeitintervallen, die sog. Revisionen, die je nach Betriebsstundenzahl und Lastbedingungen der Stromerzeugungsmaschinen durchgeführt werden, (etwa vergleichbar mit dem Kundendienst nach Scheckheft-Intervallen beim Auto). Beim Kraftwerk werden Betriebsdaten für das Kraftwerk bzw. dessen Maschinen benötigt, damit der Kunde für die geplanten Stillstände seiner Anlage rechtzeitig planen kann, und evtl. andere notwendig gewordene Arbeiten gleich miterledigt werden können.

Im einzelnen handelt es sich dabei um *Anlagen- und Maschineninformation*, d.h. Daten über Kraftwerks-Anlagen, Kraftwerksblöcke und Maschinen. Speziell im Kraftwerksgeschäft sind dabei Kennzeichnungssysteme zur Identifikation von Anlagenteilen oder funktionalen Einheiten gebräuchlich, wie der zwischen Herstellern und Kunden normierte und weithin akzeptierte Kraftwerks-Kennzeichnungsschlüssel (KKS). Viele Kunden identifizieren ihre Hardware mit eigenen, auf Stücklisten oder Lagerorte bezogenen Schlüsseln. Hierfür müssen im Service-System des Herstellers Kunden-Teileschlüssel vorgehalten werden, da die Kunden oft mit diesen eigenen Schlüsseln anfragen oder direkt bestellen und dann eine eindeutige Identifikation schnell (z.B. telephonisch) möglich sein muß. Die Betriebsgeschichte, die Leistungsdaten einer Maschine spielen in einem Langzeitgeschäft wie dem Kraftwerks-Service eine entscheidende Rolle und müssen über Jahrzehnte verfügbar sein.

Die *Konstruktionsstücklisten des Kraftwerksherstellers* in ihrer auftragsabhängigen und unabhängigen Form sind die Basis für die technische Klärung eines Angebots bzw. für die Abwicklung eines Kundenauftrags. Firmen-Know-how ist hier gepaart mit Spezialkenntnissen der Mitarbeiter. Es ist wichtig, diese Information in konsistenter Form vorzuhalten und bei Bedarf abrufen zu können. Da die Daten zumindest für die nächsten Jahre noch auf dem Großrechner gespeichert vorliegen, bedingt dies eine Schnittstelle der neuen Applikation zum Host.

Ein weiterer wichtiger Punkt ist die *Einbeziehung der an den Kunden ausgelieferten Dokumentation,* wie Betriebshandbuch, Betriebsanleitung, Zeichnungen und Ersatzteilkataloge. Der Kunde nimmt hierauf in seinen Anfragen Bezug, der Hersteller muß auch nach Jahrzehnten des Betriebs einer Anlage feststellen können, welche technische Variante an einer bestimmten Stelle im Kraftwerk vorhanden ist. Zeichnungen, die heute noch in Form von Papier, bzw. mikroverfilmt vorliegen, sollten in einer künftigen Ausbaustufe des neuen Systems zumindest an den Arbeitsplätzen der technischen Clearingstelle im Dialog einsehbar sein – auch hier eine Randbedingung, die mit einer Client/Server-Architektur und einem GUI überhaupt erst sinnvoll angegangen werden kann.

Von der kaufmännischen Seite her ergibt sich die Notwendigkeit der *Berücksichtigung komplexer Kalkulationsmodelle.* Gerade im Service-Geschäft, mit seinen langen Abwicklungs- und Vorlaufzeiten muß die Kalkulation für den Kunden transparent gemacht werden können. Beliebige Preisgestaltung ist hier ebenso Fiktion wie im Konsumgeschäft: Alle Kunden verfügen über DV-Unterstützung und wissen sehr genau, was ein Teil resp. Baugruppe beim einen oder anderen Hersteller kostet. Der Vetrieb braucht Unterstützung vor Ort, d.h. er muß bei Kundenverhandlungen auch in der Preisgestaltung flexibel reagieren können.

Datenmodellierung nach dem Entity Relationship Modell

GUI und Client/Server ermöglichen neue Funktionalität

Nutzung von Standard-Schnittstellen ermöglicht Einbindung der Bürokommunikations-Software, wie E-Mail, Textverarbeitung und Tabellenkalkulation

Ein Laptop-PC kann hier z.B. mit einer Angebotskopie in Form eines MICROSOFT WORD-Dokumentes nahezu Wunder wirken – Voraussetzung ist wieder der problemlose Zugriff auf die in der Datenbank gespeicherten Daten aus der unter WINDOWS laufenden Textverarbeitung heraus.

Standard-Schnittstellen wie DDE (s. Glossar und Abschnitt 4.1.7) bieten hier in einer Client/Server-Umgebung die adäquate Lösung. Auch wenn es um die schnelle Ermittlung und übersichtliche Darstellung z.B. eines Vetriebsergebnisses mithilfe einer Tabellenkalkulation geht, leistet die DDE-Schnittstelle Ausgezeichnetes. Heute kann praktisch das gesamte *Vertriebs-Controlling* des Service-Geschäfts inkl. der Periodenberichte über Standardformulare *via DDE* und EXCEL aus Daten der Vertriebsdatenbank generiert werden. Die problemlose Einbindung von Electronic Mail oder Groupware ist sozusagen ein kostenloser weiterer Nebeneffekt des modernen Architekturprinzips Client/Server unter WINDOWS.

4.1.3 Projektplan, Vorgehen

Abb. 4.2: CASH
– Motivation für
Entwickler und
Anwender

Mitte März 1991 wurde die Anforderungsanalyse durchgeführt. Der Aufwand hierfür (ca. $^1/_4$ Mannjahr) betrug nur 2% des Gesamtaufwands, da Kenntnisse des Kraftwerksservice auf der Analytikerseite vorhanden waren, somit ein Lern-Malus wegfiel.

Unter dem in Abb. 4.2 dargestellten Motto wurde anschließend daran ab Mitte 1991 ein Team aufgebaut, das die Anforderungen an die neue Service-Applikation in der „Rekordzeit" von nur eineinhalb Jahren in ein modernes, performantes Anwendungssystem umsetzte, und das mit neuer DV-Technik in einem hochkomplexen Umfeld.

An der Realisierung im Projekt „CASH" waren folgende Firmen beteiligt (in alphabetischer Reihenfolge): ABB Informatik GmbH Mannheim, Faasch Unternehmensberatung, Beckdorf, IBM Deutschland GmbH Geschäftsstellen Mannheim und Mainz, Krupp MaK Maschinenbau GmbH Kiel, ORACLE Deutschland GmbH Consulting Frankfurt/Dreieich, PTA GmbH Mannheim, SBSK Service GmbH Schönebeck, SOREAL Datenverarbeitungs GmbH Altlussheim

Es war den Beteiligten von Anfang an klar, daß nicht alle Wünsche der Anwender im ersten Durchgang berücksichtigt werden konnten. Daher wurde folgende Strategie festgelegt:

Projekt-Management: Mischung aus phasenorientiertem Vorgehen und Prototyping-Ansatz

Bis Oktober 1992 sollte ein Gesamtsystem verfügbar sein, das die Funktionalität des Altsystems beinhaltete und darüber hinaus, so weit wie möglich, eine Reihe elektronischer Schnittstellen zu den Nachbarsystemen, die im Altsystem nicht vorhanden waren. Dieses ehrgeizige Ziel war, wenn überhaupt, nur durch hochgradige Parallelisierung der Tätigkeiten während der verbleibenden $1^1/_4$ Zeitjahre, durch den Einsatz moderner Entwicklungs- und Dokumentationsmethoden sowie „rapid prototyping" in einem ansonsten konventionellen „Wasserfall-Entwicklungsszenario" möglich. Diese Mischung aus phasenorientiertem Vorgehen und Prototyping-Ansatz verlangt Vertrauen und Verständnis auf der Entscheiderseite und sehr viel Mut und Chuzpe bei Projekt-Team und -Leitung. Die „Mischung" sah konkret so aus, daß bereits bis Weihnachten 1991 ein funktionsfähiger Prototyp vorliegen sollte, anhand dessen die Fachabteilung die Benutzeroberfläche, die Menüsteuerung sowie die Elementarfunktionen Anzeigen, Ändern, Neuanlage Löschen, Hilfe testen konnte. Dies wiederum bedeutete, daß frühzeitig mit Realisierungsaufgaben begonnen werden mußte, zu einem Zeitpunkt, wo noch längst nicht alle Funktionalität und alle Datenstrukturen des Fachkonzepts feinspezifiziert vorlagen.

Das Risiko einer völlig chaotischen „Projektabwicklung" wurde dadurch gemildert, daß sehr detaillierte Einzelaufgaben mit Terminen an die Teammitglieder vergeben wurden. In wöchentlichen Teamsitzungen wurden Probleme und Lösungsmöglichkeiten für die Aufgaben der Einzelnen in der Gemeinschaft diskutiert.

Das Ziel war klar: Die Herausforderung, eine der derzeit größten Client/Server-Anwendungen in der Rekordzeit von einem Jahr auf die Beine zu stellen, mit neuer Technik, neuer Hardware, neuen Entwicklungs-Tools und interessanten Schnittstellen, war Ansporn, Motivation genug für alle Teammitglieder.

Es hat sich gezeigt, daß die starke Heterogenität des Teams, d.h. Mitarbeiter mehrerer externer Firmen in diesem Projekt, kein Nachteil war; im Gegenteil, in bestimmten Projektabschnitten waren klare Vorteile festzustellen: Immer wenn ein Problem auftauchte, hatte irgendein Teammitglied aufgrund seiner eigenen Kenntnisse (oder durch Know-how seines Hauses) eine Lösung parat.

Heterogenität kann folglich auch sehr befruchtend wirken – mithin eine Erfahrung, die im Schmelztiegel USA vielleicht weniger ungewöhnlich ist als hier in der Bundesrepublik Deutschland.

Heterogenität im Team wirkte positiv

Die Benennung eines „Chef-Designers" im Team von Anfang an, d.h. eines erfahrenen Mitarbeiters mit Projektleiter-Qualifikation, der detailliertes System- und Datenbank-Know-how mitbringen mußte, war ein weiterer, wesentlicher Erfolgsfaktor in der Gesamtprojektabwicklung. Mit diesem „Outsourcing" auf relativ hoher Ebene wurde gleichfalls Neuland beschritten – groß ist die Versuchung, alles selbst machen zu wollen und damit die eigene Organisation und die eigenen Kräfte zu früh und zu schnell auf bestimmte Spezialkenntnisse festzulegen. Sicher sind derartige Spezialisten nicht eben „billig" zu haben, aber Know-how („Information als Ware", s. Kap.1 und Kap.3) hat eben seinen Preis wie eine Ware, und Angebot und Nachfrage regeln bekanntlich die Höhe dieses Preises. Der Gefahr auf der anderen Seite, daß wichtiges, internes, geschäftsspezifisches Know-how nur noch in firmenfremden Händen liegt, kann man wenigstens dadurch annähernd begegnen, daß grundsätzlich ein interner Mitarbeiter die Fachanalyse verantwortet, und durch geeignete Schulungen seine DV-spezifischen Kenntnisse so erweitert werden, daß er jederzeit noch die Tätigkeiten der externen Fachkraft beurteilen kann.

Outsourcing als Know-how-Quelle

Parallel zur Erarbeitung des Fachkonzepts wurde die Realisierungsumgebung erarbeitet – das Systemhandbuch mit Projektstandards und Namenskonventionen entstand, eine Modulbibliothek mit 4GL-Prozeduren wurde angelegt und ständig erweitert.

An dieser Stelle vielleicht ein Beispiel dafür, daß Heterogenität in anderem Zusammenhang auch bremsen kann, und eine Warnung vor der Mixtur von Software-Release-Ständen:

Das Systemhandbuch wurde in einem bekannten Textverarbeitungssystem erfaßt, das allen Teammitgliedern auf dem LAN-Server zur Verfügung stand. Die einzelnen Kapitel waren dabei in separaten Dateien gespeichert, die in einem „Master-Dokument" zusammengeführt wurden, eine durchaus übliche Vorgehensweise. Ein Teammitglied hatte übers Wochenende mit seiner privaten (neueren) Lizenz und auch später weitere Kapitel mit dieser neueren Version des Textverarbeitungssystems erstellt oder modifiziert. Als das Systemhandbuch als Ganzes nach einem Vierteljahr wieder ausgedruckt werden sollte, gab es erhebliche Probleme und Systemabstürze beim Textverarbeitungssystem auf dem DTP-PC des Teams. Erst eine komplette (aufwendige) Überarbeitung sämtlicher Kapitel des Handbuchs mit der neuesten Version hat die Schwierigkeiten behoben.

Die Einrichtung der CASE-Entwicklungsumgebung für die Erfassung des Daten- und Funktionenmodells auf OS/2-Dictionary-Server und MS-DOS-Clients für die Dictionary-Arbeiten war im Herbst 1991 soweit abgeschlossen, daß die in der Bürokommunikations-Umgebung vorab erfaßten, für das Fachkonzept erarbeiteten Dokumente im CASE-Tool nachgepflegt werden konnten. Damit war ein Pflock gegen das bekannte Entwickler-Chaos (jeder definiert seine Datenelemente selbst und möglichst jeder anders) fest eingeschlagen. Ein Entwickler war verantwortlich für die logische Dictionary-Konsistenz, d.h. jedes Teammitglied mußte sich bei Bedarf mit dem „Daten-Chef" in Verbindung setzen, z.B. um eine Tabelle zu kreieren, resp. mit dem CASE-Generator zu generieren. Natürlich konnte der

Daten- (und Metadaten-) Verantwortliche in eigener Verantwortung diese Aufgaben an ein anderes Teammitglied abgeben, verantwortlich dem Projektleiter gegenüber war aber er selbst.

Im Frühjahr 1992 wurde die erste Version des Systems CASH vorgestellt. Sie beinhaltete bereits einige wichtige Stammdaten-Pflegedialoge und die vollständige Menüsteuerung.

Bis zum Herbst sollte die Produktionsversion stehen. Dazu war es nötig, auch das endgültige Produktivsystem auszuwählen, da zunächst auf PC mit OS/2-Servern entwickelt worden war, das Mengengerüst der Anwendung auf der Basis der gewählten Basissoftware aber, insbesondere die Anzahl der Benutzer, nur auf einer Maschine als Server abgewickelt werden konnte, die wenigstens 128MB Zentralspeicher und 2GB Plattenplatz verwalten konnte, und außerdem ein „offenes" Betriebssystem haben sollte. Ein Blick über den Gartenzaun, bevor die endgültige Systemauswahl getroffen wurde, zeigte:

Fast identische Ziele bei der Anwendungsentwicklung werden heute in vielen Firmen verfolgt. Vor allem aus Kostengründen wird versucht, „alte" Mainframe-basierte Anwendungen auf PC-Netze und/oder mittlere Datentechnik zu portieren. Dabei werden neben proprietären Systemumgebungen häufig UNIX-Host-Lösungen aber vor allem Client/Server-Architekturen auf heterogenen Rechnern eingesetzt. Zumindest während einer Übergangsphase (je nach Umfang meist mehrere Jahre), in der die Host-Programme sukzessiv abgelöst werden, ergibt sich dabei das Problem, daß die neu entstehenden Anwendungssysteme Daten aus den Altsystemen benötigen. Das gleiche gilt fortdauernd in heterogenen Umgebungen, wo Mainframe-basierte Anwendungen aus Strategiegründen neben den z.B. PC- oder UNIX-Anwendungen bestehen bleiben werden.

Nahezu jeder Hardware-Hersteller führt heute, auf diese Problematik hin angesprochen, die Schlagworte „offene Systemarchitektur", „Connectivity" und „vollständige Anwendertransparenz" als Werbeargument in seinen Hoch-

Ein Jahr nach Projektstart: Der erste „echte" Prototyp zur Stammdatenverwaltung

glanzprospekten auf – bei näherer Beleuchtung der konkreten Anforderungen bleiben oft nur vage Terminaussagen zum möglichen Implementierungszeitpunkt des jeweiligen „Connectivity-Produktes" übrig. Die konkrete Zusage eines Herstellers, die aufgezeigte Problematik zusammen mit uns zu lösen, führte letztendlich zur Kaufentscheidung für das produktive Hardwaresystem, einen IBM AIX-Server mit 128MB Hauptspeicher.

Schon in der Anforderungsanalyse des Projekts war klargeworden, daß zumindest für eine Übergangszeit auch auf „Host-Daten" (IBM 3090/280J Großrechner unter MVS mit IMS-Datenbanken) zugegriffen werden mußte, da der Kraftwerksservice betriebliche Schnittstellen zu den Stücklisten der Konstruktion, zu Einkauf, Materialwirtschaft und Lager, zur Spedition, kurzum zu nahezu allen Teilbereichen des Gesamtunternehmens ABB Kraftwerke AG hat. Die jeweiligen DV-Systeme sind meist große IMS-Anwendungen, die über IMS/DC von einigen hundert Terminals aus bedient werden. Es war daher mit ein „K.O.-Kriterium" bei der Auswahl des Servers, ob der Hersteller einen problemlosen Zugriff auf diese Datenbestände garantieren konnte oder nicht.

Die Notwendigkeit, aus Kosten- und Zeitgründen passende Standardsoftware so weit wie möglich mit zu nutzen war Gebot der Stunde und eines der Projektziele. Das betraf einerseits die konzerneigene Stücklisten- und Teileverwaltung (Programmsystem MODEST der ABB Informatik GmbH Mannheim), andrerseits die Welt der Bürokommunikation, mit ihrem breiten Spektrum an Möglichkeiten zur professionellen Gestaltung von Dokumenten für den Kunden oder dem Einsatz von Tabellenkalkulationsprogrammen für Controlling- und Berichtswesen. Die Einbindung von Standard-Paketen der Bürokommunikations-Software in moderne Client-Server-Applikationen ist nicht nur eine Forderung der darin geübten PC-Anwender – Integration ist darüber hinaus auch ein Muß für den kostenbewußten Entwickler, wenn er das Rad nicht neu erfinden will.

Wann immer DTP-nahe Dokumente, d.h. Text und Grafikobjekte gemischt mit aktuellen Zahlen und Texten aus den Unternehmens-Datenbanken gebraucht werden, gilt es Standard-Applikationen einzubeziehen. Nur so läßt sich vermeiden, mit unvertretbaren Kosten Teilfunktionalitäten der vergleichsweise billigen Standard-Produkte nachzuprogrammmieren.

Die *Integrationsaufgaben* im Projekt CASH lassen sich somit durch zwei Bedingungen beschreiben:

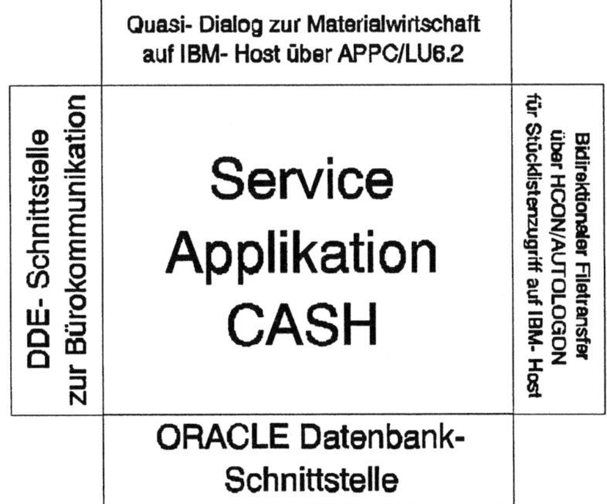

Abb. 4.3:
DV-technische
Schnittstellen CASH

1. *Möglichst unbeschränkte Verfügbarkeit der wertvollen Altdaten auf Host-Systemen*

2. *Einbindung der Bürokommunikations-Möglichkeiten über Standard-Schnittstellen*

Für diese Aufgaben wurden nach der Überwindung der weiter oben beschriebenen Anfangshürden vom CASH-Team im Verlauf der Projektarbeit folgende *Lösungen* entwickelt ((Müller 1992a), (Müller et al.1992b), (Müller 1992c)):

1. *Anbindung der CASH Anwendung über den AIX-Datenbank-Server RS/6000 an IMS/IMS-DC Dialoge via APPC/LU6.2-Schnittstelle im „Quasi-Dialog"*

2. *Vollautomatischer, bidirektionaler File-Transfer mit Vor- und Nachbearbeitung auf Quell- und Zielsystem zur DV-gestützten Generierung von Ersatzteilstücklisten über AIX/HCON mit AUTOLOGON zum Host-System*

3. *Anschluß der Bürokommunikations-Standardsoftware über DDE-Schnittstelle*

Diese Schnittstellen wurden zusammen mit den Hauptfunktionen des Altsystems im Januar 1993 den Fachabteilungen zur Verfügung gestellt – in Verzug von einem Vierteljahr bei einem Projekt der Größenordnung 12,5 Mannjahre und vorab kaum abschätzbarer Komplexität ist im Nachhinein betrachtet, keine schlechte Teamleistung.

Die Kenngrößen der Anwendung, das Systembriefing und eine genauere Beschreibung der realisierten Schnittstellenlösungen werden im nächsten Abschnitt vorgestellt.

4.1.4 Lösung, Besonderheiten

Das entwickelte Dialogsystem CASH für das Kraftwerks-Servicegeschäft stellte zum Zeitpunkt der Inbetriebnahme eine der größten Client/Server-Anwendungen im deutschsprachigen Raum dar. Die realisierten Schnittstellen zu IMS/IMS-DC-Anwendungen in der IBM-MVS Großrechnerwelt mittels APPC/LU6.2 und in die Bürokommunikations-Ebene via DDE waren Meilensteine im Client/Server-Computing bei der ABB Kraftwerke AG. Wegen der dabei gewonnenen und auch von anderen nutzbaren Erfahrungen ist es sinnvoll, die Anwendung und ihre Schnittstellen etwas ausführlicher darzustellen.

Systembriefing CASH:

Projektumfang:	ca. 12,5 Mannjahre
Projektstart:	März 1991
Soll-Endtermin:	— Ablösung des Altsystems ab Oktober 1992, seitdem Stammdatenpflege möglich; — volle Funktionalität ab Januar 1993
durchschnittliche Anzahl Teammitglieder:	12,5 / 1,5 = 8,3
Betriebswirtschaftliche Funktionalität:	— Angebots- und Auftragsabwicklung im Kraftwerks-Service-Geschäft; — Generierung von DV-maschinell unterstützten Ersatzteilstücklisten auf Basis der Konstruktions-Stücklisten (Host-Schnittstelle)
Software:	Kombination von Eigenentwicklung, konzerneigener Standard-Software und Standard-Software der Bürokommunikation
Architektur:	— Client/ Server auf Basis ORACLE mit IBM RS/6000 unter AIX als Datenbank-Server — MS-DOS resp OS/2-Standard-PC als Clients — LAN-Server unter OS/2
Anzahl Benutzer:	ca. 130

Tab. 4.1:
*Systembriefing
CASH*

(Fortsetzung)

Netzwerk:	— IBM Token-Ring (4Mbit/-16Mbit); — Glasfaser-Backbone (16Mbit) — LAN Manager mit NETBEUI; — TCP/IP für Client/Server-Verkehr
Oberfläche:	SAA-konform, „WINDOWS-like", realisiert mit ORACLE Standard-Tools V6.0A (lauffähig unter MICROSOFT WINDOWS 3.1)
Realisierte, (teilweise mehrseitige) Dialoge[1]:	130
Informationsobjekte des logischen Datenmodells:	120
Anwendungsspezifische Tabellen:	90
Datenvolumen:	ca. 1,5GB; jährlicher Zuwachs bisher: ca. 150 MB
Realisierungsumgebung, Dokumentation:	— Einsatz von ORACLE CDE (PL/SQL, SQL*FORMS, SQL*-Menu, SQL-Report-Writer; ORACLE DDE-Manager — MS-DOS/WINDOWS Clients — Systemdokumentation und Realisierungsunterstützung mit ORACLE CASE auf OS/2-Server und Workstations — Datenbank-Server: ORACLE RDBMS mit TPO unter AIX — HCON, APPC/LU6.2 für Host-Kopplungen

---

[1] Ein Dialog beinhaltet sämtliche Elementarfunktionen wie Neuanlage, Anzeigen, Suchen, Ändern, Löschen, Duplizieren, Hardcopy, ...

4.1.5 Die logische Netz-Struktur für ABB KW AG Client/Server-Computing

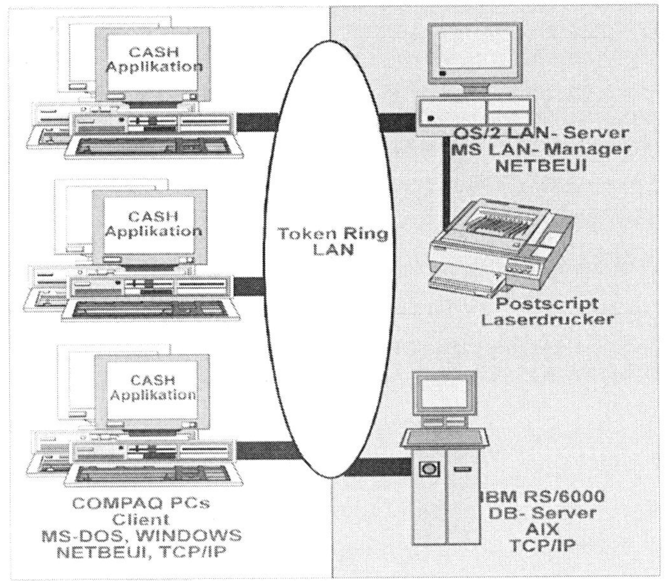

Abb 4.4 Hardwarekonfiguration Produktionsumgebung CASH

Die lokalen Netze (LAN) der ABB-Kraftwerke AG, Mannheim sind i.a. Token-Ring-Netze mit Typ-1-Verkabelung, Standard-Token-Ring-Karten, intelligenten Ringleitungsverteilern und Brücken oder Bridge/Routern. Sie werden mit 4Mbit/s oder 16Mbit/s betrieben und sind über ein 16Mbit/s schnelles Glasfaser-Backbone untereinander verbunden. Das Netzwerk wird mit MICROSOFT LAN-Manager und der nicht routebaren NetBios-Modifikation NETBEUI betrieben, zumindest was die File-Server in den lokalen Netzen angeht. Bezüglich der eingesetzten ORACLE-Datenbanken sind viele Server IBM RS/6000 Maschinen, es gibt aber auch HP und DEC-Server, d.h. Unabhängigkeit vom Hardware-Lieferanten wird groß geschrieben.

Gegenüber den Datenbank-Servern wird als Protokoll das (routebare) TCP/IP gefahren. Der somit de facto Multiprotokoll-Betrieb auf den MS-DOS/ WINDOWS-

271

Clients hat vor allem in der Anfangszeit (reine MS-DOS-Applikation) zu erheblichen Problemen in der Speicherverwaltung geführt, da die Protokoll-Stacks als sog. TSR-Programme (TSR = Terminate and Stay Resident; Treiber/Socket-Software unter MS-DOS) ausgeführt waren und zusammen mit dem ORACLE Speichermanagementtreiber und SQL*NET in den Realspeicher unterhalb der MS-DOS Grenze von 640KB geladen wurden, so daß ohne den Einsatz sog. Speicher-Manager ein gleichzeitiger Betrieb von ORACLE-Client-Software und MS-WINDOWS-Programmen nicht möglich war.

> Bekannte Produktnamen für Speicher-Manager sind z.B. QEMM, CEMM und EMM386; MS-DOS enthält ab Version 5.0 Treiber für die Nutzung des „High Memory" bis 1MB.

Inzwischen hat der Datenbank-Hersteller eine SQL*-FORMS-Version auf den Markt gebracht, die als (echte) WINDOWS-Version läuft, d.h. das Speichermanagement wird durch den Programm-Manager von WINDOWS erledigt. Auch die TCP-Sockets müssen neuerdings nicht mehr in den Bereich unterhalb 640KB gequetscht werden – neuere, inzwischen erhältliche Versionen sind als DLLs (s. Glossar) ausgeführt und beanspruchen überhaupt keinen Speicher mehr unterhalb 640KB.

Client/Server-Computing ist noch weit entfernt von einer „heilen Welt"

Nach diesen Ausführungen wird klar, daß Client/Server-Computing in mancher Beziehung heutzutage noch nicht mit der heilen Welt der Großrechner-Programmierung mithalten kann: Die Welt „da unten" ist zum einen heterogen, noch nicht ausreichend standardisiert und zum anderen in einer grandiosen Entwicklung begriffen. Trotzdem ist der 4GL-Entwickler in einer einmal stabilisierten Client/Server-Entwicklungsumgebung um Faktoren schneller als sein 3GL-Kollege auf dem Host. Wie die Erfahrung zeigt, ist er um den Faktor 5–10 schneller. Der Produktivitätsschub ist durch die 4GL im Dialog, durch die Verwendung effizienter Editoren und den kurzen Turnaround bei der Compilation bedingt. Außerdem können projektintern standardisierte Moduln wesentlich zur Beschleunigung der Entwicklung beitragen, wobei Modularisierung bekanntlich

Coding nicht übersichtlicher macht, da jeder Modul seine Ein-/Ausgabe sozusagen „abschirmt" und als direkte „black box" wirkt.

Ähnlich verhält es sich mit der WAN-Anbindung im Client/Server-Computing. Wo früher das Corporate-Network als z.B. SNA-(IBM) oder TRANSDATA-(SNI) Netz innerhalb der jeweiligen Rechnerwelten in der ausreichenden Bandbreite für Terminaldialog unter CICS resp. UTM vorhanden war und standardmäßig genutzt werden konnte, wird hier in Client/Server-Architektur Neuland betreten.

Die DV-technische Realisierung der Schnittstelle CASH zur Service-Fabrik in Berlin (Lieferanten-Anfrage, Lieferanten-Angebot, Bestellung) ist zur Zeit noch in Arbeit. Vom Prinzip her kann aber mit der Problemlösung 1 und 2 für das LAN völlig analog gearbeitet werden, da dort dieselben IMS-Programme auf IBM/MVS-Host benutzt werden, und dieser zudem in Mannheim steht. Falls jedoch direkter Client/Server-Verkehr mit Clients in Berlin und Datenbank-Server in Mannheim gefahren werden soll, müssen nach heutiger Kenntnis HfD-Leitungen angemietet werden, da die ISDN-Bandbreite (64kbit) für performanten Client/Server-Betrieb wahrscheinlich nicht in allen Fällen ausreichend ist. Hier ist heute noch eine Lücke im Client/Server-Konzept festzustellen. Eine Schließung dieser Lücke zeichnet sich dadurch ab, daß in neueren Basissoftware-Versionen Funktionalität, „Intelligenz", zurück auf den Datenbank-Server verlagert wird (Datenbank-Trigger, stored procedures, user defined data types,..., s. Kap. 2.3). Durch derartige Neuverteilung der „Intelligenz" zwischen Client und Server und durch die Verfügbarkeit entsprechender Breitband-Kommunikationsnetze wird es möglich werden, Client/Server auch im WAN in allen Fällen performant zu betreiben.

Bis zu diesem Zeitpunkt muß sich der Entwickler mit Quasi-Dialog, d.h. asynchroner Bearbeitung behelfen.

Wir wollen im folgenden die heute schon verfügbare Realisierung des Quasi-Dialogs mit einer IMS-Applikation auf IBM/MVS-Host genauer beschreiben. Hierzu (auch als

*WAN und Client/
Server ist noch ein
Problem*

*Asynchrone Bearbeitung ist eine mögliche
Sofort-Lösung*

273

Beipiel für die CASH-Benutzeroberfläche unter SQL*-FORMS/SQL*MENU) in Abb. 4.5 die fertige Maske der Applikation „Host-Übernahme Lieferantendaten", die ein fiktiver Anwender gerade eben aufgerufen hat, da er in seinem Dialog auf Daten eines Lieferanten zugreifen will, die noch nicht in der CASH-Datenbank (ORACLE) gespeichert sind.

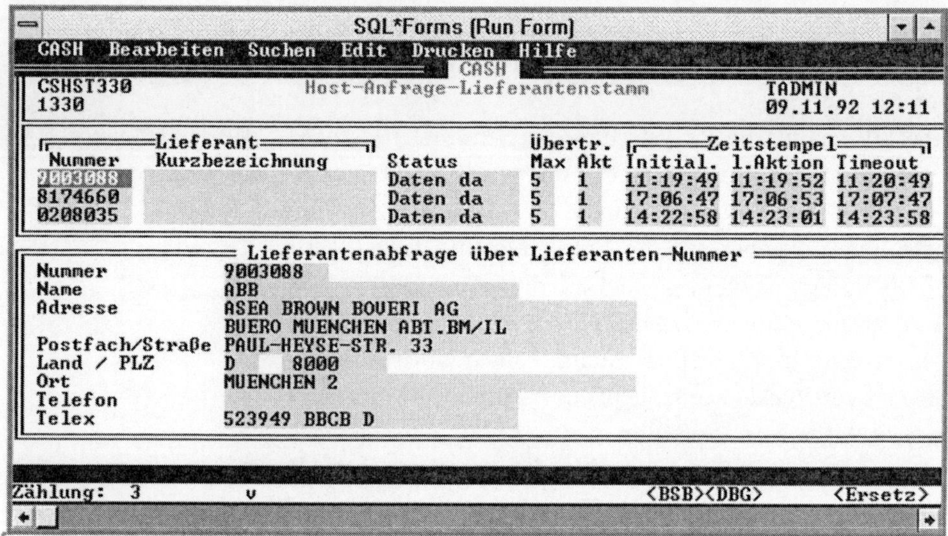

Abb. 4.5: Suchen/ Holen eines Lieferanten-Stammsatzes vom Großrechner durch einen Client im Quasi-Dialog

Der transparente Zugriff auf eine Host-Datenbank (IMS), in der die gesuchten Stammdaten vermutlich vorhanden sind, soll möglichst automatisch ablaufen und die gewünschten Daten oder eine Treffermenge für eine zweite Suche zurückliefern.

Die Bedienung ist weitgehend CUA-konform, d.h. an WINDOWS-gewöhnte Anwender kommen mit der intuitiven, durch direkte Hinterlegung von Ausprägungsvarianten („List of values"-Funktion) auf den einzelnen Datenfeldern gestützten Dateneingabe, sehr gut und sehr schnell zurecht, auch wenn sie vorher ausschließlich mit zeichenorientierten Terminals gearbeitet haben.

Die Komplexität des betrieblichen Ablaufs kann in einer fensterorientierten Benutzeroberfläche sowieso besser abgefahren werden, als in rein zeichenorientierter Umgebung mit starren Maskenbildern (typische „Host-Bildschirme"), weil die Möglichkeit, Information so zu „verstecken", daß sie nur bei Bedarf gezeigt wird (PopUp-Windows, PullDown-Menüs und zweidimensionales Scrollen), keine Probleme bereitet.

Unser fiktiver Anwender, der seine Lieferantendaten vom Host holen will, formuliert seine Frage nach dem Lieferanten (oder nach der Menge von Lieferanten, wenn er z.B. nur einen Teil der Kurzbezeichnung kennt) durch Eingabe der Lieferantennummer oder der Kurzbezeichnung und Betätigung einer Funktionstaste — das System informiert ihn, daß eine Abfrage zur Host-Datenbank gestartet wurde.

Weitgehend intuitive Bedienung der GUI-Oberfläche verkürzt die Einarbeitung und erleichtert die Umstellung

Abb. 4.6: Logisches Netz des Quasi-Dialogs mit dem Host „Lieferanten-Stammsatz holen"

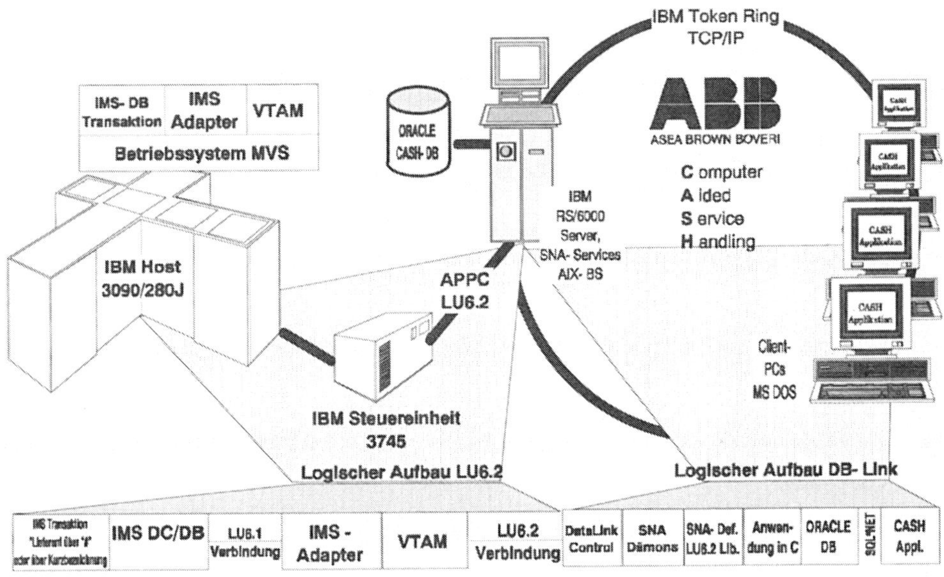

Was passiert im Hintergrund auf dem komplexen Netz der Abb. 4.6?

Nachdem der Init-Zeitstempel der Anfrage gesetzt ist, läuft eine Reihe von Prozessen ab, von denen allerdings der Anwender nichts merkt, da sie transparent für den

275

Benutzer sind, wie es ein Grundprinzip für die verteilte Datenhaltung nach Date fordert (s. Kap. 2.3). Die relativ kompliziert anmutende bildliche Zugriffsbeschreibung hat ihre Ursachen in der eingesetzten Client/Server-Architektur, der Verwendung von 4GL-Basis-Software, der fehlenden Multitasking-Fähigkeit der Clients unter MS-DOS und der derzeit (noch) fehlenden Unterstützung von LU6.2 durch IMS (angekündigt für ein kommendes Release).

Betrachten wir zunächst die Client/Server-Architektur einer ORACLE SQL*FORMS/SQL*MENU Anwendung näher:

In einer ORACLE Client/Server-Anwendung läuft die eigentliche Benutzer-Applikation auf dem Client, benutzt also dessen Ressourcen wie CPU und Bildschirm, und unterhält sich mit ihrem jeweiligen sog.„Schattenprozeß" auf der Server-Seite via ORACLE SQL*NET, wie es in Abb. 4.7 dargestellt ist. Dies ist auch in der ORACLE7-Architektur vom Prinzip her der Fall, wenn auch dort aus Performance- und Speicherplatzgründen bereits das reine Multitasking für den Schattenprozeß einem Multithreading gewichen ist, was allerdings wiederum einen Dispatcher auf dem Server voraussetzt, der einige Funktionalität der aus der Großrechnerwelt bekannten TP-Monitore (s. Glossar) wie CICS oder UTM beinhaltet.

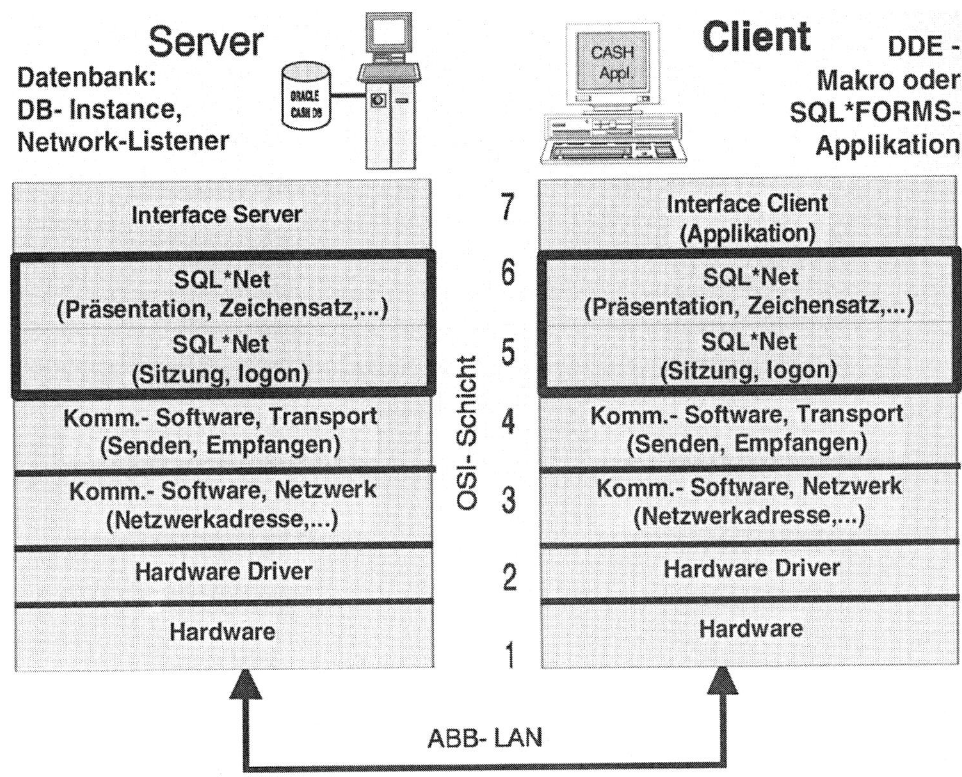

Für eine reine Client/ Server-Anwendung ist die hier veranschaulichte Architektur sehr praktisch: Der Anwender kann niemals in das Betriebssystem des Servers gelangen, da er keinen Zugriff auf die tieferliegenden Schichten hat. Für die direkte Kommunikation via APPC/LU6.2 mit der IMS-Anwendung gibt es damit de facto keinen einfachen Weg aus der ORACLE-Anwendung heraus und auch keine Möglichkeit, auf dem Client z.B. einen „Kind-Prozeß" zu starten, der die Kommunikation abwickelt, da MS-DOS leider nicht multitaskingfähig ist.

*Abb. 4.7: ORACLE Client/Server-Betrieb mit SQL*Net im ISO/OSI 7-Schichten-Modell*

> Unter WINDOWS gibt es die Mutlitasking-Fähigkeit und somit auch andere Möglichkeiten zur konkreten Problemlösung.

Aus Zeit-, Qualitäts- und Kostengründen wurde daher im Projekt CASH die vorhandene Anwendungsarchitektur, also eine SQL*FORMS/SQL*MENU Anwendung mit SQL*NET benutzt:

277

Dabei wurde ein Umweg über einen „Dämon-Job" auf dem AIX-Server gewählt, der über eine Zwischentabelle in der Datenbank mit der eigentlichen Anwendung kommuniziert. Das funktioniert so:

In einer Zwischentabelle der Datenbank wird ein „Request-Satz" (der die Anforderungen des Benutzers enthält) mit entsprechenden Kennungen für den Multiuser-Betrieb abgelegt. Der Anwender wird informiert, daß eine Abfrage in Richtung Host gestartet wurde (Init-Zeitstempel). Er kann sich (im allgemeinen für nur wenige Sekunden) anderen Tätigkeiten zuwenden oder andere Masken der Anwendung bedienen. Ruft er nach max. 10 Sekunden die „Request-Maske" wiederum auf, hält das System einen „Reply-Satz" für ihn bereit. Im allgemeinen findet er je nach Fragestellung einen oder mehrere Lieferantenstammsätze vor und kann unmittelbar in seinem Geschäftsvorfall weiterarbeiten – genauso, als wenn der Stammsatz aus seiner ORACLE-Datenbank käme (Transparenz). Treten Fehler auf (IMS ist nicht aktiv, die Verbindung steht nicht, etc.) wird er von dem Hintergrundjob („Dämon") geeignet informiert. Die Zeitsteuerung hierfür („Time out" bei mehrfachem Request und fehlendem Reply etc.) wurde „straight forward" in PRO*C programmiert (C mit „embedded SQL" für ORACLE-Datenbank).

Der Anwender spürt also im Regelfall von den Hintergrundaktivitäten des Dämonjobs nichts. Zur Zeit ist probeweise eine Zeitscheibe für das „Polling" (Nachfragen nach Aufträgen) für den Hintergrundjob von 5 sec eingestellt. Es ist geplant, eine übergeordnete „Watchdog-" oder Monitor-Steuerung auf der AIX-Maschine einzusetzen, die den gesamten Verkehr zwischen Datenbank-Anwendung und APPC/LU6.2-IMS-Abfrage überwacht. Diese könnte auch generell die Verfügbarkeit der SNA-Dienste auf der AIX-Maschine abprüfen und diese gegebenenfalls anstarten, sowie beim Hochfahren der Datenbank automatisch mit hochfahren. Dies wäre eine Erleichterung für die Systemadministratoren und ein Qualitätsgewinn für den

Anwender, der einfach weniger Ausnahmesituationen zu gewärtigen hat.

Konkret sieht der Dialogablauf also wie in Abb. 4.8 dargestellt folgendermaßen aus:

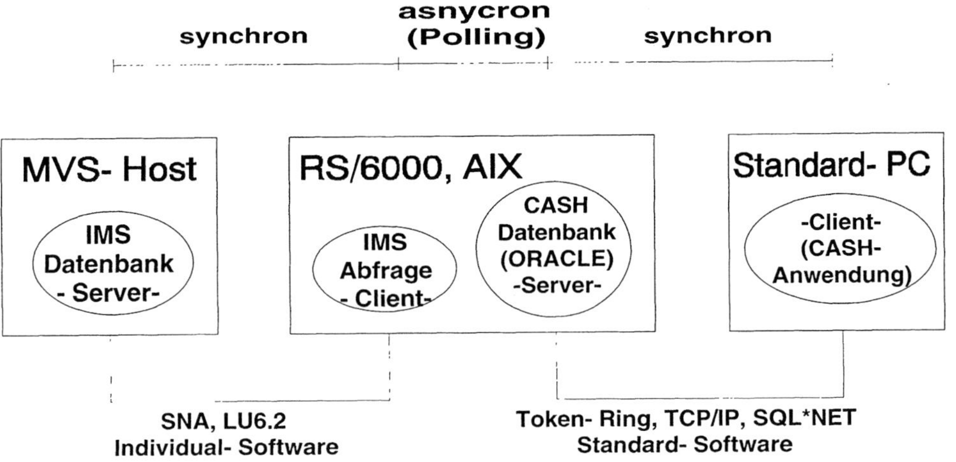

Fazit:

Daten auf IMS-Host-Datenbanken können problemlos beim „Downsizing" mit eingebunden werden, zumindest, was den lesenden Zugriff anbetrifft. Im Prinzip ist auf diese Art auch ein Update im „Quasi-Dialog" möglich, jedoch sollte hierauf nur im Notfall zurückgegriffen werden, da hierzu wenigstens ein rudimentäres (selbstprogrammiertes!) Two-Phase-Commit-Protokoll nötig wäre, was aber besser den Datenbank-Herstellern überlassen werden sollte. Im Zweifelsfall genügt oft ein Batch-Update der Host-Datenbank, womit man auf der sicheren Seite liegt.

Der Aufwand für einen lesenden Zugriff auf Hostdaten ist mit der hier vorgestellten Methode gering, wenn man die geleistete Arbeit für die APPC/LU6.2/LU6.1-Kopplung einfach einkauft.

Abb. 4.8: Dialogablauf „Host-Anfrage Lieferantenstamm" im Client/Server Bild

4.1.6 Vollautomatischer, bidirektionaler File-Transfer über AIX/HCON mit AUTOLOGON zum Host-System

Eines der Hauptziele der neuen Service-Applikation (s.o.) war es, auf die Stücklisten des Unternehmens direkt zugreifen zu können, um darin die Ersatzteile für die betreffenden Produkte zu markieren und zusätzliche Strukturinformation wie Kraftwerkskennzeichnungsschlüssel (KKS), Kunden-Teileschlüssel, Bezeichnungen aus dem Betriebshandbuch u.a. direkt zu pflegen. Stücklisteninformation ist neben den kalkulatorischen Daten intimstes Know-how eines Herstellers – entsprechend geschützt sind die Daten auch aufzubewahren. Im Falle der ABB Kraftwerke AG liegen die entsprechenden Informationen auf dem Rechner der Schweizer Mutter in Baden bei Zürich. Theoretisch sollte es aus einer CASH-Anwendung heraus möglich sein, „direkt" auf diese Daten zuzugreifen, etwa via APPC/LU6.2 wie oben geschildert.

Aus einer Reihe von Gründen ist dies nicht so einfach möglich:

⇒ Massendatenproblem und endliche Leitungskapazität

⇒ Speicherung auftragsabhängiger Stücklisteninformation nur für die Zeit der Auftragsbearbeitung, danach nur noch auftragsunabhängige Information

⇒ Übersetzungs und Darstellungsproblematik in unterschiedlichen Stücklistenprogrammen

⇒ Zugriffsrecht im Dialog nur für Konstrukteure

Wir haben hier eine Problemlösung gefunden, wie die Stücklistendaten vollautomatisch in das CASH-System eingespielt werden können (Müller 1992c). Am anschaulichen Beispiel der beiden Dialogmasken soll erklärt werden, wie die gefundene Problemlösung funktioniert. In Abbildung 4.9 ist zunächst dargestellt, wie ein Anwender einen Stücklistenabruf formuliert.

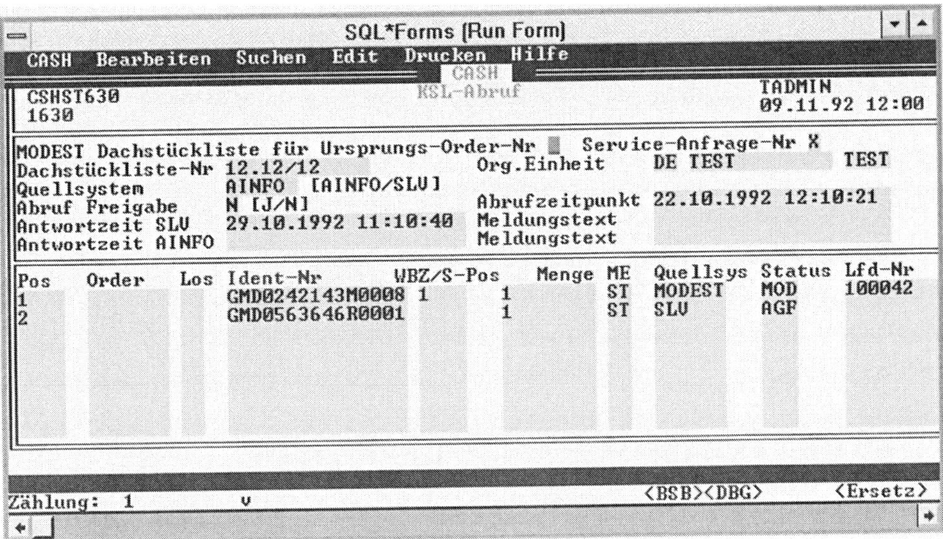

Mit der obigen Dialogfunktion bereitet die technische Clearingstelle des Service z.B. auf Anfrage eines Service-Ingenieurs einen Stücklisten-Abruf vor. Es werden die Ident-Nummern der Komponenten eingegeben, deren Stücklistenauflösung im konkreten Fall benötigt wird und das Quellsystem (und damit auch der Zielrechner) definiert. Sind alle Eingaben getätigt, wird der Schalter „Abruf Freigabe" gesetzt. Damit werden im Hintergrund eine Reihe von Aktivitäten gestartet, von denen der Anwender wiederum nichts merkt. Da der Transfer geraume Zeit in Anspruch nimmt (Massendaten, Host- und/oder Leitungsbelastung) kann er sich einstweilen anderen Tätigkeiten widmen, zum Beispiel einen anderen bereits transferierten Vorgang in der nachfolgenden Maske (Abb. 4.10) zu bearbeiten.

Abb. 4.9: Stücklisten-abruf vom Host, automatischer bidirektionaler Filetransfer

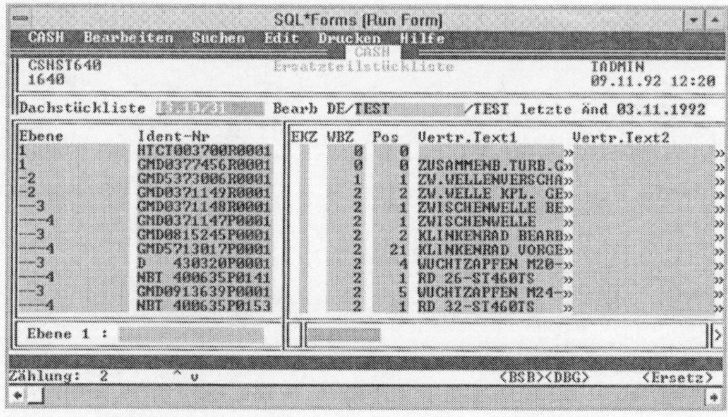

Abb. 4.10: Darstellung einer Ersatzteilstückliste als Strukturstückliste nach Transfer vom Host

Im Hintergrund (also wiederum vollkommen transparent für den Anwender) läuft in der Zwischenzeit folgendes ab:

Die ursprüngliche Anfrage des Service-Ingenieurs hat in der CASH-Datenbank einen Vorgang erzeugt, auf den sich die Clearingstelle bezieht.

Der durch die Clearingstelle in MODEST gestartete Abfragevorgang stellt eine Client/Server-Beziehung zwischen MODEST und CASH Tabellen her (realisiert durch

Abb 4.11 Dialogablauf „Stücklistentransfer vom Host" im Client/Server-Bild

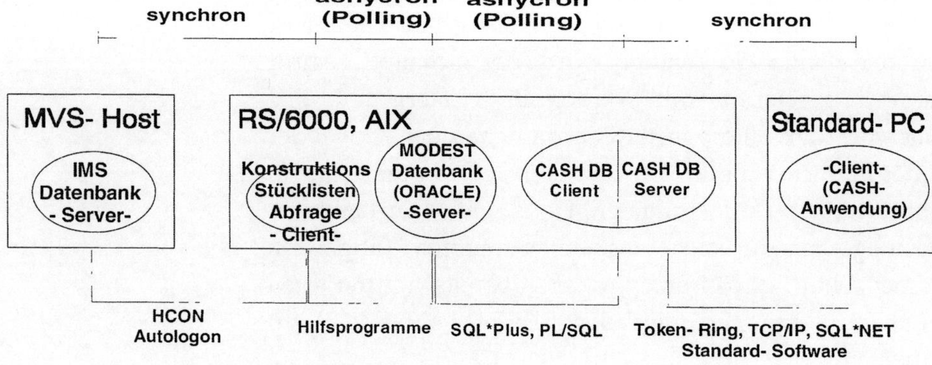

einen einfachen Fremdschlüsselbezug, da beide Programmsysteme dieselbe Datenbank benutzen; der Vorgang ist aber bewußt so transparent formuliert, daß sie auch auf unterschiedlichen Datenbanken resp. Servern liegen könnten).

Der MODEST-Vorgang „KSL-Abfrage" wird durch einen Dämonprozeß (Auftrags-Scheduler), der über Request- und Reply-Zwischentabellen mit dem Dialog korrespondiert, zu einem Client bzgl. der Host-Abfrage, die in diesem Fall über Batchjobs erfolgt, die vom Dämon aus einer weiteren Hilfstabelle in der Datenbank mit JCL-Information für den jeweiligen Host zusammengestellt und an das AIX-Spool-System für den Ziel-Host übergeben werden. Dieser Zwischenschritt ist notwendig, damit der Multiuser-Betrieb über eine Warteschlange (Spoolsystem) sequentialisiert wird. Außerdem müssen Datei- und Job-Namen eindeutig gebildet werden, damit sie den jeweiligen Benutzer-Aufträgen in der Datenbank zugeordnet werden können. Hierzu sind zwischen den Applikationsprogrammierern (Datenbank-Zugriffe, Job-Datei-Erstellung) der AIX-Systembetreuung und dem MVS-Host-Systembetreuer geeignete Konventionen festgelegt worden. Die vom AIX Dämon-Job fertig zusammengestellten MVS Batchjobs werden über den AIX/SNA-Service HCON (IBM AIX Host Connection Programm für RS/6000) zum Autologon an den Zielrechner abgegeben. Auf diesem müssen zwei TSO-User definiert sein: Einer für die Ausführung der transferierten Jobs, und einer für den Status-Monitor. Weiter muß dort das Dateikennungssystem IND$FILE installiert sein.

Ein weiterer Dämonjob (Status-Monitor) auf dem AIX-System prüft innerhalb bestimmter Zeitintervalle den Status des Jobs auf dem Zielrechner. Falls dieser fertig abgearbeitet ist, wird ein Retour-Filetransfer initialisiert, mit dem die Ergebnisdateien, auf denen sich im positiven Fall die Stücklisteninformation befindet, auf die AIX-Maschine zurücktransferiert werden. Dort laufen dann noch Hilfsprogramme für Sortierung, Listenerstellung und das Laden der entsprechenden Datenbank-Tabellen automatisch an (vom Dämon angestoßen) bis schließlich und endlich eine komplett aufgelöste Stückliste in die MODEST-ORACLE-Datenbank eingefahren worden ist. Der Zeitstempel informiert den menschlichen Auftraggeber Clearingstelle über den erfolgreichen Abschluß der Lese-Transaktion.

Vorgefertigte JCL für MVS-Job in der UNIX Server-Datenbank

Zugegeben, das Ganze klingt reichlich kompliziert – aber dafür funktioniert es nach gewissen Anlaufschwierigkeiten relativ reibungslos. Natürlich muß in der Konzeptphase eines solchen Vorhabens mit Host-Spezialisten und AIX-Experten gemeinsam gesprochen werden, damit die jeweiligen Systemkonventionen (z.B. für Dateinamen, Zugriffsberechtigungen etc.) sauber abgestimmt werden, aber der Erfolg gibt uns recht:

Einige Skeptiker im Unternehmen haben dieser Art der Verarbeitung kaum eine Chance gegeben – der Produktiveinsatz wird zeigen, welchen Nutzen und damit welche Einsparung bei der täglichen Arbeit der Clearingstelle erzielt wird –, letztendlich kommt aber all dies den Kunden zugute, die in Zukunft schneller und qualitativ besser mit Ersatzteilkatalogen für ihre Maschinen versorgt werden können.

4.1.7 Anschluß der Bürokommunikations-Standardsoftware über DDE-Schnittstelle

Die Einbindung von Standard-Paketen der Bürokommunikations-Software in moderne Client/Server-Applikationen ist nicht nur eine Forderung der darin geübten PC-Anwender. Integration ist darüber hinaus ein Muß für den kostenbewußten Entwickler, wenn er das Rad nicht neu erfinden will. Wann immer „DTP-nahe" Dokumente, d.h. Text und Grafik-Objekte (z.B. in Kundenpapieren) gemischt mit aktuellen Zahlen und Texten aus den Unternehmensdatenbanken gebraucht werden, gilt es „Standard-Applikationen" einzubeziehen. Nur so läßt es sich vermeiden, mit unvertretbaren Kosten Teilfunktionalitäten der vergleichsweise billigen Standard-Produkte „nachzuprogrammieren".

Das einzige Problem hierbei sind die Daten. Wie gelangen die „richtigen" Daten ohne Medienbruch (d.h. Neuerfassung) von den verschiedensten Servern eines Unternehmens in die Benutzerdokumente auf den Client-PCs? Der Datenbankanbieter ORACLE hat hier mit seinem

„DDE-Manager" zur Versorgung der MICROSOFT WIN-
DOWS DDE-Schnittstelle eine Voraussetzung zur Schlie-
ßung dieser Lücke geschaffen. Im folgenden wird dar-
gestellt, wie sich auf einfache Art und Weise hochkarätige
Dokumente mit „Standard-Funktionalität" erzeugen lassen.
Die hier vorgestellte Problemlösung setzt die ABB Kraft-
werke AG Mannheim für die Erzeugung von Dokumenten
für Kunden mit MICROSOFT WORD/WinBASIC im
Rahmen des neu entwickelten Servicesystems CASH (Com-
puter Aided Service Handling) und für interne Controlling-
Auswertungen mit der Makrosprache von MICROSOFTs
EXCEL ein. Die Entwicklungsaufwände lagen in der
Größenordnung von einigen Mannwochen, aber dem
Umfang und der Komplexität der Dokumente sind kaum
Grenzen gesetzt.

Mit dem Erscheinen von MICROSOFT's OLE (Object
Linking and Embedding) einer weiteren dynamischen Va-
riante zur Einbettung von Objekten eines WINDOWS-Pro-
gramms in Objekte (hier „Dokumente") eines anderen
WINDOWS-Programms wurde die früher publizierte
Schnittstelle DDE (Dynamic Data Exchange) für WIN-
DOWS-Applikationen in einigen Fachpublikationen bereits
schon wieder totgesagt, kaum daß sie bekannt war.

DDE oder OLE?

Dabei wurde übersehen, daß DDE und OLE zwar in
mancher Hinsicht ähnliche Funktionalität bieten, OLE aber
DDE nicht als Protokoll ersetzen kann. Mit anderen Worten,
für die Kommunikations-Befehle wie „DDEInitiate" zum
Aufbau der Kommunikation oder „DDERequest" für den
Zugriff auf eine Datenbank gibt es in OLE kein Äquivalent.
Zur Sicherheit haben wir auch bei einer Präsentations-
veranstaltung von MICROSOFT deren Marketing-Direktor
M. B. Wolfson nach dem Schicksal von DDE und der
Abgrenzung zu OLE befragt. Die Aussage war eindeutig:
„DDE wird es weiter geben". Aus anderen Quellen (Laird
1992) wissen wir aber auch, daß DDE nur ein Vorläufer
einer direkten Zusammenarbeit von MICROSOFT und
ORACLE im Rahmen von WINDOWS NT (Wolfson 1992)
und einer verallgemeinerten SQL-Datenbank-Schnittstelle
„ODBC = Open Database Connectivity" ist ((Ritter 1992), s.

auch Kap.2.2). Insofern ist auch die „Investitionssicherheit"
unserer Entwicklung gegeben, da sich an der prinzipiellen
Vorgehensweise nichts ändern wird, sondern nur die Pro-
tokoll-Schnittstelle, d.h. die Kommandos, angepaßt werden
muß. Die in SQL formulierten und in die Makros ein-
gebetteten Datenbankzugriffe sind sowieso unabhängig von
der Realisierungsplattform.

DDE-Architektur: Die Anwendung läuft auf den Clients, die Daten
werden über das Netz und die Dienste der ORACLE-Stan-
dard-Software SQL*Net zugespielt (s. unten). Insbesondere
bedeutet dies, daß der Anwender vollkommen transparent
auf die Daten des Servers zugreift, so als wären sie lokal auf
seinem PC vorhanden. Diese Trennung in Client und Server
macht sich das DDE-Protokoll zunutze: Der Anwender
kann in seiner Standard-Software bleiben (WORD (für
WINDOWS), EXCEL, kurz alle WINDOWS-Programme,
die DDE unterstützen) und von dort die Datenbank auf
dem Server „anzapfen".

Es gibt mehrere Möglichkeiten, aus einer ORACLE Datenbank unter Client-Server-Architektur eine Ausgabe von
gespeicherten Daten durchzuführen:

1)   *Report Writer, Data Browser oder anderes Produkt für ein-
     fach aufbereitete Listen, die „preiswerte" Lösung für interne
     Reports*
2)   *DDE-Manager (oder vergleichbares Produkt) in Verbindung
     mit PC-Standard-Software wie WORD (für WINDOWS),
     EXCEL o.ä.*
3)   *3GL-Programme mit direkter Ansteuerung des jeweiligen
     Druckers*

Die elegante Lösung (2) mit DDE-Manager erlaubt:

- das Druckbild optimal den Vorstellungen der Anwender anzupassen
- jederzeit Grafiken einzubinden
- Veränderung des Layouts nach den eigenen Vorstellungen in der Textverarbeitung geschulter Anwender

In der folgenden Abbildung 4.12 sind die Kriterien für eine Entscheidungsfindung zugunsten der einen oder anderen Alternative noch einmal zusammengestellt:

		Standard/ Eigenentw.	"DTP"- Komfort: - eingeschränkt - uneingeschränkt	Kosten: - gering - mäßig - hoch
1	**Report- Writer** **(ORACLE)**	Standard	eingeschränkt (ASCII- Text, einfache Linien)	gering
2	**DDE- Manager oder** **vergleichbares Tool** **(ORACLE oder OEM)**	Standard + Eigenentw. (Makros)	eingeschränkt (auf Standard- Sw Funktionsumfang= DTP- nah)	mäßig
3	**3GL- Prozeduren/** **Programme (C,** **PASCAL,...)**	Eigenentw.	theoretisch uneingeschränkt (bei beliebigen Kosten)	sehr hoch (falls DTP- nah "nachprogrammiert")

Aus Kostengründen und wegen der großen Flexibilität empfahl sich bei CASH eine Einschränkung auf die Optionen 1 und 2. Damit lassen sich alle Anforderungen schnell und kostengünstig abdecken:

Abb. 4.12: Vergleich unterschiedlicher Realisierungsmöglichkeiten für Reports und DTP-Dokumente in Client/Server

Problemstellung	empfohlene Lösung
Unabhängigkeit von der speziellen Hardware (Drucker)	(1)+(2)
Erstellung nahezu beliebig komplexer Dokumente	(2)
beliebige Mischung von Grafik und Text aus den Unternehmens-Datenbanken	(2)
flexibles Abfrage-Instrument für „MIS"-Fragestellungen und Standardberichte	(1)+(2)
möglichst kostengünstiges Verfahren	(1)+(2)

Tab. 4.2:
Vergleich verschiedener Lösungen zur Dokumentenerstellung

Anfangs stellten sich rein technische Probleme ein, z.B. mußte bei der Massendatenverarbeitung zwischengespeichert werden, oder aber die Fehlerbehandlung war durch falsche oder fehlende Dokumentation ohne Sekundärliteratur/Hotline nicht zu bewältigen.

Es gibt auch ein Sicherheitsproblem, falls man den Benutzern den DDE-Zugang mit den eigenen Zugriffsrechten gestattet:

Durch Definition geeigneter „Views" auf die Daten, die nur lesenden Zugriff erlauben, läßt sich das Problem lösen.

Diese geringen Nachteile wiegen aber angesichts der gewaltigen Flexibilität in der Bearbeitung nicht sehr schwer:

- Jedes beliebige Kundendokument, das sich mit WORD oder EXCEL oder anderen DDE-fähigen WINDOWS-Applikationen erstellen läßt, kann mit Daten aus allen Datenbanken des Unternehmens versorgt werden

  Indirekt, d.h. asyncron auch von IMS-Datenbanken auf dem Host, wenn man eine der oben vorgeschlagenen Kopplungsmöglichkeiten durchführt, synchron nur mit z.B. DB2-Datenbanken, wenn das Produkt SQL*CONNECT eingesetzt wird.

- Direktes „Faxen" ohne Qualitätsverlust und zusätzlichen Arbeitsaufwand aus WINDOWS heraus unter Einbeziehung zusätzlicher Standard-Software und Fax-Karten jederzeit möglich

- Eine Nachbehandlung der Dokumente durch den Anwender in der gewohnten Bürokommunikations-Umgebung ist möglich, falls spezielle Kundenwünsche dies erfordern sollten. Er ist also im Notfall unabhängig vom Entwickler, womit ein lang gehegter Anwender-Traum in Erfüllung geht.

4.1.8 CASE Praxis-Empfehlungen

Welche Chancen und Risiken bei der konkreten Entwicklung eines Systems in Client/Server-Technik mit der Hilfe von Client/Server-CASE entstehen, wird in dem folgenden Beispiel aus dem Projekt CASH gezeigt (Müller und Starke, 1993).

Die eingesetzte CASE-Umgebung

Betrachtet man die in größeren Organisationen vorliegenden und (teilweise) eingesetzten CASE-Umgebungen, so sind diese durch viele Eigenentwicklungen gekennzeichnet, die sich um sehr betriebssystemnahe Werkzeuge gruppieren. Ferner sind die heute eingesetzten Werkzeuge nur im Großrechner-Umfeld oder als Einzelplatzsysteme auf PCs ablauffähig, so daß mit der Erstellung von Client/Server-Anwendungen sofort die Frage nach neuen Werkzeugen auftaucht.

Hinzu kommt manchmal auch Outsourcing in seinen verschiedenen Ausprägungen, denn der Einsatz von externen Dienstleistern ist ein weiterer wichtiger Grund um CASE-Werkzeuge zur strukturierten, maschinellen Dokumentation des Software-Entwicklungsprozesses einzuführen.

Spätestens mit dem Einsatz von CASE-Werkzeugen steht auch die Entscheidung für ein Vorgehensmodell an. Dieses kann bereits integraler Bestandteil der Werkzeuge sein (Beispiel: Das Vorgehensmodell CASE*Method in den

Werkzeugen des Anbieters ORACLE) oder auch von anderen Institutionen kommen (Beispiel: ISOTEC (s. Glossar) der Ploenzke AG oder das V-Modell des Bundesministeriums für Verteidigung, BMV).

CASE im Projekt CASH

Nach der Vorstudie wurden die Analysearbeiten (Fachkonzept) im Spätsommer 1991 begonnen. Die Phasendokumente der angewendeten Methodik ISOTEC wurden mit Werkzeugen der Bürokommunikation (MICROSOFT-WORD (für WINDOWS)) in Form von Texten erstellt, die Entity-Relationship-Diagramme am Anfang noch mit einem Macintosh-Computer gezeichnet. Schnell stellte sich jedoch heraus, daß dies bei der Menge der zu analysierenden Funktionen (mittlerweile mehr als 130) und der Informationsobjekte (120 Entitäten) zu Konsistenzproblemen, Administrationsschwierigkeiten und Abstimmproblemen zwischen den drei parallel arbeitenden Systemanalytikern führte.

CASE kann mit einem Texteditor anfangen, sollte damit aber nicht abgeschlossen sein

Parallel hierzu wurden die später eingesetzten 4GL-Entwicklungskomponenten und die Datenbank im existierenden LAN unter den Betriebssystemen MS-DOS und OS/2 getestet und eingesetzt. Nach den üblichen Anlaufschwierigkeiten wurden damit zunächst eigene Bildschirmmasken zur Pflege von Attributen und ähnlichen strukturierten Analyseergebnissen „gebastelt". Ohne zugrundeliegendes Metadatenmodell wurden diese eigenen Werkzeuge zur Erfassung der Informationen für das Entity-Relationship-Diagramm (ERD) eingesetzt. Die mit den zukünftigen Anwendern des Systems abzustimmenden Maskenentwürfe wurden ebenfalls mit Hilfe dieser Entwicklungswerkzeuge erstellt.

Die Entscheidung für eine Standard-CASE-Umgebung

Im Rahmen der Informatikstrategie der ABB Kraftwerke AG (KISS) wurde im Herbst 1991 auch die Software-Entwicklungsumgebung neu definiert, weg von der zentralen Anwendungsentwicklung des Hostsystems, hin zur dezentralen Entwicklung in der Client-Server-Umgebung. Nicht nur die neuen Anwendungssysteme wurden in Client/Server-Technologie erstellt, auch die Anwendungsentwicklung basiert auf der in Abb. 4.13 dargestellten verteilten Architektur. Neben den File-Servern für die Anwendungs- und Laufzeit-Programme der Client-Seite sind ein CASE-Server für das Data-Dictionary und der eigentliche Datenbank-Server (über Backbone) im Netz zusammengeschlossen.

Der Anwendungsentwickler nutzt direkt von seinem Client-Arbeitsplatzrechner, einem gut ausgerüsteten Standard-PC die verschiedenen Informationsquellen (Server) je nach Bedarf.

Die Informatikstrategie muß neben der Entscheidung für eine Client-Server Architektur auch für eine CASE Umgebung sorgen

Abb. 4.13: Client/Server-Vernetzung in der CASH-Entwicklung

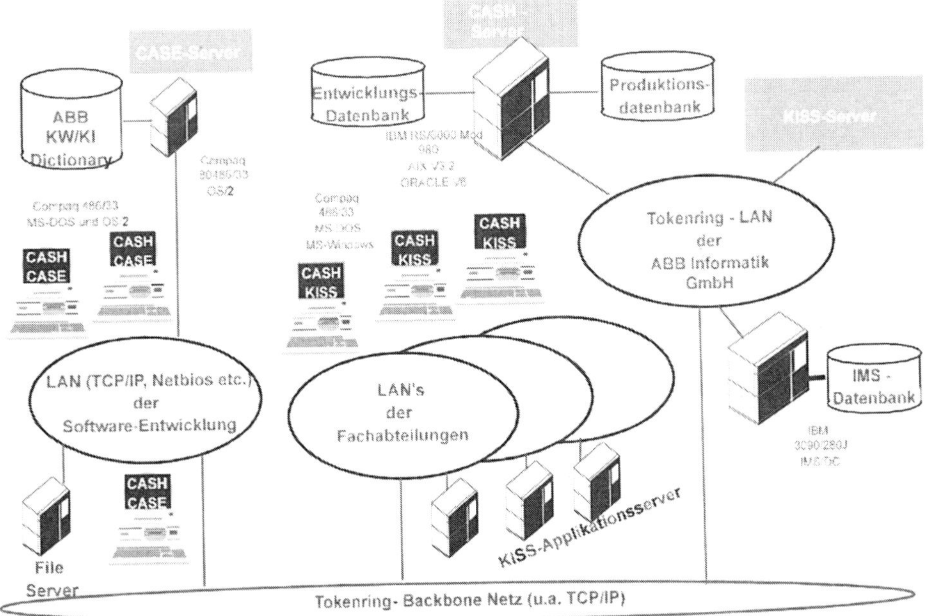

Eine standardisierte CASE-Umgebung hat gegenüber den oben genannten Eigenentwicklungen den Vorteil, daß ein einheitliches, umfassendes Rahmenwerk vorhanden ist, welches auch von komplementären Produkten unterstützt wird und am Markt Dienstleister mit diesem Know-how verfügbar sind.

Durch die Methodengruppe der Kraftwerke Informationssysteme (KI) wurde in einem Auswahlverfahren die CASE-Umgebung (Vorgehensmodell/ Methode: ISOTEC, Werkzeug: Oracle*CASE) ausgewählt und im „Pfadfinder-Projekt" CASH in wesentlichen Teilen eingeführt. Das Projektteam bemerkte schnell die Vorzüge der ausgewählten CASE-Umgebung gegüber den bis dato eingesetzten Hilfs-Programmen „Marke Eigenbau" und setzte umgehend ohne größere Schwierigkeiten oder Motivationsprobleme das neue CASE-Werkzeug ein. In anderen Projektteams mag dies nicht so einfach möglich sein, dann müssen eben Motivationsmaßnahmen gefunden werden.

Auch für den Einsatz von CASE gilt: Vom Kleinen zum Großen und vom Leichten zum Schweren

Anfänglichen Hindernissen in der DV-Infrastruktur (Netze, Betriebssysteme) zum Trotz wurden die Werkzeuge im CASH-Team intensiv genutzt, um die Analyseergebnisse des Fachkonzepts zu dokumentieren. Neben der Verwaltung der Informationsobjekte (Entitäten), ihrer Beziehungen untereinander und der Funktionen auf diesen Informationsobjekten wurden auch die grafischen Repräsentationen, die hierarchischen Funktionsbäume und die Entity-Relationship-Diagramme aus diesen Informationen automatisch generiert, bzw. direkt in der grafischen Oberfläche eingepflegt. Durch den methodisch sauberen Einsatz dieser Werkzeuge konnten Verwendungsmatrizen zwischen Informationsobjekten und Funktionen automatisch gebildet, und in entsprechenden Reports gedruckt werden (s.a. Abb. 4.14). Damit war es zusehends möglich, die anfangs nur im Texteditor erstellten Analyse-Dokumente immer mehr durch Listen aus dem CASE Werkzeug zu ersetzen.

Systematische CASE-Einführung oder „Learning by doing"

Beim CASE-Einsatz wird häufig über zu hohe Schulungsaufwände und schlechte Resonanz bei den Entwicklern
geklagt. Zugegeben, es könnte sein, daß das heterogen aus
acht verschiedenen Firmen zusammengesetzte CASH-
Projektteam einem besonderen Glücksgriff des Projektleiters zu verdanken gewesen wäre – wir neigen jedoch
eher zu der Annahme, daß die hohe Motivation und die
große Informatik-Erfahrung der Beteiligten einen wesent-
licheren Beitrag zum Gelingen des CASE-Einsatzes „on the
fly" geleistet haben. Die oben geschilderte Nutzung der
CASE-Umgebung durch die Analytiker erfolgte nämlich
zunächst auch noch ohne größere Schulungsaufwände —
wie so oft in der Projektarbeit fehlte einfach die Zeit. Dafür
wurde der Einsatz der Werkzeuge aber durch einen
erfahrenen Berater unterstützt, der „am lebenden Objekt"
Ratschläge und Unterstützung anbieten konnte. Die regen
Diskussionen im Team haben darüber hinaus dazu geführt,
daß nicht nur Klarheit zur Methodik (Wie ist ein
Sachverhalt zu modellieren?), sondern auch zur korrekten
Abbildung in den CASE-Werkzeugen führte (Wie bediene
ich das Werkzeug?). Die formale Schulung im Nachhinein,
sowohl im Umgang mit der Methode als auch mit den
Werkzeugen, waren dann eher zusätzliche Motivation für
den Einzelnen nach dem Motto „Wir waren also auf dem
richtigen Weg – weiter so."

Im allgemeinen sollte aber darauf geachtet werden, daß
die CASE-Umgebung vor dem eigentlichen Einsatz in Groß-
projekten anhand eines vollständig durchgeführten Pilot-
projekts eingeführt wird. Die zuvor beschriebene, sehr
praxisorientierte Einführung hat ihre Risiken, die bei mang-
elnder Sensibilität das Gesamtprojekt gefährden können.

*Die Einführung von
CASE am realen
Projekt ist möglich,
erfordert aber eine
adäquate Unter-
stützung der
Mitarbeiter*

Integration zwischen Vorgehensmodell und Werkzeug

Ein besonderes Augenmerk ist auf die Integration zwischen dem ausgewählten Vorgehensmodell und dem eingesetzten Werkzeug zu legen, falls nicht beide von einem Hersteller kommen und bereits integriert sind. Hierzu wird ein Abgleich der Metamodelle vorgenommen und die Ergebnisse in operationalisierter Form dokumentiert. Die Abbildung 4.14 zeigt am Beispiel die gewählte Integration der Methode in das eingesetzte Werkzeug für das Phasenergebnis Fachkonzept (Dokumentation der Analyseergebnisse). Über das eingesetzte Werkzeug werden mit Hilfe von verschiedenen Bildschirmmasken und Diagrammen die Inhalte des Fachkonzepts in strukturierter Form erstellt. Das Phasenergebnis Fachkonzept entsteht dann durch das Zusammenfügen von verschiedenen Auswertungen und Diagrammen in Form einer Dokumentenmappe, ggf. ergänzt um zusätzliche (Prosa-) Texte.

Abb. 4.14: Das Fachkonzept als Dokumentenmappe aus dem CASE-Werkzeug:

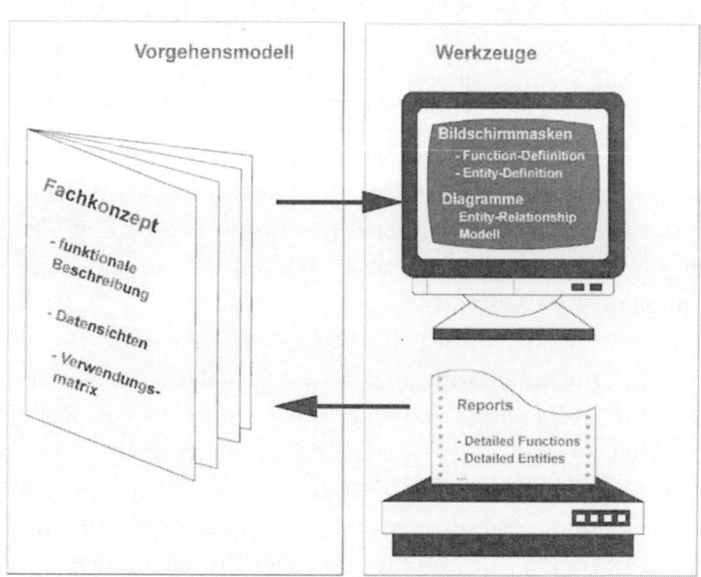

Es dient dann nicht nur der Dokumentation der fachlichen Funktionalität, sondern auch als Abstimmungsgrundlage gegenüber der Fachabteilung. Zudem können die maschinell vorliegenden Fachkonzepte auch als Grundlage zum Referenzhandbuch der fertigen Applikation verwendet werden – der oft vorgebrachte Einwand „Schrank-Ware" ist also hier unangebracht.

Bei der beschriebenen Anpassung des Werkzeuges an das methodische Vorgehensmodell spricht man auch von *„Tailoring"*, das vom Werkzeug durch Möglichkeiten zur Anpassung und Erweiterung des Metamodells unterstützt werden muß.

Die Fließbandproduktion von Software oder der Einsatz von Generatoren

Für die Erstellung der Anwendungen, die als Ergebnis der Analyse und des Designs hervorgegangen sind, stellt sich die Frage nach den einzusetzenden Werkzeugen. Man wünscht sich von der eingesetzten CASE-Umgebung an dieser Stelle immer die Software-Generierung auf Knopfdruck. Ein Weg dorthin sind die Programmiersprachen der 4. Generation (4GL), heute ergänzt um Programmgeneratoren für diese Sprachen. Überall dort wo es gilt standardisierte Anwendungen zu erstellen, können die Programmgeneratoren sinnvoll eingesetzt werden. Insbesondere der Aufwand und damit die Kosten für Wartung und Weiterentwicklung lassen sich positiv beeinflussen, da nicht auf der Programmierebene sondern auf der Analyse- und Designebene gearbeitet wird.

Leider sind die derzeit am Markt erhältlichen Programmgeneratoren nur rudimentär auf die speziellen Anforderungen zur Generierung leistungsfähiger Client-Server Programme vorbereitet. An dieser Stelle sind (momentan) weiter die Anwendungsentwickler gefragt, die Generatoren per Hand zu steuern und zu unterstützen, so daß optimale Ergebnisse erzielt werden (s. Kapitel 2.4).

Programmgeneratoren sparen Aufwand und Kosten

Im Rahmen des CASH-Projekts wurden die verfügbaren Generatoren nur für eine Reihe begleitender, schreibintensiver Entwickler-Tätigkeiten, z.B. zur Erstellung der DDL-Statements eingesetzt. Zur Generierung von Programmen wurden diese Werkzeuge im Projekt CASH noch nicht eingesetzt, weil die Projekt-Vorgabe einer CUA-konformen Benutzeroberfläche ('WINDOWS-like') mit den damaligen Entwicklungswerkzeugen (auch aufgrund von Versionsdifferenzen zwischen Laufzeitumgebung und Entwicklungswerkzeugen) nicht zu schaffen war.

Infrastruktur der CASE-Umgebung

Die CASE Umgebung sollte in einer offenen Systemarchitektur laufen

Die in der Abbildung 4.13 vorgestellte DV-Infrastruktur ist erst schrittweise im Rahmen des Projektverlaufs entstanden. Bei der Realisierung der ersten Anwendungen wurde deutlich, daß der zur Entwicklung eingesetzte Datenbank-Server (386er Intel-Rechner unter OS/2 V1.3) für die Anzahl der Entwickler nicht ausreichend dimensioniert war, so daß man die bereits geplante Entwicklungsdatenbank beschleunigt auf einen RISC-Server (IBM RS/6000 Server unter AIX) überführte. Zur Kommunikation zwischen Entwicklerarbeitsplatz (Standard-PC mit MS-DOS) und dem Datenbank-Server wird das TCP/IP-Protokoll eingesetzt. Um den zukünftigen Anwendern bereits erste Testmöglichkeiten zu bieten, wurde auf dem Datenbankrechner eine zweite Datenbank angelegt, die spätere CASH-Produktionsdatenbank. Die reibungslose Portierung zwischen verschiedenen Hard-ware- und Betriebssystem-Plattformen bestätigte an dieser Stelle ein weiteres Mal die Richigkeit der in der Methoden- und Datenbankgruppe getroffenen RDBMS-Auswahl.

Die Aufteilung der Entwicklungsumgebung auf drei Datenbanken (CASE, Entwicklungs- und Produktionsdaten-bank) hat sich als sehr sinnvoll erwiesen und wird in dieser Form auch Bestandteil der Vorgehensweise zur Software-Erstellung.

An einem konkreten Beispiel soll das Zusammenspiel der verschiedenen Datenbanken dargestellt werden. Von den MS-DOS Arbeitsplätzen der Entwickler werden aus den Entitäten die zugehörigen relationalen Tabellen, Indices etc. erstellt und je nach Bedarf im Rahmen des Datenbankdesign optimiert. Im Anschluß erfolgt die automatische Generierung der DDL-Statements, die dann zum Anlegen der Objekte in der Entwicklungsdatenbank genutzt werden. Nach diesen Generierungsschritten können die entsprechenden Objekte in der Entwicklungs- und später auch der Produktionsdatenbank auf dem Unix-System per automatisierter Prozeduren angelegt werden.

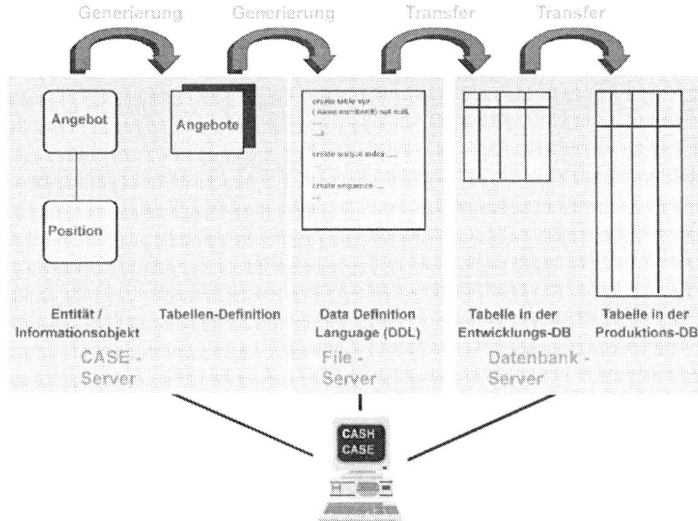

Abb. 4.15: Beispiel für Meta-Tabellenstruktur-Generierung im Client-Server-Umfeld

Dieses durchgängige und automatisierte Vorgehen hat sich auch in anderen Bereichen bewährt. So werden beispielsweise eigene Datentypen (Domänen, d.h. Wertebereiche), wie die ISO-Währungscodes (ISO3166) immer nur im CASE-Dictionary aktualisiert und dann per automatisierter Prozedur sukzessive von der Entwicklungs- in die Produktionsdatenbank überführt.

Das Design der Anwendung

Im Vordergrund steht, wie bei klassischen Entwicklungen, eine saubere Modularisierung der Anwendung und ein adäquates, performantes Datenbank-Design. In diesem ersten Schritt wird noch keine besondere Rücksicht auf die eingesetzte Client-/Server-Architektur genommen, dies erfolgt erst im zweiten Design-Schritt.

Für diesen zweiten Schritt ist es wichtig, die kritischen Komponenten der Client/Server-Technik zu kennen. Das in der Abbildung 4.16 dargestellte „magische Dreieck" des Software-Engineering im Client/Server-Umfeld zeigt die eigentliche Anwendung im Spannungsfeld der drei Komponenten Client, Server und Netz. Die Komponenten der CASE-Umgebung, d.h. Methoden, Techniken und Werkzeuge, dienen wie Federn dazu, das Gesamtsystem im Gleichgewicht zu halten.

Abb. 4.16: Das magische Dreieck bei der Client-/Server-Anwendungs-entwicklung

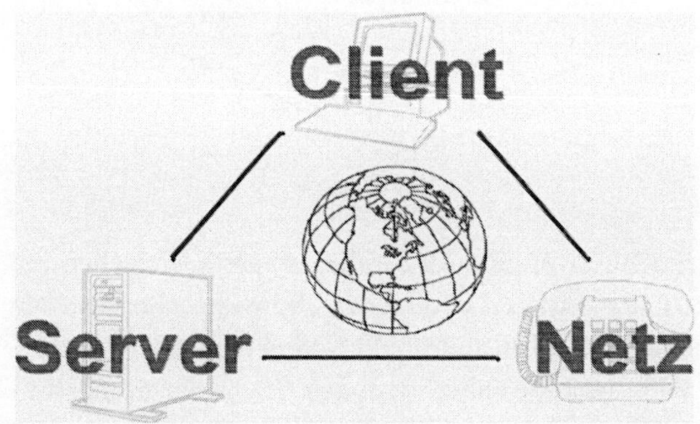

Wir wollen im Folgenden kurz auf einige Problemstellungen im Bereich Netz und Client-Systeme eingehen, die in in der Praxis aufgetreten sind, und aufzeigen, wie ein umsichtiges Design mit Hilfe der CASE-Werkzeuge Lösungen anbieten kann.

Client-Systeme

Beim Design der Anwendungen für die Client-Systeme traten vor allem systembedingte (MS-DOS) Schwierigkeiten auf. Angefangen von der immer wieder manifesten Real Memory-Grenze und den diversen Speichermanagement-Programmen, über die Leistungsfähigkeit der Hardware (unzureichende Prozessoren, zu geringer installierter Hauptspeicher), bis hin zu den im PC-Umfeld sehr heterogenen Konfigurationen und Installationen der einzelnen PCs in den Fachabteilungen traten Probleme auf, für die es zur Zeit noch keine automatischen Lösungen gibt.

Der Lösungsansatz ist hier zunächst organisatorisch:

Im Rahmen der CASE-Aktivitäten wurden erstmals Richtlinien und Standards für die PC-Konfigurationen im KISS-Umfeld erstellt und verabschiedet. Die Software-Entwicklung konnte sich dann anhand dieser Standards besser auf die fachlichen Anforderungen konzentrieren. Es entstanden so praxiserprobte Kenngrößen für den Umfang von Einzelfunktionen (Anzahl von Maskenseiten), für die noch im Dialogbetrieb abwickelbare Komplexität, für die Aufteilung der Aufgaben auf die entsprechenden Werkzeuge (Listengenerator und/oder Bürokommunikation mit DDE-Manager Zugriff auf die Daten) etc.

Standards und Richtlinien sind das A und O zum Betrieb von Client/Server-Systemen

Netzwerkumgebung

Das Netz als integrierendes Element von Client/Server-Anwendungen hat entscheidende Bedeutung für den Gesamterfolg der Lösung. Es muß so ausgelegt sein, daß

Das Netzwerk ist oft die kritische Größe

- die erforderliche Stabilität und Robustheit (Ausfallsicherheit) sichergestellt ist
- die ausreichende Bandbreite zur Verfügung steht
- ein befriedigender Durchsatz für den Datentransfer erreicht wird.

Wenn die genannten Forderungen erfüllt sind (was durch Benchmark- und Belastungstests vor Ort nachgewiesen werden sollte), müssen im Rahmen des Anwendungsdesigns bestimmte Randbedingungen eingehalten werden. So müssen z.B. spezielle Techniken genutzt werden, um die Netzwerkbelastung zu minimieren (s.u.).

Bei diesen Überlegungen zur Optimierung des Anwendungsdesign spielt CASE eine wichtige Rolle, allerdings verstärkt der Software oder Systems Engineering (caSE) Teil. Der Computer Aided (CAse) Anteil wird momentan erst in die CASE-Werkzeuge integriert. Das Problem ist, daß es sehr wohl theoretische Überlegungen zur automatisierten Verteilung von Programmkomponenten im Client/Server-Verbund gibt, diese jedoch noch nicht ausreichend in der Praxis erprobt sind. Die CASE-Werkzeuge dienen in diesem Umfeld daher momentan mehr zur Dokumentation, was allerdings nicht unterschätzt werden sollte.

Strategien der Verteilung

Zur Verteilung der drei Komponenten Daten, Verarbeitung und Präsentation in der Client/Server-Umgebung gibt es verschiedenste Alternativen (Kapitel 2.3). Da man sich im Rahmen der Anwendungsentwicklung eine Selbstbeschränkung in Bezug auf die einzusetzenden Entwicklungswerkzeuge auferlegen muß (u.a. aus Wartungs- und Pflegegesichtspunkten) sind nicht alle theoretisch möglichen Verteilungsvarianten praktisch durchführbar. Mit Hilfe von „Remote Procedure Call"-(RPC) Techniken ist es möglich, für spezielle Aufgaben dedizierte, leistungsfähige Server zu nutzen. In der ORACLE-Datenbank stehen diese Möglichkeiten beispielsweise mit der Sprache PL/SQL (Procedural Language/SQL) zur Verfügung. Damit können Operationen, die intensiv auf die Datenbank zugreifen, von den Client-Systemen aus gestartet, und ihre Ergebnisse, nach erfolgreicher Ausführung auf dem Datenbank-Server, zurück an den Client übertragen werden. Dieses blockweise Übertragen von Steuerungsinformation und Aufträgen an

den leistungsfähigeren Server stellt ein mächtiges Hilfsmittel zur Optimierung des Anwendungssystems dar. Damit können auch komplexere Auswertungen vom Client
aus angestoßen und die Ergebnisse in fertiger Form zurücktransferiert werden. Im CASH-System wird dieses Vorgehen eingesetzt, um qualitativ hochwertige Dokumente
(das sind z.B. Angebote und Auftragsbestätigungen an den
Kunden) mit Hilfe der Bürokommunikationstechniken
(MICROSOFT-WORD für WINDOWS) zu erzeugen, oder
Management-Information mit Hilfe der Tabellenkalkulation
aus den Datenbank-Tabellen geeignet zu verdichten und
ggf. grafisch darzustellen (s. Kap. 4.1.7).

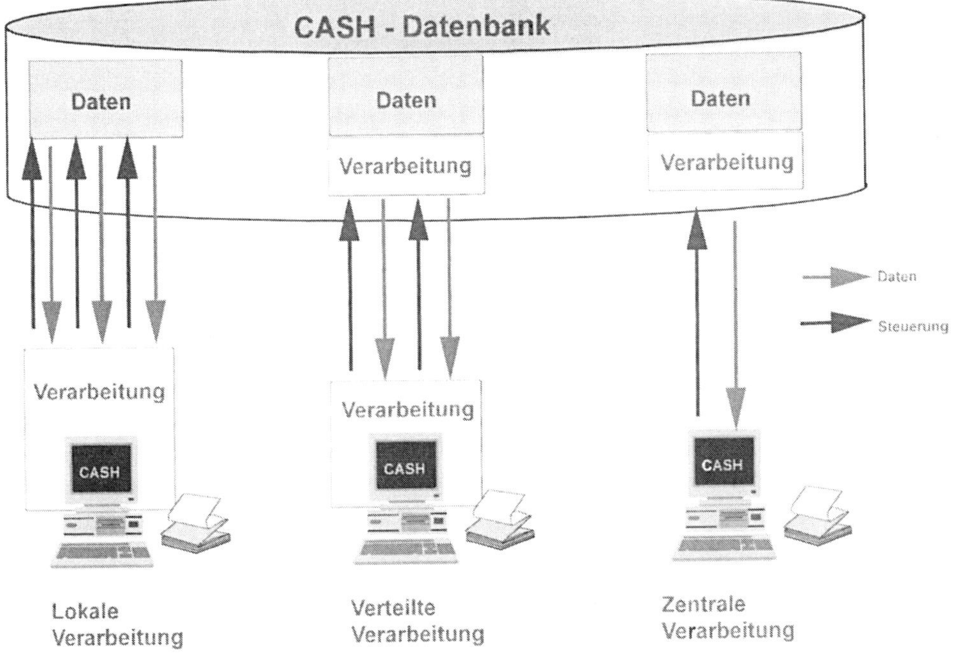

Die Abb. 4.17 gibt drei im CASH System realisierte Varianten zur Ausgabe einer komplexen Liste mit den Daten
der CASH-Datenbank am Arbeitplatz (Desktop) wieder.
Angefangen vom einzelnen Auslesen von Informationen
aus der Datenbank und der kompletten Verarbeitung auf
dem PC-System bis hin zur zentralen Aufbereitung auf dem
Datenbank-Server mit anschließendem File-Transfer zum
PC ergibt sich ein Spektrum an Alternativen. Die im System

*Abb. 4.17: Praktische
Varianten zur Verteilung der Verarbeitungslogik am
Beispiel der
Listengenerierung*

CASH häufig angewandte Funktionalität übertragt einen komplexen Verarbeitungsschritt an die Datenbank und gibt anschließend die reinen Daten mit der Hilfe der DDE-Schnittstelle zur Ausgabe in höherer (DTP-) Qualität an das Desktop-System zurück.

Datenbank-Trigger und Prozeduren

Die mittlerweile in den RDBMS als Stand der Technik verbreiteten Hilfsmittel der Datenbank-Trigger und Stored Procedures/ Functions sind ein weiteres Hilfsmittel zur optimalen Nutzung der Ressourcen im Client/Server-Verbund. Es ist wichtig, diese Techniken bereits im Design der Anwendung zu berücksichtigen, um bei der Realisierung damit einen Nutzen erzielen zu können. Im CASH-Projekt wurden hier entsprechende Vorarbeiten geleistet, die beim Übergang auf ORACLE7 direkt genutzt werden können.

CASE und Outsourcing

Eine wichtige Erfahrung war, daß gerade die von der ABB Kraftwerke AG gewählte Organisationsform zur Entwicklung von Anwendungssystemen, d.h. ein eigenes Kernteam zur Projektleitung und Analyse, sowie externe Lieferanten zur Erstellung und Wartung der Anwendungen, eine stabile CASE-Umgebung für das jeweilige Projekt benötigt.

Die im Rahmen der Projekte eingesetzten Mitarbeiter haben (wie geplant) bereits mehrfach gewechselt, das zentrale Dictionary der Entwicklung, also die Dokumentations- und Informationsinstanz, ist geblieben. Im Rahmen der Weiterentwicklung und Pflege der Anwendung zeigt sich nun die Qualität und der Nutzen dieser Informationen, z.B. können Fragen nach den Implikationen einer Änderung schnell und umfassend abgeprüft werden, bevor es an die Realisierung geht.

Dies bedeutet allerdings auch, daß diese Änderungen und Ergänzungen wieder in den frühen Phasen der Softwareentwicklung beginnen. Deshalb werden für strukturelle Änderungen immer zuerst die Analyseergebnisse des jeweiligen Sachverhalts im CASE Werkzeug aktualisiert, um im Anschluß über das Design in die eigentliche Realisierung zu gehen. Dieses Vorgehen erfordert Disziplin im Team, kann aber motivierend unterstützt werden, wenn man Mitarbeitern der Realisierung größere Kompetenzen im Hinblick auf die Analyse und das Design einräumt und ihnen so die Chance gibt, in die Rolle eines Analytikers hineinzuwachsen (Qualifikationsverbesserung der Mitarbeiter).

Fazit:

Auch beim CASE-Einsatz in und für Client/Server-Umgebungen gilt:

Es gibt keinen Grund mehr, zur zögern. Die Werkzeuge für ein integriertes Arbeiten liegen bereit, man muß nur wagen, sie einzusetzen. „Time to Market" ist auch hier der entscheidende Faktor: Es ist besser, **heute** ein Instrumentarium einzusetzen, das z.B. 70% aller Anforderungen erfüllt, um damit wesentliche Produktivitätssteigerungen in der Software-Entwicklung zu erzielen, als ewig auf die (nie erreichte) „100%-Lösung" zu warten.

4.1.9 Kosten/Nutzen im CASH Projekt

Aus verständlichen Gründen können hier nicht alle internen Zahlen zur Kosten-/Nutzenbetrachtung im Projekt CASH offengelegt werden. Grundsätzlich wurden die Kosten sehr genau (in interne und externe aufgeteilt) erfaßt.

Der Nutzen kann in zwei Kategorien gesehen werden:

- *Direkt in DM angebbare Einsparungen*
- *Indirekter Nutzen, der zur Zeit nicht genau in DM spezifiziert werden kann.*

Zur ersten Kategorie gehören mit Sicherheit die enormen Großrechnerkosten für den Betrieb der Altanwendung. Wir erwarten hier eine Reduktion der Kosten durch die neue Client/Server-Architektur um ca. 50%, auch unter Berücksichtigung sogenannter „versteckter Kosten" der Client/-Server-Technik (s. auch Kap.3).

Der *indirekte Nutzen* läßt sich zur Zeit mit folgenden, nicht mit Zahlen hinterlegten Erwartungen beschreiben:

Erwarteter höherer Umsatz mit CASH:

- verstärkte Akquisitionstätigkeit durch aktivere Nutzung der gespeicherten Anlagendaten im Service
- Potential für erhöhten Auftragseingang
- Kleinaufträge können kostendeckend abgewickelt werden (verbesserter „costumer focus")

Geringerer Personalzuwachs im Service-Vertrieb:

- wachsendes Volumen kann durch Verbesserung der Logistik mit moderner DV und Telekommunikation effektiver abgewickelt werden
- weniger Doppelarbeit führt zur direkten Kostenreduktion im Personalbereich
- „intelligente" DV-Anwendung führt zu steigender Produktivität und dadurch auch zu besserer Motivation der Service-Ingenieure

Kostenreduktion durch verbeserte Abläufe:

- bessere Qualität in der Angebots- und Auftragsabwicklung durch DV-gestützte, kontrollierbare Kalkulation
- Verringerung der Doppelarbeit beim Geschäftspartner, z.B. durch elektronischen Datenaustausch, längerfristige Lieferanten-Angebote, DV-maschinelle Exportkontrolle und Herkunftsbezeichnung, führen mittelfristig zu niedrigeren Einstandspreisen

- Ersatzteilkataloge beim Kunden mit teilautomatisierter Pflege durch Rückgriff auf die Stücklisten der ABB Kraftwerke AG
- Durchdringung des Service-Centers führt zur Verringerung der Kapitalbindung
- verbesserte Identifikation von Ersatzteilen und einheitliche Bewertung von Reparaturleistungen durch DV-gestützten Liefer- und Leistungskatalog führen zur Kostenreduktion durch schnelleren Turnaround
- Verkürzung des Fakturierungs-Float

4.1.10 Was würde man heute anders machen?

Vorgegebene Aufwandsschätzungen aus der Projektdefinitionsphase würden heute nach ISOTEC phasenweise überprüft, da es inzwischen Zahlenmaterial zum Vergleich gibt. Aber wer hatte das schon vor zwei Jahren in diesem Umfeld?

Sicher würde man heute zunächst mehr Aufwand in die Klärung und Definition der Systemumgebung, der Hardware-Plattform und -Auslegung sowie ins unternehmensweite Datenmodell investieren, aber wer hat schon die Zeit, erst ein halbes Jahr zu definieren, wenn der Anwender fertige Programme sehen will („Time to Market" once again)?

Die anfangs fehlende oder nur lückenhaft vorhandene Infrastruktur, auch was das LAN anbetrifft, haben zu einigem Ausfall geführt, der zeitlich immer über Mehrarbeit hereingeholt wurde, finanziell aber das Projektbudget belastet hat. Hier wurde „Lehrgeld bezahlt", wie immer, wenn neue Techniken erprobt werden.

Die Koordination der Software-Hersteller untereinander ist mangelhaft. Bessere Verträge könnten hier vielleicht Abhilfe schaffen. Grundsätzlich ist dies aber eine generelle „Negativ-Seite" der neuen Architektur: Es kommt nicht mehr alles aus einer Hand, man muß sich mit mehreren Geschäftspartnern auseinandersetzen.

Fazit:

Die Anwender sind inzwischen mit der CASH-Applikation vertraut und erkunden die neuen Möglichkeiten.

Die Mitarbeiter im Projektteam CASH haben bei Projektende allesamt festgestellt, wieder eine Menge dazugelernt zu haben.

Damit ist der Projekterfolg für unsere Kunden, die Anwender, und für uns als Informatik-Fachabteilung sichergestellt. Summa summarum haben wir also gar nicht so viel falsch gemacht, bei all dem Neuen, das wir bewältigen mußten.

4.2 Das Projekt TRIAS

4.2.1 Ausgangslage

Die TA-Media AG, vormals Tages-Anzeiger AG, mit Sitz in Zürich, ist ein renommiertes Unternehmen mit einer 100-jährigen Tradition als Produzent und Herausgeber einer der bekanntesten Schweizer Tageszeitungen: Dem

Abb. 4.18: Das Flagg-schiff der TA-Media AG: Der Tages-Anzeiger

Der Tages-Anzeiger, mit über 270.000 Exemplaren die auflagenstärkste schweizerische Qualitäts-Tageszeitung (ohne Berücksichtigung der Boulevard-Presse), ist das Hauptblatt des Medienkonzerns. Neben dem Tages-Anzeiger werden weitere Zeitungen bzw. Zeitschriften und Zeitungsbeilagen herausgegeben und produziert. Darüber hinaus stellt die TA-Media AG ihre Infrastruktur weiteren namhaften Zürcher Verlagen zur Verfügung.

Die TA-Media AG – ein erfolgreiches Unternehmen

Die TA Gruppe erreichte 1992 einen Gesamtumsatz von 514 Mio Fr. und erwirtschaftete mit 1998 Mitarbeitern einen konsolidierten Bruttogewinn von 52 Millionen. Der Gesamtumsatz verteilte sich auf die Bereiche Zeitungen (284,2 Mio Fr.), Zeitschriften (89,7 Mio Fr.) und Druck (117,2 Mio Fr.).Die Differenz zum Gesamtumsatz ergibt sich durch betriebsfremde Erträge und Nebenerlöse in der Höhe von 22,7 Mio Fr.

Das Druckzentrum der TA-Media AG tritt als umfassender Anbieter für Vorstufen, Zeitungsdruck, Tiefdruck, Akzidenzrollendruck und Bogenoffsetdruck auf dem Schweizer Markt auf, und wird hier innerhalb der nächsten Jahre eine führende Position im deutschsprachigen Teil der Schweiz einnehmen.

Neben den klassischen Print-Produkten hat sich die TA-Media AG auch im Bereich der audiovisuellen Medien einen Namen gemacht. Hier reicht das Spektrum von der

Produktion von Wirtschafts-, TV- und Spielfilmen, über Tele- und Videotext bis zu Aktivitäten im Hörfunk-Bereich.

Auch wenn sich die mediale Welt stetig weiterentwickelt, so ist das gedruckte Wort, sei es als Buch, Zeitschrift oder Tageszeitung, eines der beliebtesten Medien. Die Erstellung einer Tageszeitung ist ein faszinierender Prozeß und stellt an alle Mitarbeiter, aber auch an die Organisation und die eingesetzte Technik höchste Ansprüche.

Tabelle 4.3:
Produkte der
TA-Media AG

Produkte der TA-Media AG und ihre Auflagen (1992)	
Bereich Zeitungen	
Tages-Anzeiger	273'466
SonntagsZeitung	143'714
Anzeiger von Uster	11'516
Bremgarter Bezirks-Anzeiger	9'978
Bezirks-Anzeiger Dietikon	23'379
zürcher city	84'597
Das Magazin	398'694
Bereich Zeitschriften	
Schweizer Familie	227'168
TV plus	780'315
annabelle	106'252
du	28'756
Spick	54'400

Die Produktion einer Tageszeitung ist einem minutiös geplanten industriellen Fertigungsprozeß ebenbürtig, bei dem eine Vielzahl einzelner Elemente durch verschiedene Arbeitsprozesse zeitgenau zu einem Produkt zusammengeführt werden. In der Abbildung 4.19 sind die wesentlichsten Produktionsphasen schematisch dargestellt.

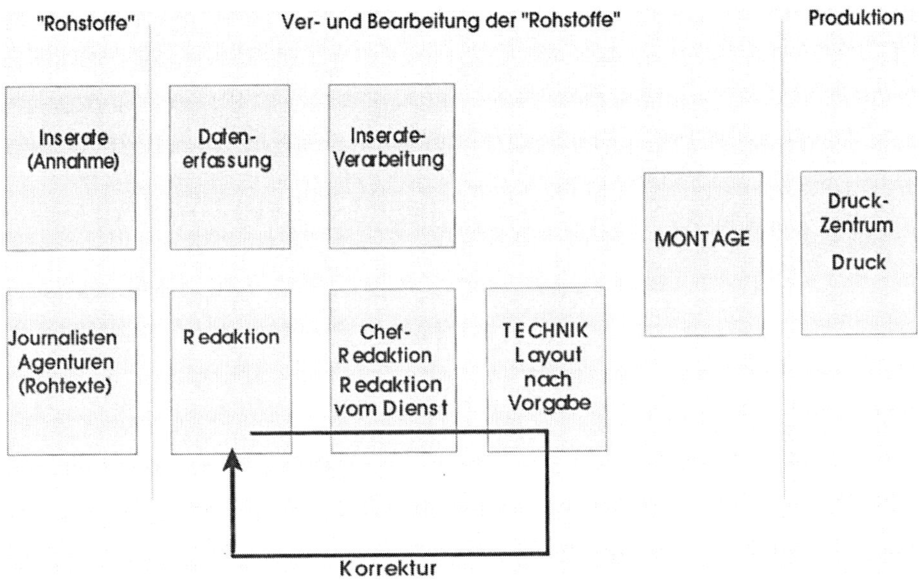

Inserate, Anzeigen, Bilder und Texte sind quasi die Rohstoffe, welche die (inhaltliche) Grundlage einer Zeitung bilden. Aus diesen Rohstoffen müssen Tag für Tag die relevanten Informationen ausgewählt, aufbereitet und redaktionell bearbeitet werden, bzw. im Falle der Inserate die vom Auftraggeber gewünschte Erscheinungsform (Layout) realisiert und die terminlich richtige Erscheinung gesteuert werden. Bei einem Umfang von 70 bis 100 Seiten müssen drei- bis viertausend einzelne Objekte – Texte, Bilder und Inserate – redaktionell bearbeitet, ins richtige Layout gebracht und auf der Zeitungsseite positioniert werden.

Das Herausgeben einer Tageszeitung heißt Verkauf von Informationen. Aus diesem Grunde ist eines der wichtigsten Kriterien einer Tageszeitung die Aktualität, d.h.

die Zeit zwischen Redaktionsschluß und Auslieferung an die Kunden bzw. Abonnenten muß möglichst kurz sein. Daraus ergibt sich zwangsläufig, daß ein wesentlicher Anteil des redaktionellen Teils innerhalb einer sehr knapp bemessenen Frist – wenige Stunden bis Minuten – vor Drucklegung erfaßt, redigiert, korrigiert, montiert und dann als fertige Druckvorlage an die Zeitungsrotation übergeben wird. Die regionale wie überregionale Verteilung der gedruckten Zeitungen – mehr als 100 Tonnen Papier – erfolgt danach in einem sehr exakt definierten Zeitplan. Auch im Inserateteil muß eine möglichst kurze Frist zwischen Anzeigenannahmeschluß und Drucklegung gewährleistet werden. Dies ist eine wesentliche Forderung der Kunden.

Hohe Anforderungen bezüglich Reaktionszeit

Die hohen Ansprüche bezüglich kurzer Annahmezeiten für Inserate, Aktualität der Informationen und kurzen Reaktionszeiten zwischen dem Eintreffen einer wichtigen Nachricht kurz vor Redaktionsende, deren redaktioneller Bearbeitung und Integration in die eigentlich bereits fertige Zeitung, sind nur mit einer entsprechenden informationstechnologischen Unterstützung zu gewährleisten.

> Redaktionsschluß ist um 22:30 Uhr, die erste Ausgabe erfolgt um 23:00 Uhr. Wichtige Informationen können noch während des Drucks der ersten Ausgabe aufbereitet werden. Sie werden dann in die zweite Ausgabe oder gar in die dritte Ausgabe integriert.

So ist z.B. die Weitergabe der Artikel ohne Medienbruch, nur in elektronischer Form, sinnvoll zu realisieren. Diese Weitergabe muß heute bis zum Satz sichergestellt werden. Nach zum Teil revolutionären Entwicklungen im Satz, die in vielen europäischen Unternehmen der Zeitungs- und Verlagsbranche zu heftigen Auseinandersetzungen mit den Arbeitnehmervertretern führten – Ablösung des Bleisatz durch den Lichtsatz – stellt die hier dargestellte Softwarelösung – Migration vom Lichtsatz zum Computersatz – einen evolutionären, aber bewußt nicht revolutionären Prozeß dar.

Bis Ende der 80er Jahre erfolgte die Zeitungsproduktion bei der TA-Media AG auf der Basis einer

monolithischen Systemplattform. Das ursprünglich eingesetzte Verlagssystem besaß eine eingeschränkte Daten-
kapazität; die Verteilung der Daten auf fünf verschiedene
Rechner und die auf einem Filesystem basierende Daten-
banklösung führten zu Inkonsistenzen. Die Daten wurden
zentral erfaßt, zwischen den einzelnen Abläufen kam es zu
Medienbrüchen, die notwendigen Batchabläufe machten
den Rechner *dicht*. Die Folge: Das Zeitfenster zwischen
Redaktionsende und Druck wurde immer kritischer und
die wohl wichtigste Komponente einer Tageszeitung, ihre
Aktualität, mußte mit einem hohen ablauforganisatorischen
Aufwand sichergestellt werden. Verschärft wurde die
Situation durch den auslaufenden Support-Vertrag des Herstellers der bis dahin eingesetzten Lösung zum 31.12.1990.

Ursprünglich batch-orientierte Lösung in einer monolithischen Umgebung

Im Jahre 1987 startete die TA-Media AG das Projekt
TRIAS (Tages-Anzeiger Redaktion Inserate Akzidenz
System) mit dem Ziel, die bestehende Lösung bis zum
1.1.1991 abzulösen. Das Projekt TRIAS umfaßte die
vollständige technische Realisierung der Verlagsprodukte.
Die kommerzielle Seite wie z.B. Abonnementsverwaltung,
Buchhaltung etc. sind nicht Bestandteil von TRIAS. Die
kommerziellen Applikationen sind zur Zeit noch als
klassische Mainframe-Applikationen realisiert und im
Einsatz.

Projektstart 1987 mit einem auf den Prinzipien der kooperativen Datenverarbeitung basierenden Konzept

Das Projekt begann Ende 1986 mit einer Studie, in der
neben der Vorauswahl der applikatorischen Varianten, die
potentielle Systemplattform und Architektur beurteilt
wurde. Das dann gewählte Konzept ist in jeder Beziehung
als innovativ zu bezeichnen. Dies vor allem vor dem
Hintergrund, daß ein Konzept gewählt wurde, das zu
seiner Umsetzung eine damals noch in der Zukunft
liegende Hard- und Softwaretechnologie erforderte. Zum
damaligen Zeitpunkt waren selbst die heute für derartige
Konzepte gültigen Begriffe wie „Client/Server-Architek-
turen" oder „Kooperative Datenverarbeitung" weitgehend
unbekannt. Aus heutiger Sicht wurde damals bereits die
kontinuierliche Entwicklung eines Konzeptes nach Prinzipien der „Kooperativen Datenverarbeitung" eingeleitet.

In den folgenden Kapiteln werden die wichtigsten Anforderungen, Meilensteine, die Gesamtlösung sowie spezifische softwaretechnische Lösungen präsentiert, diskutiert und beschrieben.

Das Gesamtprojekt wurde von der TA-Media AG Zürich realisiert. Für Architektur, Konzept und Realisierung der Client/Server-Architektur wurde die Integrata AG Schweiz beauftragt. Für die satztechnischen und verlagsspezifischen Applikationen wurden Software-Pakete der alfa System Partner GmbH in das Gesamtsystem integriert.

4.2.2 Aufgabenstellung / Zielsetzung

Das Ziel des neu zu erstellenden Systems TRIAS (Abb. 4.20) war die Sicherstellung der durchgängigen Produktion der Druckprodukte auf der Basis einer einheitlichen Systemplattform und einer zentralen Datenbank. Hierfür mußten folgende Anforderungen realisiert werden.

- Texte, Logos, Ressourcen (Programme) sind in einer zentralen Datenbank mit einer nach oben offenen Kapazität zu halten.

Zentrale Datenbank stellt durchgängige Verfügbarkeit der Daten sicher

Auf der Basis der zentralen Datenbank kann heute aufgrund der zentralen Verfügbarkeit, die elektronische Über- und Weitergabe von Bildern, Inseraten, Texten und Logos innerhalb der einzelnen Produktionsphasen sichergestellt werden.

- Die Erfassung und Weiterverarbeitung der Texte erfolgt ohne Hostbelastung auf Workstations.

Entlastung der Host-CPU durch Verteilung der Applikationslogik auf die Clients

Die Bearbeitung der redaktionellen Texte und Inserate erfolgt heute ohne Serverbelastung dezentral auf den Clients. Die erforderliche CPU-Leistung für satzspezifische Aufgaben ist relativ hoch, vom Verständnis her läßt sich dies am besten mit der benötigten CPU-Leistung für moderne DTP-Programme vergleichen. Die grafische Aufbereitung der satztechnischen Befehle und deren Darstellung am Bildschirm (Preview/WYSIWYG) erfordert zusätzliche hohe Leistungen.

- Agenturmeldungen sind automatisch in die Hostdatenbank einzuspeisen

Vollautomatische Integration der Agenturmeldungen in die Datenbank

Agenturmeldungen stehen online ohne Zeitverzug jedem berechtigten Benutzer zur Verfügung. Eingehende Agenturmeldungen sowie die Artikel von Journalisten via Modem werden ohne Zeitverlust vollautomatisch in die Datenbank eingefügt. Darüber hinaus werden die Agenturmeldungen wiederum vollautomatisch selektiv am

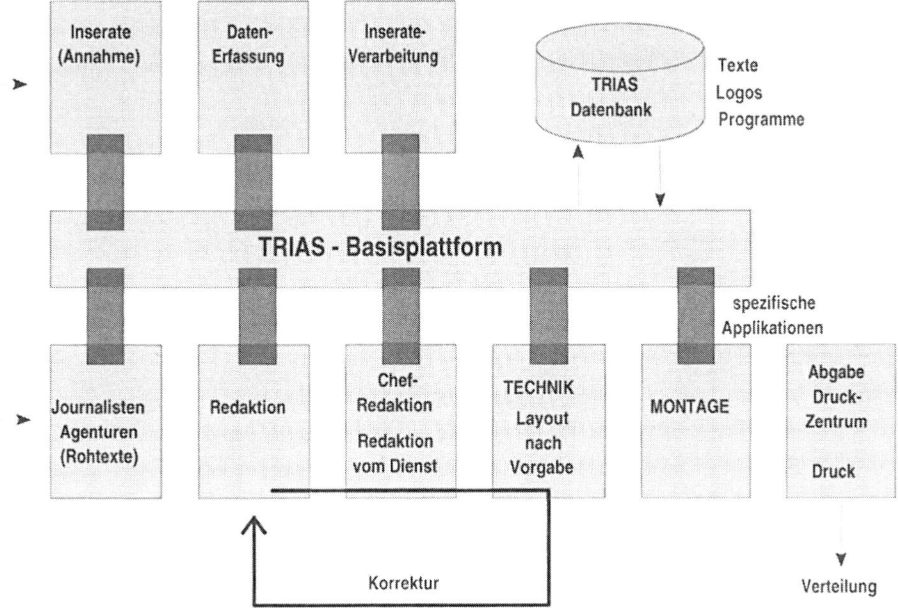

Arbeitsplatz des jeweiligen Dienstredakteurs ausgedruckt. Da die Infrastruktur mehreren Verlagen zur Verfügung steht, sind die mit den Agenturen (SDA, AP, Reuter, ...) abgeschlossenen Copyright-Verträge durch Berechtigungsprüfungen sichergestellt.

Abb. 4.20: Das Ziel: Durchgängige Produktion auf der Basis von TRIAS und einer zentralen Datenbank

- Die Belichtung der Texte in Druckqualität sind vom Host auszuführen, übers Netz verteilte Laserdrucker müssen die Texte mit gleichem Schriftbild in Laserqualität ausdrucken können.

Steuerung und Pro-
duktion der Belichtung:
Die zentrale Appli-
kation auf dem Main-
frame

Die Belichtung entspricht einer Druckausgabe mit 1000 dpi und mehr auf hochwertigem Filmpapier. Sie erfolgt zentral, da die notwendigen technischen Einrichtungen wie Filmentwickler, Lagerung der chemischen Grundstoffe, Entsorgung zentral wirtschaftlicher durchführbar ist.

Weiterhin ist der Belichtungsprozeß einer der zentralen Vorgänge der gesamten Zeitungsproduktion. Durch die Verlagerung dieser wichtigen Tätigkeit auf den Mainframe können hier bezüglich Sicherheit und Backup diese Stärken des Mainframes voll genutzt werden.

Für die Qualitätsbeurteilung ist eine Kontrolle in Papierform die von den Mitarbeitern bevorzugte Form. Laserdruckerqualität mit identischem Schriftbild wie später in der Zeitung muß aus diesem Grund an jedem Punkt innerhalb des Netzes möglich sein.

Jederzeit Wechsel des benutzerspezifisch konfigurierten Arbeitsplatzes möglich

- Die Workstations im Netz müssen vollständig austauschbar sein, d.h. dem Anwender steht an jedem PC im Netz die gleiche (seine) Arbeitsumgebung zur Verfügung.

Im Falle eines Hardware-Fehlers an einer Arbeitsstation ist zu gewährleisten, daß der betroffene Mitarbeiter ohne Unterbruch an einer beliebigen Arbeitsstation sofort weiterarbeiten kann. Weiterhin sind ressortübergreifende Arbeiten, die auch einen anderen Arbeitsort bedingen, nicht selten, so daß quasi zu jedem Zeitpunkt ein Mitarbeiter an einem beliebigen Ort mit seiner gewohnten Arbeitsumgebung begonnene Arbeiten unmittelbar fortsetzen kann.

Software Distribution eine zentrale Anforderung

- Die PC-Software muß über die Datenbank an die Clients verteilbar sein.

Da die von Anfang an geplante Software-Freigabe in Etappen relativ häufige Software-Upgrades erforderlich machten, war ein Teilsystem vorzusehen, mit dem beliebig neue Versionen verteilt werden können, ohne daß der Mitarbeiter am Arbeitsplatz dazu irgendwelche Tätigkeiten ausführt, geschweige denn, daß die Software von Mitarbeitern installiert werden muß. Ein weiterer Aspekt ist hier, die bei der Software-Entwicklung mit keinem System ausschließbaren Fehler, deren Auswirkungen jedoch mit einem solchen System sowohl technisch, wie auch organisatorisch in definierten Grenzen gehalten werden können.

- Das System muß 7 Tage die Woche eine Online-Verfügbarkeit von 20 Stunden pro Tag gewährleisten. Während des Betriebs muß eine Restartzeit von 20 Minuten gewährleistet werden.

Die absolute Verfügbarkeit ist eine zentrale Forderung an das Gesamtsystem sowie an dessen Einzelkomponenten. Zur Verdeutlichung darf hier aufgezeigt werden, daß ein Systemausfall kurz vor Rotationsbeginn, d.h. alle Zeitungsseiten sind fertig erstellt, bereits nach einer Stunde dazu führt, daß sämtliche Zeitungen, die per Post und Flugzeug befördert werden müssen, ihre Leserschaft nicht mehr erreichen. Bei einem Systemausfall von zwei Stunden besteht das Risiko, daß keine Zeitung mehr ausgeliefert werden kann, da die beauftragten Spediteure nicht mehr verfügbar sind. Der meßbare wirtschaftliche Verlust und der Imageverlust bei Inserenten und Leserschaft rechtfertigt hier besondere Anstrengungen.

Absolute Verfügbarkeit für die Zeitungsproduktion lebenswichtig

Insbesondere die absolute Verfügbarkeit stellt besondere Anforderungen an die gesamte Hard- und Softwareplattform und deren Möglichkeiten, bei einem Ausfall auf ein Backup-System auszuweichen. Hier konnte die perfekte Backup-Möglichkeit, die von Mainframe-Systemen bekannt ist, optimal integriert werden.

Backup-Möglichkeiten des Mainframe eine zentrale Komponente

Auch während den knappen geplanten Systemunterbruchszeiten müssen einzelne Softwaremodule eine 24 stündige Verfügbarkeit gewährleisten. Als Beispiel sei hier der Empfang von Agenturmeldungen dargestellt, die Wiederholung nicht empfangener Meldungen sind in den heute verfügbaren Agentursystemen nicht vorgesehen.

Einzelne Softwaremodule müssen 24 Stunden verfügbar sein

Vor dem Hintergrund des dargestellten Produktionsprozesses ist die geforderte Systemverfügbarkeit und die bei einem Hardware- oder Software-Ausfall tolerierbare Zeit für einen Systemrestart schnell erklärt. Unter

Vorwegnahme der entworfenen Systemarchitektur ergibt sich folgendes Bild:

- Ein Hardware- oder Softwareausfall des zentralen Servers (Mainframe), des Netzwerks oder Komponenten davon, muß binnen 20 Minuten behoben sein.

- Währenddessen darf die Arbeit der einzelnen Mitarbeiter am aktuellen Vorgang nicht behindert werden.

- Nach dem Restart des Systems müssen die dezentralen Komponenten wieder vollautomatisch in das Gesamtsystem eingebunden werden.

- Beim Ausfall einzelner dezentraler Komponenten, muß die absolute Austauschbarkeit gewährleistet sein. Der betroffene Mitarbeiter muß an jedem beliebigen PC in seiner gewohnten Arbeitsumgebung weiterarbeiten können.

- Teile des Gesamtsystems – Eingang aktueller Agenturmeldungen – müssen ununterbrochen zu 100% verfügbar sein.

- Für jedes Teilsystem muß ein Backup gewährleistet sein.

Analysiert man diese Forderungen im Detail, so führt dies implizit dazu, daß die benötigte Software auf jedem PC lokal vorhanden sein muß oder bei Bedarf nachgeladen werden kann.

Weiterhin bedeutet dies, daß Hardware-Komponenten in der einen oder anderen Weise mit Backup verfügbar sein müssen, sofern man nicht auf ausfallsichere Komponenten zurückgreifen möchte, die auch bei den großen Fortschritten in der Hardware-Technologie nur in sehr begrenzten Marktsegmenten zur Verfügung stehen.

Neben den produktions- und verlagsspezifischen Anforderungen gab es noch eine Reihe zusätzlicher Rahmenbedingungen:

- Aus strategischen und Kostengründen leitete sich die Forderung ab, daß alle Hardware- und Betriebssystemkomponenten dem Industriestandard entsprechen.

- Die PC-Clients müssen jederzeit austauschbar sein, das bedeutet auch, daß jegliche benutzerabhängige Konfiguration zentral verfügbar ist, so daß bei einem Wechsel des Arbeitsplatzes, sei es wegen eines Hardwareausfalls, sei es wegen organisatorischen Anforderungen, die Umgebung am nächsten PC-Client wieder aufgebaut werden kann.

- Für die Sicherstellung der applikatorischen Überwachung als Grundlage für ein effizientes Problemmanagement, war eine entsprechende Lösung zu entwickeln.

- Auf dem für kommerzielle Applikationen genutzten System ist ADABAS bereits seit vielen Jahren mit Erfolg im Einsatz. Das dabei aufgebaute Know-how sollte nun auch für die hier beschriebene Applikation weitergenutzt werden, sofern nicht gewichtige Faktoren ein anderes Datenbanksystem favorisieren.

  Für ADABAS sprach 1987 vor allem auch seine Fähigkeit, die Datenbank gespiegelt zu führen, was für die Verfügbarkeit eine unabdingbare Anforderung war.

- Weiterhin war das Hostsystem mit einer IBM 4381 R14 und dem Betriebssystem VM/SP HPO Release 5 vorgegeben.

Strategische, organisatorische und technologische Rahmenbedingungen

4.2.3 Projektplan / Vorgehen

Das in drei Etappen geplante Projekt hatte in der ersten Etappe zunächst die Zielsetzung, das vom Hersteller nicht mehr weiter gewartete Vorgängersystem termingerecht abzulösen und dabei eine auf Industriestandards basierende Plattform einzuführen.

Die Ziele der zweiten Etappe waren überwiegend organisatorischer Art, indem die geschaffene Plattform allen am Ablauf beteiligten Bereichen zur Verfügung gestellt wurde.

Die Zielsetzung der dritten Etappe war die technische und organisatorische Umsetzung des Begriffs Computer-to-plate. Dies bedeutet, daß alle Elemente einer Zeitung in digitaler Form zur Verfügung stehen.

Die wichtigsten Meilensteine des Projektes TRIAS:

ETAPPE 1 (1987–Ende 1990):

- Konzeption von TRIAS 1987
- Erste Demonstration des Systems im Dezember 1988
- Schulung der Mitarbeiter ab April 1989
- Phasenweise Übernahme von TRIAS in Produktion Oktober 1989

Aus organisatorischen Gründen war ein paralleler Betrieb des alten Systems und TRIAS absolut ausgeschlossen, so daß mit der Übernahme der *point of never return* überschritten wurde. Das Wissen um diese Situation spiegelte sich in den hohen Anforderungen, die an die Software gestellt wurde.

- Übernahme von 50'000 Inseraten in einer Nacht im November 1989
- Produktion des Tages-Anzeigers unter TRIAS seit Januar 1990

ETAPPE 2 (Anfang 1991–Mitte 1992) :

- Ablösung von VM/SP HPO Release 5 durch VM/ESA 1.1 im Mai 92
- Ablösung SRPI durch APPC

- Erweiterung des Grafikimportformats für
  Schwarz/Weiß-Bilder
- Einführung von Minipic für Bild- und Logo-
  selektion

Minipicture ist eine Grobbilddarstellung, die dem Benutzer die Selektion
von Bilder und Logos ermöglicht. Durch die grobe Darstellung werden
die benötigten DB-Ressourcen und das Transportvolumen (Netzbelastung) gering gehalten.

- Einführung des elektronischen Seitenumbruchs

Die zweite Etappe, mit dem Ziel, alle Arbeitsplätze in die
geschaffene Infrastruktur einzubinden, wurde Mitte 1992
abgeschlossen.

ETAPPE 3 (Mitte 1992 bis Ende 1993):

- Einführung von Postscript als Backend-
  Beschreibungssprache.
- Einführung des elektronischen
  Ganzseitenumbruches als Vorstufe zum
  Computer-to-plate

Der Ganzseitenumbruch für alle Elemente der Seite (Text, Bilder,
Inserat) bietet das Potential für weitgehende Rationalisierung, in dem
die gesamte manuelle Montage und der damit verbundene Zwischen-
schritt der Belichtung am Bildschirm erfolgt. Mit DTP-Software ist der
Ganzseitenumbruch inzwischen Realität, jedoch noch nicht für ein
Datenvolumen von mehreren hundert Seiten.

- Integration von Vollvorlagen

Unter Vollvorlage versteht man: Inserate, die vom Kunden in materieller
(nicht digitaler) Form als Film (Litho) abgegeben werden. Für den
elektronischen Ganzseitenumbruch müssen diese Daten gescannt
werden. Wobei ein Inserat im Format DIN A4 (ca. halbe Zeitungsseite,
Schwarz/Weiß) typischerweise unkomprimiert 10 MByte Daten ergibt.

- Integration von Windows-SSW, insbesondere DTP
  und Grafiksoftware

4.2.4 Lösungen / Besonderheiten

Im Rahmen der 1987 erstellten Studie für das TRIAS-Projekt wurden neben der Vorauswahl der applikatorischen Varianten auch die potentiellen Systemplattformen und Architekturen beurteilt. Drei Varianten standen zur Diskussion:

Variante 1: Monolithische Großrechnerlösung

Die Wahl dieser Variante wäre im Jahre 1987 sicherlich keine besondere und eine damals quasi durchaus übliche Entscheidung gewesen. So war die Erstellung von Online-Systemen in diesem Zeitraum eine der großen Herausforderungen, Netzwerkdatenbanken waren modern und die erste relationale Datenbank für IBM-Großrechner (DB2) machte ihre ersten Gehversuche. In diesen Zeitraum fielen auch eine Reihe von Ankündigungen seitens der IBM wie z.B. zu SNA, SAA und OS/2. Aus damaliger Sicht konnte man sich noch darauf verlassen, daß aufgrund der Marktposition von IBM diese Ankündigungen später einmal ziemlich sicher zu einem allgemeinen Industriestandard werden würde.

Aus der Sicht von TRIAS hätte dieser Lösungsansatz folgende Vorteile gehabt:

- Bekannte und bewährte Technologie
- Perfektes Backup (aber kostenintensiv)
- Eingespieltes Operating (aber kostenintensiv)
- Alles aus einer Hand

Die Nachteile:

- Herstellerbindung (Abhängigkeit)
- Keine GUI, keine Maus
- Problematischer MIX Online/Batch
- Individuelle Auswertungen bzw. Weiterbearbeitung (auf PC) nur via Filetransfer
- Wenig Akzeptanz bei den Anwendern
- Keine Echtdarstellung der Schriften (Fonts), Bilder und sonstigen grafischen Elementen.

Variante 2: PC-Netzwerk ohne Server (keine Zentralfunktion)

Ende 1987 hatte der Siegeszug des PCs zwar bereits begonnen, die technische Leistungsfähigkeit von Hard- und Software waren allerdings damals noch weit vom heutigen Niveau entfernt. Zum damaligen Zeitpunkt war ein Netzwerk mit mehr als 30 PCs bereits revolutionär, die Netzwerkleistung und -stabilität noch unbefriedigend. Ebenso verhielt es sich im Bereich der Betriebssystem-Software und der verfügbaren Datenbanksysteme. UNIX war als Betriebssystem zwar bekannt, hatte sich aber noch nicht als ein zukünftig möglicher Standard positioniert.

Hier fehlte es noch an der technischen Leistungsfähigkeit sowie an Software-Lösungen

Aus der Sicht von TRIAS hätte die Variante 2 folgende Vorteile gehabt:

- Hohe Akzeptanz bei den Anwendern
- GUI und Maus-Unterstützung
- Operatorlos
- Bei oberflächlicher Betrachtung billige Lösung (in Bezug auf Hard- und Software)

Die Nachteile:

- Datensicherheit problematisch
- Geringe Leistungsfähigkeit insbesondere bezüglich Betriebssystem und Netzwerk-Software
- Große Gefahr der Dateninkonsistenz bei verteilter Datenhaltung
- Schwierige Überwachung der Transaktionen

Variante 3: Client/Server-System

Auch wenn damals die Begriffe Client/Server und kooperative Verarbeitung noch nicht so wie heute verwendet wurden, kann man diese Variante so bezeichnen. Bei dieser Variante handelt es sich um eine Kombination der beiden zuerst genannten Varianten. So war es zum einen das Ziel, die sichere und bewährte Technologie des Mainframes dort einzusetzen, wo sie sinnvoll und nutzbringend ist. Zum anderen aber auch die Möglichkeiten des PCs auszunutzen und die Basis für eine zukünftige

Kombination aus Variante 1 und 2

bezüglich Hard- und Software offene Systemplattform zu schaffen.

Aus der Sicht von TRIAS hatte diese gewählte und realisierte Variante, zum Zeitpunkt der Entscheidung folgende Vorteile:

- Hohe Akzeptanz bei den Anwendern
- GUI und Maus-Unterstützung wie bei reiner PC-Lösung
- Backup wie bei Mainframe-Lösung
- Kooperative Datenverarbeitung
- Günstige Verteilung der CPU-Last
- Trace- und Monitoring (Transaktions-Überwachung) realisierbar
- Zukunftsorientierte Ausrichtung
- Keine Echtdarstellung der Schriften (Fonts), Bilder und sonstigen grafischen Elementen.

Die Nachteile:

- Komplexität durch heterogene Systeme
- Unbekannte Technologie
- Stand der Technologie

Eine mutige
Entscheidung

Die Entscheidung für die Variante 3 war zum damaligen Zeitpunkt äußerst mutig, waren doch wesentliche Komponenten wie z.B. das verwendete OS/2 erst angekündigt bzw. steckten noch in den Kinderschuhen. Es mußten Lösungen konzipiert und realisiert werden, die auch heute noch nicht standardisiert in zufriedenstellender Form zur Verfügung stehen, wie z.B. die anwenderbezogene Software-Verteilung.

Das heute allgemein gültige und meist realisierte Software Distribution-Konzept orientiert sich bei der Verteilung der Software an einer Geräte-Identifikation. Damit ist sichergestellt, daß auf einem bestimmten Gerät (z.B. File-Server), die dafür vorgesehene Software immer aktuell ist. Offen bleibt hier allerdings die Forderung, daß ein Benutzer sich an jedem beliebigen Client anmelden kann und ihm anschließend die benutzerbezogene Konfiguration (speziell bei Eigenentwicklungen der Fall), quasi remote installiert wird. Diese im Prinzip simple Anforderung ist für den (ehemaligen) Mainframe-Benutzer eine Selbstverständlichkeit, ist er es doch gerade vom Mainframe her gewohnt, sich von jedem beliebigen Standort aus einloggen zu können und dann seine gewohnte Arbeitsumgebung vorzufinden.

Varianten aus heutiger Sicht:

Aus heutiger Sicht sind weitere Varianten möglich, die jedoch zum Zeitpunkt des Konzepts entweder deutlich zu teuer oder technologisch noch nicht beherrschbar waren.

So käme heute eine reine UNIX-Umgebung in Frage, denn neben der günstigen Preisentwicklung, der Leistungsfähigkeit der Hardware und den vorangeschrittenen Standardisierungsbemühungen, sprechen heute vor allem auch das bestehende und wachsende Softwareangebot (speziell Datenbanken, typische Bürokommunikations- und bekannte PC-Standardsoftwarepakete) für eine UNIX-Umgebung.

Reine UNIX-Umgebung heute denkbar

Eine Lösung auf der Basis von Apple-Produkten (speziell Client-Plattform) wäre heute durchaus realistisch, da für die nicht gerade triviale Integration in ein Gesamtsystem, z.B. Zugriff auf Großrechnerdaten, zwischenzeitlich Lösungen verfügbar sind. Diese Plattform ist gerade deshalb interessant, da von hier viele Innovationen für verlags- und druckspezifische Softwarelösungen (DTP, Postscript etc.) ausgehen.

Apple-Plattform aus applikatorischer Sicht interessant

Eine kooperative Lösung mit verteilter Datenhaltung, als homogenes oder heterogenes System, wäre eine Variante, der zum heutigen Zeitpunkt sicherlich besondere Beachtung geschenkt würde. Die Entwicklung notwendiger netzweiter DB-Monitore war zum damaligen Zeitpunkt nicht ausreichend, inzwischen sind für einen Teil der Plattformen OLTP-Lösungen verfügbar. Ebenso machen in diesem Bereich die Standardisierungsvorhaben (z.B. DCE) Fortschritte, die eine entsprechende Entscheidung zusätzlich absichern.

Auf der Basis der Entscheidung für die Variante Client/ Server-System, ergaben sich zwei zu konzipierende und zu realisierende Aufgabenbereiche. Zum einen waren dies die speziellen verlags- und zeitungsspezifischen Applikationen, zum anderen ein Träger- oder Basissystem, das die Kommunikation und das Zusammenspiel der einzelnen Komponenten sicherstellt.

In den folgenden Kapiteln wird die Gesamtlösung, wie sie heute realisiert und im Einsatz ist sowie spezifische

Lösungsansätze des TRIAS-Basissystems beschrieben. Dieser Teil ist unseres Erachtens von besonderem Interesse, da er applikationsneutral ist und damit eine gewisse Allgemeingültigkeit erhält.

Bei der Beschreibung der spezifischen Lösungen (z.T. bis auf Sourcecode-Ebene) konzentrieren wir uns hierbei auf folgende Themen:

- Client/Server-Kommunikation
- Finite State Machine (FSM)
- Software Distribution Management
- Remote Trace & Monitoring
- C als plattformübergreifende Sprache
- Make-Utility für VM/ESA
- Interprozeßkommunikation
- Integration von Windows-Applikationen.

4.2.4.1 Systembriefing: TRIAS

Projektumfang:	- ca. 25 Personenjahre TRIAS Basisplattform - ca. 25 Personenjahre verlagsspezifische Applikationen
Projektstart:	1987
Soll-Endtermin:	- Ablösung des Vorgängersystem per 1.1.1991 - Abschluß der Etappe III per 31.12.93
Durchschnittliche Anzahl Teammitglieder:	1987 - 93: 7

Verlagsspezifische Funktionalität als durchgängige Funktionen in Verlag und Prepress:	- Telefonische Inserate-Annahme - Gestaltung von Inseraten - Anbindung an das kommerzielle System zur Inserateabrechnung - Online-Verfügbarkeit von Firmenlogos für Inserate - Inserateumbruch für ein- und mehrspaltige und Anzeigen - Online-Anbindung von Agenturmeldungen und zentrale Verfügbarkeit über Datenbank - Schaffung des redaktionellen Textarbeitsplatzes - Einbindung von Bildern und Grafiken im redaktionellen Bereich - Redigieren und Gestaltung des Textes
Software:	- Kombination von Eigenentwicklung, verlagsspezifischen Branchen- und Individuallösungen
Architektur:	- Client/Server auf der Basis von IBM SAA mit IBM 4381 T92 unter VM/ESA, ADABAS und OS/2-Clients im TokenRing
Anzahl Benutzer:	380 Arbeitsplätze, teilweise im Mehrschichtbetrieb, teilweise in externen Locations
Netzwerk	IBM TokenRing 4/16MBit mit doppelt ausgelegtem Backbone und SNA Communication Controller
Oberfläche:	Presentation Manager Texterfassung, Redigierung und grafischer Satzdarstellung
Datenvolumen:	2 mal16 GigaByte (gespiegelt)

Tabelle 4.4:. Systembriefing TRIAS

(Fortsetzung)

Realisierungsumgebung:	- C- und OS/2-Toolkit für alle PC-Tasks - C und in geringem Umfang Assembler für Hostapplikation - APPC für PC-Implementierung LU6.2 - CPI-Communication für Host-Implementierung LU6.2 - REXX / XEDIT / ISPF für Hostoberflächen - ADABAS-Direct-Calls für DB-Zugriff - SQL mit Erweiterungen für BLOBs und stored procedures.

4.2.4.2 Systemtopologie

Das Gesamtsystem TRIAS besteht derzeit aus rund vierhundert PCs vom Typ IBM PS/2 der jeweils aktuellen Modellreihe: PS/2 Modell 70, PS/2 Modell 95, PS/2 Modell 77. Als physisches Netzwerk wird das IBM-Cabeling-System 1 als Token-Ring eingesetzt. Insgesamt sind 6 Token-Ringe jeweils doppelt am Backbone-Token-Ring über Bridges angeschlossen. Externe Redaktionen sind über Remote Bridges integriert. Der doppelt geführte Backbone ist über zwei 3745 Controller am Großrechner angeschlossen. Der Großrechner ist vom Typ IBM 4381 T92. Für den Backup ist eine entsprechende Partition im kommerziell eingesetzten Großrechner eingerichtet.

Als Betriebssystem für die PS/2 wird IBM OS/2 1.3 Extended Edition bzw. IBM OS/2 2.1 und Extended Services 1.0 verwendet. Auf dem Großrechner ist IBM VM/ESA 1.1 installiert. Vor dessen Verfügbarkeit wurde VM/SP HPO Release 5 eingesetzt.

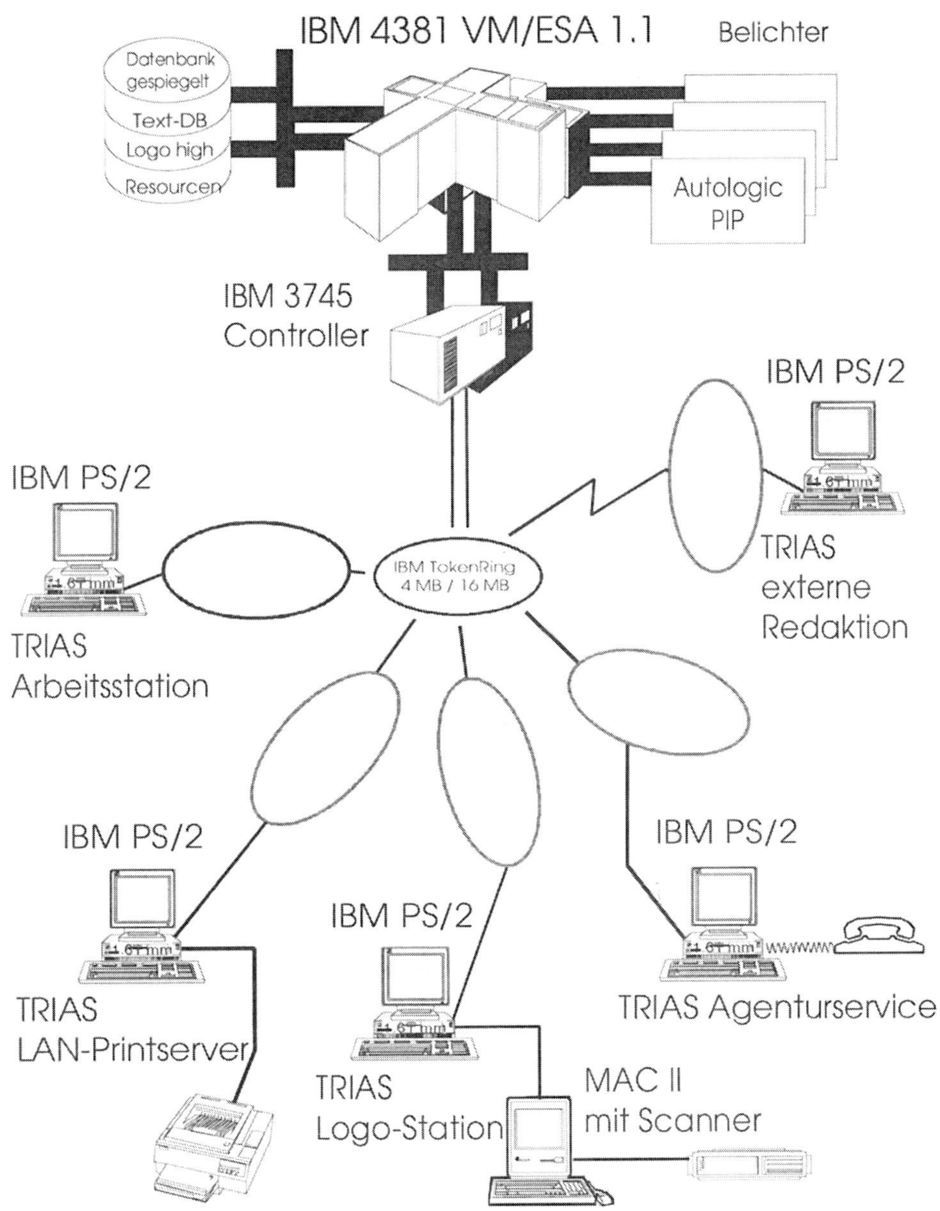

Abb. 4.21: TRIAS

Systemtopologie **327**

Die einzelnen in der Abbildung 4.21 dargestellten Systemkomponenten übernehmen die folgenden Aufgaben:

- *IBM 4381 T92*

Zentraler Datenbank-Server inkl. aller Funktionen für
Zugriffsschutz, Sicherstellung der Datenkonsistenz und
-integrität. Steuerung und Produktion der zentralen
Belichtung. Sicherstellung und Gewährleistung der
durchgängigen Verfügbarkeit der zentralen Funktionen, mit Hilfe der für Großrechner typischen
perfekten Backup-Organisation.

- *TRIAS-Arbeitsstation*

Benutzerindividuell gestalteter Arbeitsplatz in Redaktion, Datenerfassung, Inserateverarbeitung und Ganzseitenumbruch.

- *TRIAS LAN Print Server*

Low-cost-Drucker mit geringerer Auflösung (300 dpi)
als zentrale Belichtung (1000 dpi), jedoch mit dem
vollen Gestaltungsumfang inkl. aller Schriften. Statt
typischer Manuskriptausdrucke in Courier-Schrift, ist
hier die originalgetreue Wiedergabe, der entsprechenden Objekte (Artikel, Inserate etc.), zwecks
Lese- und Kontrollprobe am Arbeitsplatz möglich.

- *TRIAS Logo Station*

Dient zum Grafik-Import mit Scanner und Bildbearbei-
tungsprogrammen.

- *TRIAS Agenturservice*

Vollautomatischer Agentureingang und gleichzeitig
Modemeingang für außer Haus arbeitende Redakteure.
Vollautomatische Erzeugung der Descriptoren und
Ablage in der Datenbank sowie Information des
zuständigen Redakteurs vom Dienst über den Agentur-
Eingang.

- *TRIAS externe Redaktion*

Mit der gewählten Client/Server-Lösung und einer von
Anfang an darauf ausgerichteten Konzeption, ist es
möglich externe Redaktionen einerseits mit der vollen

Funktionalität (universeller Arbeitsplatz) auszustatten, andererseits mit hoher Performance, ohne spürbare Netzbelastung, den Betrieb zu gewährleisten.

4.2.4.3 Systemarchitektur

Die TRIAS-Systemarchitektur beschreibt den Aufbau (Funktionskomplexe oder -gruppen) und das Zusammenspiel (Kommunikationsregeln, Protokolle) der einzelnen Software-Komponenten (Funktionen) des Gesamtsystems.

> Viele Autoren verwenden hierzu synonym den Begriff der Software-Architektur. Diese beschreibt unseres Erachtens aber lediglich die Regeln für eine systematische Strukturierung und den modularen Aufbau (Funktionsschichtenmodell) eines Software-Systems. So können die im Text erwähnten Funktionskomponenten aus einem oder mehreren Software-Systemen bestehen, die theoretisch jeweils auf der Basis verschiedenster Software-Architekturen realisiert worden sind.

Die einzelnen Funktionskomplexe sind für die Client- und für die Server-Seite in der Abbildung 4.22 dargestellt.

Die *Rahmensteuerung* (Client) besteht aus den folgenden wesentlichen Komponenten:

- User-Logon und benutzerabhängige Menues
- Bereitstellung der stations- und benutzerabhängigen Software-Komponenten
- Universeller Application Enabler, d.h. Autostart und Start der user- bzw. systemabhängigen Software-Module auf Grund seiner Menueauswahl
- Zeitsynchronisation mit dem Host-Server
- Aufbau und Überwachung der Kommunikation mit dem Host-Server
- Steuerung des Software-Updates und Restart aktualisierter Module.

Die Komponenten Software-Distribution und Remote Trace & Monitoring werden in den folgenden Kapiteln detailliert dargestellt.

Unter den Client-*Applikationen* sind sämtliche Anwendungen, die den Benutzern zur Verfügung stehen, zusammengefaßt. Auch wenn es aus der Abbildung nicht direkt ersichtlich ist, gehört zu diesem Funktionskomplex auch die jeweilige applikatorische Benutzeroberfläche (Präsentation).

Server	**Datenbankzugriff**
	- SQL-Umwandlung
	  in ADABAS-Calls
	- BLOB's
	- Stored Procedures
		Systemfunktionen
		- Save & Backup
		- Recovery
		- Netz- und DB-
		  Administration

	Applikationen
	- Datenbank-
	  Reorganisation
	- Belichtersteuerung
		- Auftragsspooling
		- BDE
		- Schnittstelle zu
		  Inserateverwaltung

	Kommunikation - SQL-Interface - Message - Spooling	**Protokolle** - SRPI - CPI-Communication

| **Netz** | **SNA**
- LU 2
- LU 6.2 | **LAN**
- IEEE 802.3
- NETBIOS |

Client	**Kommunikation** - SQL-Interface - Message - Spoolaufträge	**Protokolle** - SRPI - APPC - LAN
	Rahmensteuerung - Logon - User-Menue - Kommunikations- überwachung	**Software- Distribution** **Remote Trace & Monitoring**
	Applikationen - Editor, Textausschluss - Anzeigenumbruch - Anzeigenselektion - Proofprint	- Layout - Logo - Agenturen - BDE

Abb. 4.22: TRIAS
Basisarchitektur

Die Funktionsgruppe *Kommunikation* stellt die Kommunikation zwischen den Client- und Server-Komponenten sicher. Diese Komponente ist sowohl auf der Client wie auf der Server-Seite, quasi komplementär, vorhanden. Als netzweites Datenprotokoll wird SQL eingesetzt.

Die Entscheidung für ADABAS und Direct Calls als Schnittstelle zum Datenbanksystem ermöglichte verschiedene Varianten für ein Client/Server-Datenprotokoll. Die seitens des Partners für das Satzsystem eingesetzten Applikationsprotokolle des Clients bestanden zunächst auch aus relativ restriktiven Datenbankaufrufen. Dennoch ist als globales Protokoll SQL gewählt worden. Trotz der unterschiedlichsten Implementationen ist es damit möglich, mit kalkulierbarem Aufwand den Datenbankserver durch eine relationale Datenbank zu ersetzen. Zusätzliche Clients sind ebenso mit abschätzbarem Budget integrierbar. In der Konsequenz bedeutet dies, daß als netzweites Datenbankprotokoll SQL in einer erweiterten Form eingesetzt wird.

SQL als globales Datenprotokoll

Die Hauptapplikation innerhalb der *Server-Applikationen* ist die Belichtersteuerung. Sie stellt sozusagen das Herzstück des Gesamtsystems dar, wird doch hier jede einzelne Zeitungsseite aufbereitet und via Belichter die *Druckplatte* für die Zeitungsseite erstellt. Außerdem stehen hier die Schnittstellen zu den kommerziellen Applikationen zur Verfügung.

Besondere Lösungen wurden im Bereich der *Datenbankzugriffe* realisiert:

Die im Client/Server-Umfeld verfügbaren Datenbankserver unterstützen inzwischen durchgängig *BLOB*s (Binary Large Object Blocks).

Für die beschriebene Applikation typisch sind jegliche Grafikfiles, z.B. TIFF (Tagged Image File Format) oder EPS (Encapsulated Postscript)-Dateien, die bei der satztypischen Auflösung – von 1000 bis 3600 dpi – schnell eine Größenordnung von 1 bis 70 MByte erreichen. Grafikdaten und sonstige sogenannte BLOBs sind inzwischen jedoch typisch für alle Branchen. Multimedia liefert hier noch deutlichere Beispiele.

Binary Large Object Blocks

Die für dieses System gewählte Datenbank unterstützt diesen Datentyp nicht, mit ADABAS ist es erforderlich, den beliebig langen binären Datenblock zunächst in die unterstützten Record-Blockgrößen und weiter in die von ADABAS maximal unterstützten Feldgrößen zu segmentieren. In dem vorliegenden erweiterten SQL-Protokoll werden die BLOBs über Referenzen auf Memory und/oder Disk-Files übergeben. Die Speicherung der BLOBs erfolgt innerhalb der Datenbank.

Ein wesentliches Unterscheidungsmerkmal zwischen einer Client/Server-Lösung und einer für geringe bis mittlere Anforderungen genügenden Datenbank als File-Server-Lösung besteht in der Möglichkeit, sogenannte *stored procedures* ausführen zu können. Typische Anwendungsbereiche dafür sind Datenbankabfragen, die aus einem relativ hohen Datenbestand spezielle Auswertungen vornehmen, die nicht innerhalb des SQL-Interface verfügbar sind. In aller Regel lassen sich mit stored procedures keine Datenbankanfragen einsparen, das Einsparungspotential ist hier die erforderliche Übertragungsleistung des Netzwerkes. Eine weitere sehr wichtige Bedeutung erlangen stored procedures dadurch, daß eine effiziente Sicherstellung von referentieller Integrität heute typischerweise auch datenbankintern über stored procedures abgebildet wird.

Stored procedures

Das in diesem Projekt eingesetzte Konzept zur Ausführung von stored procedures ermöglicht die effiziente Ausführung von sehr datenintensiven Abfragen. Das zu Grunde liegende Datenbanksystem erlaubt keine stored procedures, da aber das gesamte Protokoll im Server in ADABAS-spezifische Calls umgesetzt wird, konnten damit von Anfang an Funktionen zur Implementierung der im Server ablaufenden „stored procedures" berücksichtigt werden. Beispielsweise kann der DB-Server rekursiv aufgerufen werden. Im konkreten Fall bedeutet dies, daß die Regeln zur Bearbeitung einer Abfrage in der Datenbank hinterlegt sind.

Selektionsoptimierung

Auf Grund der unterschiedlichen Vorgangsbearbeitungen innerhalb der Produktionskette sind eine Vielzahl von Descriptoren erforderlich, die vom Benutzer beliebig kombinierbar eingegeben werden können.

Die Festlegung auf statische SQL-Abfragen hätte zu große Einschränkungen gebracht, daher wurde die dynamische SQL-Abfrage mit einer Optimierung der WHERE Statements entwickelt. Aus der Kombination von Column-Eigenschaft (Primary Key, Superdescriptor, Descriptor, nicht indiziertes Feld), statistischen Analysen (Feldinhalte und deren Verteilung) und Abfrageoperator (EQUAL, GREATER, LIKE) wird ein optimaler Suchpfad ermittelt.

Im Gegensatz zum klassischen Transaktionssystem werden unter TRIAS aufwendige Vorgänge über teilweise längere Zeiträume hinweg bearbeitet. Damit können die von der Datenbank zur Verfügung gestellten Locking-Mechanismen nicht verwendet werden, da die Daten vielfach über sehr lange Zeiträume gesperrt bleiben.

Aus diesem Grunde wurde das Locking-Problem applikatorisch gelöst. Hierbei wird bei einem *Select for update* dieser auf der Datenbank durchgeführt, wobei User-ID, Station-ID, Datum und Uhrzeit bei der entsprechenden ROW festgehalten werden. Diese Protokollierung entspricht einem Locking der Daten. Folgt nun ein weiterer *Select for update* prüft ein entsprechender Algorithmus, ob die angeforderten Daten bereits gelockt sind. Ist dies wie in unserem Beispiel der Fall, erhält der Anfragende die im Locking festgehaltenen Informationen (User-ID, Station-ID, Datum und Uhrzeit) sowie die Möglichkeit des *Read only*-Zugriffes.

Vorgangsspezifische Transaktionen

An dieser Stelle wird auch ersichtlich, wo sich die Daten innerhalb des Systems befinden. Die zentrale Datenbank stellt die allgemeine Verfügbarkeit der Daten sowie die für eine Datenbank typische Datensicherheit sicher. Andererseits können aber auch Daten zur Bearbeitung auf eine Workstation geladen und dort verändert werden. Die Veränderung wird allerdings erst dann allgemein gültig, wenn der Update auf der zentralen Datenbank erfolgte. Die Daten sind also, wenn auch nicht unter der Kontrolle eines Datenbanksystems, teilweise verteilt.

Die Daten sind, wenn auch nicht unter der Kontrolle eines DB-Systems, teilweise verteilt

Wie funktioniert nun das Zusammenspiel zwischen den einzelnen Komponenten ?

Die zentrale Komponente einer Client/Server-Architektur ist die Kommunikation zwischen Client und Server sowie der dazu erforderlichen Initialisierungs- und Überwachungs-Tasks.

Das hier als Rahmensteuerung bezeichnete Modul initialisiert die Multitasking-Umgebung der Applikation. Im ersten Schritt wird dazu eine Common Data Area (Näheres hierzu im Kapitel 4.2.4.7 Interprozeßkommunikation) aus Tabellen initialisiert. Von Anfang an klar konzipierte funktionale Schnittstellen ermöglichen allen beteiligten OS/2-Applikationsprozessen, auf diese gemeinsamen Daten zuzugreifen und mit Funktionen zur Auftragsverwaltung weiteren Prozessen synchron und asynchron Aufträge in deren Auftragsringpuffer zu stellen. Im zweiten Schritt wird das Applikationsprofil aus Tabellen aufgebaut. Darin enthalten sind alle Parameter, um Applikationen mit dem korrekten Environment zu starten und mit den restlichen Prozessen zu synchronisieren, nachdem zuvor die notwendigen Softwarekomponenten auf Aktualität über-prüft wurden.

Die Rahmensteuerung startet tabellengesteuert die Prozesse für das SQL-Interface, Spooling und die Kommunikation. Im Vordergrund erhält der Benutzer parallel dazu den Login-Screen. Nach User-ID und Passworteingabe wird dem berechtigten Benutzer sein Auswahlmenü dargestellt. Die Berechtigungsvergabe kann von den dazu befugten Benutzern an jedem Client vorgenommen werden, entsprechende Benutzerprofile wer-den in der zentralen Datenbank geführt. Als interne Server-User-IDs werden generische Namen verwendet.

Mit SRPI (Server Requester Programming Interface) als Protokoll, das eine „logged-on" 3270 VM-Session benötigt, wird im Hintergrund mittels EHLLAPI (Emulator High-Level Language Application Programming Interface) der Logon im VM durchgeführt. Mit EHLLAPI können OS/2-Applikations-Programme mit den vom Communication-Manager konfigurierten und emulierten 3270 Host-Sessions kommunizieren bzw. die normalerweise vom Anwender manuell eingegebenen Interaktionen in der 3270-Session simulieren.

Mit LU6.2 erübrigt sich der Host-Logon, der Verbindungsaufbau erfolgt über das LU6.2 API APPC bzw. CPI-Communication.

Logon erfolgt einmalig für alle Applikationen, der Logon im VM erfolgt im Hintergrund

Typisch für diese heterogene Umgebung – PC und Host – sind die Beschränkungen und zusätzlich erforderlichen Konvertierungen. Die IBM-Hostumgebung arbeitet mit EBCDIC, auf dem PC wird der erweiterte ASCII-Zeichensatz verwendet. Binärzahlen sind im Host in der allgemein bekannten Byteordnung (Siehe Kapitel 4.2.4.4 Client/Server-Kommunikation) dargestellt. Auf dem PC sind Binärzahlen in dem speziellen Intelformat dargestellt. Weiterhin findet man in den verfügbaren Protokollen vielfach Beschränkungen bezüglich der Datenmenge, beispielsweise 32 KByte für LU6.2 bzw. 64 KByte bei SRPI. Für die Applikation erfordert dies einen entsprechenden Algorithmus zur Datensegmentierung und Convertierung (Siehe Kapitel 4.2.4.6 ASCII-EBCDIC Code Convertierung).

Das als OS/2-Prozeß implementierte Client-SQL-Interface für dynamische SQLs erfüllt in dieser Hinsicht mehrere Aufgaben. Zunächst wird das lokale Applikationsprotokoll in SQL umgesetzt. Abweichend gegenüber dem standardisierten SQL-Funktionsspektrum werden ebenfalls Stored Procedures und BLOBs abgebildet. Die für den Host konvertierbaren Teile des SQL-Befehls werden entsprechend konvertiert. Davon ausgenommen sind BLOBs. Nach einer lokalen Syntaxprüfung wird die gesamte DB-Abfrage – auch mehrere SQLs in einer oder mehreren Transaktionen – an das Kommunikationsmodul übergeben. Das Kommunikationsmodul übergibt die Daten segmentiert dem entsprechenden Modul auf dem Host. Dort werden die SQLs in ADABAS spezifische Direct-Calls umgesetzt bzw. die entsprechenden Stored Procedures abgerufen. Die Rückgabe erfolgt analog in Segmenten.

4.2.4.4 Client/Server-Kommunikation

Das Design von TRIAS orientierte sich an dem von der IBM entwickelten System Application Architecture (SAA-Konzept). SAA besteht aus ausgewählten Software-Interfaces, Vereinbarungen und Protokollen, die von IBM publiziert wurden.

Für die Kommunikation zwischen OS/2 als Client- und VM, aber auch MVS, als Hostbetriebssystem sind innerhalb von SAA zwei Varianten geeignet. Die erste Variante nutzt den 3270 Datenstrom (kann bei dieser Betrachtung mit LU2 gleichgesetzt werden), die zweite Variante basiert auf dem Session Service LU6.2, (die Implementation von LU6.2 erfolgt mit APPC bzw. CPI-Communication).

Die zu Beginn des Projektes eingesetzte Betriebssystemversion VM/SP Release 5 HPO beinhaltete noch keine Unterstützung für LU6.2. Somit mußte die Kommunikation zwischen Client und Server mit den auf LU2 basierenden Protokollen EHLLAPI (Emulator High Level Lanuage Application Programming Interface) und SRPI (Server Requester Programming Interface), beides SAA Programmierschnittstellen, realisiert werden:

Mit EHLLAPI können PC-Applikationsprogramme mit den vom OS/2-Communication-Manager konfigurierten und emulierten 3270 Host-Sessions kommunizieren bzw. die normalerweise vom Anwender manuell eingegebenen Interaktionen in der 3270-Session emulieren.

SRPI auf der Basis des 3270 Data Stream ermöglicht der PC-Applikation aktiv als Requester Daten und Aufträge an einen MVS- bzw. VM-Server zu übertragen bzw. Ergebnisdaten anzufordern. Die Server können z.B. Funktionen wie Datenbankzugriffe ausführen und Ergebnisse an die Workstation zurück übertragen.

SRPI war bis zur Freigabe von APPC die einzige Möglichkeit, eine intelligente Verbindung von einer Arbeitsstation zum Host zu verwirklichen. Die bekannten Nachteile von SRPI wurden in Kauf genommen. Die selbstgeschriebene Software berücksichtigte diese Probleme und umging sie zum Teil:

- Wird die 3270-Verbindung während eines send-request Calls unterbrochen, wartet das PC-Programm, bis die Verbindung wieder aufgebaut wird.

- Host-Server-Programm*abstürze*, Loops etc. führen ebenfalls dazu, daß die PC-Applikation *forever* wartet. Erst ein LOGOFF-LOGON gibt die Kontrolle von SRPI an die PC-Applikation zurück.

- Host-Screen-Updates, z.B. durch Host-Messages, VM-Mitternachtsmeldung, Server-Screen-Ausgaben etc. unterbrechen die SRPI-Kommunikation.

- Der Host als Server kann aktiv keine Kommunikation initiieren.

- Konkurrierende SRPI-Calls paralleler Threads oder Prozesse werden vom SRPI sequentialiesiert. Benutzen mehrere Prozesse denselben Server mit segmentierten Daten über 96 K müssen entweder die PC-Prozesse synchronisiert werden, oder der Host-Server muß in der Lage sein, Fortsetzungsblöcke den jeweiligen Calls zuzuordnen und zwischenzuspeichern.

Der gewichtigste Nachteil der SRPI-Lösung lag darin, daß pro Arbeitsstation, die mit dem Server kommunizierte, ein VM-User benötigt wurde. Dies spielte zwar zu Projektbeginn eine untergeordnete Rolle, wurde aber mit der Anzahl der angeschlossenen Arbeitsstationen bezüglich Performance ein immer schwerwiegenderer Nachteil. Mit der Zielsetzung, die Anzahl der VM-User drastisch zu reduzieren, wurde 1992 bis 1993 die Kommunikation auf APPC und LU6.2 umgestellt. Damit und mit einer speziellen Lösung hostseitig (siehe Kapitel 4.2.4.5), konnte erreicht werden, daß bei 400 Arbeitsstationen auch zu Spitzenzeiten die Anzahl von 20 aktiven VM-User selten erreicht wird.

Für diese Leistung mußte ein vollständiges neues Konzept für die Steuerung der Verarbeitung auf dem Server realisiert werden. Denn alle in der SAA-Welt angesiedelten Lösungen und Konzepte sind entweder auf eine 1:1 Session fixiert oder für Client/Server-Lösungen prinzipiell ungeeignet. Das hierfür realisierte Konzept wird im Kapitel 4.2.4.5 detailliert vorgestellt.

Umstellung auf LU6.2 - APPC - CPI-C

Durch die Umstellung auf VM/ESA waren alle Voraussetzungen gegeben, LU6.2 als Client/Server-Protokoll einzuführen. Für die Ablösung der auf SRPI basierenden Lösung durch LU6.2 waren im Wesentlichen folgende Gründe maßgeblich:

- Da SRPI auf LU 2 basiert, ist für jeden Client ein „logged-on" VM-User erforderlich. Bei 400 Clients sind damit 400 aktive VM-User erforderlich. Da insbesondere ADABAS-Routinen nicht reentrant und damit nicht multiuserfähig sind, ergibt sich pro Client im VM ein Memory-Bedarf von ca 2,5 Mega-Byte. Der virtuelle Memory-Bedarf von 1000 MB steht so in einem sehr ungünstigen Verhältnis zum real verfügbaren Memory von 64 MB. Auch wenn Hostbetriebssysteme für solche Anforderungen optimiert sind und effiziente Paging- und Swapping-Funktionen zur Verfügung haben, ist der Overhead enorm. Insbesondere mit dem Blick auf vorgesehene zusätzliche Clients stand man vor der Alternative Hardware-Ausbau oder Software-Anpassung.

- Die Systemverfügbarkeit ist eine zentrale Anforderung an das Gesamtsystem. Um diese zu gewährleisten, sind entsprechende Restartverfahren erforderlich. Das bedeutet auch, daß beim notfalls erforderlichen Wechsel auf den Backup-Host alle Clients wieder vollautomatisch die Verbindung zum Server aufnehmen. Da für SRPI pro Client ein „logged on" VM-User notwendig ist, führt dies zwangsläufig dazu, daß nach einem VM-

Restart, z.B. Wechsel auf Backup-Host, alle 400
VM-User über die Client-Software gesteuert fast
gleichzeitig einen Logon versuchen. Der Logon
benötigt relativ viele Systemressourcen, die bei 400
VM-Usern zu einem großen Engpaß wurden.
Aufwendige Anpassung der Logon-Prozeduren
(Client und Server – EHLLAPI, VTAM, VM) wären
erneut erforderlich gewesen.

- SRPI ist ausschließlich seitens PC-Client aktivier-
  bar. Für typische Client/Server-Protokolle genügt
  diese Funktionalität, dennoch ist es notwendig,
  z.B. für die Restartprozedur, eine aktive Rolle des
  Hosts zu ermöglichen. Andere Einsatzbereiche für
  eine auch vom Host aktivierbare Kommunikation
  sind Messages vom Host an den PC. Mit LU6.2
  existiert diese strikte Festlegung nicht. Jeder
  Kommunikationspartner kann aktiv Kommunikation auf- und abbauen.

- Als Server für SRPI wird VM/CMS (Conversation
  Monitoring System) und MVS/TSO (Time Sharing
  Option) unterstützt. Mit LU6.2 steht ein einheitliches Protokoll für die Kommunikation zwischen Applikationsprogrammen auf unterschiedlichsten Plattformen zur Verfügung. Gegenüber
  SRPI sind mit LU6.2 beliebige Kommunika-
  tionsvarianten möglich. So gesehen kann mit LU6.2
  neben einer typischen Client/Server-Kommunika-
  tion auch eine Kommunikation verteilter Systeme
  realisiert werden.

- Mit LU6.2 sind deutlich höhere Durchsatzraten
  möglich, als dies mit SRPI der Fall ist.

An das Konzept der Client/Server-Kommunikation mit LU6.2 sind folgende Anforderungen und Randbedingungen gestellt worden:

- Die Client- sowie die Server-Software unterstützt gleichzeitig SRPI- und LU6.2-Kommunikation. Eine sukzessive Umstellung der Clients von SRPI auf LU6.2 ist möglich.

- Die neuen Softwarekomponenten sind mit dem Software-Distribution Manager zu verteilen. Alle erforderlichen LU6.2 Konfigurationsparameter, die je PC spezifisch zu erfolgen haben, sind vollautomatisch zu generieren.

- Die Umstellung von SRPI auf LU6.2 erfolgt individuell je PC. Die Festlegung, wann welcher PC umgestellt wird, erfolgt zentral. Konkret bedeutet das, daß an einem beliebigen Client in einem Parameterfile eingetragen wird, welcher PC mit LU6.2 arbeitet. Mittels dem Software-Distribution Manager wird dies allen Clients bereitgestellt, die Umstellung erfolgt somit automatisch ohne zusätzlichen manuellen Eingriff am PC selber. Dies gilt auch für externe Redaktionen, die über Remote Bridges angeschlossen sind.

- Bei unvorhergesehenen Fehlern, die eine Kommunikation unmöglich machen, erfolgt die Rückstellung auf SRPI automatisch.

Die hier erkennbaren hohen Sicherheitsanforderungen sind erforderlich gewesen, da von Anfang an fest stand, daß ein Abnahmetest der entwickelten Software und die Kontrolle der Performance letztlich erst im produktiven System möglich ist. Die versuchsweisen Test- und Simulationsläufe mit 40 Clients konnten das Verhalten des Gesamtsystems nicht hinreichend beschreiben. Eine vergleichbare Installation, die als Referenz dienen könnte, gibt es bisher (1993) nicht.

Die produktive Einführung ist nicht reibungslos vonstatten gegangen. Neue Releases von IBM-Systemkomponenten, NCP und VTAM, mußten eingespielt werden. Eine nicht LU6.2 konforme Implementation von CPI-C im VM/ESA führte zu nicht behebbaren Deadlocksituationen. Anpassung des Client/Server-Protokolls waren die notwendige Konsequenz. Nach mehrfachen Rückstellungen auf SRPI ist zwischenzeitlich die LU6.2 Lösung erfolgreich . im produktiven Einsatz. Teilweise noch vorhandene unerklärte LU6.2 Sessionunterbrechungen werden applikatorisch aufgefangen.

> Die Deadlocksituation im VM kann entstehen sobald parallele Sessions zwischen zwei VM-Applikationsprogrammen aktiv sind. Bei parallelen Sessions können beide Partnerprogramme auf jeweils einer Session im Sendestatus sein. Programm A beginnt mit CMSEND Daten auf Session 1 zu senden, Programm B beginnt mit CMSEND Daten auf Session 2 zu senden. Die VM/ESA 1.1 Implementation von CMSEND ist nicht LU6.2 konform, es entsteht ein Deadlock, da CMSEND die Kontrolle erst wieder zurückgibt, wenn das Partnerprogramm die Daten vollständig mit CMRCV empfangen hat. Zum Zeitpunkt des Deadlocks ist dies jedoch nicht möglich, da das Partnerprogramm ebenfalls versucht, Daten zu senden und den notwendigen CMRCV-Call zum Datenempfang nicht ausführen kann. Vom Betriebssystem wird der Deadlock nicht erkannt. (Die entsprechenden Systemmanuals werden derzeit von der IBM angepaßt).

4.2.4.5 Steuerung der Verarbeitung auf dem Server

LU6.2 ist ein Halbduplex-Sessionprotokoll für die Kommunikation zwischen sogenannten Transaktionsprogrammen (TP). Ein TP ist Teil eines Applikationsprogramms, das die LU6.2 Services mit Hilfe von APPC oder CPI-C benutzt.

Wenn nicht einer der Hauptgründe für die Umstellung die Reduzierung der VM-User gewesen wäre, hätte man die mit SRPI realisierte Kommunikationslösung am Aufruf der entsprechenden SRPI-Schicht durch eine APPC-Schicht ersetzen können.

Mit LU6.2 ist es jedoch möglich, daß ein VM-User multiple Sessions aktiviert, also von einem VM/User zu beliebig vielen PCs als LU6.2 Sessionpartner. Somit wäre es theoretisch möglich, mit einem einzigen VM-User alle 400 PC-Clients zu bedienen, da die LU6.2 Services gleichzeitige

Calls intern queuen. Dies würde jedoch voraussetzen, daß entweder die Calls vom PC äußerst schnell beantwortet werden und der PC-Benutzer keine Verzögerung durch eventuelle Queue-Wartezeiten merkt, oder daß ein effizientes Multitasking innerhalb der VM-Usermaschine möglich ist. Beide Voraussetzungen treffen hier nicht zu.

Damit blieb keine andere Möglichkeit, als ein Master-Slave-Konzept zu entwerfen. Die Idee des Master-Slave-Konzepts ist, daß die PC-Clients über einen zentralen VM-User (Master) kommunizieren. Der Master bestimmt nun eine geeignete und freie VM-Usermaschine (Slave) und übergibt an diese den vom PC erhaltenen Auftrag. Für eher typische Client/Server-Umgebungen im UNIX-Umfeld werden solche Mechanismen vom Datenbanksystem oder Netzwerk-TP-Monitor als Systemkomponente bereitgestellt.

Aufgrund der zunehmenden Verbreitung von UNIX-Systemen, stehen heute viele Anwender vor der Aufgabe, die bestehenden auf Mainframe-Systemen basierenden Datenbanken in diese Umgebung zu integrieren bzw. den Zugriff auf diese Systeme sicherzustellen. Teilweise sind hierfür Gateways verfügbar, in der Regel sind jedoch eigene Lösungen, beispielsweise basierend auf LU6.2, zu realisieren.

Die Abbildung 4.23 zeigt schematisch das Zusammenspiel der einzelnen Komponenten. Durchgezogene Linien bedeuten permanente Verbindungen (LU6.2 aktive Conversations), gestrichelte temporäre, die nach erfolgter Kommunikation wieder abgebaut werden.

In der Abbildung arbeiten 4 Arbeitsstationen (AS 0,2,3,7) mit TRIAS. Dies ist dadurch ersichtlich, daß sie eine permanente Verbindung zum VM-User Master aufgebaut haben. Der Master ist diejenige Systemkomponente, die alle Anfragen von Arbeitsstationen entgegennimmt, diese jedoch nicht selbst bearbeitet, sondern einem Slave weiterreicht. Zu diesem Zweck hat der Master zwei permanente Verbindungen zu jedem Slave. Über die eine leitet er Aufträge von Arbeitsstationen weiter, über die andere bekommt er vom Slave eine Rückmeldung, wenn dieser den Auftrag beendet hat.

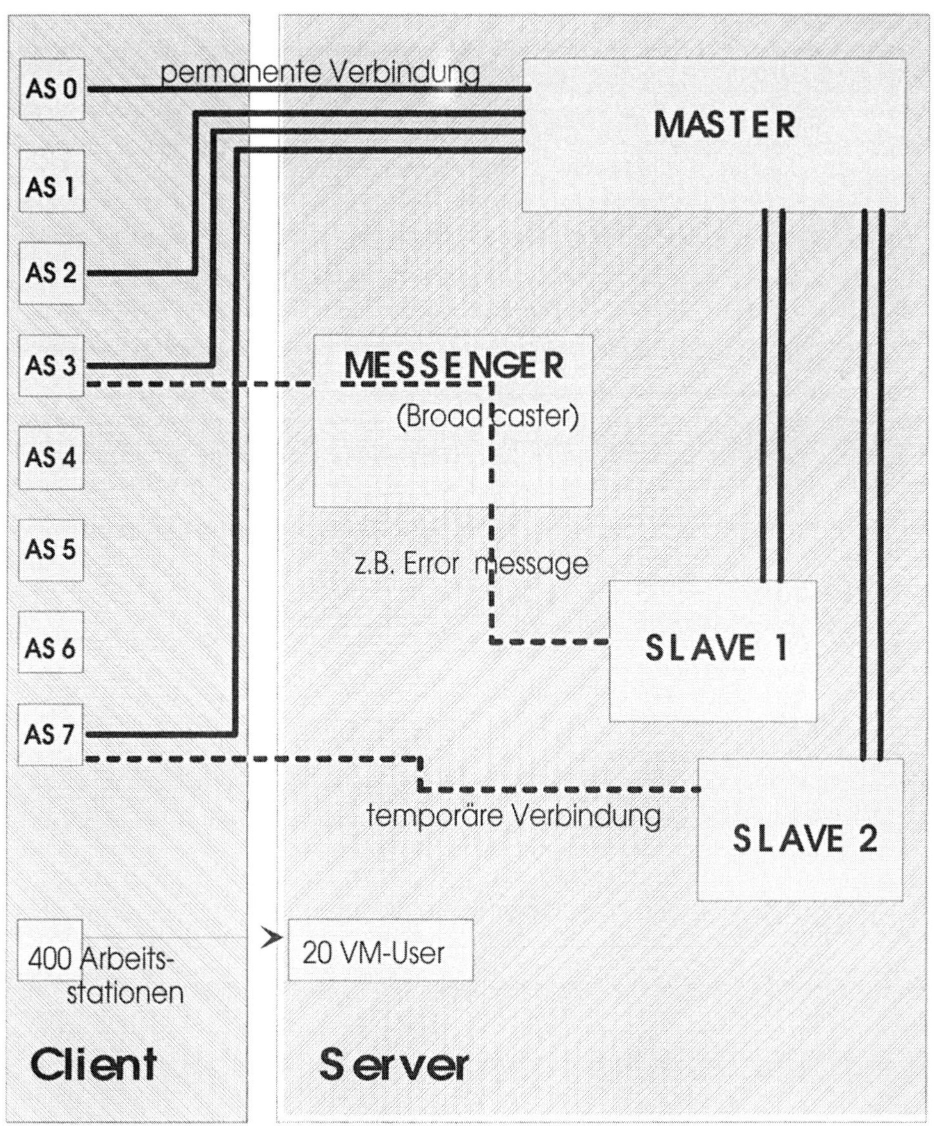

In diesem Beispiel sind nur zwei Slaves eingezeichnet. In Wirklichkeit sind 40 VM-User definiert, die als Slaves arbeiten. Ein Slave besitzt zwei permanente Verbindungen zum Master (man hätte auch mit einer auskommen können, dies hätte jedoch dazu geführt, daß häufig die Senderichtung hätte gewechselt werden müssen, was negative

Abb. 4.23: Steuerung der Verarbeitung auf dem Server

Auswirkungen auf die Performance gehabt hätte). Bekommt ein Slave einen Auftrag von einer Arbeitsstation via Master, dann nimmt er eine temporäre Verbindung zur betreffenden Arbeitsstation auf. Dies ist in obigem Beispiel zwischen Slave 2 und AS 7 der Fall.

Je nachdem, ob er schon alle Input-Daten vom Master bekommen hat, kann er den Auftrag direkt bearbeiten und das Resultat der AS senden. Falls der Slave noch nicht über alle Input-Daten verfügt, sendet er der AS die Aufforderung, den Rest nachzuliefern. Erst dann kann er den Auftrag bearbeiten und das Resultat der AS zurückschicken.

Die dritte und letzte Systemkomponente auf dem Host ist der Messenger (auch Broadcaster genannt). Seine Hauptaufgabe ist, den Meldungsverkehr für alle mit TRIAS arbeitenden Arbeitsstationen sicherzustellen. Daneben entlastet er den Master in Fehlersituationen. Dies ist im Beispiel zwischen Slave 1 und AS 3 passiert. Slave 1 konnte keine Verbindung mit AS 3 aufnehmen. Deshalb nimmt er Verbindung mit dem Messenger auf, der seinerseits der AS 3 meldet, daß der Verbindungsaufbau vom Slave her nicht geklappt hat.

Beschreibung Master

Der Master dient als Arbeitsverteiler. Jede Arbeitsstation, die eine Dienstleistung vom Host anfordert (sei es eine DB-Abfrage oder ein Belichtungsauftrag), richtet diese Anfrage an den Master. Überschreitet das Datenvolumen des Auftrages 32 KByte (1 APPC-Block gleich 32 Kbyte), wird der Auftrag in Segmenten an den Master weitergegeben.

Der Master hat Verbindung mit 40 Slaves. Wenn er eine Anfrage von einer AS bekommt, sucht er einen freien Slave, der diesen Auftrag bearbeiten kann, und schickt den Auftrag an diesen Slave. Dieser wird vom Master als „Working" gekennzeichnet, bis er sich wieder zurückmeldet.

Im Fehlerfall steht dem Master der Messenger zur Verfügung, zu dem er zwei Verbindungen hat. Wenn zum

Beispiel ein Slave *abstürzt* und der Master dies durch den Verlust der Verbindung feststellt, informiert er den Messenger darüber, worauf der Messenger den gestürzten Slave wieder startet und ihm befiehlt, sich wieder beim Master anzumelden.

Aufgaben des Masters

- Akzeptieren einer Verbindung, wenn eine Arbeitsstation diese aufzubauen wünscht → Name dieser AS in eine Liste arbeitender Arbeitsstationen eintragen.

- Entgegennahme Auftrag von AS → Suche nach freiem Slave → Weiterleiten des Auftrags an diesen Slave → Kennzeichnen dieses Slaves als besetzt („Working").

- Wenn eingeloggte AS TRIAS beendet oder die Kommunikation aufgrund eines Systemausfalles seitens der AS abbricht → AS aus Liste der arbeitenden Arbeitsstationen entfernen.

- Sicherstellen eines hohen Bestandes an Slaves → Wenn ein Slave *abstürzt* → Messenger informieren.

- Bei kritischer Anzahl freier Slaves eine Warnmeldung ans Operating schicken, damit diese Maßnahmen ergreifen können.

- Statistik führen über Anzahl und Art der Jobs, die jeder einzelne Slave bearbeitet hat. Slave-Fehlerstatistik führen.

- Auf Anfrage des Messengers hin, diesem alle internen Masterdaten schicken, damit der Bediener des Messenger den aktuellen Stand des Systems ersehen kann.

Der Master ist als Finite state machine (siehe folgendes Kapitel) implementiert.

Beschreibung Slave

Im Konzept TRIAS mit APPC übernimmt der Slave
diejenigen Funktionen, die unter SRPI in den einzelnen VM-
User-Maschinen abgelaufen sind. D.h. neben der Entgegennahme des Requests vom Master sind dies der Aufruf der
Host-Datenbank-Schnittstelle und die Rückmeldung des Ergebnisses an die Arbeitsstation.

Aufgabe des Slaves:

- Unterhalt zweier Conversations (Kommunikations-
  verbindungen) zum Master. Über die erste Conversation, welche vom Master initiiert ist, erhält
  der Slave die Arbeitsaufträge der Arbeitsstationen.
  Über die zweite Conversation meldet sich der
  Slave beim Master zurück (I'm free and ready for
  work).

- Entgegennahme der AS-Requests und Aufruf der
  HDS (Host Datenbank Schnittstelle) zur Abwicklung der DB-Transaktion, bzw. Aufruf der
  Ausgabe (Aufbereitung der Daten für Belichtungs-
  aufträge).

- Bei Empfang eines Requests: Aufbau einer Conversation zur Arbeitsstation zwecks Rückmeldung des
  Ergebnisses der DB-Transaktion.

- Sobald der Auftrag erledigt ist, Abbau der Conversation zur Arbeitsstation.

Beschreibung Messenger:

Der Messenger ist die dritte Hauptkomponente des APPC-
Systems auf dem Host. Im Gegensatz zu Master und Slave,
die die normale Verarbeitung erledigen, ist der Messenger
für Ausnahmesituationen zuständig.

Weiterhin verfügt der Messenger über eine Oberfläche,
die es dem Anwender erlaubt, den Messenger als eigenständiges Werkzeug zu verwenden, wie z.B. allen im TRIAS
eingeloggten Arbeitsstationen oder einer einzelnen Station

eine Nachricht zu schicken, oder einen OS/2-Befehl ausführen zu lassen. Es kann getestet werden, ob die APPC-Software auf einem bestimmten PC noch läuft und die Trace-Bits auf dem PC können gesetzt werden.

Da der Master in erster Linie für die Arbeitsverteilung verantwortlich ist, wird die Systemüberwachung (Anzahl freie Slaves, eingeloggte AS, Auslastung Slaves) vom Messenger aus betrieben.

Bei schweren Fehlern, die auf der Ebene des Masters oder der Slaves zu einem Programmabbruch führen, werden diese vom Messenger neu gestartet und aufgefordert, die richtigen Aktionen auszuführen. Zudem übernimmt der Messenger bei Schwierigkeiten im Verbindungsaufbau die Aufgabe, den PC über diesen Mißstand zu informieren.

Aufgaben des Messengers:

- Ist kein Slave frei, bekommt er vom Master einen entsprechenden Hinweis und informiert die betroffene AS.

- Kann ein Slave zu einer AS keine Verbindung aufbauen, meldet er dies dem Messenger, welcher dann versucht, seinerseits zum PC Verbindung aufzubauen, um diesen aufzufordern, den Auftrag noch einmal zu schicken.

- Wenn ein Slave *abstürzt*, wird dies vom Master erkannt und gibt dem Messenger eine entsprechende Meldung, worauf dieser den Slave mit dem Abschicken einer bestimmten Meldung wieder aktiviert.

- Sollte einmal der Master *abstürzen*, wird er vom Messenger neu gestartet.

Möglichkeiten eines Bedieners des Messengers

- Schnappschuß der Master-Daten, um den Zustand des gesamten Systems überwachen zu können.
- Schicken einer bestimmten Nachricht an alle eingeloggten Arbeitsstationen.

- Schicken eines OS/2-Commands an eine bestimmte AS.
- Testen, ob die APPC-Software auf einer bestimmten AS noch läuft.
- Remote Setzen der Trace-Bits auf einer AS

4.2.4.6 Steuerung der Verarbeitung auf dem Client

Die LU6.2-Kommunikation vom PC-Client zum Server ist als OS/2 Prozeß realisiert. Dieser Prozeß besteht aus mehreren Threads, die intern über OS/2-Queues und Semaphoren synchronisiert werden. Bei der Initialisierung des Clients baut der To-Master-Thread eine permanente LU6.2 Conversation zum VM-User Master auf. Über diese Conversation werden alle Aufträge an den Server im Host weitergegeben.

Die Verbindung zur Applikation (Siehe Abb. 4.24) erfolgt durch den sogenannten Reader-Thread, dieser stellt den Applikationsprozessen eine Auftragsqueue zur Verfügung. Nach Erhalt eines Auftrags wird der Thread To-Master aktiviert und überträgt den Auftrag mit maximal 32 KByte Daten an den VM-Master-User über die permanent bestehende LU6.2-Conversation. Der Master gibt den Auftrag an einen freien Slave weiter. Der Slave baut nun eine temporäre LU6.2 Session zum PC-Thread To-Slave auf. Sofern mit dem Auftrag nicht alle Anwenderdaten übertragen wurden, werden nun alle Daten segmentiert in 32 KByte-Blöcken an den Slave übertragen. Sind alle Daten des Auftrags vollständig vom Slave empfangen worden, führt der Slave den Auftrag aus, beispielsweise ein Datenbankzugriff. Die Ergebnisdaten werden anschließend wiederum segmentiert in 32 KByte-Blöcke an den PC-Thread To-Slave übertragen. Dieser Thread übergibt die Daten an den Write-Ergebnis-Thread.

Um vom PC-Client mehrere Aufträge parallel auszuführen, ist der Thread To-Slave mehrfach vorhanden. Somit ist es möglich, beispielsweise einen aufwendigen zeitintensiven Datenbank-Select zu starten und anschließend einen weiteren Datenbankzugriff, z.B. Insert, zu beauftragen. Dabei kann mit diesem Konzept gegebenenfalls der 2. Auftrag vor dem 1. Auftrag abgeschlossen werden. Parallel ist ein weiterer Thread aktiv, der auf Messages vom VM-User Messenger wartet.

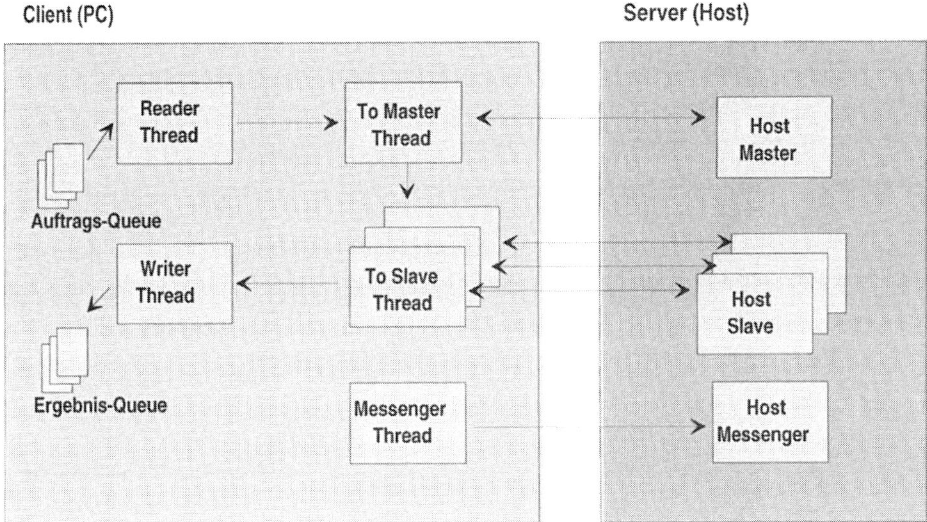

Abb. 4.24: Steuerung der Verarbeitung auf dem Client

Grund für diese für die Realisierung relativ aufwendige Trennung in unterschiedliche Threads ist die Problematik, daß verschiedene Systemcalls und LU6.2 Services als Call-Funktion realisiert sind und damit das Programm die Kontrolle an das System übergibt. Beispiel hierfür ist der APPC-Call RECEIVE_ALLOCATE, nach diesem Aufruf wartet das Programm bzw. der Thread, bis eine LU6.2 Conversation aufgebaut ist oder ein nicht dynamisch veränderbarer Timeout erreicht ist.

4.2.4.7 Interprozeßkommunikation

Die Kommunikation zwischen verschiedenen Prozessen in einem Multitask-Betriebssytem wie OS/2 spielt eine tragende Rolle im System. OS/2 stellt fünf verschiedene Methoden der Interprozeßkommunikation zur Verfügung, nämlich:

OS/2: Fünf verschiedene Methoden der Interprozeßkommunikation

- via „shared memory", d.h. über einen gemeinsamen Speicherbereich, dessen Zugriffsschutz („protection") gegenüber Fremdprozessen nach zu verlangender Freigabe für die freigegebenen Prozesse aufgehoben ist.

- via „named pipes", d.h. über einen wie eine Datei verwalteten gemeinsamen Speicherbereich. Diese Methode erlaubt zusätzlich die Kommunikation zwischen DOS („real mode") und OS/2 („protected mode") Programmen.

- via „queues", d.h. über einen Speicherbereich, in dem an den jeweiligen Owner-Prozeß Adressen von shared memory Blöcken übergeben werden können.

- via „signal handling", d.h. über das Auslösen eines Interrupts sowie dessen spezifische Bearbeitung.

- via „semaphores", d.h. dem OS/2 Signalisationsmechanismus mit den Optionen, „events" auszulösen und auf „events" zu warten, sowie den Zugriff auf Ressourcen wie Printer, Dateien etc. zu reservieren und zu serialisieren.

TRIAS Common Data Area (CDA)

Schon in der Konzeptphase stand fest, daß die Multitasking-Umgebung der PC-Applikation zur Aufrechterhaltung der Hostverbindung und zur Steuerung des Datentransports aus mehreren miteinander kommunizierenden Prozessen aufgebaut wird.

Diese Schnittstellenkaskade übernimmt die Formatwandlung der applikationsspezifischen DB-Requests in das SQL-Format sowie die Serialisierung der SRPI-Calls an den Host-Server resp. den Ablauf in der APPC-FSM des Clients.

Funktionen der 16bit Dynamic Link Library

Die Verbindung zwischen den einzelnen Prozessen der Kaskade wird durch Funktionen und Ressourcen der sogenannten Common Data Area (CDA) gewährleistet. Es handelt sich hierbei um eine 16 bit Dynamic Link Library

(DLL), mittels deren Funktionen jedem angemeldeten Prozeß

- ein globaler shared memory Bereich für allgemein zur Verfügung stehende Daten („Variablenteil"),
- ein maximal 64 kByte großer shared memory Bereich für eigene 'globale' Daten („Prozeßdatenteil"),
- eine Auftrags/Ergebnisverwaltung mit der Möglichkeit, mit jedem anderen Prozeß asynchron kommunizieren zu können,
- eine Poolverwaltung, die es jedem Prozeß erlaubt, sich shared memory analog einer Heapverwaltung zu reservieren,
- eine Signalverwaltung zur Synchronisation von Speicherzugriffen oder Abläufen über Semaphoren,

bereitgestellt wird.

Die Verwendung von „shared memory" und „semaphores" zur Interprozeßkommunikation wurde gewählt, um die Kommunikation jederzeit einfrieren und einen „memory snapshot" erstellen zu können. OS/2-Queues schieden aus, weil nur der Owner-Prozeß der Queue Leseberechtigung besitzt.

Speicheraufbau der CDA

Beim shared memory Objekt der CDA handelt es sich um ein „huge shared segment", die Unterteilung in mehrere 64 kByte Segmente ist ein Überbleibsel der 16 bit Umgebung unter OS/2 1.x.

Dieser Speicher wird in vier Teile unterteilt, deren Größe aus einer Tabelle der Rahmensteuerung oder dem Minimalbedarf bestimmt wird.

Im CDA-HEAD am Beginn des Segments werden Versionsdaten, Offsets der anderen CDA-Teile, Ausgangsdaten für den CDA-POOL sowie Daten über die Auslastung der CDA geführt (Größe ca. 300 Byte).

In CDA-VARI werden Daten geführt, die allen angemeldeten Prozessen zur Verfügung stehen, unter

Die Interprozeßkommunikation im TRIAS-System basiert auf shared memory und semaphores

anderem werden hier globale Zustandsvariablen wie Zustand Host-Verbindung etc. geführt. Da innerhalb eines shared memory Bereichs die Schutzmechanismen des OS/2 protected mode aufgehoben sind, muß der Zugriff auf Speicher von mehr als 2 Byte Länge mit Semaphoren serialisiert werden, 2 Byte shorts oder 1 Byte characters werden in einem OS/2 time-slice gelesen/geschrieben (Größe ca. 10 kByte).

In CDA-MALI, der Prozeß MAsterLIste, werden die Adressen der Auftrags- und/oder Ergebnisringpuffer der einzelnen Prozesse geführt (Größe bei 20 Prozessen ca. 12 kByte).

In CDA-POOL werden die nicht an einen Prozeß vergebenen, freien Elemente im Pool durch eine verkettete Liste von je drei Pointern pro Element verwaltet (Größe ist gleich Rest zur Gesamtgröße).

Funktionen der Common Data Area (CDA) - Dynamic Link Library (DLL)

Die Funktionen werden nach Aufgabengebiet unterteilt:

- Auftragsverwaltung (AVW):
  An-/Abmeldung des Client-Prozesses an die
  Masterliste mit Zugriff auf das shared memory,
  Absenden von Aufträgen an Serverprozesse, Warten
  mit Timeout auf die Ergebnisse des Requests
  - Anmelden eines Prozesses an die CDA:

```
avwini(   CDA-Basisadresse mit eigener
          Prozeß-ID,
          Größe Prozeßdatenteil,
          Größe Auftragsringpuffer,
          Größe Ergebnisringpuffer );
```

  - Senden eines Auftrags/Ergebnisses an einen
    anderen Prozeß:

```
avwwra/avwwre(   CDA-Basisadresse mit eigener
                 Prozeß-ID,
                 Prozeß-ID des Zielprozesses,
                 Auftragstyp,
                 Adresse eines Pool-Elements
                 mit Parametern );
```

- Warten auf Auftrag/Ergebnis von anderem
  Prozeß:

```
avwrda/avwrde(    CDA-Basisadresse mit eigener
                  Prozeß-ID,
                  Prozess-ID des Sender-
                  Prozesses (Output),
                  Auftragstyp (Output),
                  Adresse für Pool-Element mit
                  Parametern) (Output);
```

- Abmelden eines Prozesses von der CDA:

```
avwexi(   CDA-Basisadresse mit eigener
          Prozeß-ID );
```

- Poolverwaltung (PVW):
  Allozieren und Freigeben von Memory des Pools zur
  Datenübergabe via Auftragsverwaltung

  - Allozieren eines Pool-Elements:

```
pvwall(   CDA-Basisadresse mit eigener
          Prozeß-ID,
          Gewünschte Größe des Pool-Elements
          ( <64kB ),
          Adresse des Pool-Elements (Output);
```

  - Freigeben eines Pool-Elements:

```
pvwfre(   CDA-Basisadresse mit eigener
          Prozeß-ID,
          Größe des Pool-Elements,
          Adresse des Pool-Elements );
```

- Signalverwaltung (SVW):
  Reservierung von Memory-Resourcen der CDA,
  Signalisation zur Prozeßsynchronisation.

4.2.4.8 ASCII-EBCDIC Code Convertierung

Nationale Zeichensätze, Code-Pages, Multi-Language Zeichensätze, ASCII-Zeichensatz Standard und erweitert, EBCDIC, etc. sind typische Stichworte, sobald Daten von mehr als einem Programm lokal oder verteilt benutzt werden. In einem IBM Großrechnerumfeld ist EBCDIC mit den jeweiligen länderspezifischen Zeichen typisch, die PC Welt hingegen kennt in aller Regel den erweiterten ASCII-

Verschiedene Zeichensätze, eine Herausforderung in verteilten Systemen

Code. Die Ausgabe-Devices wiederum benutzen teilweise noch einmal andere Zeichensätze.

In einer Client/Server-Umgebung mit IBM Groß-rechner und PCs bedeutet dies konkret, daß jedes Zeichen bzw. jede Zeichenkette, der vom PC zum Großrechner übertragen wird, von ASCII in EBCDIC geändert werden muß, bzw. in der anderen Richtung von EBCDIC in ASCII.

Binärzahlen-darstellungen sind prozessorabhängig

Abhängig vom Prozessor werden Binärzahlen (Integer, Floating-Point) mit unterschiedlichen Bitanordnungen (Abb. 4.25) im Memory dargestellt. Die Reihenfolge der Bits ist also prozessorabhängig. Die Zahl 4 ergibt binär 0000 0000 0000 0100. Auf Intel-Prozessoren wird diese Zahl im Memory jedoch als 0000 0100 0000 0000 dargestellt. Wird nun diese Zahl an ein anderes System, wie beispielsweise einen IBM Großrechner übertragen, so würde dort die Zahl 1024 interpretiert werden. Jede einzelne Binärzahl ist daher innerhalb des Protokolls zu konvertieren. Betriebs-systemabhängig wird die interne Darstellung von Floating-Point-Zahlen, deren Konvertierung deutlich höhere Ansprüche stellt.

Binärzahlen (allgemein übliche Darstellung)

Low Address   High Adress
    High Byte   Low Byte

| V | 14 | 13 | 12 | 11 | 10 | 9 | 8 | 7 | 6 | 5 | 4 | 3 | 2 | 1 | 0 |

Binärzahlen INTEL

Low Address   High Adress
    Low Byte   High Byte

| 7 | 6 | 5 | 4 | 3 | 2 | 1 | 0 | V | 14 | 13 | 12 | 11 | 10 | 9 | 8 |

Abb. 4.25: Unter-schiede in der Binär-zahlendarstellung bei IBM-Host- und Intel-Prozessoren

Ein im ersten Moment extrem klingendes Beispiel ist das weltweit als Standard eingesetzte TIFF. Tagged Image File Format ist ein Grafik-Dateiformat, das typischerweise zwischen Macintosh- und PC-Benutzern ausgetauscht wird. Die interne Repräsentation der Daten besteht aus 2 Byte und 4 Byte Integerzahlen. Um eindeutig zu erkennen, ob das File im Mac-Format oder im Intelformat erstellt wurde, beginnt das File mit II (Intel) oder MM (Mac), also mit zwei Zeichen, die auch binär komplementär unterscheidbar sind, auch dann, wenn obige Vertauschung der Bitreihenfolge durchgeführt wird.

Ob letztlich für den Anwendungsentwickler sichtbar oder verborgen, die implementierten Client/Server-Protokolle müssen exakte Kenntnisse darüber besitzen, welche Teile ASCII-EBCDIC konvertiert werden, welche Teile ohne Konvertierung transportiert werden und welche Teile nach Algorithmen zur Konvertierung von Binärzahlen zu behandeln sind.

Bei der allgemein (Abb. 4.25, erste Reihe) gebräuchlichen Binärzahlendarstellung steht das High-Bit bzw. Vorzeichenbit links, das Low-Bit steht rechts.

> Diese Binäerzahlendarstellung ist für nicht-INTEL-Prozessoren die am weitesten verbreitete Darstellung. Es gibt noch eine andere Darstellungsform, bei der das niederwertigste Bit (0) links steht.

Die INTEL-Binärzahlendarstellung unterscheidet sich hierin wesentlich, da die Position der Low und High Bytes und somit die Position des Vorzeichenbits gegenüber der normalen Binärzahlendarstellung vertauscht sind.

Bei 2-Byte INTEL-Binärzahlen sind das linke und rechte Byte vertauscht (Byte-Swap). Bei 4-Byte INTEL-Binärzahlen sind die beiden linken Byte und die beiden rechten Byte als ganze vertauscht und dann noch einmal, wie die 2 Byte-Binärzahlen, in sich vertauscht.

Da Konvertierungen generell ein wesentlicher Einflußfaktor für die Performance sind, sollen hier zwei nicht weit verbreitete äußerst effiziente C-Makros vorgestellt werden.

Zwei äußerst effiziente Konvertierungs-Makros

Konvertierung von 2 Byte Binärzahlen:

```
#define SSWAP(s)        (unsigned short)(((s)<<8)|
                        (((s)&0xFF00)>>8))
```

Konvertierung von 4 Byte Binärzahlen:

```
#define LSWAP(1)        (unsigned long)(((1)<<24)|
                        (((1)&0xFF000000)>>24\
                        |(((1)&0xFF00)<<8
                        |(((1)&0xFF0000)>>8))
```

Die Makros können in folgender Form verwendet werden
(am Beispiel der 2 Byte Binärzahlen-Konvertierung):

```
zahl_intel = SSWAP(zahl_host);
```

oder umgekehrt:

```
zahl_host = SSWAP(zahl_intel);
```

Diese Makros nutzen die schnellsten CPU-Operationen Bit
shift, Bit end, Bit or und Maskierung.

4.2.4.9 Finite State Machine

Ereignisorientierung und -steuerung: Grundsätze für den Design von Client/Server-Systemen

Client/Server-Lösungen sind Softwaresysteme, die ereignisorientiert reagieren und entwickelt werden. Die Ereignisorientierung spielt nicht nur bei der Entwicklung von Benutzeroberflächen eine große Rolle, sondern auch überall dort, wo kommuniziert und in der Folge auf diese Kommunikation reagiert werden muß. Da die Ereignisorientierung unseres Erachtens bei der Entwicklung von Client/Server-Lösungen eine große Rolle spielt, werden wir in diesem Kapitel auf eine mögliche Form der Implementation der Finite State Machine (FSM) detaillierter eingehen.

Alle im TRIAS unter den Teilsystemen APPC, Belichter-Auftragssteuerung und PC/SQL-Schnittstelle laufenden Programme arbeiten nach dem Prinzip der Finite State Machine. Die FSM ist ein endlicher Automat. Ein endlicher Automat ist ein mathematisches Modell (näheres hierzu siehe z.B. Hopcroft & Ullmann 1989) eines Systems mit diskreten Ein- und Ausgaben. Das System befindet sich in einem aus einer endlichen Anzahl von internen *Zuständen*.

Jedes Client/Server-System und jedes auf Kommunikation basierende System, dazu gehören insbesondere die, die eine Interaktion mit dem Benutzer steuern, verhalten sich wie endliche Automaten. Die bekanntesten Vertreter sind die auf den Mainframes verfügbaren TP-Monitore (z.B. UTM, CICS).

Solche Systeme basieren auf komplexen und ausgefeilten Steuerungssystemen, die in Konzeption und Realisierung hohe Anforderungen an das Software-Engineering stellen. Die hier vorgestellte FSM ist hierfür ein komfortables Instrument, das von der Konzeption über die Realisierung durchgängig und konsistent verwendet werden kann.

Eine FSM läßt sich mit Zustands-Übergangs-Diagrammen (engl. State transition diagram (STD)) grafisch beschreiben, somit dokumentieren und auf deren Basis realisieren. In der Abbildung 4.26 ist ein einfaches Zustands-Übergangs-Diagramm dargestellt. Es besteht aus drei Komponenten: Dem Zustandssymbol (Kreis) inklusive einer Zustandsbeschreibung, das eintretende Ereignis (Event) und die aufgrund eines bestimmten Ereignisses auszuführende Funktion, die die Zustandsänderung (Pfeil) bewirkt.

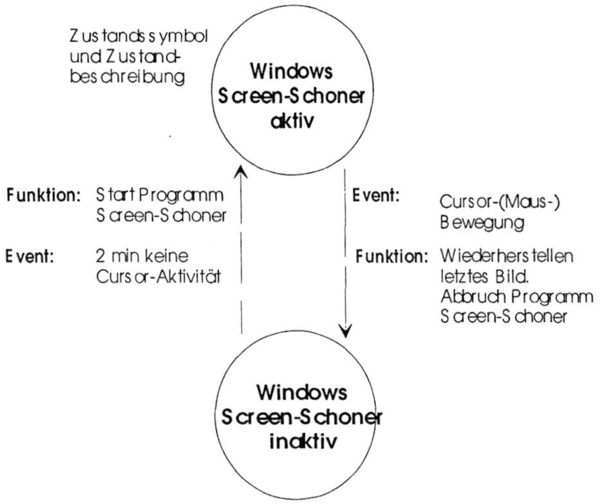

Abb. 4.26:
Zustands-Übergangs-Diagramme, Grundlage für die Dokumentation endlicher Automaten

Dieses einfache didaktische Beispiel darf nun allerdings nicht dazu führen, daß die Komplexität von Client/Server-Systemen unterschätzt wird. In der Abbildung 4.27 wird die Kommunikation über verschiedene Schichten mit Hilfe der vorgestellten Darstellungstechnik erläutert. In jeder Schicht können das System bzw. die sich darin befindlichen Applikationen, aufgrund eines Events ihren Zustand verändern. Die Zustandsänderungen können sich in ihren Auswirkungen auf ihre Schicht beschränken oder wie im Falle einer Kommunikation (z.B. Datenbankabfrage), in Form von Events auf andere Schichten übergreifen.

Das in der Abbildung 4.27 schematisch dargestellte Client-System weist drei Schichten auf, die Applikationsschicht mit den applikatorischen Funktionen, die Interface-Schicht, die in unserem Beispiel die Daten segmentiert und in das benötigte Protokoll umsetzt sowie die Kommunikationsschicht, die für die Kommunikation mit dem Server verantwortlich ist.

Zu Beginn befindet sich das System im Zustand A1 (System wartet auf Dateneingabe), in unserem Beispiel könnte es sich hierbei z.B. um ein Window handeln, in dem die für eine Datenbankabfrage notwendigen Abfrage-

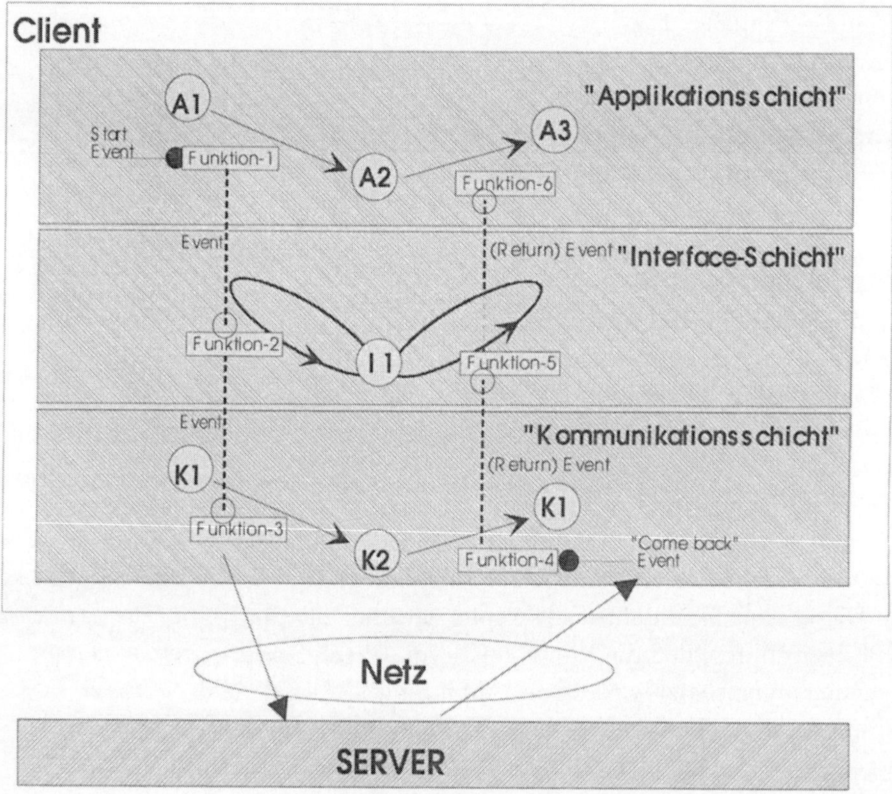

kriterien eingeben werden. Die Freigabe der eingebenen Werte ist für unser System das Start-Event. Es wird die Funktion 1 ausgeführt, die die Daten für die Abfrage aufbereitet und die Datenbankabfrage startet. Die korrekte Ausführung dieser Funktion hat zwei Effekte: Erstens findet auf der Ebene der Applikationsschicht ein Zustandswechsel von A1 auf A2 (Wartet auf Ergebnisse der Datenbankabfrage) statt. Zweitens ist die Ausführung der Funktion 1 ein Event für die Interface-Schicht, die sich im Zustand I1

(Wartet auf Request) befindet. Das Event führt zur Aktivierung der Funktion 2, die die Daten segmentiert, das benötigte Protokoll erstellt und die Daten blockweise an die Kommunikationsschicht übergibt.

Diese Übergabe ist ein Event für die Kommunikationsschicht, die sich im Zustand K1 (keine Verbindung zum Server) befindet. Das Event löst die Funktion 3 aus, die die Verbindung zum Server aufbaut und die Daten überträgt. Nach korrektem Abschluß dieser Funktion geht der Zustand von K1 in K2 (Verbindung zum Server, wartet auf Antwort) über.

Zwischenzeitlich hat der Benutzer bereits das Window gewechselt. Eventuell hat er sogar das gleiche Abfrage-Window noch einmal aktiviert, um eine andere Datenbankabfrage zu tätigen. In diesem Falle würde der bereits beschriebene Vorgang noch einmal parallel durchgeführt.

Die Rückmeldung vom Server ist für unser Client-System das Event, das die Funktion 4 aktiviert. Die Funktion 4 führt die Datenübernahme durch und ist für den Verbindungsabbau verantwortlich. Das System geht vom Zustand K2 wieder in den Zustand K1 (Keine Verbindung zum Server) über.

Die korrekte Ausführung der Funktion 4 ist das Event für die Interface-Schicht und aktiviert dort die Funktion 5, die die Daten blockweise übernimmt, desegmentiert und in das applikatorische Protokoll umsetzt. Die erfolgreiche Ausführung dieser Funktion startet als Event die Funktion 6, die die Daten aufbereitet und präsentiert. Das System geht vom Zustand A2 in den Zustand A3 (Präsentation der Daten) über. Der Benutzer sieht jetzt die Ergebnisse seiner Datenbankabfrage.

Das folgende Beispiel (Abb. 4.28) zeigt eine wesentlich komplexeres Zustandsdiagramm. Es handelt sich hierbei um den im Kapitel Client/Server-Kommunikation beschriebenen Master, der auf dieser Basis realisiert und implementiert wurde.

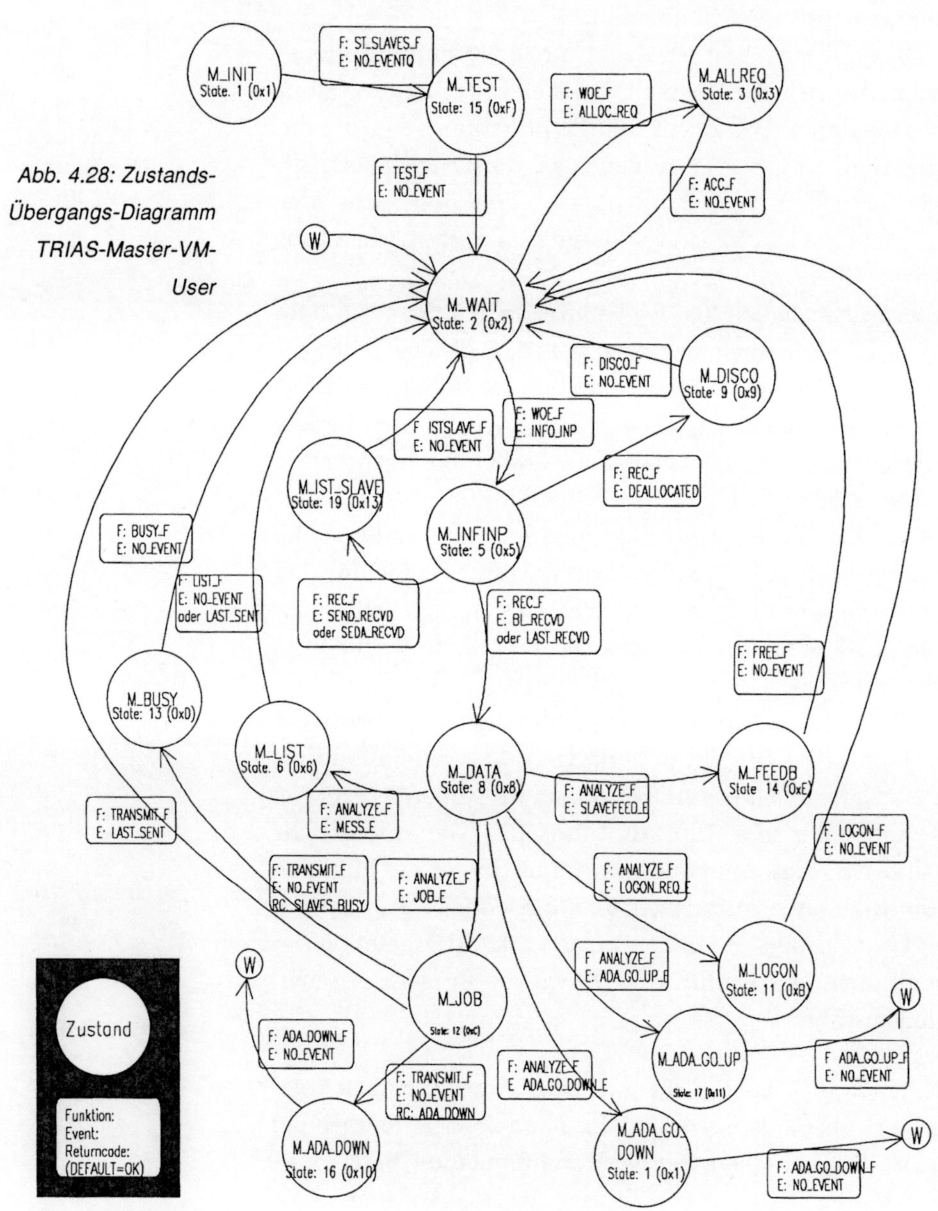

Abb. 4.28: Zustands-Übergangs-Diagramm TRIAS-Master-VM-User

Realisierung der FSM

Die FSM hat die Aufgabe, den Programmablauf zu steuern, d.h. sie führt die Funktionen in der vorgegebenen Reihenfolge aus. Das „Programm" der FSM besteht aus den Operationen InitFSM (diese Funktion initialisiert die FSM) und ExecFSM (Ausführung der FSM) sowie aus zwei Tabellen, die ihr beim Aufruf von InitFSM übergeben werden. Es handelt sich um die sogenannte Zustands- und Funktionstabelle.

Die Zustandstabelle besteht aus einem Array von StateTable-Elementen und hat die Aufgabe, nach dem Ausführen einer Funktion den nächsten Zustand zu bestimmen.

Die FSM steuert den Aufruf der einzelnen Funktionen

rc	state	func	event	newState
0	Reset	TP_STARTED	START	Init
0	Init	ALLOCATE	START	Send

Tabelle 4.5: Typische Tabellenwerte der Zustandstabelle

```
typedef struct
{

ULONG rc;          /* Return Code Funktion */
UCHAR state;       /* Zustand vor Ausführen Funk */
UCHAR func;/* Index der ausgeführten Funk */
UCHAR event;       /* Rückgabewert der Funktion */
UCHAR newState;/* => nächster Zustand*/

} StateTable;


  #define STATE_SIZE sizeof(StateTable)
                /* Größe Eintrag in StateTable*/
```

Die Funktionstabelle besteht aus einem Array von FuncTable-Elementen und hat die Aufgabe zu bestimmen, welche Funktion als nächstes auszuführen ist. Mit dem Steuerparameter wird festgelegt, wie untergeordnete Schichten die dort verfügbaren Dienste zu erbringen haben.

layerParm	state	event	newFunc
Block	SEND	START	Send
Block	SEND	READY	Layer_UP

```
typedef struct
{

UCHAR layerParm;/*Steuerparam.(APPC-Layer)*/
UCHAR state;      /* momentaner Zustand */
UCHAR event;      /* letzter erzeugter event */
UCHAR newFunc; /*  ==> nächste Funktion */

} FuncTable;


#define FUNC_SIZE sizeof(FuncTable)
          /* Größe Eintrag Funktions-Tab*/
```

Beide Datentabellen können während des laufenden Betriebs dynamisch verändert bzw. erweitert werden. Die Änderungen werden dabei sofort wirksam.

Die folgende Tabelle ordnet dem Index der Funktion, den vom Runtime-System benötigten Funktionspointer zu.

```
typedef struct
{

UCHAR key; /* Index der Funktion */
ULONG (*funcPtr)();
   /* Funktionspointer vom Runtimes System */
CHAR id[7]; /* 6 Zeichen für Kurzinfo */
CHAR *txt; /* langer  Informationsstring */

} FuncInfo;


#define FUNC_INFO_SIZE sizeof(FuncInfo}
               /* Größe Eintrag FuncInfo */
```

Die Zustandstabelle (StateTable) und die Funktionstabelle (FuncTable) sind als Datenstruktur je Schicht und je aktiver Kommunikationsverbindung vorhanden und sind deshalb direkt in der Datenstruktur der FSM plaziert. Die Tabellengrößen stehen in stateTabSize und funcTabSize. Die Informationstabellen sind über info zu erreichen. Die restlichen Felder enthalten den aktuellen Zustand der FSM.

Datenstruktur der FSM:

```
typedef struct
{

StateTable *stateTab; /* Bestimmt nächsten Zustand */
USHORT stateTabSize; /* Anzahl Einträge stateTab */
FuncTable *funcTab; /* Bestimmt nächste Funktion */
USHORT funcTabSize; /* Anzahl Einträge funcTab */
InfoTable *info; /* Informationstabellen */
UCHAR layerParm; /* aktueller Steuer-Parameter */
UCHAR state; /* aktueller Zustand */
UCHAR func; /* Index der aktuellen Funktion */
UCHAR event; /* aktueller Event */
ULONG rc; /* letzter return code*/
UCHAR oldevent; /* letzter Event */
UCHAR ende; /* Flag für Beenden der FSM */

} FSM;
```

Die FSM basiert auf einem einfachen Algorithmus, der die
Reihenfolge der Aufrufe von Prozeduren in einem Programm steuert. Der FSM wird beim Aufruf von InitFSM die
Zustands- und Funktionstabelle übergeben, in der die
Steuerung bzw. die Reihenfolge der Funktionen abgebildet
ist. Diese Tabellen werden beim Aufruf von InitFSM
sortiert, damit darin später binär gesucht werden kann.

Der Aufruf von ExecFSM startet die FSM, die in Form
einer Endlosschleife, Funktion für Funktion ausführt, bis
der angestrebte Endzustand erreicht wurde. Die FSM führt
eine Programmfunktion aus, dann entscheidet sie aufgrund
des Return-Codes und des eingetroffenen Events (ein von
jeder Funktion generierter Rückgabewert kann als positiver
RC betrachtet werden), in welchem neuem Zustand sie sich
befindet.

Danach entscheidet sie aufgrund eines Steuer-
parameters, des gegenwärtigen Zustands sowie des zuletzt
eingetroffenen Events, welche Funktion sie als nächstes
auszuführen hat. Diese Verarbeitung wird fortgesetzt, bis
ein Fehler auftritt (kein Zustand oder keine Funktion für
eine bestimmte Konstellation definiert) oder bis eine
Funktion das Flag fsm → ende setzt und damit anzeigt, daß
die Verarbeitung zu Ende ist.

ExecFSM geht in eine Endlosschleife, die folgendermaßen aussieht:

```
for(;;)
{

    bestimme nächste Funktion
            // aus Funktionstabelle aufgrund
            // Steuerparameter, event, state
    Führe diese Funktion aus
    if      (Ende-Flag gesetzt)
            exit
    bestimme nächsten Zustand
            // aus Zustandstabelle aufgrund
            // State, Funktion, event, rc

}
```

4.2.4.10   Software Distribution Management

*Software Distribution
Management eine zen-
trale Anforderung bei
verteilten Lösungen*

Von Anfang an lagen genügend Erkenntnisse vor, die die Entwicklung eines datenbankunterstützten Software Distribution Management System erforderlich machten. Zum Einen gehören dazu die Forderungen des Benutzers, auch ohne Netzverbindung (LAN, Server) weiterarbeiten zu können, und bei Bedarf an jedem beliebigen PC in der gewohnten Arbeitsumgebung begonnene Arbeiten fortzusetzen. Zum Anderen war aus der Projektplanung in Etappen und den klar zu erwartenden Betriebssystemwechseln die automatisierte Versionsverwaltung und Software-Verteilung ein wesentlicher Faktor, um Sicherheit und Zuverlässigkeit des Systems zu gewähren.

*In TRIAS werden über
1000 Files über das
Software Distribution
Management System
verwaltet und verteilt*

Beim Start des Systems wird nach Aufbau der Serververbindung zum Host der Versions- und Release-Stand der auf dem PC installierten Software und der allenfalls möglichen Software überprüft. Da das gesamte System aus mehr als 1000 Dateien – EXE-, DLL-, CMD-Files, Parameterfiles, Screen-Beschreibungen, etc. – besteht, wurde eine effiziente Tabellensteuerung entworfen, die mit einer hierarchischen Struktur die Änderung in einzelnen Subsystemen mit minimalen und sehr einfachen Datenbankabfragen kennzeichnet. Bei neueren Versionen der Basissoftware wird diese automatisch vom Datenbankserver geladen und falls erforderlich neu initialisiert.

Allgemein sollte man bei der Entwicklung von Windows-Applikationen das Volumen der entstehenden Files nicht unterschätzen und sich frühzeitig Gedanken über deren Verwaltung (Versionen!) machen.

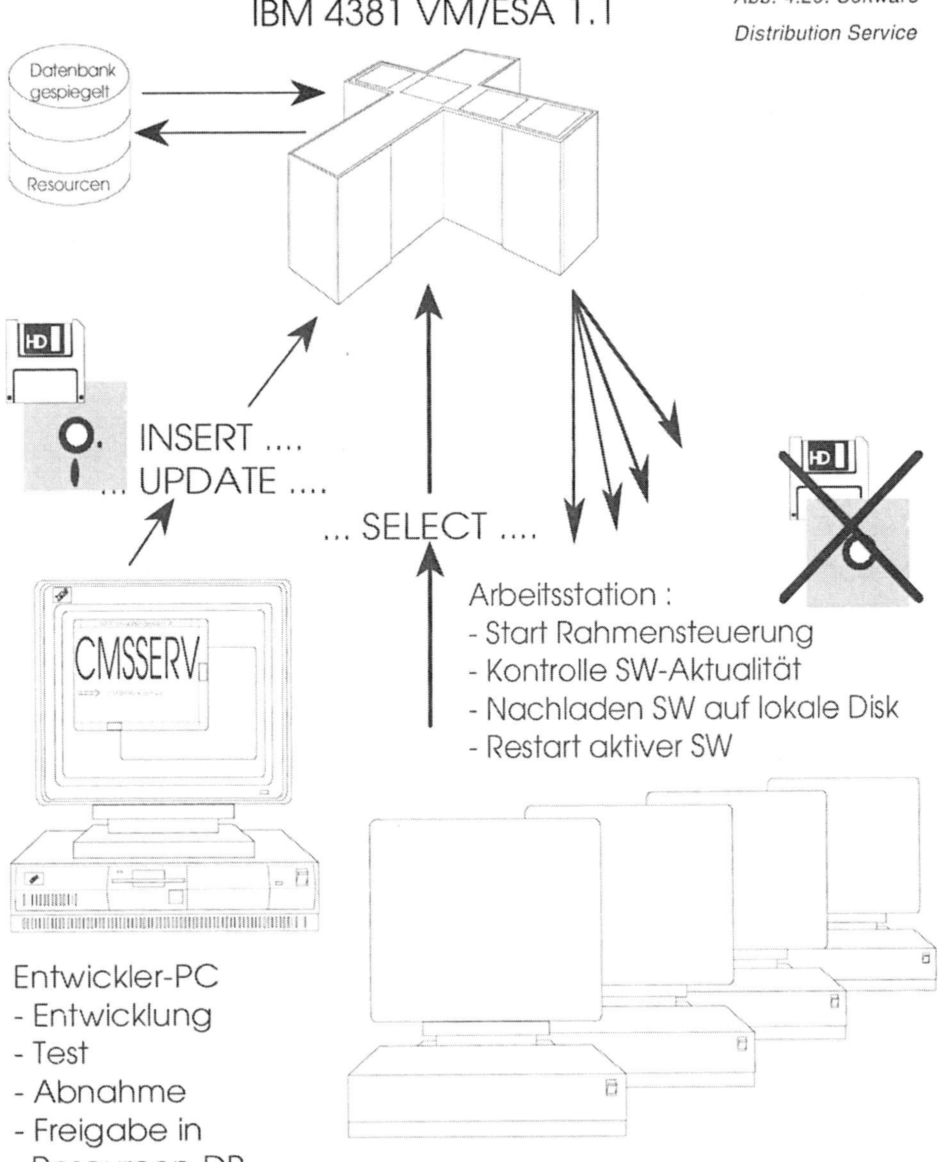

Abb. 4.29: Software Distribution Service

Software Distribution
am Beispiel der Um-
stellung von SRPI auf
APPC

Diese automatische Software-Verteilung (Abb. 4.29) beinhaltet nicht nur den applikatorischen Teil, sondern ebenso die Rahmensteuerung, das Software Distribution-Programm selbst und alle Datenbank-Client-Komponenten wie SQL-Interface und Netzprotokolle.

Um einen Einblick in die Mächtigkeit dieses Instruments zu geben, wird der Wechsel des Kommunikationsprotokolls von SRPI auf APPC dargestellt. In einer dynamisch pflegbaren Tabelle wird definiert, auf welchen Arbeitsstationen der Wechsel erfolgt. Zunächst wird die erforderliche neue Software geladen. Im zweiten Schritt werden die für jeden PC individuellen LU6.2 Definitionen für den OS/2 Communications Manager generiert. Da Definitionen auf Token-Ring-Adapterebene erst beim nächsten OS/2 Boot wirksam werden, wird für diese Session noch mit dem alten Protokoll gearbeitet. Beim nächsten Boot wird die auf LU6.2 basierende Kommunikationssoftware aktiv, die alten Komponenten werden deaktiviert. Das Zusammenspiel aller Komponenten und der korrekte Ablauf wird über Tabellen gesteuert.

Software Distribution
Management ein
generelles Thema

Das Software Distribution Management ist sowohl in typischen Client/Server-Umgebungen als auch in herkömmlichen PC-Netzwerken ein Thema, das zunehmend die Abteilungen für die Systemverwaltung dezentraler Systeme (Benutzerservice, IC) intensiv beschäftigt.

Der Einsatz leistungsfähiger File-Server kann zunächst die Notwendigkeit eines Software Distribution Management auf Software-Basis einschränken. Für größere Institutionen ergibt sich jedoch sehr schnell die Notwendigkeit, nicht nur einen File-Server sondern teilweise mehrere hundert File-Server zu betreiben und zu verwalten. Weitere Einflußfaktoren, die ein Software Distribution Management erfordern, ergeben sich aus der geographischen Verteilung und der damit verbundenen Nutzung öffentlicher Netzwerke.

Letztlich sprechen auch Verfügbarkeitsbetrachtungen dafür, Software in zunehmenden Maße lokal auf der jeweiligen Arbeitsstation zu installieren, um einerseits einem für den Anwender kritischen Server-Ausfall zu begegnen und um anderseits die Netzleistung für die Interaktion zwischen Client und Server- bzw. für den Einsatz von Workgroup-Software freizubekommen.

4.2.4.11 Remote Trace & Monitoring

Innerhalb großer Applikationen ist die Analyse von Programmfehlern, fehlerhaften Abläufen oder für den Benutzer nicht erklärbaren Systemreaktionen eine zeit- und kostenaufwendige Aufgabe. Ausgehend von den typischen Benutzerreaktionen wie „Mein PC funktioniert nicht" wurde zunächst ein klares Naming-Konzept entwickelt, das für alle Beteiligten eindeutig erkennbar am PC in Form eines Identifikationsschilds abgebildet wird.

Im Client/Server-Umfeld steigt die Anzahl der potentiellen Fehlerquellen

Alle damit in Zusammenhang stehenden Namen bzw. Nummern – LU, PU, Adapter-Adresse, interne User-ID – lassen sich aus dieser eindeutigen Nummer mit einfachen Algorithmen ableiten. Damit können Entwickler, Netzwerküberwacher, Operating- und DB-Administrator aufgetretene Problemfälle identifizieren und dem Verursacher zuordnen.

Die sowohl in klassischen Großrechner-, wie auch in entsprechenden UNIX-, PC- oder Client/Server-Umgebungen hinreichend bekannten Verfahren und Tools zur applikationsneutralen Kontrolle und Überwachung werden hier nicht näher beschrieben. Aus Sicht der Software-Entwicklung hingegen bestehen in aller Regel große Einschränkungen in der applikatorischen Analyseunterstützung. Für PC-Applikationen typisch ist, daß sogenannte CodeViewer bzw. Debugger nicht dynamisch und nur mit extrem hohem Aufwand remote aktiviert werden können.

Durch eine nicht selten anzutreffende Konstellation – geographische Trennung zwischen Software-Entwicklung und Benutzer – entstand zudem die Anforderung, ohne die Möglichkeit vor Ort am PC zu sein, remote eine wirksame Systemüberwachung bei Fehlerfällen durchzuführen.

Ein notwendiges Werkzeug für den Benutzer-Service und für die Fehlersuche

Um eine applikatorische Überwachung zu ermöglichen, wurde das *Remote Trace & Monitoring* (Abb. 4.30) entwickelt. Ohne meßbaren CPU-Aufwand – geeignet für alle nicht Mission kritischen Applikationen – wird permanent eine dynamische Bitleiste mit Traceflags überprüft. Über die vorhandenen Kommunikationsprotokolle kann jeder berechtigte PC-Benutzer diese Bitleiste des zu analysierenden PC dynamisch verändern. Neben zusätzlichen Trace-Meldungen, die in aller Regel während des White-Box-Test entstehen, werden alle für den Fehlerfall vorgesehenen Meldungen genutzt, die dann mit klar erkennbarem Returncode OK den dynamischen Programmablauf dokumentieren.

Voraussetzung für eine derartige einfache und gleichzeitig äußerst effiziente Analyse ist die Bereitstellung eines für alle beteiligten Applikationen einsetzbaren Meldungsmoduls, das mit möglichst wenig Zusatzaufwand für den Softwareentwickler automatisch Programm-Name, Funktion, Version, Release und letzten Änderungsstand in die Meldungen integriert und gleichzeitig die Fehlermeldungen an zentralen Orten ablegt. Bei Multitasking-Umgebungen sind zudem die Zugriffe auf die Meldungs- und Protokolldatei zwischen den einzelnen Prozessen zu synchronisieren bzw. zu queuen.

4.2.4.12 C als plattformübergreifende Sprache

C auf dem Mainframe und auf den Clients vereinfacht die Portierbarkeit von bestimmten Applikationsteilen

Der große Vorteil von C auf dem Großrechner ist der lineare Memory-Bereich. In UNIX-Umgebungen und mit OS/2 2.x ist dies ebenfalls kein Thema. Anders hingegen verhält es sich mit typischen DOS, Windows und OS/2 1.x Applikationen. C ist in diesem Projekt auch für die Mainframe-Applikationen verwendet worden, da die Hostapplikationen wie beispielsweise die Umsetzung von SQL in die für ADABAS spezifischen Directcalls typische C-Eigenschaften nutzen kann. Ein weiterer Punkt ist, daß ein relativ hoher Anteil an Basisfunktionen damit 1:1 in der OS/2 und Hostumgebung eingesetzt werden konnten.

Die für das Projekt maßgebliche Implementation der Finite State Machine steht damit ebenfalls in beiden Umgebungen zur Verfügung. Eine eher satztypische

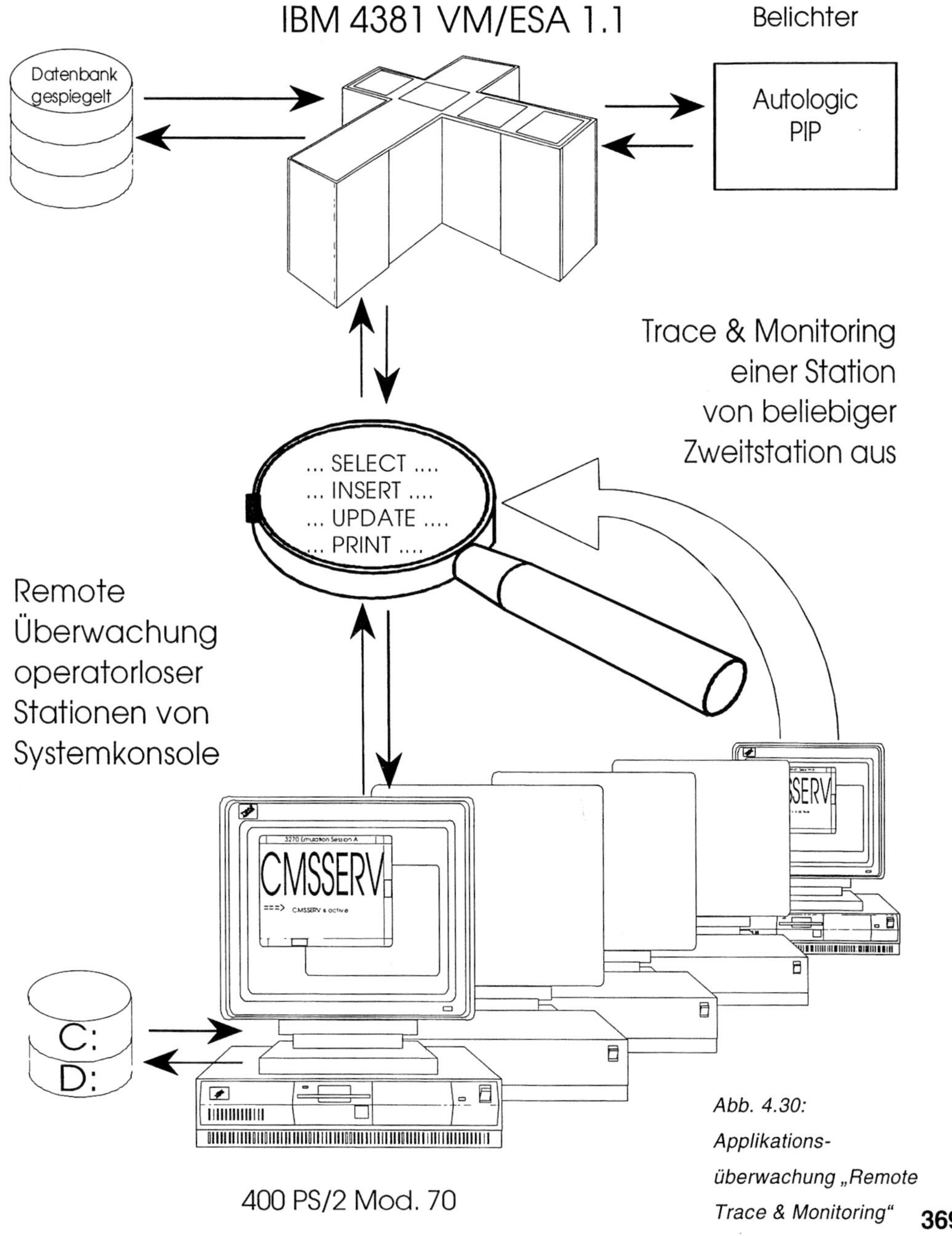

Abb. 4.30:
Applikations-
überwachung „Remote
Trace & Monitoring"

Applikation, das Postscript-Outputmodul wird mit den identischen Sourcen sowohl unter OS/2 2.x, VM/ESA und Prime eingesetzt.

Zunächst gibt es jedoch diverse Herausforderungen mit C auf dem Großrechner. Für den Filetransfer von C-Source-Files wird eine C-spezifische Codekonvertierung benötigt. Die Sonderzeichen wie { } [ ] ! müssen mit einer eigens für C eingerichteten ASCII-EBCDIC-Konvertierungstabelle konvertiert werden. Für die Bildschirmdarstellung sind entsprechende Mapping-Tabellen erforderlich, die eine lesbare Darstellung ermöglichen. Die im Host verfügbaren Editoren und LowLevel Betriebssystemfunktionen bieten hier jedoch einen ausgezeichneten Support.

Unterschiede zwischen C auf dem Host und auf den Clients

> Nicht nur für den Großrechner ungewohnte Zeichen, wie {}, sondern auch typische Zeichen wie ! müssen speziell konvertiert werden, da der für den C-Compiler benötigte interne Code nicht dem EBCDIC-Code entspricht.

Schwierigkeiten ergeben sich hier jedoch daraus, daß die entsprechenden Manuals dieses Thema nicht kennen. Da sich die Entwickler der Host Compiler dieser Probleme durchaus bewußt waren, sind besondere Zeichendarstellungen vorgesehen, eine geschweifte Klammer auf { läßt sich Äquivalent auch mit ??(darstellen. Die Lesbarkeit und Portierbarkeit leidet hier darunter, andererseits können dann zumindest lesbare Listings mit Hostdruckern erzeugt werden.

Die Manuals kennen diese Problemstellung nicht

Insgesamt empfiehlt sich jedoch, für die Hostsession eine OS/2 bzw. Windows-Emulation zu verwenden, sowohl wegen des am Bildschirm darstellbaren Zeichensatzes als auch wegen den über die Tastatur direkt verfügbaren Zeichen. Der Ausdruck der Listings empfiehlt sich wiederum über die PC-Umgebung.

Eine weitere sicher nicht hostspezifische Eigenart von C sind die in jeder Umgebung unterschiedlichen Systemlibraries. Für eine Anzahl Basisfunktionen besteht eine Standardisierung. Dennoch sind die meisten Systemcalls, auch solche, die in der *stdlib.h* oder *stdio.h* definiert sind, portabel nur mit umgebungsabhängigen *#ifdef* erstellbar.

Eigenart von C: In jeder Umgebung unterschiedliche Systemlibraries

Ganz typisch sind hier bereits Stream I/O und derartige Funktionen.

Auf dem PC wird die Portierung von C-Code vom 16-bit zum 32-bit Compiler (des gleichen Herstellers IBM notabene) dadurch unmöglich gemacht, daß in keinem Library-Modell (ANSI, SAA, Migration) der gesamte Satz der C-Standardfunktionen verfügbar ist.

Erkenntnis: C ist nicht gleich C

4.2.4.13 Make-Utility für VM/ESA

Die Entwicklung von Applikationen unter C, führen oft schnell zu einer großen Anzahl von C-Files, die untereinander z.T. komplizierte Abhängigkeiten aufweisen bzw. zu bestimmten System-Bibliotheken in Beziehung stehen. In einer C-Umgebung ist es möglich diese Abhängigkeiten in einem sogenannten Makefile abzubilden. Wird nun ein C-Programm geändert und in der Folge neu compiliert, muß es mit allen Dateien, die von ihm abhängen, neu verbunden werden. Das make-Kommando untersucht nach seinem Aufruf, ob eine Datei des angegebenen Makefiles seit dem letzten Aufruf modifiziert wurde. Ist dies der Fall, wird das entsprechende C-File und alle von ihm abhängigen, neu compiliert und neue ausführbare Programme erzeugt.

Um den mit der Programmentwicklung in UNIX/Windows oder DOS-Umgebungen vertrauten Leser eine Größenordnung für die unter VM/ESA entwickelten Applikationen zu geben, folgen einige Kennzahlen:

Über 550 C-Files für die Applikationen auf dem Server

- ca. 50 C-Files für die APPC-Lösung
- ca. 70 C-Files für DB-Zugriffe
- ca. 100 C-Files für die Belichtersteuerung
- ca. 300 C Files für Generierung von Postscript-Code (Output-Modul)

An diesen Zahlen ist erkennbar, daß diese hohe Anzahl von Files, effizient nur durch ein Make handhabbar ist. Software-Entwickler schätzen die Benutzung von Make-Files, die inzwischen von Workframe und vergleichbaren Tools noch einmal eine deutliche Aufwertung erhalten haben. In klassischen Großrechnerumgebungen sind diese Tools zur Productivity-Steigerung im Entwicklungsbereich noch wenig verbreitet.

Um diesen gravierenden Mangel zu beseitigen, wurde für das TRIAS-Projekt ein portierbares Make-Utility entwickelt, das mit REXX und dem C-Precompiler auch hohe Ansprüche an Effizienz und Komfort erfüllt.

Kombiniert mit diesem Make wurde ein Tool, daß das Make-File hinsichtlich aller verwendeten Files analysiert, Target-Files wie Runtime-Module und Object-Files filtert, und daraus ein Filetransfer-Command erzeugt. Somit können jederzeit reproduzierbare Down- und Uploads der erforderlichen Sourcen, Parameterfiles, Testprotokolle etc. erzeugt werden. Wesentlicher Einsatzbereich hier war die Dokumentation der im Host verwendeten Sourcen mit einer nur in der PC-Plattform verfügbaren Dokumentations-Software.

Das entwickelte VM/ESA-Make-Tool nutzt einerseits den C-Precompiler, um die für Make-Files typischen Variablen-Definitionen zu interpretieren, jede Variable läßt sich mit allen von C bekannten Preprozessor-Anweisungen #define, #ifdef etc. darstellen. Gleichzeitig erfolgt eine erste Syntaxprüfung. Die eigentliche Interpretation des vom C Precompiler generierten Outputs erfolgt nun über REXX. REXX ist die in allen SAA Plattformen verfügbare Command-Interpretersprache, die jegliche Systemcalls zuläßt. Eine weitere sehr effiziente Eigenschaft der Programmiersprache REXX ist, daß jegliche REXX-Anweisungen dynamisch interpretiert werden können. Und genau diese Eigenschaft wird zur Abarbeitung des Make-Files genutzt. Damit bestehen wiederum Möglichkeiten komplexere Anweisungen als REXX-Funktionen zu definieren.

4.2.4.14 Integration von Windows-Applikationen mit Gpf 2.0

Mit der Einführung der Drucker-Seitenbeschreibungssprache Postscript in TRIAS entstand das Bedürfnis, das Riesenspektrum existierender Windows-Applikationen mit Postscript Ausgabefähigkeiten dem Benutzer zur Verfügung zu stellen. Im Printmedien-Bereich sind Desktop-

Publishing-Programme, Bildverarbeitungsprogramme und Grafikpakete mit hohem Qualitätsstandard erhältlich.

Diese Programme arbeiten im sogenannten „real mode" in einer OS/2 DOS-Emulationssession unter Windows 3.1, der DOS-Box WINOS2.

Problemstellung:

- Die Schnittstelle soll als Presentation Manager Applikation realisiert werden.
- Es soll dem TRIAS-Benutzer ein Menuepunkt zum Aufruf der Windows-Programme zur Verfügung gestellt werden.
- Zusätzlich soll eine in der DOS-Box auslösbare Funktion zur Erfassung von Verwaltungsdaten für die TRIAS-Datenbank mit anschließender Exportfunktion der erzeugten Encapsulated Postscript (EPS) Dateien in die TRIAS-DB bestehen.

Lösung:

- Die Windows Programm Integration (WPI) wurde mit Hilfe der GUI Programming Facility Gpf 2.0 von Gpf Systems Incorporation als PM Applikation realisiert.

- Der Aufruf wie die Installation von WPI konnte dank der vollständigen Parametrisierung der TRIAS Rahmensteuerung ohne Recompilation derselben durch einfaches Hinzufügen einer weiteren Applikation in das sogenannte TRIAS-Profil sowie durch die Erteilung von Berechtigungen durch den TRIAS-Administrator dem Anwender zur Verfügung gestellt werden.

  Nach Start des WPI-Programms kann der Anwender direkt, d.h. ohne Start einer Windows-Standardapplikation, Postscript-Dateien in die TRIAS-Datenbank exportieren oder in eine WINOS2 Box mit den lokal vorhandenen lizenzierten und nicht durch das Software

Distribution System verteilten Grafik- oder DTP-Applikationen wechseln.

- Die Auslösung der Exportfunktion von WPI durch eine Windows-Standardapplikation geschieht durch das Abspeichern einer Postscript-Datei (EPS-Format) in ein durch WPI definiertes Arbeitsverzeichnis. WPI (als asynchron laufende OS/2 Applikation) prüft im Sekundenabstand dieses Verzeichnis auf neu auftauchende Dateien und wechselt sodann den Screen-Focus zu OS/2 WPI Erfassung der notwendigen Verwaltungsdaten für Insert/Update in die TRIAS Datenbank.

WPI ist beliebig ausbaubar, so wurden schon Utilities zur Erzeugung von Listen bestehender Postscript-Dateien sowie zur Änderung von bestehenden Verwaltungsdaten eingebaut.

Die Client/Server-Struktur von TRIAS vereinfacht das Einklinken von Applikationen wie der beschriebenen enorm; es kann an jeder Stelle der Schnittstellenkaskade (unter Berücksichtigung der Struktur der Übergabeparameter) ein Werkzeug integriert werden.

Ändern sich die Schnittstellen (z.B. Wechsel SRPI zu APPC oder VM zu UNIX) ist bei gleichbleibenden Parametern die Applikation ohne Änderung übernehmbar !

Einfache Werkzeug-Integration aufgrund der Client/Server-Struktur

4.2.5 Kosten/ Nutzen-Betrachtungen im TRIAS-Projekt

Zu Projektbeginn stand die TA-Media AG vor der Alternative, die gesamte Entwicklung auf einer Standardplattform durchzuführen oder eine proprietäre Hard- und Softwarelösung, spezialisiert auf die Druckvorstufe, zu beschaffen. Der große Nutzen bis hin zu den strategischen Perspektiven der realisierten Lösung ist darin zu sehen, daß eine für das gesamte Unternehmen mustergültige Infrastruktur geschaffen wurde.

Im direkten Vergleich der Varianten: reines PC-Netz (eine reine PC-Lösung ist in dieser Größenordnung des

Gesamtsystems auch heute technologisch nicht realisierbar), reine Host-Lösung sowie Client/Server-Lösung, stellt das realisierte und hier vorgestellte Konzept die flexibelste und damit kostengünstigste Lösung dar.

Aus verständlichen Gründen können hier nicht alle internen Zahlen zur Kosten/Nutzen-Betrachtung im Projekt TRIAS vorgestellt werden. Der Nutzen kann in zwei Kategorien gesehen werden:

- Direkt in Franken angebbare Einsparungen.

- Indirekter Nutzen, der nur schwer in genauen Frankenbeträge umsetzbar ist.

In die erste Kategorie fallen:

- Einsparungen durch die Ablösung des vorherigen Systems und des damit verbundenen Aufwandes.
- Kapazitäts-Einsparungen im Bereich der zentralen Datenerfassung, da durch das neue System die Daten quasi von den Erzeugern direkt ins System eingegeben werden.
- Kapazitäts-Einsparungen im Satzbereich. Hier macht sich der Wechsel vom Blei- über den Licht- zum Computersatz besonders bemerkbar.

Der indirekte Nutzen zeigt sich in

- der Optimierung des Ablaufes Texterstellung – Korrektur – Montage – Belichtung, durch die sofortige Verfügbarkeit für alle und die Weitergabe der Objekte ohne Medienbrüche,
- der automatischen Integration der Agenturmeldungen in die Datenbank und der sofortigen Vorlage (ausdrucken am Arbeitsplatz) beim Redakteur vom Dienst,
- der automatischen Übernahme der Texte externer Redaktionsbüros,
- der Erweiterung des Zeitfensters und der Reaktionsmöglichkeit bezüglich kurzfristiger Integration von aktuellen Nachrichten,

- der Dezentralisierung der benutzerorientierten Tätigkeiten auf weitgehend selbständige Arbeitsstationen,
- der Automatisierung und Rationalisierung des Montageprozesses,
- der hohen Systemverfügbarkeit und Ausfallsicherheit,
- der Möglichkeit, das System im Rahmen von Kooperationen anderen Verlagen zugänglich zu machen,
- der Reduktion des Systembetreuungsaufwandes,
- der zentralen Steuerung und Kontrolle für alle Teile im System,
- der unter gewissen Rahmenbedingungen (LU6.2, SQL) gewährleisteten Offenheit, die die Integration fremder Software-Pakete bzw. spezifischer Hardware ermöglicht.

Kapitel 5

Fragen und Anworten

Die in der Folge aufgelisteten Fragen und Antworten haben wir bei einer Reihe von Vorträgen zum Thema Client/ Server gesammelt. Dabei lag der Schwerpunkt der Fragen mehr im Bereich Personal und Organisation, die Technik interessierte oftmals lediglich am Rande und führte in der Regel nur im Rahmen von individuellen Gesprächen zu weitergehenden Diskussionen.

Dies könnte dahingehend interpretiert werden, daß man sich sicher ist, diesen Technologieschub – rein technisch betrachtet – ebenso verdauen zu können wie frühere. Unsicherheit besteht zweifelsohne in den organisatorischen Auswirkungen der Client/Server-Technologie und in den möglichen Konsequenzen für die Informatikmitarbeiter. Mehrmals spürten wir bei einem Teil unserer Zuhörer auch eine gewisse trotzige Hilflosigkeit. So scheint in einigen Firmen der Druck von Seiten der Anwender in Richtung neuer Technologien sehr hoch zu sein. Die zunehmenden Anforderungen der Anwender, der steigende und durch fahrlässige Aussagen vertriebsorientierter Herstellermitarbeiter verstärkte Druck, in der Informatik billiger zu produzieren und gleichzeitig die Qualität der bestehenden Systeme zu gewährleisten, erscheint uns als der gordische Knoten so manches DV-Managers.

5.1 Personalorientierte Fragen

5.1.1 Was sagen Ihre Anwender zur neuen Technik? Sind sie zufrieden mit der Performance und der Benutzeroberfläche?

Projekt CASH:

Wo wir Performance-Probleme hatten, haben wir sie beseitigt: So waren teilweise 386sx-Rechner als Clients im Einsatz, die bei unserer Client/Server-Architektur (verteilte Funktionalität) einfach unterdimensioniert sind. Inzwischen sind alle Rechner auf 486er Niveau. Vom AIX-Server her sind uns bis jetzt keine Probleme bekannt (über 100 aktive Benutzer im Schnitt), ebensowenig vom Netz. Meine Aussage ist also klar: Der Engpaß ist bei unserer Client/Server-Variante und unserem Mengengerüst der Client.

Projekt TRIAS:

Zu Beginn des Projektes hatten einzelne Journalisten und Redakteure bereits Apple-Rechner im Einsatz. Aufgrund der Erfahrungen mit der Apple-Oberfläche stand das Projekt von dieser Seite her unter einem hohen Erwartungsdruck. Diese Erwartungen konnten in der Folge aufgrund der anderen Philosophie des gewählten GUIs (OS/2 Presentation Manager) nicht voll erfüllt werden. Hier mußte durchaus ein gewisses Verständnis für die technologische Gesamtproblematik bei den Anwendern erarbeitet werden. Aufgrund der gewählten technischen Lösung gibt es in bezug auf die Performance keine Probleme.

5.1.2 Wie kommen Sie mit den unterschiedlichen Skills der Entwickler klar?

Projekt CASH:

Wir haben das Team aufgebaut, das wir haben wollten. Was die eigenen Mitarbeiter anbetrifft, so haben wir durch Schulungsmaßnahmen und „Training on the job" die Qualifikation in Richtung Client/Server-Technik verbessert.

Projekt TRIAS:

In unseren Projekten hatten wir den Vorteil, daß wir uns die Mitarbeiter aussuchen konnten. Die natürlicherweise unterschiedlichen Skills[1] müssen nicht unbedingt, können aber durchaus zu Problemen führen. Positiv in Form von Synergien kann sich ein interdiziplinäres Denken auswirken, was allerdings gewisse Fähigkeiten bei den Teammitgliedern voraussetzt. Dies ist aber nur dann möglich, wenn die soziale Kompetenz und die Teamfähigkeit jedes einzelnen stimmen. Negative Auswirkungen liegen meist in einem falsch verstandenen Spezialistentum, das zu einer Art *information hiding* und – in der Folge – zu einer Abgrenzung innerhalb des Teams führt.

Insbesondere in Projekten, in denen bestehende host-orientierte Komponenten integriert werden müssen (z.B. Host als Datenbankserver), treffen unterschiedliche Entwicklerwelten aufeinander, und zwar sowohl aus technischer wie auch aus *philosophischer* Sicht. Leider fühlen sich heute viele Host-Entwickler durch den Client/Server-Ansatz in ihrer Existenz und/oder in ihrer bisherigen Rolle bedroht. Dies führt manchmal zu einem eher ablehnenden, wenig konstruktiven Verhalten.

Typischerweise werden aufgrund der Vielzahl der einzusetzenden Komponenten und benötigten Fähigkeiten für die Realisierung einer Client/Server-Lösung eine Reihe unterschiedlicher Spezialisten benötigt. Die Sicherstellung

---

[1] Skill = Fachkenntnis, Fachwissen

der Kommunikation und des Teamgeistes ist eine der Schwerpunktaufgaben der Projektleitung. Der Projektleitung kommt somit eine tragende Integrationsrolle zu, die hohe emphatische und motivatorische Fähigkeiten erfordert.

In der Unternehmenspraxis ist es in der Regel so, daß aufgrund fest definierter Organisationsstrukturen oftmals eine Entwicklungsmannschaft fest vorgegeben ist und somit die Möglichkeiten einer flexiblen Team-Bildung rein organisatorisch eingeschränkt ist. Daher liegt es in der Verantwortung des Projektleiters, ob er sich mit einem gegebenen Team an eine Aufgabe heranwagt oder nicht.

5.1.3 Konnten Sie Ihre Entwickler-Mannschaft mit zu den „neuen Ufern" nehmen?

Projekt CASH:

Siehe Frage 5.1.2!

Projekt TRIAS:

Wie bereits bei der vorherigen Frage erwähnt, wurden in unseren Projekten die Teams gezielt zusammengestellt. Gezielt heißt aber auch, daß zunächst eine gewisse Selektion durchgeführt wurde, die sich auf die menschliche Komponente (Teamfähigkeit), die konzeptionellen Fähigkeiten (abstraktes Denken) und auf das spezifische Fachwissen konzentrierten.

Wie bei jedem anderen Innovationszyklus ist es auch bei der Client/Server-Technologie so, daß nicht jeder Mitarbeiter die Fähigkeiten besitzt oder entwickeln kann, die benötigt werden. So liegt es unseres Erachtens in der Verantwortung jedes einzelnen, ob er auf der Strecke bleibt oder nicht. Viele Software-Entwickler sind sich aufgrund ihrer Einstellung oftmals selbst im Weg, da sie entweder bestimmte Entwicklungen nicht wahrnehmen (wollen) und/ oder darauf warten, daß sie jemand (zum Beispiel der Arbeitgeber) zu ihrem Glück zwingt. Oder anders formuliert: Die Richtung zum *neuen Ufer* kann man seiner Entwickler-Mannschaft aufzeigen, schwimmen muß aber jeder selber.

5.1.4 Wie bilde ich meine Entwickler für Client/Server aus? Wie sieht ein Schulungskonzept (Inhalte) aus?

Der Informatikbereich ist durch ungeheuer schnelle Innovationszyklen gekennzeichnet, so daß innerhalb kurzer Zeit neue Produkte auf dem Markt erscheinen bzw. bestehende Produkte sich stetig weiter entwickeln. Der daraus ableitbare Ausbildungsbedarf konnte bisher über den Besuch entsprechender Seminare abgedeckt werden.

Die Ausbildungsplanung für Anwendungsentwickler orientierte sich an der eingesetzten Technologie. Diese ließ sich auf einige wenige Komponenten wie Programmiersprache, DC- und DB-System eingrenzen. Die zu beherrschenden Komponenten und damit das benötigte Know -how waren übersichtlich und mit relativ wenig Aufwand zu erwerben.

Im Client/Server-Umfeld stellt sich die Situation anders dar: Wegen der Vielzahl verschiedener Komponenten wächst der Zwang zur Spezialisierung. Gleichzeitig vergrößert sich die Anzahl der Schnittstellen, von denen man zumindest die Grundlagen kennen muß. Die Produktvielfalt erhöht die Komplexität. Die Kommunikationssteuerung erfordert ein ereignisorientiertes Design und eine ebensolche Realisierung. Die Anzahl der in Analyse, Design und Realisierungsprozeß entstehenden und miteinander in Beziehungen stehenden Objekte und damit die Komplexität wächst erheblich. Dies hat zur Folge, daß der Ausbildungsbedarf, aber auch der Aufwand wächst.

Die Ausbildung – quasi zum Client/Server-Entwickler – in Form von Seminaren ist zumindest heute noch nicht möglich. Denn zum einen gibt es kaum ein Seminarangebot, und wenn es eines gibt, ist es in der Regel auf ein bestimmtes homogenes Produktumfeld ausgerichtet, das selten so im Einsatz ist.

Wo sind nun bei einer Ausbildungsplanung die Schwerpunkte zu setzen?

Einzelne Mitarbeiter werden sich auf bestimmte Bereiche spezialisieren (müssen). Das notwendige *technische Produkt- bzw. Methoden-Know-how* kann sicherlich in Form entsprechender Seminare erworben werden.

Dadurch, daß wegen der Spezialisierung und der Komplexität eine große Anzahl verschiedene Mitarbeiter in einem Client/Server-Projekt zusammenarbeiten müssen, kommt der *sozialen Kompetenz* und der *Teamfähigkeit* eine große Bedeutung zu.

Da parallel die eigentliche klassische Programmierung immer mehr durch den Einsatz von 4GL und Programmgeneratoren vereinfacht wird, verschieben sich die Anforderungen an den Software-Entwickler immer mehr in den konzeptionellen Bereich. Hier ist neben *konzeptionellen Fähigkeiten* auch *abstraktes Denken* gefordert.

Client/Server-Technologie heißt automatisch auch Kommunikation. Kommunikation erfolgt hier nicht mehr wie im Mainframe-Bereich sequentiell, sondern ereignisorientiert. Die Umstellung des ablaufbezogenen, sequentiellen Denkens auf den *ereignisorientierten Ansatz* ist eine wichtige Voraussetzung.

Das Grundthema des Software-Engineering, also das *methodische Vorgehen*, ist eine Basisvoraussetzung für die Realisierung wartbarer komplexer Systeme, wie sie Client/Server-Systeme zweifelsohne sind.

Neue Ausbildungsformen müssen gesucht werden. Diese sollten sich stärker und spezifischer am einzelnen Mitarbeiter ausrichten. Weiterhin ist zu berücksichtigen, daß der hohe Ausbildungsaufwand zukünftig nicht mehr alleine nur durch den Arbeitgeber getragen werden kann.

5.2. Organisatorisch orientierte Fragen

5.2.1 Wie verändert sich die Organisation (Informatik, Fachabteilung)?

Durch den Einsatz der Client/Server-Technologie können bestehende Abläufe optimiert und verändert sowie neue Abläufe geschaffen werden. Werden typische Informatikverantwortlichkeiten (z.B. Benutzersupport) dezentralisiert, hat das zur Folge, daß dies in den Fachabteilungen organisatorisch abgebildet werden muß. Je nach Grad der Dezentralisierung schrumpfen die Verantwortlichkeiten, der Aufgabenumfang und damit auch der Personalbestand des zentralen Informatikbereiches.

Eine nicht zu unterschätzende und organisatorisch zu bewältigende Aufgabenstellung ist das Bestandsmanagement (inkl. Einkauf), das Problemmanagement und die Organisation des Benutzerservice.

Auch verändern sich gewisse Berufsbilder; der klassische Operator wird immer weniger, der typische Anwendungsprogrammierer lediglich noch für die Maintenance der bestehenden Applikationen benötigt. Weiterhin scheint sich immer mehr der Trend durchzusetzen, das konzeptionelle und fachliche Know-how im Unternehmen zu halten, die Realisierung aber entweder extern zu vergeben oder durch den Einsatz von Standard-Software zu reduzieren resp. zu ersetzen.

5.2.2 Was ist zu tun, wenn wir auf Client/Server umstellen wollen?

Zuerst sollte eine klare Zieldefinition erstellt werden: Was soll durch den Einsatz der Client/Server-Technologie erreicht werden? Wo liegt der zu erwartende Nutzen? Ist die Zielsetzung klar, so ist die technische Realisierbarkeit (Architektur, einzusetzende Produkte) zu prüfen und die Kosten zu schätzen.

Vorausgesetzt, daß man sich über die Kosten und den erwarteten Nutzen (auch den materiellen) im klaren ist, sollte man sich bei der Entwicklung einer Client/Server-Strategie und den zu treffenden Maßnahmen an folgenden Schwerpunkten ausrichten:

Informatik-Infrastruktur:

- Welche Rolle spielt die bestehende Infrastruktur im geplanten Client/Server-Umfeld ?
- Welche zusätzlichen Komponenten müssen integriert werden ?
- Welche Produkte, Komponenten aus der bestehenden Umgebung werden aufgegeben ?
- Welche Produkte (Hard- und Software) sind einzusetzen ?
- Wie ist mit der eingesetzten Standard- und Individual-Software zu verfahren? Welche Maßnahmen im Bereich Kommunikation und Vernetzung sind zu berücksichtigen?

Die Betrachtung sollte sich nicht nur auf die Informatik konzentrieren, ein weiterer wesentlicher Schwerpunkt ist der *Arbeitsplatz*:

- Welche Anforderung wird von den einzelnen Arbeitsplatztypen aus an den Einsatz der Client/Server-Technologie gestellt?
- Welche Office-Ware-Produkte sind einzusetzen?
- Werden Mailing-Funktionen benötigt?
- Welche Anforderungen werden an Datensicherheit und -schutz gestellt?
- Ist der Einsatz eines Document Image System vorgesehen?

Die Auswirkungen auf die *Organisation* sind zu definieren, bzw. es ist die Frage zu stellen, ob organisatorische Änderungen geplant sind:

- Ist z.B. auf Basis der Client/Server-Technik ein Dezentralisierungsprozeß zu unterstützen?
- Sind mehrere Rechenzentren zu einem bzw. wenigen zu zentralisieren?
- Gibt es neue Organisationseinheiten (z.B. Benutzerservice)?
- Wie funktioniert der Einkauf von Hard- und Software bei dezentralisierter Verantwortung?
- Welche Auswirkungen hat die Einführung der Client/Server-Technologie auf die Mitarbeiter der Unternehmen?
- Wie sind die Anwender und Informatik-Mitarbeiter auszubilden?
- Wie verändern sich die Berufsbilder in der Informatik?
- Welche Auswirkung hat die Dezentralisierung von Verantwortung für die bisher zentral organisierte Informatik?

Wie Sie sehen, ist diese Frage nicht einfach pauschal durch eine Checkliste ähnlich der für einen Wohnungsumzug zu beantworten. Die hier aufgelisteten Fragen sind nur ein Bruchteil von denen, die zu klären und zu beantworten sind. Sie zeigen aber bereits, daß man sich davor hüten sollte, das Thema Client/Server nur aus der Sicht der Technik anzugehen. Die Einführung der Client/Server-Technologie kann nur durch ein auf das jeweilige Unternehmen zugeschnittenes Stufenkonzept erfolgen, das alle genannten Aspekte berücksichtigt.

5.2.3 Wie überprüfe ich, ob mein Client/Server-Entscheid richtig ist?

Die Entscheidung ist dann richtig, wenn mit hoher Wahrscheinlichkeit ein wirtschaftlicher und/oder strategischer Nutzen für das Unternehmen realisiert werden kann. Wichtig bei einem Entscheid für Client/Server ist, daß man sich über die zu erwartenden Folgen im klaren ist. Dies ist leichter gesagt als getan. Vor allem ist darauf zu achten, daß allen Betroffenen (in erster Linie den Entscheidern), die Folgen der Entscheidung transparent gemacht werden, damit die zwangsläufig folgenden Veränderungen nicht auf Widerstand stoßen.

Auch hier ist es schwierig, einen Kriterienkatalog oder eine Checkliste zu erstellen, aus der eine Entscheidungsgrundlage abzuleiten ist. Prinzipiell sollten für eine Verifizierung eines Client/Server-Entscheids folgende Ergebnistypen vorliegen:

- Eine klare Zieldefinition und eine Beschreibung der zu erreichenden bzw. zu aktivierenden Nutzenpotentiale
- Eine Aufstellung aller unternehmensspezifischen Anforderungen und Rahmenbedingungen sowie deren Auswirkungen
- Eine technische Machbarkeitsstudie (ggf. Definition eines *Pfadfinderprojektes*), bezogen auf die angestrebte Client/Server-Architektur und die eingesetzten Informatikmittel
- Eine Aufstellung der erwarteten und der beabsichtigten organisatorischen Änderungen, sowohl für die Informatik- wie auch für die Fachabteilungen
- Ein Maßnahmenkatalog mit einer groben Aufwands- und Terminplanung.

Für die Erstellung dieser Ergebnistypen kann es durchaus sinnvoll sein, durch den Einbezug eines externen Beraters eine neutrale Sicht zu integrieren, damit die Objektivität der Ergebnisse sichergestellt ist.

5.3 Projektspezifische Fragen

5.3.1 Wie sieht eine Migrationsstrategie aus?

Es stellen sich hier zuerst die Fragen: Wieso migrieren?
Welcher Nutzen bzw. welche zusätzliche Funktionalität soll
durch eine Migration zu einer Client/Server-Architektur erreicht werden? Sind diese Fragen geklärt und liegt damit
ein wirtschaftlich bzw. strategisch vertretbarer Grund für
eine Migration vor, ist der gewählte Architekturtyp (siehe
Kapitel 2.3) für die zu wählende Migrationsstrategie von
Bedeutung: Hierzu können im Prinzip folgende Vorgehensweisen unterschieden werden:

Software-Face-Lifting, als Einstieg in die Client/Server-
Welt: Hier besteht das Bestreben, die Benutzeroberfläche in
eine GUI zu integrieren, im Vordergrund. Diese Variante
entspricht dem Typ der verteilten Präsentation. Für die
bestehende Applikation hat dies keine Auswirkung, es wird
im Prinzip eine zusätzliche neue Benutzeroberfläche
entwickelt. Hier sollte man sich bewußt sein, daß man in
der Folge zwei getrennte Benutzeroberflächen pflegen muß.

Das *1:1-Konzept*: Dieser Variante folgen vor allem
Software-Hersteller, die erfolgreiche Software-Lösungen für
klassische Hostsysteme entwickelt haben und die durch
eine Migration neue Marktsegmente erschließen wollen.
Hier erfolgt quasi eine 1:1 Portierung der Funktionalität
und der Datenbasis (meist von VSAM auf C-ISAM), in eine
meist UNIX-orientierte Umgebung, unter Verwendung
einer relationalen Datenbank und einem zentralistisch aus-
gelegten OLTP. Dabei wird manchmal die Benutzeroberfläche unter Verwendung eines GUI neu entwickelt.

Das *1:N-Konzept*: Im Unterschied zu den Herstellern ist
es in der Unternehmenspraxis typisch, daß bei größeren
Migrations- oder Maintenance-Projekten eine 1:1-Umstel-
lung nicht zu erreichen ist, da hier von anderen Voraussetzungen auszugehen ist.

So ist es in der Regel schwierig, für eine 1:1-Umstellung
die notwendigen Mittel zu beschaffen, da am Ende des

Projektes quasi die gleiche Funktionalität vorliegt und der Nutzen der Migration nicht oder nur schwer nachweisbar ist. Weiterhin kann man in den meisten Unternehmen davon ausgehen, daß, wenn man schon ein System anfaßt, auch gleichzeitig bestehende oder neue (N-fache) Anforderungen zu integrieren sind. Ist dies der Fall, ist zu empfehlen, daß das Projekt nicht als Migrationsprojekt, sondern als komplette Neuentwicklung aufgesetzt wird.

Salami-Taktik: Die Salami-Taktik geht davon aus, daß die Datenbank vorerst auf dem gewohnten (Host)-System bleibt. Soweit es möglich und sinnvoll ist, wird die zu migrierende Applikation quasi in Segmente unterteilt, die sequentiell umgestellt werden. D.h. sukzessiv werden Teile der Funktionalität und der Präsentation migriert. Ist die gesamte Funktionalität und die Präsentation migriert, kann, soweit überhaupt notwendig und sinnvoll, auch die Datenbasis migriert werden.

5.3.2 Wie sieht ein typischer Zeitrahmen für ein Client/Server-Projekt aus ?

Der Aufwand für ein Projekt ist natürlich immer abhängig von der Menge und der Komplexität der zu realisierenden Funktionalität und damit auch der Datenbank und der Benutzeroberfläche. Diese Tatsache ist in der Form des Function Point-Schätzverfahrens für klassische Mainframe-Applikationen abgebildet und in Form von realisierten Projekten ermittelt und nachgewiesen worden. Für Client/ Server-Lösungen fehlen heute noch die Erfahrungen, um einen *Client/Server Function Point* und den entsprechenden Realisierungsaufwand ableiten zu können. Ein typischer Zeitrahmen auf der Basis einer gewissen Funktionalität kann heute, wenn überhaupt, nur in Form von Erfahrungswerten angegeben werden, wobei hier wiederum die verwendete Entwicklungsumgebung zu berücksichtigen ist.

Für die Erstellung des Fachkonzeptes in Form von Daten- und Funktionsmodellen können die bestehenden Erfahrungswerte verwendet werden. Wesentlich mehr Zeitaufwand, da wesentlich komplexer, ist für das Design einzuplanen. Die Realisierung ist in der Folge sehr stark davon abhängig, welche Entwicklungswerkzeuge eingesetzt werden.

Für Client/Server-Projekte gelten natürlich auch die bekannten Software-Engineering-Grundsätze. So gilt auch hier, daß das Projektrisiko um so kleiner ist, je geringer der Projektumfang bzw. die Projektlaufzeit ist.

5.3.3 Was kostet mich Downsizing?

Sicherlich einmal viel Zeit, Schweiß und Nerven. Eine Aussage über einen pauschalen Aufwand ist nicht nur unseriös, sondern wäre auch grob fahrlässig. Es gibt zwei Schwerpunkte, die die Kosten bestimmen:

Erstens der Umfang der abzulösenden Funktionalität sowie der Umfang der anschließend zu realisierenden Funktionalität und die geplante Zielumgebung. Zweitens der Umfang für die Änderung bzw. Anpassung der Organisation. Die Kosten für Wartung und Weiterentwicklung sind stark abhängig von:

- dem gewählten Konzept (Eigenentwicklung, externe Entwicklung, nur Standard-Software),
- der gewählten Zielumgebung,
- von der Akzeptanz und den Wünschen der Anwender.

5.3.4 Ist es möglich, anhand einer Kosten-/Nutzen-Analyse darzustellen, ob es sich lohnt, die bestehenden Systeme (= host-orientiert) durch Client/Server-Systeme abzulösen?

Diese Frage ist mit einem einfachen „Ja" zu beantworten. Ähnliche Kosten/Nutzen-Analysen hat man schon in der Vergangenheit erstellt, wenn es darum ging, die Systemplattform zu wechseln. Hier ist der erwartete Nutzen nach Möglichkeit zu quantifizieren. Die Kostenseite wird beeinflußt durch die benötigte Infrastruktur sowie durch die Art der Migration.

Hinweis:

Für einen Software-Hersteller, der im Mainframe-Bereich ein erfolgreiches Standard-Software-Produkt im Einsatz hat, kann es sich lohnen, eine relativ aufwendige 1:1-Umstellung (gleiche Funktionalität) z.B. im UNIX-Umfeld zu realisieren, da er sich damit ein neues Marktsegment erschließt.

Eine 1:1-Umstellung einer *Individual-Software* sollte dagegen schon durch gewichtige Argumente begründet werden. Dies könnte z.B. dann der Fall sein, wenn die Anwendung die fachlichen Anforderungen zwar noch zur Zufriedenheit erfüllt, aber auf einem System realisiert wurde und produktiv ist, für das keine Herstellerunterstützung mehr sichergestellt ist. Ansonsten ist eher eine Neuentwicklung anzustreben, da damit die Funktionalität erweitert werden kann und das Design auf eine neue Basis gestellt wird.

5.4 Allgemein orientierte Fragen

5.4.1 Welche Rolle spielt UNIX in der Client/Server-Diskussion?

Immer, wenn der Begriff „offene Systeme" fällt, erfolgt bei vielen automatisch eine Assoziation mit UNIX. Viele Client/Server-Lösungen setzen zumindest auf der Server-

Seite UNIX-basierende Systeme ein. UNIX ist aber nicht zwingend notwendig für die Entwicklung von Client/Server-Applikationen.

5.4.2 OO-Programmierung und Client/Server?

Die beiden Begriffe haben indirekt miteinander zu tun: Ein Server kann als dienstleistendes „Objekt" verstanden werden (s. Kap. 2.5.2). Vielleicht resultiert diese Frage aber eher aus der Vorstellung, daß Client/Server-Technik als „Non plus ultra" der heutigen Informatikstrategie wohl auch den objekt-orientierten Ansatz beinhaltet:

Ja, wenn man Client/Server-Technik mit GUI, 4GL, abstrakten Datentypen, Vererbung, Klassendefinitionen und anderen objektorientierten Techniken in engem Zusammenhang sieht, eher nein, wenn man an 1:1-Portierungen in „klassischer" prozeduraler Manier denken.

5.4.3 Mainframe contra Client/Server oder friedliche Koexistenz?

Ohne Zweifel wird sich in den nächsten Jahren die Rolle des Mainframes verändern. Die von manchen Medien und Herstellern aggressiv vorgetragene Parole *„der Mainframe ist tot"*, wird sich noch lange nicht bewahrheiten. Sicherlich wird der Mainframemarkt keine großen Wachstumszahlen mehr aufweisen und zukünftig sicherlich auch schrumpfen, aber den Mainframe heute bereits abzuschreiben, wäre ein paar Jahre zu früh. Es sei hier nur an die Milliarden Lines of code erinnert, die weltweit in Form von Applikationen auf Mainframe-Systemen im Einsatz sind.

Der Mainframe kann nur dann sterben, wenn für all diese Applikationen ein entsprechender Ersatz realisiert worden ist. Weiterhin sind heute vermutlich rund 90 Prozent sämtlicher Daten auf Mainframe-Datenbanken abgespeichert, Datenbanken, auf die oftmals mehrere Applikationen angewiesen sind. Die Migration solcher

Datenbanken ist nur dann sinnvoll, wenn auch die dazugehörigen Applikationen migriert werden, und dies muß finanziert werden können.

So ist es sicherlich einfacher und mit geringerem Aufwand verbunden, bei der Entwicklung von Client/Server-Applikationen via APIs auf zentrale Datenbanken zuzugreifen, womit gleichzeitig dem Mainframe eine gewisse Existenzberechtigung eingeräumt wird.

Außerdem hat der Mainframe in manchen Bereichen (Datenschutz, Datensicherheit und Administration etc.) noch einen gewissen Vorsprung[2]. Auch wird das (vor allem von der IBM lancierte?) „Drei-Ebenen-Konzept" für viele ein gangbares Konzept sein:

- Mainframe als zentraler (Unternehmens)-Daten-Server,
- lokale Server,
- Clients.

So ist für das laufende Jahrzehnt sicherlich eine friedliche Koexistenz zu erwarten, in der der Mainframe allerdings immer mehr an Bedeutung verlieren wird.

5.4.4 Welche Vorteile bringt Client/Server?

Die Vorteile von Client/Server-Lösungen liegen in:

- der Integration unterschiedlichster Systeme,
- der Skalierbarkeit der Systeme und damit auch der Kosten,
- der Ausnutzung der Kommunikationstechnologie,
- der Unterstützung der Dezentralisierung,
- der Erweiterung der Arbeitsplatzfunktionalität,
- der Realisierung neuer organisatorischer Möglichkeiten zur Informatik-Nutzung (Workflow Computing, Groupware etc.).

---

[2] Prof. Bauknecht, Universität Zürich, spricht in diesem Zusammenhang von der „Steinzeit auf UNIX".

5.4.5 Welche Standard-Software gibt es in diesem (Client/Server) Umfeld?

Die Beantwortung dieser Frage würde genug Stoff für ein eigenes Buch ergeben. Ohne auf spezielle Produkte einzugehen, ist hierzu folgendes festzuhalten.

Alle Software- und Hardware-Hersteller konzentrieren sich auf die Entwicklung von Client/Server-Produkten. Unabhängig davon, ob es sich hierbei um Betriebssysteme, Transaktions-Monitore (OLTP), Datenbanken, GUIs, Programmiersprachen, Entwicklungsumgebungen oder um Branchen-Software handelt, liegt hier der zukünftige Markt. Zu der bereits jetzt kaum überschaubaren Produktpalette werden noch viele Produkte hinzukommen.

Wegen der Vielfalt der Produkte und der zukünftig fast beliebigen Kombinierbarkeit wird sich jedes einzelne Unternehmen durch die gewählte Lösung von anderen unterscheiden. Die Zeiten, in dem man ein Unternehmen als einen typischen Siemens- oder IBM-Kunden, mit den entsprechenden Produkten im Einsatz, bezeichnen konnte, wird in wenigen Jahren endgültig vorbei sein.

Der Trend geht nach Meinung vieler Berater zu objektorientierten Systemen, die für Unternehmen maßgeschneiderte Lösungen durch Zusammenbau vorhandener Objekte liefern.

5.4.6 Erreicht man wirklich die ersehnte Herstellerunabhängigkeit?

Was den Einsatz von Hardware betrifft, sind wir der Meinung, daß dieses Ziel zum Teil heute schon, spätestens aber in wenigen Jahren erreicht sein dürfte. Auch die zunehmende Standardisierung im Bereich der Kommunikation (Protokolle) und der Betriebssysteme (z.B. durch POSIX) wird zukünftig mehr Flexibilität bei der Auswahl der Hersteller bringen.

Man muß sich aber bewußt sein, daß im Software-Bereich (z.B. Datenbanksystem) eine gewisse Herstellerabhängigkeit weiterhin bestehen bleibt, die nur durch die Weiterentwicklung des SQL-Standards beeinflußt wird. Deutlich wird hieran aber auch der strukturelle Wandel, dem die Branche unterworfen ist und der die Hersteller zwingt, im Marksegment Software und Services aktiver zu werden.

5.5. Technisch orientierte Fragen

5.5.1 Wie haben Sie die technische Anbindung Ihrer PCs an den Großrechner gelöst ?

Diese Frage ist im Rahmen der Projektbeschreibungen im Kapitel 4 beantwortet.

5.5.2 Welche Bandbreite hat das Netz im CASH-Projekt und kommen Sie damit klar?

Derzeit 4Mbit in den meisten LAN, 16Mbit auf dem Backbone; Umstellung der 4Mbit LAN auf 16Mbit bei einigen geplant bzw. schon durchgeführt, obwohl das Netz z.Zt. nicht der Engpaß ist, was durch hauseigene Benchmarks nachgewiesen wurde.

5.5.3 Haben Sie schon eine WAN-Anbindung Ihrer Client/Server-Applikation durchgeführt, und wie läuft sie?

Stand 1994: Ja.

Nicht in allen Fällen ist die Performance über 64kbit-ISDN-Leitungen ausreichend – hier muß von Fall zu Fall entschieden werden, ob die Performance-Verluste tolerierbar sind oder ob auf wesentlich teurere 2Mbit-Leitungen umgestellt werden muß (s. auch Kap. 2.3.5).

5.5.4 Ist DDE denn nicht sehr langsam?

Dieses Thema haben wir mit MICROSOFT nicht nur auf Hotline-Ebene diskutiert:

Was derzeit relativ langsam ist, ist die Tabellenformatierung in WORD für WINDOWS, Version 2.0, also nicht die DDE-Schnittstelle selbst, oder der DDE-Manager von ORACLE. Das kommt auch darin zum Ausdruck, daß EXCEL vergleichbare Datenvolumina in geradezu atemberaubender Geschwindigkeit bei sonst gleichen Randbedingungen bearbeitet. MICROSOFT hat eine Lösung des Problems für WORD Version 6 angekündigt[3].

5.5.5 Wo liegen die Performance-kritischen Stellen?

Siehe Antwort auf die Fragen 5.1.1 und 5.5.4

5.5.7 Ist die Technik denn schon reif für das, was Sie tun?

Diese Frage kann man nur mit „Time to market" beantworten (s. Kap. 4.1.8):

Es ist besser, *heute* ein Instrumentarium einzusetzen, das z.B. 70% aller Anforderungen erfüllt, um damit wesentliche Produktivitätssteigerungen in der Software-Entwicklung zu erzielen, als ewig auf die (nie erreichte) „100%-Lösung" zu warten.

---

[3] Version 6 folgt aus Kompatibilitätsgründen für WORD in der Apple-Welt und in der WINDOWS-Welt unmittelbar auf Version 2.0 der WINDOWS-Version; verfügbar seit 4. Quartal 1993

5.5.8 Kriegt man das Ganze auch stabil?

CASH läuft derzeit mit über hundert aktiven Anwendern produktiv. Natürlich gab es zu Anfang Stabilitätsprobleme (vor allem mit den Schnittstellen und zeitweise mit den Netzen). Die Sicherheit einer reinen Host-basierten Lösung ist noch nicht für alle denkbaren Katastrophen-Fälle erreicht: Es laufen aber entsprechende Projekte, um genau dies zu ermöglichen.

5.5.9 Wann ist der Einsatz von Client/Server sinnvoll?

Dies ist eine sehr vielschichtige, komplexe Frage: Wir empfehlen Ihnen die Lektüre dieses Buches.

5.5.10 Wo liegen die Gefahren

Nach unserer Meinung mehr im „Unterlassen" als im „Unternehmen". Auch hier die Antwort:

Wir empfehlen Ihnen die Lektüre dieses Buches (zu dieser Thematik vor allem Kap. 3).

Glossar

ACID: ACID-Prinzip für: Atomicity, Consistency, Isolation, Durability. Prinzipien der Transaktionsverarbeitung

AIX: UNIX-Derivat der IBM

ANSI: American National Standard Institute. US-Standardisierungs-Institut, entspricht dem deutschen DIN

API: Application Programming Interface. Programmierschnittstelle für System- oder systemnahe Software

APPC: Advanced Program to Program Communication. Quasi-Standard der IBM (zumindest in der SNA-Welt) für peer-to-peer-communication

ASCII: American Standard Code of Information Interchange. 7-Bit-Code für die interne Darstellung von 128 Zeichen auf Arbeitsplatzrechnern; nach Erweiterung auf 8 Bit (erweiterter ASCII) sind 256 Zeichen darstellbar.

AT&T: American Telephone and Telecommunication. Großer amerikanischer Hersteller von Telekommunikationseinrichtungen

ATM: Asynchronous Transfer Mode. Virtuelle Paketierungstechnik zur Erzeugung von Hochleistungsverbindungen

Backup: Datensicherung

Basisbandübertragung: Datenübertragung als direkte, unmodulierte, digitale Signalübertragung. Auf der Übertragungsstrecke darf nur ein Signal unterwegs sein.

Batch-Verarbeitung: Stapel-Verarbeitung.
Früher Lochkarten-Stapel; heute selbständiger, oft zeitgesteuerter Job auf einem Rechnersystem z.B. für Backup o.ä.

BLOB: *Binary Large Objects*. Große Binär-Objekte in RDBMS zur Speicherung v.a. von Multimedia-Information, Bitmaps etc.

Breitbandübertragung: Digitale und analoge Übertragung in parallelen Kanälen (Frequenzbändern) eines Übertragungsweges definierter Bandbreite

Brouter: Kombination von Brücken- und Router-Funktionalität

Brücke: Verbindungsglied zwischen Netzwerken (LAN) gleicher Art auf Ebene 2 des ISO/OSI Referenzmodells. „Ausgediente" PCs mit veralteter Hardware werden oft noch als „Brücken" eingesetzt.

Bürokommunikation: Umfaßt die personellen, organisatorischen und technischen Aspekte des internen und externen aufgabenbezogenen Informationsaustausches. VDI-Richtlinie 5015

Bus: Kanal, Verbindungsleitung, Netzwerktopologie. Bus-Architektur wird nicht nur im PC benutzt, sondern auch in Netzwerken verwendet.

CA: Computer Associates. Eines der größten Software-Häuser der Welt

CASE: Computer Aided Software Engineering. Oft auch: Computer Aided *Systems* Engineering; technische und methodische Unterstützung der Systemanalyse/des

Software-Entwicklungsprozesses durch Computer-Werkzeuge

CCITT: Comité Consultatif International Télégraphique et Téléphonique. Beratender Ausschuß für Telegrafie und Telefonie der Internationalen Fernmeldeunion UIT, erarbeitet Schnittstellenempfehlungen zur international einheitlichen Regelung des Datentransports auf Fernmeldewegen

CDE: Cooperative Development Environment. ORACLE Entwicklungs- und Retrieval-Werkzeuge inkl. der CASE-Produkte

CEO: Chief Executive Officer. Vorstandsvorsitzender, Direktor amerikanischer/internationaler Unternehmen

CICS: Customer Information Control System; TP-Monitor der IBM. Verbreitetster TP-Monitor auf IBM-Großrechnern; inzwischen auch auf RS/6000-AIX portiert

CLI: Call Level Interface. Aufruf-Schnittstelle; Programmschnittstelle, die durch Aufruf einer Bibliotheksroutine mit Parameter-Übergabe realisiert ist; Spezifikation der SQL Access Group

Client: System, das die Dienstleistung eines Servers anfordert und nutzt. Synonym manchmal Front-end; siehe Text, Kap. 2

COBOL: Common Business Oriented Language. Programmiersprache (3GL); im kommerziellen Bereich immer noch weit verbreitet

CODASYL: Conference on Data Systems Languages, Final Report 1971. COBOL Definitionsgruppe; auch verantwortlich für Netzwerk-Datenbank-Definitionen (z.B. Produkte wie IDMS oder UDS)

CPI-C: Common Programming Interface for Communications. OSF Standardprotokoll für peer-to-peer-

communication, aus IBM SNA APPC/LU6.2 entstanden;
vgl.a. (Schümmelfeder 1993)

CSMA/CD: Carrier Sense Multiple Access with Collision
Detection. Zugriffsmethode im Netzwerk; realisiert im
Ethernet-Standard

CUA: Common User Access, Vorschrift für Gestaltung von
Benutzeroberflächen im Rahmen der IBM SAA. Quasi-
Standard aus der SAA der IBM; wird heute in den meisten
grafischen oder semi-grafischen Benutzeroberflächen
eingehalten

DBA: Datenbankadministrator. Person oder Gruppe,
die eine Datenbank verwaltet

DBMS: Data Base Management System. Datenbanksystem

DCE: Distributed Computing Environment.
OSF-Architektur für verteilte, offene Systeme (s. Text)

DDBMS: Distributed Data Base Management Systems.
Verteiltes Datenbank-System

DDE: Dynamic Data Exchange. Schnittstellendefinition zum
dynamischen Datenaustausch zwischen Programmen
(MICROSOFT)

DDL: Data Definition Language. Teilmenge von SQL

DEC: Digital Equipment Corporation. Großer Hardware-
Hersteller und Service-Provider

DLL: Dynamic Link Library. Bibliothek von Routinen, die
vom Laufzeitsystem bei Aufruf dynamisch zum rufenden
Programm dazugeladen werden

DME: Distributed Management Environment

OSF-Architektur und Produkte der in OSF
zusammengeschlossenen Firmen für Workgroup-
Computing

DML: Data Manipulation Language. Teilmenge von SQL

DNC: Direct Numeric Control. Weiterentwicklung der NC-Maschinen in der automatisierten Produktion durch Rechnerverbund

DOD: Department of Defense.
Amerikanisches Verteidigungsministerium

DOE: Department of Energy.
Amerikanisches Energieministerium

Duplexbetrieb: gleichzeitiger Nachrichten resp.
Datenaustausch in beide Richtungen. Auch als Vollduplex bekannt

EBCDIC: Extended Binary Coded Decimal Interchange Code. 8 Bit-Code für die interne Darstellung der Zeichen; weitverbreitet in der kommerziellen DV auf Großrechnern; für jede Dezimalziffer wird ein komplettes Byte verwendet;

EDV: Elektronische Datenverarbeitung

EHLLAPI: Emulator High Level Language Application Interface. Ein API der IBM innerhalb SAA

Electronic Mail: Elektronische Post. Verteiler, Brieferstellung, Postkasten, Ein-/Ausgabe von elektronischer Post in der Bürokommunikation

Ethernet: IEEE 802.3, CSMA/CD Bussystem; Anfang der 80er Jahre von DEC, XEROX und INTEL entwickelt; ISO 8802. Weitverbreiteter Netzwerk-Standard; LAN-Standard, auf Schicht 2 des ISO/OSI Referenzmodells

EVA: Eingabe/Verarbeitung/Ausgabe. Standardprinzip klassischer Batch-Verarbeitung

FDDI: Fiber Distributed Data Interface. ANSI-Standardisierungsvorschlag für 100Mbit/s Token-Ring

FORTRAN: Formula Translation Language.
Programmiersprache (3GL); im technisch-

wissenschaftlichen Bereich immer noch weit verbreitet;
letzter Standard enthält sogar objektorientierte
Erweiterungen

Gateway: „Übersetzer" von einer Protokollwelt in eine
andere; wirkt auf allen sieben Schichten des ISO/OSI-
Referenzmodells zugleich. Wird z.B. benötigt zur Kopplung
von Mainframe- mit UNIX-Netzen, Kopplung
unterschiedlicher Protokollwelten oder zur Kopplung
unterschiedlicher Datenbank-Systeme

Groupware: Vernetzte Software-Lösungen zur
Unterstützung von Teams und typischen Teamarbeiten.
Typisches Produkt: LOTUS NOTES

GUI: Grafical User Interface. Oft gebraucht für „Windows"
Benutzeroberfläche

Halbduplexbetrieb: Nachrichtenaustausch in beide
Richtungen nur nach Umschalten und nacheinander
möglich

HDLC: High Level Data Link Control Procedure. Prozedur
zur Steuerung und Sicherung von Datenübertragungen;
HDLC ist codeunabhängig und erlaubt bidirektionalen
Datenfluß; HDLC ist auf Schicht 2 des ISO-Referenzmodells
definiert

Host: eigentlich engl. „Gastgeber"; hier: Synonym für
Zentralrechner, Großrechner, Mainframe-Computer

HP: Hewlett Packard Corporation. Großer HW-Hersteller
und Service-Provider

HP/UX: UNIX-Derivat der Hewlett Packard Corporation

HW: Hardware. Computer, Drucker, Netzwerk-Kabel, etc.

IBM: International Business Machines. Weltweit größter
HW-Hersteller und Service Provider

IC/PC: Veraltete Kurzbezeichnung für eine Organisationseinheit, die sich als „Information Center" (IC) hauptsächlich um den PC-nahen Benutzersupport kümmert; die Bezeichnung wird zunehmend durch den Begriff „Benutzerservice" verdrängt

IDMS: Integrated Database Management System. Netzwerk (CODASYL-) Datenbank von CA

IEEE: Institute of Electric and Electronic Engineers. US-Vereinigung; entspricht etwa dem deutschen VDE, normierend tätig

IEEE 802.3: Ethernet Standard; Bussystem mit CSMA/CD-Zugriff und Basisbandübertragung; Übertragung auf (gelbem) Koaxialkabel mit 10Mbit/s. IEEE 802.3 und Ethernet 2.0 sind auf Ebene 2 des ISO/OSI Modells unterschiedlich im Rahmenformat

IMS: hierarchisches Datenbank-System der IBM

IMS/DC: TP-Monitor der IBM. TP-Monitor für IMS-Datenbanken (Vorläufer von CICS; auch heute neben CICS noch gebräuchlich)

IRDS: Information Ressource Dictionary System. Definition eines weltweit standardiserten Repository (Informations-speichers) für Informationen über die Informationssysteme einer Organisation. Dazu gehören Standard-Schnittstellen, Standard-Informationssystemmodelle über die Informationen (d.h. das Meta-Modell), in die die Benutzer ihre Informationen laden können, sowie Standard-Dienste zum Laden bzw. Entladen des Repository

ISDN: Integrated Service Digital Network. Integration aller schmalbandigen Dienste, d.h. Sprach-, Daten-, Text- und Fax-Kommunikation, 64kbit/s;
Breitband-ISDN (> 64kbit/s) derzeit im Aufbau

ISO: International Standardization Organization.
Standardisierungsorganisation der Vereinten Nationen; ihr
gehören alle nationalen Normungsorganisationen an; hier
wichtig im Zusammenhang mit OSI

ISO 8802: Standard zu IEEE 802 Vorschlägen. LAN
Standards Ethernet, Token Ring u.a.

ISOTEC: Integrierte Software Technologie. Software-
Entwicklungs- und Projekt-Management-Vorgehensmodell
der PLOENZKE AG, Kiedrich

LAN: Local Area Network. Lokales Netz in einem
Unternehmen resp. Behörde; typische Ausdehnung bis zu
einigen Kilometern

LOC: Line Of Code. Programmzeile; früheres Maß für
Programmierleistung

LU6.2: Synonym für APPC der IBM. Logical Unit 6.2, Peer-
to-Peer-Communication

Mainframe Computer: s. Host, Zentralrechner

MAN: Metropolitan Area Network. Netz in einem
Nahbereich (Einzugsgebiet, Großstadt); auch
Standardisierungsvorschlag für WAN im Bereich einiger
100km

Medienbruch: Veränderung der Formatierung oder
Darstellungsart eines Dokumentes/einer Information durch
Benutzung unterschiedlicher Medien. (z.B. in Papier- oder
elektronischer Form)

Micro: mikroprozessor-basierter Computer.
Umgangssprachlich für PC Workstation oder X-Terminal

MICROSOFT: eines der größten Software-Häuser der Welt.
CEO: Bill Gates; Produkte: z.B. MS-DOS, WINDOWS,
WORD, EXCEL, LAN-Manager

Mini-Welt: betrachteter Realitätsausschnitt der betrieblichen
Welt bei der Datenmodellierung. Siehe (Wedekind 1981)

MIPS: Million Instructions Per Second. Maß für die
Leistungsfähigkeit eines Mikroprozessors

MIS: Management Information System. Informationssystem
für das Management eines Unternehmens

Modem: Modulator/Demodulator. Digital/Analogwandler
und Analog/Digitalwandler zwischen Computer und
Fernmeldenetz

Motif: GUI der OSF. Benutzeroberflächenstandard im
UNIX-Umfeld

MS-DOS: MICROSOFT Disc Operating System.
Bekanntestes und verbreitetstes Micro-Betriebssystem

ODBC: Open DataBase Connectivity. Von Microsoft
initiierte (CLI-kompatible) Schnittstellendefinition für den
Zugriff auf Datenbanken

OLE: Object Linking and Embedding. Microsoft-
Schnittstelle für Windows-Applikationen basierend auf
DDE. Die übernommenen Daten werden entweder in das
Dokument eingebettet (embedded) oder mit ihnen
verknüpft (linked). Eingebettete Informationen werden als
Kopie mit dem Dokument abgespeichert; bei verknüpften
Informationen wird nur der Dateiname hinterlegt.

OLTP: OnLine Transaction Processing (Systems). DV-
Systeme, deren Anwender im Dialog auf gemeinsame
Datenbestände (Datenbanken) zugreifen

OODBMS: Object Oriented DataBase Management System.
Datenbanksystem mit objekt-orientierten Erweiterungen; s.
z.B. (Nagl 1992)

OS/2: Operating System 2 der IBM. 32bit,
multitaskingfähiges Betriebssystem für PC-Systeme.

OSF: Open Software Foundation. Zusammenschluß von
HW- und SW-Herstellern zur Standardisierung von UNIX-
Systemkomponenten

OSI: Open Systems Interconnection. Sammelbegriff für
Normen Offener Systeme, d.h. Kommunikation dieser
Systeme; wichtig ist das 7-Schichten Modell der
Kommunikation als Referenzmodell

Peer-to-peer-communication: Kommunikation zwischen
gleichrangigen Partnern in einem Netz. Zielkonfiguration
für Client/Server-Architekturen: Kommunikation zwischen
gleichwertigen Partnern

PIPES: Interprozeßkommunikation unter UNIX. UNIX
kennt Pipes, Signale, Nachrichten und Semaphoren als
Interprozeßkommunikation

POSIX: Portable Operating System Interface; ISO UNIX-
Standard. Seit 1993 Vorschrift bei US-Behörden

RDBMS: Relationales Datenbank Management System.
Umgangssprachlich „relationale Datenbank"

REXX: Restructered EXtended eXecutor. Prozedursprache
der IBM für IBM-Betriebssysteme

Router: Verbindungsglied zwischen Netzen gleicher Art, das
auf Ebene 3 des ISO/OSI-Referenzmodells arbeitet. Wird
oft auch als „Brouter" angeboten, also als Kombination von
Brücke und Router

RPC: Remote Procedure Call. Transparenter Subroutinen-
Aufruf von entfernt gespeicherten Prozeduren/Routinen;
Bestandteil der DCE-Architektur, basiert auf HP/Apollo
Network Computing System RPC

RS232C: RS = Abkürzung für „related EIA-Standard", also
Norm der Electronic Industries Association, USA.
Wichtigste Norm der EIA; entspricht der V.24-
Schnittstellennorm der ISO resp. CCITT; sie ist auch die

Norm für die bitserielle Datenübertragung zwischen
Computer und peripherem Gerät, z.B. Drucker oder
Modem

SAA: System Application Architecture. Anwendungs-
Architektur der IBM; Hausstandard, soll Programme für
alle IBM-Betriebssysteme portabel gestalten

SDLC: Synchronous Data Link Control.
Kommunikationsprotokoll für Datenübertragung im
Duplex- und Halbduplexbetrieb von IBM; entspricht in
seinen Funktionen HDLC

Server: Zentrales oder dezentrales System, auf dem Services
installiert sind, die vom Client aufgerufen und genutzt
werden

Shared Code: Codebereich eines Programms, der von
mehreren Anwendern gleichzeitig benutzt wird und nur
einmal geladen ist. Setzt voraus, daß Daten- und
Codebereich vom Basissystem getrennt hantiert werden

SINIX: UNIX-Derivat der SNI

SNA: Systems Network Architecture. Netzwerk-Standard
der IBM; ursprünglich zentral ausgerichtet, heute durch
Produkte wie APPC/LU6.2 auch für peeer-to-peer
Kommunikation

SNI: SIEMENS Nixdorf Informatik. Größter europäischer
HW-Hersteller und Service-Provider

SQL: Structured Query Language. Genormte (SQL-92;
DIN66315) (DDL und DML) Sprache für relationale
Datenbanken; viele Hersteller haben eigene SQL-Derivate;
vgl. (Demuth 1993)

SRPI: Server Request Programming Interface. Ein API der
IBM innerhalb SAA

SSW: Standard SoftWare. Fertige Software, die beim Kunden auf dessen Verhältnisse angepaßt wird (Parametrisierung)

Stored procedure: Sonderform von RPC in relationalen Datenbanken. Stored Procedures werden in der Datenbank gespeichert und auf dem Server aufgerufen, z.B. von einem Client

SW: Software. Anwendungs-Programme, Betriebs-Systeme etc.

Taylorismus: Zerlegen (atomisieren) eines Arbeits-/ Produktionsvorgangs in einzelne Schritte/Arbeitsgänge, mit dem Ziel, einen möglichst optimalen Ablauf zu erzielen; in der Regel führt dies zu stark zersplitterten Tätigkeitsformen (Fließbandarbeit), bei denen einzelne Werker nur einfache Handgriffe ausüben im Gegensatz zu modernen ganzheitlichen Konzepten wie z.B. Inselfertigung. Benannt nach dem Amerikaner F.W. Taylor; gedacht zur Beschäftigung ungelernter Arbeiter in Fabriken der Massenproduktion; vgl. (Fuchs 1992)

TCP/IP: Transmission Control Protocol/Internet Protocol. De-facto-Standard für Ethernet-Netze und in der UNIX-Welt

Token-Verfahren: Kollisionsfreie Datenübertragung in LANs nach IBM durch kreisenden Token (Bitmuster); eine Station darf nur dann senden, wenn sie den Token hat. Genormt in IEEE 802.5

TP-Monitor: Transaction Processing Monitor. Teil eines Betriebssystems, zuständig für die Transaktionssteuerung von OLTP-Systemen; Beispiele: IMS/DC, CICS, UTM, TUXEDO

Transaktion: Vorgang mit abgeschlossener Wirkung (s. Text), z.B. Kontobuchung, Sitzplatzbuchung im Flugzeug

Two Phase Commit Protocol: Zwei-Phasen Protokoll in der
Transaktionsverarbeitung verteilter Datenbestände. Dient
der Gewährleistung der Transaktionssicherheit bei
verteilten, relationalen Datenbanken; inzwischen genormt;
vgl. (Stürner 1993)

UDM: Unternehmens-Daten-Modell. Wichtig als Basis für
die Planung von Client/Server-Systemen; es läßt sich aus
der Unternehmensstrategie (Puchan 1991) ableiten, die das
Mittel der Strategischen Informationssystem-Planung (SIP)
(Müller-Ettrich 1993) einsetzt.

UDS: Universelles Datenbanksystem. Netzwerk
(CODASYL-) Datenbank der SNI

UI: UNIX International. Zusammenschluß von HW- und
SW-Herstellern zur Standardisierung von UNIX-
Systemkomponenten (zeitweise Konkurrenz zu OSF)

Unicode: 16 Bit Zeichensatz von Microsoft Windows NT.
Läßt die Darstellung von 65536 Zeichen zu; reicht für den
Zeichensatz sämtlicher lebendiger Sprachen, inkl. Sanskrit
und der ägyptischen Hieroglyphen aus. Siehe (Custer 1993)

UNIX: eingetragenes Warenzeichen und lizensiertes
Betriebssystem der AT&T. Weitverbreitetes Betriebssystem
für Workstations; über 200 herstellerabhängige Derivate
existieren heute

UTM: Universaler Transaktions-Monitor; TP-Monitor der
SNI. Verbreitetster TP-Monitor auf SNI/BS2000-
Großrechnern; inzwischen auch auf SINIX portiert

V.24: Norm der CCITT. List of definitions for interchange
circuits betweeen data terminal equipment and data circuit-
terminating equipment; Schnittstellennorm für
Datenverkehr zwischen Datenendeinrichtung (z.B.
Computer) und Datenübertragungseinrichtung (z.B.
Modem); entspricht der EIS-Norm RS232C

WAN: Wide Area Network. Fernverkehrs-Netz (städte-, länderübergreifend); Telekom oder firmeneigen

Windows: generische Bezeichnung für grafikfähige Benutzeroberfläche. Im PC Bereich synonym verwendet für das Produkt MICROSOFT WINDOWS

Windows-ANSI: 8-Bit Zeichen-Codierung unter Microsoft Windows. Geringfügig abgewandelter ASCII-Code

Workflow-Management: Integrierte Vorgangsbearbeitung mit modernen DV-Werkzeugen

Workgroup Computing: Anwendung der Groupware in komplexen Ablauforganisationen

WOSA: Windows Open Services Architecture. Microsoft's Architektur für offene Systeme

WYSIWYG: What You See Is What You Get. Grundprinzip grafischer Benutzeroberflächen: Die Darstellung eines Dokuments auf dem Bildschirm entspricht (soweit aus Auflösungsgründen überhaupt möglich) dem ausgedruckten Papierdokument

X-WINDOW: Architekturmodell für den transparenten Zugriff auf grafikfähige Workstations in einem Netz. Gemeinschaftsentwicklung von MIT, IBM und DEC

X.25: Norm der CCITT. Norm für Datenaustausch von Datenendeinrichtungen und Datenübertragungseinrichung an Datenpaketvermittlungsnetzen (DATEX-P)

X/OPEN: Herstellervereinigung zur Internationalisierung von UNIX. OSF und UI gehören seit 1989 zur X/OPEN

X11: Protokoll für X-WINDOW System

Zentralrechner: meist Synonym für Host, Mainframe-Computer

Literatur

(Barker 1992) Barker, R.: *CASE*Method: Entity-Relationship Modellierung.* Bonn 1992

(Bauknecht 1992) Bauknecht, K., Studer, B.: „Netzmanagement - eine wichtige Disziplin des Informationsmanagements." in: io Management Zeitschrift 61, Nr. 9 (1992) S. 35–38.

(Berson 1992) Berson, Alex: *Client/Server Architecture.* McGrawHill, 1992, ISBN 0-07-005076-7

(Buschor et al. 1993) Buschor, F., Derungs, M., Sauter, F, Stanoevska, K.: „Auf Dokumenten basierende Prozesse rationalisieren mit Document Image Processing (DIP)". in: io Management Zeitschrift 62 (1993) S. 76 - 80.

(BWN 1989) The Business Week Newsletter for Information Executives, No. 4, p.1, 17.2.1989

(Chip 1992) CHIP- INSIDE Spezialheft UNIX- Netze

(Custer 1993) Custer, Helen: Inside Windows NT, Microsoft Press Redmond, Washington, 1993, deutsche Ausgabe ISBN 3-86063-319-8

(CW 15/1992) Computerwoche Nr. 15, 10.04.1992, p.46f, ursprgl. Sunworld, Januar 1992, p.44,45

(CW 16/1992) Wolfson, M.: "Windows New Technology - die portierbare Multi- Plattform", in: Computerwoche 16, 17.4.92, S.38

(CW 33, 1993) „Großrechner haben nur noch als Daten-Server eine Berechtigung". in: Computerwoche Nr. 33, 13.8. 1993

(CW Extra 3 1993) Reim, F.: „Keine Standardanwendung, sondern ein Konzept". in: Computerwoche Extra, Nr. 3, 26.6.1993

(CW Extra 6 1992) Bauer, M.: „Dem Kostendruck entfliehen?" in: Computerwoche Extra, Nr. 6, 11.12.1992

(Date 1990) Date, C.J.: *An Introduction to Database Systems, Volume I*. 5. Auflage. Addison Wesley Publishing Company, 1990, ISBN 0-201-52878-9

(Davis, 1993) Davis, F.E.: *The Windows 3.1 Bible*. Peachpit Press Inc., 1993, ISBN 0-56609-015-6, United States, Integrating Windows Applications with OLE and DDE, Chap. 9

(DEC 1992) Digital Equipment GmbH (Hrsg.): *Technologie im Brennpunkt: Entwicklungswerkzeuge für Client/Server-Systeme*. München, Sep. 1992

(Demuth 1993) Demuth, Birgit und Frank: „SQL-92 - die Norm. Altbausanierung". iX 12/1993, S. 136

(Denert 1991) Denert, Ernst: *Software Engineering*. Springer-Verlag, Berlin 1991

(Eggers 1992) Eggers B., Kuhnert B.: „Aspekte des Büros der Zukunft". in: io Management Zeitschrift 61, Nr. 9 (1992) S. 70–71.

(Fuchs 1992) Fuchs, J. (Hrsg.): *Das biokybernetische Modell: Unternehmen als Organismen*. Gabler-Verlag, Wiesbaden 1992

(Gartner 1993) Gartner Group: *Strategies for Developing Client/Server Applications*. Conference Presentation, ADM-RUB, Frankfurt, 13.1.1993, Michael West, Gartner Group, 56 Top Gallant Road, Stammford, CT 06902

(Greiner 1991) Greiner, Tilmann: „Die Axt im Haus", Manager Magazin 10/1991

(Grundner 1993) Grundner, Winfried, DEC München: *Rightsizing: Lösungsansätze für die Implementierung von Client/Server- Konzepten in Multivendor-Systemumgebungen.* Beitrag zum Kongreß "Client Server Computing" vom 11.–12.5.93 in Mainz, DC Congress Gesellschaft mbH, Starnberg, Conference Paper, EWI Gesellschaft für Europäische Wirtschaftsinformation mbH, Starnberg

(Heilmann 1987) Heilmann, W.: *Teleprogrammierung. Die Organisation der dezentralen Software-Produktion.* Wiesbaden: Forkel, 1987.

(Heisterberg 1992) Heisterberg, Wolfgang: „Infrastrukturgestaltung mit Offenen Systemen – ein Feld für Partnerschaften". in: Theorie und Praxis der Wirtschaftsinformatik; HMD 172, 1993, Forkel Verlag

(Holler 1993) Holler, Eberhard: „Asynchroner Transfer in Breitbandnetzen"; iX 7/1993, S.82

(Hopcroft & Ullman 1989) Hopcroft J., Ullman J.: *Einführung in die Automatentheorie, formale Sprachen und Komplexitätstheorie.* Addison-Wesley, 1989.

(IBM 89) IBM Deutschland GmbH, Neu von IBM: „AD/Cycle - ein großer Schritt nach vorn in der Anwendungsentwicklung". 19.9.89

(Illik 1993) Illik, J. Anton: „Offene Architekturen für Betriebssysteme". in: Theorie und Praxis der Wirtschaftsinformatik; HMD 172/1993, Forkel Verlag

(INF/CB 1990) INF/CB ABB Informatik GmbH Deutschland: „PC-Netzwerke, Token Ring und Ethernet". in: PC- News 1, 1990

(Institut der deutschen Wirtschaft 1993) Institut der deutschen Wirtschaft Köln: *Internationale Wirtschaftszahlen.* Deutscher Instituts-Verlag, Köln, 1993.

(Karer 1992) Karer, A.: „Dem Unternehmen fehlt oft die Kostentransparenz". in: Computerwoche Nr. 22, S.14–16, 1992.

(Karer 1993) Karer, A.: „Das meiste aus dem DV-Budget herausholen". in: edvASPEKTE, März 1993, S.56 ff.

(Karer u. Blauss 1993) Karer, A. und Blauss, T.:
„Downsizing als Spiegel des Strukturwandels". in:
Computerwoche Extra Nr.4, 1993.

(Kauffels 1991) Kauffels, F.J.: *Einführung in die
Datenkommunikation*, Datacom Verlag, 1991

(Kubli 1993) Kubli, R.: *Client/Server-Lösungen im
Spannungsfeld von Innovationen und Standardisierungen*;
Client/Server-Messe der Computerwoche v. 15.–16.11.93,
Frankfurt, Conference Proceedings

(Laird, 1992) Laird, D.: „Behind the Face of Microsoft
Windows, Group Product Manager for ORACLE Desktop
RDBMS Group". in: ORACLE Magazine, Spring 1992

(Leymann 1992) Leymann F., Habermann. H.J.: *Repository:
Eine Einführung*. Band 8.1 der Reihe ‚Handbuch der
Informatik', 1992

(Meyer 1988) Meyer, Bertrand: *Object-oriented Software
Construction*. Prentice Hall International Series in Computer
Science, C.A.R. Hoare Series Editor, Prentice Hall
International U.K., 1988, ISBN 0-13-629031-0

(Moukhtarzadeh 1993) Moukhtarzadeh, N.: *Document Image
Processing*. Computerwoche Verlag; München 1993

(MS-DATAB, 2, 1993) „Die Datenbank-Technologie von
Microsoft im Überblick: ..., Microsoft Data Base". Beilage
zum Microsoft System Journal, Heft 2, März/April 1993, S.4

(MS-SYS-J, 11/12 1992) „Microsoft Open Database
Connectivity Technology (ODBC)". Microsoft System
Journal, Nov./Dez. 1992, S.116

(MS-SYS-J, 2 1993) „NetDDE: DDE zwischen Rechnern im
Netz". Microsoft System Journal, Heft 2, März/April 1993,
S.47

(MUET 1993) Müller-Ettrich (Hrsg.): *Fachliche Modellierung
von Informationssystemen*, 1993

(Müller 1992a) Müller, Bernd, ABB Kraftwerke AG,
KW/KI3: „AIX-RISC Workstation zapft die IMS-Datenbank
von Mainframes an". in: Computerwoche Nr.29 vom
17.7.92, S.37

(Müller 1992c) Müller, Bernd: „Den Altdatenbestand komplett verfügbar". in: Computerwoche EXTRA Nr. 6, 11.12.1992

(Müller et al.1992b) Müller, Bernd; Eidemüller, Rudi; Kurek, Christian: „Die DDE-Schnittstelle paßt für Client-Server-Umgebungen". in: Computerwoche 43, 23.10.1992, S.12

(Müller u. Starke 1992) Müller, Bernd und Starke, Thomas: „CASE für Client/Server ist mehr als CASE". in: Computerwoche EXTRA Nr. 4, 1993, Seite 28 ff.

(Nagl 1992) Nagl, Wolf Dietrich: *Computertechnologie und Managementpraxis: Datenbanken und Objekte*. Addison Wesley, 1992, ISBN 3-89319-453-3

(Nefiodow 1991) Nefiodow, Leo A: Der fünfte Kondratieff: Strategien zum Strukturwandel in Wirtschaft und Gesellschaft 2. Aufl. Frankfurt am Main: Frankfurter Allg. Zeitung für Deutschland; Wiesbaden: Gabler, 1991

(OBST92) Oberweis, A., Stucky, W.: *Rechnergestützte Entwicklungs- und Wartungsumgebung für verteilte betriebliche Informationssysteme*. Forschungsbericht der Universität Karlsruhe, Januar 1992

(Oesterle 1981) Österle, H.: *Entwurf betrieblicher Informationssysteme*. München 1981.

(ORA-DDE, 1992) Oracle DDE Manager for Windows User's Guide, Version 1.1, Oracle Corporation, 1992

(ORAC 1992) Oracle Corporation (Hrsg.): CASE*Dictionary Meta-Model V5.0, Oktober 1992

(ORACLE 1993) *Objekt Technologie – Eine Datenbankperspektive*. Juni 1993, ORACLE Deutschland; aus dem Amerikanischen Original 53126-0193 übersetzt von R.M. Müller, Senior-Systemberater, ORACLE Deutschland

(ORACLE Corp. 1991) ORACLE Generic SQL*Connect Products, Paper H924 from IOUW '91, Miami

(PC-Magazine 1992) PC- Magazine: Network Operating Systems Go Corporate, June 16, 1992

(Petzold 1992) Programming WINDOWS: The Microsoft guide to writing applications for WINDOWS 3.1, Charles Petzold, ISBN 1-55615-395-3, Dynamic Data Exchange, Chap. 17

(PUCH91) Puchan J., Information Management, Forschungsbericht der Universität Karlsruhe Bericht 227, Dezember 1991)

(Pümpin 1990) Pümpin, C.: Das Dynamik-Prinzip. Zukunftsorientierung für Unternehmer und Manager, 2. Auflage 1990, Düsseldorf/Wien/New York.

(Pümpin 1992) Pümpin, C: Strategische Erfolgspositionen: Methodik der dynamischen strategischen Unternehmensführung. Bern/Stuttgart: Haupt, 1992.

(Ritter, 1992) Ritter, U.: Leiter Produktunterstützung, ORACLE Deutschland, private communication, Interne ORACLE Mitteilung vom 12.5.92

(Rompel 1989) Rompel, Helmut: IBM Computer Welt, Begriffe- Systeme- Programme, IWT Verlag, 1989, ISBN 3-88322-208-9

(rororo, 1989) Computer Enzyklopädie, Lexikon und Fachwörterbuch der Datenverarbeitung und Telekommunikation, Rowohlt Taschenbuch Verlag GmbH, Reinbek, 1989

(Scheer 1991) Scheer, A.W.: *Architektur integrierter Informationssysteme - Grundlagen der Unternehmensmodellierung.* Heidelberg, Berlin 1991

(Schierenbeck 1989) Schierenbeck, H.: *Grundzüge der Betriebswirtschaftslehre.* Schriftenreihe „Der Organisator", Verlag Dr. Götz Schmidt, Gießen 1989.

(Schümmelfeder 1993) Schümmelfeder, Rainer: „IBM-Netzwerkwelt: Routing- Protokolle APPN, APPI und TCP/IP im Wettstreit". iX 7/1993, p.114

(Seifert 1993) Seifert, Manfred: „Konkurrenz der Standards für Offene Systeme". Handbuch der modernen Datenverarbeitung, Theorie und Praxis der Wirtschaftsinformatik; HMD 172/1993, Forkel Verlag

(Simon 1991) Simon, Hermann: Simon für Manager, Econ-Verlag 1991. ISBN 3-430-18524-6

(Statistisches Bundesamt 1990) *Erwerbstätige im Inland nach Wirtschaftsbereichen*. Fachserie 18, Reihe S.15, Wiesbaden 1990.

(Statistisches Bundesamt 1993) *Erwerbstätige im Inland nach Wirtschaftsbereichen*. Fachserie 18, Reihe 3, 2.Vj, Wiesbaden 1993.

(Stürner 1990) Stürner, Günther, ORACLE V6.0, die Datenbank für OLTP-Applikationen im Multi-User-Bereich; Architektur, PL/SQL-Datenbank-Tuning; Markt& Technik Verlag, 1990

(Stürner 1993) Stürner Günther; ORACLE 7 – Die verteilte semantische Datenbank, dbms-publishing, Weissach/Württemberg 1993

(TA 1994) „Öko-Normen für Computer (Gegen Stromfresserei)". in: Tages-Anzeiger, 15.1.1994

(Tannenbaum 1989) Tannenbaum, Andrew S.: *Computer Networks*. Englewood Cliffs, N.J. USA, Prentice Hall, 1989

(Warnecke 1992) Hans-Jürgen Warnecke: *Die fraktale Fabrik*. Springer-Verlag Berlin Heidelberg New York, ISBN 3-540-5520-6

(Wedekind 1981) Wedekind, H.: *Datenbanksysteme I*. BI Taschenbücher, 1981

(WEKA 1993a) U. Kracke (Herausgeber): *Datenbank-Management*. WEKA-Verlag, Augsburg; 1993; ISBN 3-8111-3333-0, Kap. 8/3.2

(WEKA 1993b) U. Kracke (Herausgeber): *Datenbank-Management*, WEKA-Verlag, Augsburg; 1993; ISBN 3-8111-3333-0, Kap. 11/2

(WI 1993) Kurbel, K. (Hrsg.); *Wirtschaftsinformatik 93, Innovative Anwendungen, Technologie, Integration*. Münster 1993

(WI 4/1992) Bons, H., Salmann, S.: „Software Qualitätssicherung und Software-Normen". in: Wirtschaftsinformatik 34.Jahrgang, Heft 4, August 1992

(Wolfson 1992) Wolfson, M.: „Windows New Technology –
die portierbare Multi-Plattform". in: Computerwoche 16,
17.4.92, S.38

(Xephon 1993) The real costs of downsizing: insight IBM,
S.1-3, 1993.

Sachverzeichnis

Springer-Verlag und Umwelt

Als internationaler wissenschaftlicher Verlag sind wir uns unserer besonderen Verpflichtung der Umwelt gegenüber bewußt und beziehen umweltorientierte Grundsätze in Unternehmensentscheidungen mit ein.

Von unseren Geschäftspartnern (Druckereien, Papierfabriken, Verpackungsherstellern usw.) verlangen wir, daß sie sowohl beim Herstellungsprozeß selbst als auch beim Einsatz der zur Verwendung kommenden Materialien ökologische Gesichtspunkte berücksichtigen.

Das für dieses Buch verwendete Papier ist aus chlorfrei bzw. chlorarm hergestelltem Zellstoff gefertigt und im pH-Wert neutral.